JN122812

北海道家庭学校 110年

北の大地の暮らしと教育

編
北海道家庭学校
監修
家村昭矩・仁原正幹
編集委員長
二井仁美

六花出版

『北海道家庭学校110年』刊行に寄せて

　北海道家庭学校は、東京・巣鴨に1899（明治32）年に創設された「家庭学校」の北海道農場および社名淵分校として、1914（大正3）年に開設された。創設者は、近代日本を代表するキリスト教社会事業家の留岡幸助である。2024年に北海道家庭学校は110年を迎え、今も創設者の志を礎に児童自立支援事業を継承している。

　北海道家庭学校で暮らす子どもたちは、寮舎に住み込んだ夫婦職員と生活を共にすることを基本としている。北海道家庭学校の営みは、広大な敷地のなかに点在する寮舎や校舎、牧舎、畑や山林などで繰り広げられてきた。北海道のとりわけ極寒の冬を挟んだ自然の織りなす大地は、それぞれの育ちと記憶のなかに、悲喜こもごも万感の思いを残している。

　本書は、北海道家庭学校が1世紀を超え連綿と紡いできた先人たちのあゆみと現在を記すものである。

　留岡幸助が最初に遠軽の地に触れたのは1891（明治24）年のことであった。空知集治監の教誨師として北海道東部を踏破する途中、道路工事に苦役させられていた囚人たちの仮監獄（現在の遠軽町瀬戸瀬）に立ち寄り、その惨状を目の当りにした時である。奇しくも、それから22年後、その地に隣接する社名淵（現在の留岡）に、「感化教育の経営」と「新農村」を北辺の一隅に創ることを目指し、時流を追わず、自立自足の生活圏を築こうとしたのである。

　北海道は、明治維新後の1869（明治2）年に開拓使がおかれ、開発は「拓殖（拓地殖民の略）」と表現され急激な変貌を遂げていく。北海道は日本国内の植民地であり、未開地の支配と北方の脅威に対する要衝としての役割を担っていた。北海道の発展には、記録に留められることのない多くの人々の苦難の歴史も忘れてはならない。そうした時代背景をもちながら、北海道家庭学校の草創期は、北海道開拓の一片の存在として見ることもできるのである。

留岡清男第4代校長は、北海道家庭学校50周年の節目に著した『教育農場五十年』に、職員集団の「同士同僚の弛まざる努力と絶えざる労苦とに対して、共艱同苦の感激を披瀝したかった」と書き記している。

　本書の刊行は、その後に連なる先達諸氏のあゆみを加えること、そしててまた、創設期に遡り本校を回視した著述を通じて北海道家庭学校の次なる世代に繋ぐ基点となることを期している。さらには、本書が子どもの自立支援、子どもの社会的養護にかかわる方々の関心と理解に資することができるならば、編纂にかかわった一同にとって、これ以上の喜びはない。

　本書の編纂は長期にわたったため、その時々に編集に携わった方々のほか、多くの関係者のご協力をえて集成されたものである。とりわけ、永井信元理事長から編集委員長を引き継いでいただいた二井仁美奈良女子大学教授には、この度の出版には驚くほどの持久力とご苦心のすえまとめていただいた。感謝に堪えない。

　　2023年12月

　　　　　　　　社会福祉法人北海道家庭学校 特別顧問　家村昭矩

北海道家庭学校 110 年
——北の大地の暮らしと教育

目次

第6章補論　遠軽町立遠軽中学校・東小学校　「望の岡分校」の開設 ·········· 河原英男・森田 穣　267

第Ⅱ部　児童票調査と予後調査からみる 家庭学校卒業生の自立

調査研究補論　北海道家庭学校退所者へのアフターケア

＊本書カバーに使用した画は、北海道家庭学校本館廊下に掲げられている壁画であ
　る（縦 176cm　横 544cm）。
　1964 年、村井武雄の指導により、全生徒 85 名で共同制作された。現在は飼われて
　いない鶏や豚、農耕馬などのいる風景や、ブラスバンドを演奏しながら行進する
　少年、小鳥のための巣箱かけをする少年、蝶を追う少年など、当時の暮らしの様
　子が描かれている（本文 139 ページ参照）。

凡例

1. 資料の引用にさいして、原則として旧字体、異体字、変体仮名等は常用漢字および平仮名、片仮名に改めることを原則とした。ただし平仮名、片仮名の表記、仮名づかいの表記は原本のままとした。
2. 本文での地名についても、原則として常用漢字に改めた。
3. 引用資料に対する著者の注記は〔　〕内に記した。
4. 引用資料中の判読不能な文字については字数分の□で示した。
5. 引用資料中の、家庭学校生徒およびその家族にかかわる個人名および住所等、保護すべき情報と考えられる箇所については、原則として字数分の○で伏せた。ただし論述上、必要な場合の個人名については、アルファベットで示した。
6. 引用および参考資料の書誌情報・所蔵情報は巻末の「参考資料一覧」に示した。
7. 北海道家庭学校所蔵資料で資料番号が記載されているものは、資料番号を＜　＞に記載した。
8. 「索引」については、各章の後注の項目は採用しなかった。

は じ め に

　北海道家庭学校は、「家庭」であり、「学校」であることを理想としてきた。本書は、そのような北海道家庭学校の創立100周年を記念して当時の永井信理事長の発意によって企画された。

　第4代校長留岡清男は、教職員の協力を得て創立50周年の年に『教育農場五十年』（岩波書店）を刊行している。本書は、それに続く北海道家庭学校の市販による年史出版物である。たんなる記念出版物ではなく、北海道家庭学校の歴史と現在を見据え、未来を模索するための叙述でありたいと願う。

　本書は、そのように考え、以下のような2部構成とした。

　第I部は、北海道家庭学校110年の歴史と現在の状況を描いている。

　1966（昭和41）年、北海道家庭学校の花島政三郎教護は、示唆深い論文「北海道家庭学校六十年の歩みとその再検討」を発表した。当時はまだ所蔵史料の整理は今ほどなされていなかったが、その論稿は北海道家庭学校の歴史を考えるうえで今も重要な視点と情報を伝えている。その後、北海道家庭学校では、1998（平成10）年、谷昌恒理事長を代表とする「家庭学校創設百年史資料の調査」研究を計画し、北海道新聞学術文化研究奨励金を受けた。歴代職員が大切にしてきた史料の目録作成は、道新によるこの助成により加速した。本書は花島氏の論稿をはじめとする種々の先行研究に学びながら、そのような調査で発見された新たな史料を加えその歴史を描いた。

　第1章は、キリスト教に出会い、「監獄」という大学での学びを通して感化事業を志した留岡幸助の家庭学校創設にいたるまでのあゆみ、第2章は、1899（明治32）年の家庭学校創設から、北海道に開設された2つの農場と社名淵分校における1910～1920年代の暮らし、第3章は、1929（昭和4）年に社名淵分校教頭として着任した留岡清男による改革と、留岡幸助が没し清男の離任後における戦時体制下の社名淵分校の様子、第4章は、終戦後、留岡清男が社名淵分校に戻り、その運営にかかわった北海道家庭学校誕生の時代、第5章は、1968年の社会福祉法人北海道家庭学校発足後、谷昌恒第5代校長の下で、「森の学校」と呼ばれるようになった時代、第6章は、1997年の児童福祉法改正を経て、児童自立支援施設となった北海道家庭学校の今日にいたるあゆみと現

在を叙述している。第1～3章は二井、第4章は、心理学史を専門とし留岡清男や奥田三郎に関する著作のある大泉溥氏、第5章は家村昭矩前理事長と二井、第6章は、仁原正幹現理事長が執筆した。

　また、北海道家庭学校のあゆみを隣接する機関との関係で捉える2つの論稿も加えた。その1つが、児童福祉法制の揺籃期における北海道の児童福祉史から北海道家庭学校の姿を描出した家村昭矩前理事長によるものである。もう1つが、北海道家庭学校に併設されている遠軽町立遠軽中学校・遠軽東小学校望の岡分校の歴史である。同校創設に尽力した遠軽町教育委員会の河原英男前教育長と、同校創設の実務を担当した望の岡分校森田穣初代教頭によるものである。

　第Ⅱ部では、開設以来、100年間に家庭学校に入所した児童約2,000名に関する量的分析と、その内の約40年間の児童615名に関する予後についての調査研究を掲載した。

　留岡清男は、北海道家庭学校の創立40周年、50周年の年に、創設以来の卒業生について追跡調査を実施し、その成果を『教育農場五十年』に掲載した。職員が収集した情報をもとに、精神科医で北海道家庭学校理事であった奥田三郎が分析を行ったものであり、その後も北海道家庭学校では退所者の自立を支援するための予後調査を繰り返し行ってきた。本書では、そのような研究をふまえながら、創立以来の入所者について量的把握を可能とするデータベース化作業を行った。北海道家庭学校樹下庵診療所富田拓医師がこれらのデータを分析し執筆している。北海道家庭学校や児童自立支援施設のあり方を模索するべく、歴史をみつめようとした予後調査の分析は、軽部晴文校長との共同研究というべき成果である。また、戦後の北海道家庭学校におけるアフターケアに関する取り組みについて、少年矯正の実務経験者でもある椿百合子氏に検討を依頼し、調査研究補論を執筆いただいた。

　家庭学校は法制度の変化のなかで、感化院、少年教護院、教護院、児童自立支援施設と施設種名を変更しながら、一貫して「家庭」と「学校」を必要とする少年のための福祉と教育を主軸としてきた。かつては「感化事業」「教護事業」と呼ばれ、現在は「児童自立支援事業」と呼ばれている。しかし、北海道家庭学校は、少年のための施設としてのみ開設されたのではない。留岡幸助は、北

海道の地に新しい農村を創ることをめざして、家庭学校北海道農場および社名淵分校を開設した。新しい地域社会を創出するという理想の下で、近隣の地域の人々と交流し、地域に助けられ、また助け合いながら、北海道家庭学校は歴史を刻んできた。さらに家庭学校は、地縁や血縁だけでなく、幸助のキリスト教界やグローバルな監獄研究におけるネットワークに支えられながら開設された歴史を有している。北海道家庭学校に残されている文書からは、そのような歴史がみえてくる。本書が北海道家庭学校の歴史と現在に対する関心の契機となり、研究のステップに繋がれば幸いである。

　本書では、種々の人々との繋がりのなかで築かれてきた北海道家庭学校の歴史と現在を描き、また今後の北海道家庭学校や児童自立支援施設のあり方を考える手がかりを得ることをめざした。しかし、本書では目標に近づこうとしたにすぎない。

　2014（平成26）年に、第1回の北海道家庭学校百年史編集委員会が開催され、10年目にようやく刊行の運びとなった。時間を要したにもかかわらず、不完全な点を残しているのは、ひとえに永井元理事長から編集委員長を引き継いだ二井の責任であることを深く自戒するところである。

　ここにいたるまでの資料整理やデータベース化作業には、北海道家庭学校の歴代の職員をはじめ、佐藤京子氏、佐藤貞司氏、阿久津美紀氏、椿百合子氏、水上和俊理事等、書き記すことのできないほど多くの方々の協力を得た。その営為に心より感謝の意を表するところである。また阿久津氏と佐藤京子氏には、原稿整理を含め編集全体についても多大なご協力を賜った。

　なお、主として第Ⅰ部第3章および第Ⅱ部は、日本学術振興会による科研費補助事業（JSPS基盤研究（A）21H04408、基盤研究（B）18H00971、15H03467）の助成を受けて検討を進めた。また各章は執筆者個人の責任において執筆されていることを付言しておきたい。

　最後に、本書刊行に尽力賜った六花出版山本有紀乃氏に感謝し擱筆する。

　2023年12月

北海道家庭学校百年史編集委員長　二井仁美

第Ⅰ部
北海道家庭学校の歴史と現在の姿

三本の十字架のある礼拝堂　2020 年

第 **1** 章

留岡幸助による感化事業への着目

二井仁美

留岡幸助（1864-1934）
（幸助曽孫留岡伸一氏提供）

● はじめに

　北海道家庭学校は、留岡幸助（1864-1934）が東京に創設した家庭学校の北海道農場・社名淵分校（サナブチ）として開設された。創設時は現在の敷地 439ha の約 1.7 倍の広さがあり、南北約 8km、東西約 2km 半に広がっていた。これほど広いのは、たんに感化院という施設をつくろうとしたのではなく、新しい理想的な農村を創設しようと志したからである[1]。幸助が北海道にこのような大構想を展開した背景には、教誨師として受刑者と監獄という場に出会い、その改革のための模索とアメリカでの監獄と感化事業に関する研究があった。幸助がどのようにして家庭学校を開設するにいたったのか。本章では、彼が感化事業に着目するにいたる経緯を概観する[2]。

● 第1節　キリスト教との出会い

1　神の前の平等を教える思想

　留岡幸助が生まれ育った 19 世紀後半、明治維新、西南戦争、自由民権運動と日本は激動の社会変化のなかにあった。幸助の志と行動の根幹をなすキリスト教信仰は、このような時代に育まれた。

　幸助は、1864（元治元）年、備中高梁（現、岡山県高梁市）に、吉田万吉・トメの次男として生まれた。6 人兄弟の 4 番目に生まれた幸助は、生後間もなく、吉田家の分家で子のなかった留岡金助・勝子（本名、りつ）の養子となる。吉田万吉は理髪業を、金助は小間物雑貨を扱う商人であった。養家では、1878（明治 11）年に、養父金助が将来、幸助の妻とするべく、13 歳の森峰夏子を養女に迎えた[3]。

　12 歳頃より父に従い行商に従事した幸助は、15 歳の頃、結核のような喀血症状を伴う病「肺ジストマ」に罹患する[4]。その治療のため、幸助は、医師赤木蘇平（1841-1905）の診察を受け、赤木家に寄宿することになった。幸助は、貧富の別なく治療にあたる赤木を「慈父」と仰ぎ、人生の師として生涯を通して尊敬するにいたる[5]。

　赤木は、蘭方医緒方拙斎に医学を学び、高梁で啓発的な活動を行う開口社の一員であった[6]。同じく開口社のメンバーで国会開設運動に熱心な岡山県議会議員柴原宗助は、1879年、同志社英学校の卒業生で岡山教会牧師金森通倫（1857-1945）を招き、高梁で講演会を開催する。そして、その後、毎月1回、金森はキリスト教伝道のために定期的に高梁を訪れ講演した。アメリカンボード宣教師で同志社教授でもあるケリー（Cary, Otis 1851-1932）が、キリスト教宣教のため高梁を訪れることもあった[7]。赤木は、金森らの伝道に触れ、1882年4月、開口社の他のメンバー等とともに高梁教会創設時に洗礼を受ける[8]。

　身分の違いによる理不尽な体験を通して「士族と云ふ奴は実に悪い奴」[9]と胸に深く刻まれていた幸助もまた、この時期にキリスト教に出会う。「士族の魂も町人の魂も赤裸々になつて神の台前に立つ時は其の価値は同一」という伝道者の言葉に触れ、「神の前に平等」という今までに「耳にしたことがない」[10]思想に幸助は感銘を受けたのである[11]。

　高梁教会設立時、幸助も洗礼を受けるべく試験を受けていたが、最初の試験でキリスト教は「愚夫愚婦を導くのに極めて都合がよろしい」と述べたため「傲慢な者は神の国に入ることは出来ぬ[12]」と受洗を許されなかった。伝道師が求めたものは「悔改」め「救の門を敲く」信仰であった。「高慢の鼻」を砕かれた幸助は自身の姿勢を「素面に還り」省みて、キリスト教を学び直し、1882年7月、18歳で高梁教会の上代知新牧師から洗礼を受けた[13]。

　1873年、キリスト教禁止の高札が撤去されたとはいえ、キリスト教を邪教視する者が少なくない時代であった。とりわけ、備中高梁は、島原の乱で戦死した幕府の上使板倉重昌にルーツのある板倉氏が治めた歴史を有し、士族や警察署長らのキリスト教に対する敵愾心は強かった[14]。礼拝中、高梁教会に大きな石が投げ込まれるなど信徒たちは激しく迫害されていた。幸助の養父も彼に時には「腕力を以て」キリスト教を棄てるよう迫った[15]。幸助に対する迫害は、『山陽新聞』や『福音新報』に「筆舌にも尽くされぬ程」と報じられるものであった。そのようななかで、幸助は、1883年3月、家出を企て同志社英学校に赴くが、「学資がなくて入学が出来ない」という現実に直面する[16]。このような幸助を、同志社英学校の学生は、自分たちが生活し、聖書を学ぶ教室「三十番」に「一ヶ月といふ長い間、日陰の身を忍ばせ」かくまった[17]。

一度、自宅に戻った後も幸助は養父の監視の下にあったが、許嫁の夏子に助けられ、1883年9月、松村介石、金森通倫、ケリー、ベリー（Berry, J. C.）らの協力で、横井時雄のいる愛媛の今治教会に身を寄せることになった。横井時雄は、金森通倫、徳富蘇峰らとともに、熊本洋学校の生徒であったときにキリスト教徒になり、その後、草創期の同志社英学校に学んだ牧師である。幸助は、約1年余、今治で生活をしながら伝道に従事した。「肺の病にひどくおかされていた[18]」幸助は伝道を続けつつ大森醇策という今治の医師宅に起居しながら漢学を学んだ。

　そして、1884年、20歳となった幸助は高梁で1回目の徴兵検査を受けた。1回目の検査後、愛媛に戻り波止浜で伝道活動を行い、2度目の徴兵検査を受けたが、病弱の幸助は徴兵されることはなかった。そのような幸助と養父の関係を調整する仲介者によって、1885年、幸助は養父に信仰を許され、高梁教会から援助を受け同志社英学校別科神学科邦語神学課程に入学した。

2　同志社での学びと丹波教会での働き

　幸助が同志社英学校に入学した年は、新島襄が同志社を創立して10年にあたる。「己を愛する如く人を愛せ」というキリスト教の教えを具体化するために「人を助け人を救ふ」ことを大切にした新島は、1887年には、イギリスのブリストル孤児院の創設者ジョージ・ミュラーの講演会を同志社礼拝堂で開催し、同年11月にはベリーを院長とする同志社病院と看病婦学校を開設させた。これらに象徴されるように、新島はキリスト教ヒューマニズムというべき実践を重視した[19]。

　幸助は、このような同志社英学校で、キリスト教は社会の「暗き所に光を」もたらすべきとする実践的キリスト教（Applied Christianity）精神を身につけた。そして、イギリスの監獄改良家ジョン・ハワードの伝記を読み、「社会の最暗黒面の監獄」に関心を寄せ、「罪囚の救済を夢想」するにいたった[20]。

　1888年6月、同志社英学校を卒業した幸助は、同年9月、幸助を支えてきた夏子と結婚し、丹波教会に牧師として赴任する。丹波教会は、幸助が同志社在学中に教師グリーンとともに訪れたことのある教会である。1891年3月までの2年半、伝道に従事し、前半の時期は主として亀岡、須知（現、船井郡京

丹波町)、園部を中心とする南丹地方、後半の時期は主として綾部や福知山を中心とする中丹地方に赴いた。この時期に出会った人々から幸助の生涯の同行者が生まれた[21]。

家庭学校副校長として幸助を支えることになる小塩高恒もその一人である。彼は、「無我三昧の状態」で説く熱の籠もった幸助の説教に「聴衆も皆共に酔ひ」感化を受けたと述べ、次のように回想している。

> それにも増して秀でてゝ居たのは親切心であり、同情が深く、其時分から劣敗者薄情者の世話をよくした事である。或は学問し度くても学資金のない有意の青年男女の為めに其道を奔走してやつたり、不幸に遭遇せる者の為めに労し財布を調べずにやり出して秘かに困却したり、又少女が淪落しかけたのを救ふ為めに遊里を披索してつれ戻つたりしたので、斯人の真実なる其の働きに皆衷心から感謝尊敬を捧げた[22]

幸助は説教を行うだけの牧師ではなかった。「己を愛する如く隣人を愛する」こととは、隣人が貧乏ならば「出来る丈の力を以て之を貧より救」い、隣人が無学ならば「之を教」え、隣人が疾病を抱えていれば「医師」につなぐことであると考えていた。それゆえ、キリスト教の「隣人愛」を具体的な行為として実践したのである。

このような幸助に感化を受けた小塩高恒は、草創期から家庭学校の職員となる。また、綾部で幸助を助け伝道を行った田中敬造(1855-1945)は、その後、自身の営む養蚕業に失敗した後、1892年、教誨師となっていた幸助の助力を得て旭川へ移住し、1913年には家庭学校北海道農場の土地踏査に尽力し、家庭学校の理事となる[23]。

教会関係者に支えられてきた幸助は、牧師として率先して人を助けるとともに、職員や理事として家庭学校を支える人々と丹波教会で出会ったのである。

そのような幸助は、金森通倫から北海道集治監の教誨師就任について要請を受ける。同典獄大井上輝前(1848-1912)が釧路監獄署教誨師原胤昭(1853-1942)に続くキリスト教徒の教誨師の斡旋を金森に依頼したのである[24]。

「社会の最暗黒」というべき監獄にキリスト教徒として光をもたらしたいと考える幸助は、丹波教会に辞表を提出した。教会員は当初、この幸助の申し出に反対し慰留に努めたが、彼の意志は固かった。幸助は福知山、綾部、田野(現、

福知山市）、檜山、須知、胡麻、園部、船枝、氷所（現、南丹市）、亀岡等で説教をし、信徒たちは涙をもって幸助の送別会を催した[25]。

 第2節　監獄という「大学」

1　北海道集治監空知分監教誨師

　1891年5月、幸助は妻夏子と1歳になる長男敏を伴い、北海道集治監空知監獄署（現、三笠市、同年7月に空知分監と改称）に到着した。典獄大井上輝前は、ドイツ人の御雇外国人の住んでいた「四十畳も布ける」洋館を住居として用意して幸助を歓迎した[26]。

　「監獄は私にとっては一つの大なる大学」であり、受刑者は「社会学の教師であり、先生であった[27]」と、後年、幸助が述べたように、1894年4月に集治監を退職するまでの3年間の教誨師経験は、幸助の生涯の方向性を決定づけるものであった。幸助は教誨師として何をどのように学んだのであろうか。

　最初に幸助の置かれた立場を概観しておきたい。

　1889年の「監獄則」により監獄に教誨師を常置することが制度化され、翌年の「地方官官制」により教誨師が判任待遇の監獄職員に位置づけられた時代であった[28]。そのような時代に、樺戸本監典獄大井上輝前は、小崎弘道に相談しながら道内の集治監でキリスト教徒の教誨師の採用を推進した[29]。最初に採用されたキリスト教徒の教誨師が原胤昭であり、幸助は原に次ぐ2人目のキリスト教徒の教誨師であった。

　集治監は、徒刑（定役に服させる刑）、流刑（島地に幽閉）、禁固刑に処せられる者を収容する監獄である。北海道集治監は樺戸、空知、釧路、網走にあり、1891年7月に樺戸が本監、他が分監となった[30]。

　幸助は、大井上や先輩教誨師の原胤昭に学びながら、日曜に教誨堂、月曜に病監、水曜に拘置監、土曜に幌内外役所で教誨に従事した。受刑者の信教の自由を尊重する立場から、「総囚教誨」は「道義教誨」、つまり道徳的な内容を伝えるものとした。毎日午後5時以降には、監房を個別訪問し、各受刑者の経歴や犯罪の起因などを調査する「個人教誨」に従事し、一人ひとりの面談記録を

手帖に残した。受刑者に人として対等に接し、その生育歴や犯罪にいたる経緯等に耳を傾けることを通して、幸助は受刑者の多くが幼年期から家庭と学校の教育に恵まれなかったことを知るにいたった[31]。

　また幸助は聖書に関心を示す受刑者にはキリスト教による教誨を行った。受刑者の一人好地由太郎は、幸助が教誨師として来任したことを「百万の援兵を得た様だ」と回想している。幸助により「『死蔭に住める者』の上に基督の御教が宣伝」えられ、「大に眠より醒めまして我も我もと聖書を求め[32]」たというのである。幸助は勤勉で「他囚の範」となっていた好地の信仰を支えるとともに、希望する受刑者や監獄の職員には積極的にキリスト教を伝えた[33]。

　当時、空知分監には、430人の職員（奏任1、判任30、看守331、備43、小者25）と2,696人の受刑者（無期徒刑473、無期流刑2、懲役終身179、有期徒刑2,034、有期流刑8）がいた[34]。空知分監は、本監と外役所があり、本監には1,048人、幌内炭鉱のある幌内外役所には1,536人の受刑者がいた[35]。このうち、病気の受刑者は空知分監に114人、幌内外役所に209人いた。炭鉱でのガス爆発や落盤などによる死傷者や、栄養不良などによる病者が絶えなかったのである[36]。幸助は幌内炭鉱での事故とその犠牲者名、年間死傷者数、失明した受刑者とその起因について手帖に記し、炭鉱での刑務作業の実態と、希望のもてない受刑者の状況に注視している[37]。

2　「清農部落」創設計画と監獄学の研究

　教誨師として着任して4カ月が経った頃、幸助は原が勤務する釧路分監への出張が命じられる。**表 1-1** は、その出張の当初の予定里程表である。標茶町（しべちゃ）熊牛村にある釧路分監と網走にある網走分監が主たる用務地であり、それぞれ7日間の滞在日程が計画されている。幸助は手帖に、往復里程が348里余、つまり1,392kmに及ぶこと、標茶までの往路に14日、網走からの復路に14日を要すると記している。毎日、50km前後を進み、全日程で47日間の大旅行計画である[38]。往復に28日間を要するのはほとんどの行程に鉄道がなかったためであった。

　図 1-1 は、実際に幸助が宿泊した日付と場所を地図に示したものである。そのうち、線を結んだ、幌内から札幌、標茶から硫黄山、砂川から市来知まで

表 1-1　釧路分監出張里程表（予定）1891 年

日程	予定	里程
9 月 23 日	市来知発　11 月 9 日迄に帰館	
9 月 24 日	月形発札幌	12 里
9 月 25 日	札幌（1 日）	
9 月 26 日	札幌一苫小牧	16 里
9 月 27 日	苫小牧一賀張	14 里
9 月 28 日	賀張一浦河	16 里
9 月 29 日	浦河一幌泉	14 里
9 月 30 日	幌泉一茂寄	13 里
10 月 1 日	茂寄一歴舟一ユート一大津村	12 里
10 月 2 日	大津一帯広	14 里
10 月 3 ～ 4 日	帯広（2 日）	
10 月 5 日	帯広一大津	14 里
10 月 6 日	大津一庶路	13 里余
10 月 7 日	庶路一釧路	4 里半
10 月 8 日	釧路一熊牛	12 里余
10 月 9 ～ 16 日	熊牛村（8 日）	
10 月 17 日	熊牛一野川	11 里余
10 月 18 日	野川一網走	11 里余
10 月 19 ～ 26 日	網走村（8 日）	
10 月 27 日～ 11 月 9 日	網走一月形村	

『留岡幸助日記』第 1 巻、pp.150-150 より作成。往路の順次により旅行日数 14 日と仮定。往復里程 348 里余。日数 28 日、滞在 19 日、合計 47 日

は鉄道、札幌から苫小牧は馬車、釧路から標茶は航路（川蒸気）を利用することができた。しかし、それ以外はすべて馬を乗り継いでの移動であった。ときには熊を恐れて馬が進まないこともあり、鞭を使って走らせ落馬し腰骨を痛めたこともあった。晩秋に近づく頃に出発し、10 月には雪にも見舞われながら受刑者によって道が開削されつつある北見峠を越えた。外役作業中の受刑者が泊まる小屋や監獄では教誨を行いつつ旅を続けた。主たる滞在地と滞在期間は、当初の予定を変更し、札幌 4 日間、浦河および元浦河 4 日、標茶 7 日、網走 2 日である。他の日はほぼ移動のみに費やされた[(39)]。

　札幌では、典獄大井上に面会するとともに、元浦河教会の牧師田中助（1856-

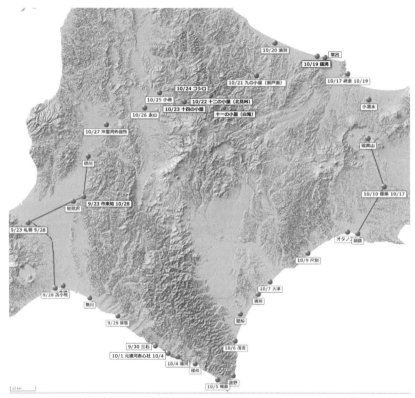

図1-1 留岡幸助釧路分監出張行程図（1881年9月23日〜10月28日）
「羈旅漫録要図」『留岡幸助日記』より国土地理院地図を用いて作成
日付は宿泊日および宿泊地。実線は鉄道（釧路標茶間は航路）破線は馬車道

1912）と同志社の卒業生竹内種太郎に伴われ、新渡戸稲造に紹介されている[40]。「欧米ニアリテ屢々監獄ノ書ヲ読ミ又監獄ヲ訪問シタ」という新渡戸から、幸助は欧米の監獄事情や「監獄ノ原理及原則」に関する研究書について情報を得、連日、新渡戸宅を訪れた[41]。

　幸助は、札幌地方監獄教誨師丹羽金十郎に「雑誌発刊ノ公用ヲ担フテ来リシ[42]」と自身の用務を語っており、旅の目的の一つが雑誌刊行にあることを窺わせている。

　浦河では、元浦河教会牧師の田中助宅に泊まり、赤心社を訪問している[43]。赤心社は、士族の授産を目的として企図された開拓者組織であり、1881年に

浦河に 50 余名、1882 年に元浦河（荻伏）に 80 余名が入植した[44]。幸助は、赤心社による開拓の中心人物である沢茂吉（1853-1909）から「赤心社ノ組織及経歴」を聞いた。それは「得ル所少ナカラズ」というべきものであり、幸助は「規則書及主意書ヲ閲読」し、また 4 章にわたる「墾地小作人規則等ヲ写ス」などして規則を入手し[45]、さらに赤心社の牧場を見学している。加えて、伝道や幼稚園の教育に携わる田中牧師の妻と「伝道上教育上種々」の話をし、北海道における民間開拓事業の先駆というべき赤心社とそれを支える教会の活動に注目している。

釧路分監では、北海道集治監典獄大井上と釧路分監教誨師原胤昭とともに、出獄人保護会社の設立や雑誌発刊等について相談した。雑誌発刊については、1892 年 1 月に原と一緒に受刑者のための雑誌『同情』（後に『教誨叢書』と改題）の刊行という形で結実する[46]。また、出獄人保護会については、原は釧路出獄人保護会を設置し、釧路集治監のある標茶で 40 万坪の土地の貸し下げを構想し、幸助も「保護農場」で「出獄人と良民」が「混和」して生活する更生保護のための「清農部落」を計画した。幸助が記した「保護会及清農部落草案」に対する大井上や原の意見を参考にして、「清農部落及保護会規則」が作成された[47]。釧路分監滞在中に幸助が出席した標茶教会の祈禱会や親睦会では、原によって「清農部落ノ主意書」が説明されている[48]。

網走分監では、有馬四郎助に出会っているが、出所者の保護について語った記録はない[49]。その後、幸助は 1 カ月余りの出張から戻り、たびたび、新渡戸稲造や札幌教会の大島正健、竹内梅太郎、中江汪らと保護会社や雑誌刊行について相談し、「保護農場ノ内ニ清農部落ヲヲキ、出獄人ト良民ヲ混和シテ保護会ヲ起スト云フコトニ決」した[50]。そして、監獄内外のキリスト教関係者の賛同を得て、樺戸郡晩生苗（おそきない）の 350 万坪の地に創設を申請した[51]。この計画は、住民の反対などもあり実現しなかったが、土地の払い下げを得て人々が共生する農場の創設は、後に家庭学校北海道農場を開設する発想につながるものといえる。

この頃から幸助は「ワインズ監獄学ヲ勉強」し始めた[52]。ワインズは、ニューヨーク監獄協会を中心として、監獄改良に関する国際的な組織をつくった監獄学者である。幸助は、大井上や原とともに監獄改良の国際的拠点であるニュー

ヨーク監獄協会の数少ない日本人会員となり、自らも積極的に欧米の進歩的な監獄改良家と文通した[53]。そして、ワインズ（Wines, Enoch Cobb）の著書『文明諸国における監獄及び救児施設の状態』にある「監獄職員の仕事は、人間の内面に働きかけ、それを伸長させ成長させる点で、教育者の仕事」という考え方を学んだ。それは日本の監獄における懲罰的発想とまったく異なる思想であり、そのような思想に基づき1876年にニューヨーク州にエルマイラ感化監獄（New York State Reformatory at Elmira）が創設されていた。初代典獄はブロックウェイ（Brockway, Zebulon Reed,1827-1920）である。

幸助は、エルマイラ感化監獄に書簡を送り、監獄改良に関する教示を仰ぎ、ときには彼の書簡が、アメリカの監獄新聞 "Summary" に掲載されることもあった。出所者の保護に関心を寄せていた幸助は、渡米して監獄に関する研究を行いたいと切望するようになった。そのような幸助を、宣教師カーティスや北海道集治監の関係者が応援し、彼らの援助で幸助は、1894年、渡米するにいたる[54]。

● 第3節　感化事業への注目

1　ブロックウェイの示唆

1894年5月11日、幸助は小河滋次郎に見送られ横浜からアメリカに向け旅立った。1896年5月に帰国するまで2年間に及ぶ遊学の始まりであった。

最初に、幸助はマサチューセッツ州コンコルド感化監獄の椅子工場で働きながら、監獄の研究に従事することになった。コンコルド感化監獄の典獄は、幸助に椅子制作の技術修得後、インストラクターに採用するので、その給与を監獄の視察経費に充てることを提案したのである。幸助は朝7時半から17時までを受刑者とともに働きつつ、感化監獄の規則や受刑者に対する処遇方法等を研究し、それについて日本の雑誌に投稿した[55]。

その後、幸助は実業家ピアソンの援助を受け、1894年の年末にはニューヨーク監獄協会に拠点を移した。翌年に開催されたニューヨーク監獄協会創立50周年記念式典において、幸助は挨拶で日本の監獄改良について紹介した。そし

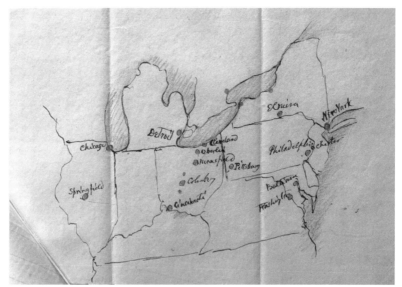

図 1-2　視察検討地図　留岡幸助「監獄学日記」1895 年＜No.20050＞より

　て、この後、彼は 3 月末から約 50 日をかけて、各地の監獄や感化院、慈善事業や教育関係施設等を精力的に視察する。**図 1-2** は、幸助が視察計画を構想した際の地図である。第 2 回目の渡航時に訪問するシカゴも記入されており、幸助がどこの地に関心を抱いていたかがわかる。

　視察記録は小さな手帖にぎっしりと書き込まれていった[56]。幸助が監獄だけでなく感化院や精神病院等、多様な施設を視察したのは、監獄を研究するためには子どもの施設や病者の施設もみるようにというブロックウェイによる示唆があった。幸助は渡米後 1 年間で監獄、感化院、未決監獄、精神病院等、約100 有余の施設を見学した。しかし、彼は手帖に「未夕嘗テ余ノ心ニ満足ヲ与ヘタル者甚夕少ナシ」と記している。「米国ノ監獄ハ全体ヨリ言ハバ全テ失望ノ監獄」というのである。

　しかし、その「失望」は、1895 年 5 月 18 日、ニューヨーク州立エルマイラ感化監獄を訪問して「癒サレタ」という。ブロックウェイに出会い、その「監獄ノ指揮」に注目したのである。幸助によれば、アメリカの監獄は「規律甚夕緩」であったが、「エルマイラ監獄ハ実ニ規律厳正監獄ラシキ監獄」であった。

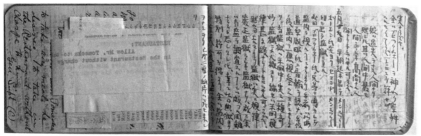

図1-3　エルマイラ感化監獄ブロックウェイ訪問時の留岡幸助の手帖＜No.20047＞より

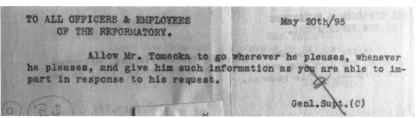

図1-4　エルマイラ感化監獄典獄ブロックウェイによる留岡幸助視察許可状＜No.20047＞より

それゆえ、幸助は「当監ヲ調査スルコトハ頗フル困難ナラント恐レ」ていた。しかし、図1-3、1-4にあるように、典獄は幸助の監獄内での調査と、レストランでの食事について、幸助の望みが叶うように「特別ノ許可」を与えたのである[57]。

　ブロックウェイを通して、幸助は種々の記録や受刑者の行状録、身分簿、仮出獄者からの書簡等を読み、リフォーメトリーのシステムとその実際について研究を深めた。このようなブロックウェイが座右の銘としたのが、"This One thing I do."という言葉である。幸助は、これを「一路到白頭」と訳し、みずからも大切にした。

　2年間のアメリカでの研究を通して、幸助は受刑者に必要なことは教育であるということ、監獄作業は「労作を愛するの習慣」を養成するとともに「出獄の準備」に必要であること、「家族制度」を採用する感化院では女性職員の役割が重要であること、感化院は自然が豊かな場所に設置され、午前に知育を中心とする普通教育、午後に授職教育を行っていることなどを学んだ[58]。そして、とくに夫婦の職員が寮舎を担当するマサチューセッツ州立感化院であるライマ

ンスクールへ幸助は在米中に3度訪れ、最後の訪問時には帰国後、リフォーム
スクール設立の意欲を語るまでにいたった[59]。

2　感化院創設の準備

　幸助は帰国後、アメリカでの研究成果を『感化事業之発達』、『慈善問題』、『監
獄改良』等の書物に発表した。

　国立きぬ川学院初代院長石原登は、幸助を「わが国教護事業の実質的な元祖」
と評しているが、幸助が日本ではじめて感化事業を体系的に論じた書物『感化
事業之発達』を出版したというのがその理由の一つである[60]。石原が評する
ように、『感化事業之発達』は、諸外国における感化事業の理念と歴史、「悪少
年」が生まれる原因、少年犯罪者に対する法制度と日本の課題、感化院設立に
関する政府の義務、感化事業の方法等を描き出した。

　この『感化事業之発達』には、元大審院長三好退蔵が序文を寄せ「共に謀る
所あり」と記している。それは、東京感化学校の設立計画であった。1896年8
月、三好は清浦奎吾と幸助を交えて「感化院の相談」を行い、民立感化院の設
立を企画していたのである。しかし、キリスト教主義を標榜するか否かで意見
が分かれ、三好との計画は頓挫する[61]。

　その後、幸助は1897年、霊南坂教会牧師就任後、同教会関係者の援助を得
ながら自身の感化院設立を模索しつつ、1898年8月からは、有馬四郎助が典
獄を務める巣鴨監獄の教誨師を兼務する。『慈善問題』は、このような状況にあっ
た1898年10月に刊行された。

　幸助の慈善事業思想の結晶である『慈善問題』において、彼は「学術的慈善
事業」という考え方を論じている[62]。

　「慈善家の資格」として「無欲」であること、「悠久持長」に事を処すること、
「慈善事業の知識」を蓄積し、「学術的」に慈善を行うべきであると論じた。そ
して、「昔の慈善は施与」であったが、「今の慈善は教育」であると強調した。
物質に先立って「自己の心を与ふる」こと、「被救護者に自己の心情^{ハート}を与ふる」
こと、つまり「被救護者と同感同情となること」であると論じている。同時に、
慈善家がたんなる「御人善^{おひとよし}」ではなしえず、「事務的才能に鋭敏」である必要
がある。「道徳と算盤」がともに必要であると述べている。

　幸助は、この本においても、「少年者の犯罪を為すに至るは素より彼等に良家庭なく、良教師なきを以てなり」と家庭と教育の必要性を強調した[63]。

　「彼等を導くに慈母あり、良教師」あれば「何を苦んでか悪少年とならん。少年の犯罪を為す其因多くは茲に裡伏」「犯罪したる少年を捕へて此を悪感化し易き在囚の群たる監獄に繋ぐは我国刑法の一大失点」であり、「不論罪を以て処断せられたる未丁年者は懲治場に送らるゝと雖も懲治場は監獄の高壁中にあれば此又少年を教育する適地にあらず」と繰り返し語った。「欧米各国何れの国に往くも悪少年を教育する感化場は此を監獄と分離し、山青く水清き尤も天然の感化多き地」で行っていると述べ、日本においても監獄とは別個に「家族制度の裡」で教育を行う感化院が必要と考えたのである[64]。

　その後、キリスト教徒の教誨師任用をめぐる巣鴨監獄教誨師事件を経て教誨師を辞任した幸助は霊南坂教会と京橋組合教会との合併に際して霊南坂教会牧師職も辞し、1899 年 5 月、警察監獄学校教授に就任する[65]。そして、有馬四郎助の協力を得て、家庭学校用地を購入した。

 ## おわりに

　平等思想を契機としてキリスト教に触れた幸助は、多くの人々に支えられながら学び、牧師となり教誨師となった。丹波では小塩高恒や田中敬造に出会い、北海道では典獄大井上輝前、原胤昭、新渡戸稲造や有馬四郎助らに出会っている。幸助は大井上や原とともに監獄改良を模索し、雑誌を発刊し、国有未開地の開拓による出獄人保護会設立を企図した。また監獄研究を通して渡米し、開放処遇の思想や夫婦制で営まれる感化院の存在を知ったのである。この時期の幸助の営みは、その後の家庭学校の創設とその展開の基礎が築かれた時期であった。

註
(1)　二井仁美『留岡幸助と家庭学校——近代日本感化教育史序説』不二出版、2010 年
(2)　本章は、室田保夫『留岡幸助の研究』（不二出版、1998 年）によるところが大きい。

(3) 前掲註（2）、pp.67-68。「留岡夏子女史の記録」『弘道』444、日本弘道会、1929年5月、p. 52

(4) 中濱東一郎「肺『ジストマ』及肺『ジストマ』之説」『中外医事新報』71、中外医事新報社、1883年2月、pp.8-16。関環著、田澤敬與校補、原田豊閲『診断図説』関環他、1885年、p.103

(5) 赤木は、幸助に、岡山の風土病である肺ジストマの研究を行いつつ施療所を開いていたアメリカンボードの宣教医ベリー（Berry,John.C.、1847-1936）の診察を受けるよう紹介する（留岡幸助『赤木蘇平翁』警醒社、1905年）。岡山病院顧問医でもあるベリーは、日本の監獄を視察し、1876年、外務卿と内務卿にベリーレポート「獄舎報告書」を提出した日本の監獄史上、重要な人物でもあった。日本の監獄の状態とともに、スコットランドの Industrial School やイギリスの Reformatory School に言及したベリーの報告書は、各地の監獄職員によって読まれ、これに端を発し1879年、内務省に監獄局が設置されるにいたるものである。長沼友兄「明治初年代における欧米感化事業との出会い」『非行問題』204、全国児童自立支援施設協議会、1998年、pp.81-101

(6) 一色哲「キリスト教と自由民権運動の連携・試論—岡山と高梁を事例に—」『キリスト教社会問題研究』43、同志社大学人文科学研究所キリスト教社会問題研究会、1994年、pp.134-165

(7) 高梁基督教会120年史編さん委員会『高梁教会百二十年史』日本基督教団高梁教会、2002年、p.2

(8) 井上勝也「留岡幸助 人と思想（一）」『キリスト教社会問題研究』23、1975年、pp.134-135

(9) 留岡幸助「ベレー師と私の発心」『人道』282、人道社、1929年4月、p.3

(10) 前掲註（9）

(11) 前掲註（8）、p.134、前掲註（2）pp.57-60

(12) 留岡幸助「奉教の由来」『人道』308、1931年6月、p.4

(13) 前掲註（8）、pp.134-135

(14) 松村介石『信仰五十年』警醒社、1926年、p.81

(15) 前掲註（2）、pp.69-71、松村介石「往時を省みて」牧野虎次編『留岡幸助君古稀記念集』留岡幸助君古稀記念事務所、1933年、pp.740-750

(16) 井上勝也「留岡幸助 人と思想（二）」『人文学』129、同志社大学人文学会、1976年、p.60

(17) 松浦政泰『同志社ローマンス』警醒社書店、1918年、pp.151-153

(18) M.L.ゴルドン「留岡幸助と今治教会」『創立九十年記念誌』今治教会、2004年、p.54

(19) 前掲註（16）、pp.59-92。前掲註（2）、pp.69-71

(20) 留岡幸助「孤児の父石井十次」『福音新報』971、1914年2月

(21) 前掲註（2）、pp.143-185

(22) 小塩高恒「留岡翁丹波に居りし頃」『人道』復刊23、1935年4月　＊復刊は家

庭学校発行

(23) 土井洋一『家庭学校の同行者たち』大空社、1993 年、p.191

(24) 原胤昭は、出版条例および新聞紙条例違反で収監された経験から監獄改良を志し、東京第一基督教会（後の霊南坂教会）牧師小崎弘道の紹介で、坂部寔の下で兵庫県仮留監職員（後に教誨師）となった。アトサヌプリの釧路監獄署硫黄山外役所を視察しその実態を大井上輝前に報告したことから硫黄山外役所廃止に貢献し、1888 年、大井上の要請により釧路監獄所教誨師となった。赤司友徳『監獄の近代──行政機構の確立と明治社会』九州大学出版会、2020 年、pp.219-220

(25) 留岡幸助「渡道惜別の記」1891 年 3 月 17 日～ 31 日『留岡幸助日記』1 巻、pp.125-129

(26) 留岡幸助「丹波教会諸兄姉宛書簡」1891 年『留岡幸助著作集』第 5 巻、pp.18-20。幸助は「金森小崎の両兄と同志社を信ずるの厚きが為に、小生の如きものを厚遇」されたと感謝している。

(27) 留岡幸助「三十五年前を顧みて」『人道』229、1924 年 11 月、p.5

(28) 1893 年 11 月に内務省は教誨師判任待遇を取り消し「事実上傭人扱い」になる。前掲註（24）、p.190

(29) 阿部政恒、松尾音次郎、原胤昭、水崎基一、山本徳尚、大塚素、篠宮拯吉、末吉保造、中江旺、山本徳尚、牧野虎次が教誨師として赴任した。キリスト教精神に基づき監獄改良や更生保護などの社会事業を行った彼らは「北海道バンド」と呼ばれた。前掲註（2）、p.204

(30) 受刑者には加波山事件や静岡事件で投獄された自由民権運動家もいた。前掲註（26）

(31) たとえば、好地由太郎は家族の離散と母の死去により孤児となり、「父の借財の為に質」として諸家で酷使された幼少期を経て、17 歳のときに罪を犯し無期徒刑囚となった。野辺地三右衛門編『鉄窓の二三年──好地由太郎懺悔談』中庸堂、1907 年、pp.4-32

(32) 前掲註（31）、pp.55-61

(33) 好地は 1904 年に仮出獄し、家庭学校の「校務を助け」るようになった。前掲註（31）。幸助は「同監に於ける余が『バイブル、クラス』五百有余の生徒中最も能く忠実に学びたる一人」として好地を評している。

(34) 留岡幸助「明治二十四年役人在監囚徒数」『留岡幸助日記』1 巻、p.280

(35) 前掲註（34）、pp.280-281

(36) 前掲註（34）、p.280

(37) 留岡幸助「明治二十四年九月五日のガス爆発」1891 年 9 月 5 日『留岡幸助日記』1 巻、p.283

(38) 留岡幸助「釧路分監出張旅程里程表」1891 年、『留岡幸助日記』1 巻、pp.150-151

(39) 留岡幸助「羈旅漫録」1891 年、『留岡幸助日記』1 巻、pp133-153

(40) 前掲註（39）、pp.134-135。葛井義憲「新渡戸稲造と留岡幸助――『小さき者』の側で」『名古屋学院大学論集』3、2003 年、pp.102-116。三上節子「留岡幸助と新渡戸稲造の交流」『新渡戸稲造の世界』20、2011 年、pp.155-164

(41) 前掲註（39）、9 月 23 〜 25 日、pp.134-135

(42) 前掲註（39）、9 月 23 日、p.134

(43) 前掲註（39）、10 月 1 〜 4 日、pp.137-138

(44) 高倉新一郎『北海道拓殖史』柏葉書院、1947 年、p.111。飯田耕二郎「赤心社」『日本キリスト教歴史大事典』教文館、pp.782-783

(45) 前掲註（39）、10 月 3 〜 4 日、p.138

(46) 雑誌は囚人向け月刊誌『同情』として 1892 年 2 月に創刊され後に『教誨叢書』と改称された〔前掲註（2）、pp.120-222〕

(47) 前掲註（39）、10 月 12 〜 16 日、pp.143-144

(48) 前掲註（39）、10 月 16 日、p.144

(49) 前掲註（39）、10 月 17 日、p.145

(50) 留岡幸助「市来知日記」1891 年 11 月 8 日、『留岡幸助日記』1 巻、p.155

(51) 前掲註（50）、11 月 15 日、p.182

(52) 前掲註（50）、11 月 13 日、p.156

(53) 前掲註（1）、p.57

(54) 前掲註（2）、pp.252-254

(55) 前掲註（1）、pp.63-74

(56) 留岡幸助「新約克州立感化監獄視察記　第参号」1895 年 <No.20050>

(57) 留岡幸助「手帖」1895 年 5 月 20 日 <No.20047>

(58) 前掲註（1）、pp.68-76

(59) 前掲註（1）、p.71

(60) 全国教護協議会『教護事業六十年』1964 年、p.14。前掲註（1）

(61) 前掲註（1）、p.85

(62) 留岡幸助『慈善問題』警醒社、1898 年、p.13

(63) 前掲註（62）、p.119

(64) 前掲註（62）、p.120

(65) 有馬は、幸助が北海道集治監に勤務していた時代に網走分監長であり、教誨師大塚素の働きかけでキリスト教を学び、1898 年 5 月に幸助から洗礼を受けたばかりであった。日清戦争後、1899 年に外国人居留地が廃止され、外国人が国内の各地に自由に居住できる「内地雑居」の実施を控え、監獄改革の一環として有馬は真宗大谷派の教誨師に代えて、キリスト教徒の教誨師を配置しようとしたのである。仏教界をはじめメディアでの批判を受け、有馬は市ヶ谷監獄典獄に、幸助は警察監獄学校教授に就任することで巣鴨監獄を離れることとなった。（遠藤興一「巣鴨監獄教誨師事件とその周辺」『日本キリスト教社会福祉学研究』

14、日本キリスト教社会福祉学会、1981 年、pp.63-84、井川裕覚「明治後期の福祉領域における宗教の公共的機能 : 巣鴨監獄教誨師事件とその後の展開」『宗教と社会貢献』12-1、「宗教と社会貢献」研究会、2022 年、pp.1-27）。

第 2 章

家庭学校北海道農場と社名淵分校

二井仁美

恵の谷入り口（校門と三百間道路）
絵葉書「家庭学校北海道農場」1918 年より

● はじめに

　留岡幸助は、1899（明治32）年、東京巣鴨に家庭学校を創設し、1914（大正3）年、家庭学校北海道農場と社名淵分校を開設する。大自然のなかで「能く働き能く食べ能く眠る」という「三能主義」に基づく生活を通して感化教育を行うという目的と、小作料による学校の経営的自立と、卒業生を含めてさまざまな人々がともに生きていく新しい理想的な農村創設をめざしたのである。幸助はどのようにしてその理想に邁進したのであろうか。同志社英学校の先輩であり、ジャーナリスト徳富蘇峰に、折々に家庭学校北海道農場社名淵分校の様子を伝えている。本章では、蘇峰に宛てた書簡などを手がかりに、家庭学校北海道農場と社名淵分校の開設にいたる幸助の思想と実践、草創期の社名淵分校における教育の諸相を描く。

● 第1節　家庭学校の創設

1　家庭学校という校名

　1898年2月から3月にかけて、幸助は有馬四郎助とともに、みずからが創設する感化院の候補地の視察を重ねていた。そして明治女学校の巌本善治の紹介で東京府北豊島郡巣鴨村大字巣鴨2617番地（現、豊島区上池袋1丁目37番1号、上池袋東公園）の3,585坪を感化院用地とすることとした。同志社英学校教授ゴルドン（Gordon, M. L.）による1,000円の寄付のほか、霊南坂教会の信徒吉村鉄之助（1858-1938）、大倉組技師の奥江清之助（1855-1939）らに融資を受ける[(1)]。ここが幸助自身の理想を具体化する最初の舞台となる。

　幸助は自身の感化院を創設するに際して、施設名を家庭学校と命名した。すでに「一種の監獄と同一視」されている「感化院」という名称を避け、「家庭」であり「学校」であろうとする理想を校名に託したのである。「○○感化院」という校名は、そこに在籍する者に卑屈な思いを抱かせたり、また世間の人々に「監獄の子ども版」というような眼差しを向けさせたりする。それは教育にとって不適切であると考えたのである。幸助のこの考え方はその後、創設され

24

た感化院の施設名にも影響を与え、新しい施設は「○○学校」あるいは「○○学園」と命名されるようになった[2]。

幸助が創設に際して発表した「家庭学校設立趣意書」は彼の少年観を示している。そこには、「不良少年の多くは悪むべきものにあらすして寧ろ憐れむへきもの」である。世の人々は「不良少年」を「悪む」が、少年たちは「幼にして父母を失ひ四方に流浪し、仮令父母ありと雖も其家庭紊乱して秩序なく、実に罪悪の練習所」であり「知らず識らずの間に不善の境遇に陥」ったから「不良少年」になってしまった。また、ある少年は「天災地変に遇ひ、一家離散衣食に欠き、或は流離顛沛に際し道路に彷徨し、往々悪化せらるゝもの」である。それは「其人の罪」ではなく「境遇の不良」を原因としており、それゆえに少年の「境遇の転換」が必要であり、「境遇を一転し、之をして善良なる家庭の裡に置」くために家庭学校を設立すると述べられている[3]。

幸助は、1900年には『監獄改良』という本を出版した。そこにおいても、「無教育、無宗教、職業の欠乏、懶惰、不良の家庭、悪友、貧困、少年を悪に使嗾するもの、天変地妖、遺伝、戦争、飲酒等」が少年を「悪に導く重大の原因」となり、「境遇即ち周囲の悪感化」が問題であると語っている[4]。それゆえ、少年を「善良なる境遇」に置き、病弱な者を伝染病者から隔離するように、少年たちを監獄以外の場所に置き、「最も自然の感化に接し易き地」で「感化」することが必要である。そのためには、まず体育を十分に行って「身体の健全」を計るとともに「頭脳神経筋骨等を円満に発達」させ「壮快活発」なものとし、「規律を重んじ勤勉を楽しま」せ、「次に普通学術と工芸」により「知識を錬磨し才能を啓発し独立の精神を養」い、同時に「霊性の教養」によって「根本的に其人となりを陶冶」することが大切である。そのようにして「善良なる習慣を養ひ健強なる身体と活発なる精神とを培ひ道義の念を盛ん」にして「品性を一変」させることが感化事業であり、結果として「犯罪を未明に防」ぎ「社会の幸福を増進」させ「一個人を其幼時に於て救済する」ことをめざした。幸助は、一棟ごとに一家族として、家族長、家母が「信仰」に基づく「愛心と同情と忍耐と懇切と威権と規律」によって少年を「保護薫陶」し「宗教学術職業を与」え、数個の家族で感化院が一社会を形成するあり方を構想した[5]。

2　家庭学校の教育方針

　幸助は、「家庭学校概則」[6]に家庭学校の目的について、「官庁の説諭」や「一私人の勧誘」あるいは「父兄の嘱託」によって送られる「不良少年を父兄に代りて教養する」ことと述べた。「入校」対象は8歳より16歳までで、①「改心」することが難しい少年や「品行方正」でない少年、②「浮浪漂泊」の少年、③「不道徳なる父母」の下にいて適切な教育を受けられない少年、④「犯罪の傾向」があるものの「改良の見込」がある少年、これらのいずれかに該当する者である。

　「家庭学校概則」には、そのような少年に職業を授けることを中心とし、徳育、智育、体育、宗教（キリスト教）による教育を行うと定めた。その際、「勤勉、独立、正直、清潔」を「四大主義」として掲げ、それを統括するものが「活ける信仰」と位置づけた。

　しかし、家庭学校におけるキリスト教は、生徒や職員にキリスト教信仰を求めるものではない。幸助は「監獄に関する金言」として「愛は最堅最強の障壁に勝る」というヴィッヘルンの言葉を掲げたが[7]、それは、スティーブンソンがヴィッヘルンの思想を紹介した際に記した、"No wall is the strongest wall where the spirit of Christ is." という叙述に基づいていた[8]。つまり、"Christ" を幸助は「愛」と訳し、家庭学校でもっとも大切なことは、「教員と生徒の間に愛情」があることとしたのである。

　幸助によれば、生徒が希望を抱くことができるように、心の底からその人を奨励し自奮を促し、意思を活動させることが重要であり、そのためには教師と生徒の間に慈愛の心と感謝の念を起こし、愛情を発揮することで人は希望を抱くと考えたのである。それゆえ教師は言葉で説明するのでなく、活きた模範として生活し、生徒たちに多方面に興味を起こさせることが必要であり、それには自然を学ぶことが大切であると考えた。つまり、教師が生徒に与える「感化」、環境が生徒に与える「感化」を大切にしたのである。幸助によれば、それこそがイエス・キリストが実践した教育ということになる[9]。

　また職員の構成には女性の存在を不可欠と位置づけた。「家庭の道徳的中心力は主婦にある」と考えたのである。具体的には女性教師2人、男性教師1人、

他から助ける教師が1人の、合計4人で1家族舎を構成するとし、夫婦であるべきとは述べてはいなかった[10]。

　大切にしたのは、「家族制度（ファミリーシステム）」であり、「生徒を家庭的愛情の裡に薫陶する」ことである。人と人が信頼と愛情で結ばれそこで安心して生活できる「和気藹然（あいぜん）」とした家庭的環境こそが必要であり、そのためにも、生徒と教職員が一緒に住む家屋「家族舎」に逃亡防止のための塀や柵、鍵があってはならないと考えた。家庭的な環境とは、開放的な環境を基本とするのであった[11]。

　また、幸助は自然の豊かな環境であることも大切にした。彼は、「境遇の転換」という言葉を用いて、少年がそれまでに置かれてきた環境を転換することを重視した。自然のなかで体育を重んじ、午前は学科、午後は農業や家畜の飼育などの労働や工芸教育という日課を通して、少年に労作の習慣をつけようとした。同時に、性情を和らげ優美な心情を養うため音楽に親しませることも大切にした。さらに、模擬店や園遊会、作品展、遠足、臨海生活、運動会、クリスマスなどさまざまな学校行事を催し、少年たちの成長を期待した。このような幸助の家庭学校における教育は、ペスタロッチのいう「生活が陶冶する」という思想に基づくものである。幸助は、健全な社会的観念も、高尚な社会思想も、幼少時の家庭での共同生活を出発点とし、その日常生活を通しての訓練により生まれると捉えていた。自分が使う部屋や自転車、トイレなどの掃除、靴磨きや水汲み、風呂番など、毎日の生活に必要な家事労働を担うことが、一人ひとりに家族や社会に対する義務を理解させる契機になると考えたのである[12]。

3　家庭学校慈善事業師範学校

　1900年、内務省の小河滋次郎と窪田静太郎によって起草された感化法案が帝国議会に提出され成立した。幸助は、感化法の成立を評価しながらも、感化院の職員や院長の養成が重要であると論じている[13]。

　草創期の家庭学校において、短期間で辞職する職員も少なくなく、職員養成は幸助にとって切実な課題であった。彼は、国による職員養成機関（1919年）の開設に先だって、1901年秋、家庭学校内にみずから慈善事業師範学校を併設する。

　20歳以上の体力のある男女で、感化教育を含む慈善事業に従事する「決心」

がある者に数学、地理、歴史、漢文、作文、生理を試験科目とする入試を実施した。家庭学校慈善事業師範学校の修学課程は2年間で、聖書、慈善事業、心理学、歴史、犯罪学、社会学、教育学、倫理学、英語などを、1年生は週16時間、2年生は週14時間、修め、並行して実務演習を行うというカリキュラムであった[14]。

この師範学校から、1922年6月までに、75名が旅立ち、各地の感化教育の担い手となった。この師範学校に学んだ品川義介が後に家庭学校社名淵分校の最初の寮舎掬泉寮の寮長となる。幸助は、将来的には師範学校を改造して「社会大学」とし、講堂、図書館、寄宿舎を配して「社会問題に関する専門的知識」を教授する場を創設する夢を抱いた[15]。

4　思斉塾と雑誌『人道』の発刊

家庭学校は、たんなる感化院ではなかった。当初は「遊撃隊」と呼ばれた校内の寄宿学生の組織は、その後、そのメンバーの一人である東京帝国大学学生藤田俱治郎によって思斉塾と命名される。思斉塾の生徒は、校内に住み朝は家庭学校の日課にしたがって生徒とともに作業を行い、ときには生徒に勉強を教えるなど、生徒に良好な感化を与えることを期待される存在であった。在籍者には、東京帝国大学学生大塚小一郎のように、大学に通いつつ、家庭学校慈善事業師範学校で英語教師を務めた者もいた。また留岡幸助の息子たちも一定の年齢になると、思斉塾に生活しながら学校に通い、さらに、家庭学校の卒業生で上級学校に進学した者が在籍することもあった。

前述の大塚は後に日本銀行監査役、藤田俱治郎は鹿児島、栃木、千葉県内務部長を経て台南・台北各州知事になった。また、思想史研究者で早稲田大学教授となる井伊玄太郎、化学者で静岡大学教授となる江見節男、砂防工学者で京都帝国大学教授となった村上恵二、地理学者で愛媛大学教授となった村上節太郎など、学界で活躍した人もいる。さらに、大原紡績会社勤務、合同新聞社長を経て岡山市長となる橋本富三郎、大蔵省勤務を経て戦後、通産相、法相、衆議院議長を歴任する前尾繁三郎など、政界で活躍した人、神戸新聞や平民新聞などでペンを振るった社会主義ジャーナリスト赤羽一も思斉塾の出身者であった。後に早稲田大学文学部教授となる早稲田専門学校生横山有策のように、一

時期、家庭学校職員として働いた者もいた。出身者は退塾後、各界で活躍し、家庭学校の理解者であり応援者となった[16]。

さらに、幸助は1905年、家庭学校内に出版を行う人道社を設け、月刊雑誌『人道』を発刊する[17]。『人道』は家庭学校のたんなる機関紙ではなく、広く教育や慈善事業、宗教や社会問題を扱い、社会のあり方全般について世論の喚起と専門性の向上をめざす総合雑誌であった[18]。『人道』には多くの思斉塾出身者が寄稿しその紙面の幅を豊かにした。

このように、幸助は家庭学校をたんなる感化院にとどまらず、多様な人がともに生きる処とし、そのめざす思想と実践を雑誌を通して共有しようとした。それは、北海道集治監教誨師時代に、雑誌を刊行し、「清農部落」を創設し、人々がともに生きる場所を開設しようとした企てに通じる実践であった。

5　感化法と家庭学校

家庭学校では、1902年9月に第二家族舎が完成し、年少者を第一家族舎、年長者を第二家族舎と分けるようになった。この時期、年末生徒数は20名前後となる。1900年に感化法が公布されたものの、草創期の家庭学校はたんなる私立感化院であり、感化法により生徒を受け入れることはなかった。

感化法は、1908年に改正され、全国の府県に感化院を設置することが義務づけられた。この改正を受け、東京府は家庭学校を府の代用感化院に指定する。その結果、家庭からの直接の依頼による入校者ばかりであった家庭学校に、感化法の命令による生徒が加わることになった。幸助はこのことを「厳悪少年」を受け入れると捉え、4家族舎の一つを塀で囲い、格子をつける工事を行い代用感化院専用寮の家族舎とする[19]。

この家族舎に入った生徒のなかには、繰り返し無断外出を行い、またけんかをしてほかの生徒にケガを負わす者もいた。塀で囲われた家族舎の生活に生徒の不満も募り、この家族舎を担当した職員錦古里忠次は感化教育の困難に伴う問題を指摘した[20]。問題の中心にいた3人の生徒について処遇が検討され、1人は保護者に返し、1人は精神病院へ入院させ、1人は小笠原の農家に委託することになった。これが家庭学校における小笠原諸島への生徒委託の最初である[21]。

そして、代用感化院専用寮の塀はほどなく撤去される。その後、感化法により入校する者と私的に入校する者が一緒に生活をする形で教育が営まれた。

　ところで、家庭学校を退校した者は、その後、どのように生きたのであろうか。1909年刊行の『家庭学校回顧十年』に掲載された報告によると、創立以来、10年間で家庭学校を退校した94名は、家庭学校で教鞭を執る者1名、米国留学者6名、農学校・中学校等への進学者21名、商工見習中12名、家業その他に従事する者25名、兵卒3名、死亡3名である。同書は、入校生徒68％が良好な状況であり「好成績」であると報告している[22]。

　幸助は人的環境という点においても、自然環境という点においても、「善良なる境遇」に少年を置き、キリスト教や「温情」豊かな家庭的環境、体育や遊戯、音楽、義務教育や実業教育、補習教育を基本とする生活を大切にし、少年にとって「居心地の良い」環境をつくり出すことの成果に手応えを感じていた。16年間の巣鴨での「実験」を通して、幸助は一定の成果を得たと感じ「一層の勇気を鼓して」事業を拡張することとした[23]。

第2節　家庭学校北海道農場の創設

1　「感化農場」と新農村の創設計画

⑴　「農業的感化院」と「健全なる新農村」の建設

　家庭学校北海道農場と社名淵分校の開設は、「人間と自然の共同作業」として、感化教育における「農業方面を大に拡張」させる計画である。新しい事業は、「試験田」で行った感化教育を拡張し、将来150人を収容する「農業的感化院」＝「感化農場」を経営するとともに、150戸の小作人を入れ「健全なる新農村」の新設を企図したものである[24]。「農業的感化院」＝「感化農場」たる社名淵分校（感化部）と、「殖民農場」たる家庭学校北海道農場において、「健全なる新農村」を建設し、その小作料で感化部たる分校を経営する計画であった[25]。

　自分が生きているあいだに「成功を見ることが出来」ないと語りながらも、幸助は渾身の力をふるって荊棘を拓き「感化農場」を経営し、さらに「一歩を進めて理想的農村」をつくりたいと抱負を語った[26]。

⑵　家庭学校北海道農場のモデルと「汗の教訓」

　幸助によれば、かつて慈善事業や救児事業は寄付金頼みの経営であったが、近年、「独立自営」が模索されるようになったという[27]。岡山孤児院の宮崎県茶臼原の開拓、上毛孤児院の北海道陸別での農場開設、汎愛扶植会の朝鮮大邱での農場開設などの例をあげた。

　また、イギリスでは、都会で浮浪していた児童をカナダや南アフリカなど植民地の「健全な家庭」に托して農業に従事させている。それは、慈善事業を自営すると同時に、収容者を国内の激烈な生存競争から守り、彼らに将来的な成功のチャンスを与え、かつ「大英帝国を世界に樹立」させるものであるという[28]。

　さらに、スイスのヴィッツヴィル刑事施設では、行政から提供を受けた沼地の開拓を職員と収容者（元路上生活者）が共同で行うことで、施設経営を独立自営のものとすると同時に、出所者の自立の場を提供し「成功」させていた[29]。かつてヴィッツヴィルを訪問した幸助は、職員と収容者が共同で生活する様子に「さういふことをしても宜いものか」と唸るほどの感動を覚えていた[30]。

　幸助の構想する家庭学校における「新農村」の建設計画は、未墾の国有地を開拓するものである。ヴィッツヴィルと同様、生きる場所自体を人々が拓く計画である。予定の払い下げ地 1,000 町歩のうち 800 町歩を 11 年間に開墾し、そのうち 50 町歩を学校の自作農地、残り 750 町歩を小作地とし、1 戸 5 町歩で 150 戸の小作を入植させ、その小作料を家庭学校の社名淵分校（感化部）の運営経費とすることを企図したものである。寄付に依存せず事業の「独立自営」をめざすものであった。

　開拓により土地を耕し、農業に従事することで少年に「独立自営の気象」を培い、その成長を促し、さらに卒業後、彼等に定住の地を提供しようと計画したのである。このようなあり方が「コロニー・システム」と呼ぶものであった。

　そこには、「汗」を流すことは「生理的にも精神的にも健康の源」であり、「膏汗を出すほどの勤労」は「身体の革命」を引き起こし、「人間を向上発展」させ「社会を進歩発達」させるために不可欠であるという幸助の思想があった[31]。「汗の教訓」と幸助が呼ぶ考え方は、今日の北海道家庭学校で重視される「流汗悟道」の思想に通じるものである。

⑶　北海道土地選定行

　幸助は、北海道家庭学校の土地をどのように知り、どのように入手したのであろうか。

　彼は、1913 年 9 月、北海道土地選定の旅に出た[32]。

　函館では北海道庁の函館支庁長らに会い、その後、札幌では北海道庁拓殖部長西村保吉の自宅を訪問している。西村の妻の実家は、幸助が愛媛県今治に逃れていたときに厚遇を受けた今治教会の信徒であった[33]。

　翌 29 日は、北海道庁で内務部長、土木部長に会い、国有未開地処分法に基づき道が売払いを予定する原野などについて調査し、夜は西村を再訪し、長官の「同意の言」を得ている。北海道庁長官の理解と、道庁関係者らの入植予定地についての情報を得て、9 月 30 日には「愈々北見原野に行くことを定む」と、候補地を北見地方とすることを決めている。

　北見地方に近い女満別には、京都で平安養育院第二支部を開設し、1911 年に移住した古川専太郎がいた。彼は自身の経営する古川農場に巣鴨の家庭学校の卒業生を複数、受け入れていた農場主であった。幸助は古川から払い下げの土地情報を「いちはやく」得ており[34]、候補地を北見原野に求めたのは古川農場の存在が影響していると考えられる。

　その後、岩見沢では空知支庁長、網走でも支庁を訪れ、家庭学校北海道農場の土地選定旅行は、要所で道庁と各支庁長との面談を重ねつつ進められた。旭川では道庁職員の加藤木保次、太田太吉が設計と見聞のため合流、網走では「サナプチ原野」を実見するため佐藤利島技手らが同道し協力した[35]。

　このように、幸助は道庁の協力を得つつ北海道に農場と分校を開設する計画を推進したが、それだけでなく、北海道に住むさまざまな知己にも相談した。たとえば、函館では、訓育院長横山軫や同職員で家庭学校元職員の錦古里忠次、札幌独立教会では友人の内田武士郎や神田重慶に会っている。神田はその後、家庭学校北海道農場の職員になる。また旭川では留岡幸助が牧師をしていた頃、丹波教会の信徒であった田中敬造の家に泊り、女満別では古川専太郎と合流し、ともに土地踏査を行った。

　10 月 3 日、上生田原まで列車で移動した幸助は、馬に乗り遠軽に向かった。同日、遠軽青年団体のために講演を行い、4 日、5 日と山中を調査した[36]。

幸助ははじめて訪れたサナプチについて、次のように記している。

　　地勢は南北に面し、字「リオミイ」川上流及字「サナプチ」川左岸にある丘陵地なり。然れとも、急峻ならざるを以て、牧場として適切の所なり。乙六百八十一万六千二百五十坪。

　　気候　初霜九月中旬より九月下旬に至る。晩霜五月下旬乃至六月上旬なり。降雪は十一月初旬にして、融雪は四月下旬。積雪量平年三尺内外なりと謂ふ。

　　土性及植物　乙丙地は表地二、三寸より四寸に至る。腐植土及腐植質壌土にして、次層は埴土に礫を混入せり。

　　牧場地　植物は、乙地の南方に面する部分に於ては多くは無立木地にして、其他は「なら」「はりぎり」「いたや」「かへで」「しらかんば」「どろのき」等なるもの頗疎林なり。樹下は小笹、かや、はぎ其の他の雑草生せり。

　　河川及用地　原野内を流るゝ水流は清澄にして飲用に適す。

　　交通及市場　甲原野入口より最近遠軽市場を距る約二里半。乙内原野より約一里。何れも既成道路にして交通便なり。遠軽市場は二十戸以上の戸数ありと雖、日用品購入差支なく弁することを得。然りと雖附近住民の多くは、湧別に於て重要品の購入及生産物の販路を求むと言ふ。

　　附近の農況　原野附近は近来の新移民にして、現今盛に開墾中なり[37]。

　川岸に近い丘陵地で牧場に適した土地があること、礫（れき）が混入する地層があるものの表地は腐植土で飲用に適した清流が原野を流れること、また、土地の入口から市街地までは4km程度のところにあり、日用品の購入には困らないことなど、好意的に受けとめている。9月中旬から5月下旬また6月上旬まで霜が降り、11月初旬から4月下旬まで雪が降るという気象情報とともに、新しい入植者により開墾が進む地域であると記している。

　この視察を経て、幸助は、この北見国紋別郡（もんべつ）上湧別村（かみゆうべつ）字サナプチの地を新たな計画の舞台とすることを決め、1913年10月、家庭学校の理事早川千吉郎、大倉粂馬、吉村鉄之助、小林富次郎、江原素六、有馬四郎助らの連署により、土地の売払いを道に申請する書類を作成した[38]。そして、家庭学校ではこの

地を家庭学校北海道農場（その後、白滝に第二農場を開設してからは、家庭学校北海道第一農場）とした。

　北海道国有未開地処分法に基づいて、売払いを申請した土地は自作地と小作地からなる。地番920番地ノ4の土地（原野219町4畝2歩、在置地42町4反歩）、918番地の土地（原野497町14段8畝15歩）を自作地とした。この土地の代金は、237円37銭、立木代金31円12銭であった。また、地番918番地（原野88町3反8畝29歩）、919番地（原野3町8反3畝）、920番地（358町2反3畝27歩）、921番地（原野1町8反7畝12歩）を牧場用地に、922番地（263町8反9畝19歩）を畑用地とし、これら合計716町2反2畝17歩を小作地として売払いを申請した。小作地の土地代金は2422円56銭、立木代金は131円42銭であった[39]。ともに、1915年から10年間で開墾をする計画で、成功期限は1924年である。つまり、1924年までに開墾状況の検査を受け、計画の「成功」が証明されればこの地が家庭学校の用地となるという計画である。申請後、1914年9月30日に北海道庁「指令番号六五九二」として、売払いが許可された[40]。

2　家庭学校北海道農場の始まり

⑴　職員と生徒による開拓

　家庭学校北海道農場には、1914年4月、元道庁技手福田福松が主任として着任し開設準備にあたった。

　福田に「至急開墾に従事する者を送り来れ」と求められた幸助は、6月5日、巣鴨の家庭学校から職員鈴木良吉（1885-1965）をサナプチに向かわせた。北海道へ行くことを希望していた助手（卒業生）と生徒2名が同道した[41]。

　鈴木は、秋田県平賀郡田根森村に生まれ、旭川中学校、札幌農学校を卒業後、東北帝国大学農科大学助手を経て、朝鮮大邱扶植農場に1年余り勤務し、1913年11月に家庭学校に採用されたばかりであった[42]。彼は、幸助から北海道農場開設の「計画を懇々と説き聞かされ、そして君行って農場をやれとの厳命を受け[43]」たという。

　1914年6月はじめ、北海道出発に際して「沈痛にその期する所を述べ[44]」た鈴木は、3人とともに列車を乗り継ぎ、留辺蘂の駅からの12里を徒歩でサナプチに向かった。鈴木は「人にはほどんど迎えられない」ものの「ふくいく

34

たるスズランの香り」が「一行を迎え慰めてくれ」たと回想している⁽⁴⁵⁾。

到着後、4人は「十坪ばかりの納屋」で「半分は米麦、味噌、醤油の樽でふさがり、残りの半分」で雑魚寝の生活をしながら、日々、開墾に従事した⁽⁴⁶⁾。農場日誌は、雨のなか農耕地付近の樹木の「皮剝」を始めた6月23日の記述に始まる。樹木の皮を剝ぎ、鍬の柄をつくり、畑の除草を行い、毎日、3〜4反歩ずつ耕し、開墾地を広げ蕎麦や大根、菜豆の種を蒔いた⁽⁴⁷⁾。7月6日には、馬1頭を用いてハローという道具で蕎麦畑の整地を行い、7日には蕎麦畑の畦切り、8日に蕎麦の条播をした。日によっては馬を2、3頭、生徒のほかに2、3人の作業者を雇い、新墾地を広げた。7月下旬には蔬菜畑の除草と併行して、キャベツの虫取り、人参の間引き、葱の定植などをしつつ、苺ジャムの製造実習を行い、事務所付近に花壇をつくり、花を植えた。

そのような7月26日、夜来からの雨が「山より川の如き流れ」となり事務所の敷地を襲った。また大根畑も約2畝歩、被害に遭った。鈴木たちは水の「流る勾配を見て」排水溝の必要を痛感し、「溝梁を作る方向を実際」に確認した。そして、雨上がりの翌日、早速、排水溝工事に着手し防水を行った。

1月余りのあいだに、鈴木と少年たちは疲労で病に伏せたり、雨による被害を受けたりなどしつつも、全力で開墾にあたり、農場内のオンコの木で事務所の前に門柱を立て、7月末日、校長幸助の到着を迎えた⁽⁴⁸⁾。

(2) 留岡幸助の北行

幸助は7月13日に上野を出発している。彼は北海道農場開設に際し家庭学校の経営に専念するため、内務省地方局嘱託の仕事を辞めた。嘱託辞任の挨拶状を受け取った多くの内務省関係者や全国の府県や郡役所の職員、教会関係者は幸助に激励の書状を送ったが、東京出立に際しても50名を超える人々が見送りにきた。『人道』にはその様子が詳細に報じられている。「よもや君が三等に乗って行く」とは思わず二等列車に見送る相手を探し続けた紳士が三等列車に幸助をみつけ談笑している様子、内務官僚井上友一が「あの小さい子供を、誰か負ばんと面白ない」と指さす所に幸助の4歳になる八男が父を凝視する姿、判事三井久次（後に東京少年審判所審判官）が「フレー、フレー、留岡先生万歳」と叫んだことなどが描かれている。幸助と家庭学校北海道農場の出発が、いか

に多くの人によって応援されていたかを窺うことができる[49]。

　幸助は、その後、函館、大沼、小樽、札幌、旭川で行政関係者、地方改良事業・社会事業関係者、キリスト教徒らによる歓迎会や講演会に臨み、あるいは当該地域の施設等を視察した。旭川で巣鴨の家庭学校職員塩見平之助と幸助の姪吉田ケイと合流し、新得、野付牛、留辺蘂を経て７月31日にサナプチに到着した[50]。

　幸助は８月４日、５日と朝食後、聖書の講義を行い、祈りとともに「農場道路開通工事」に着手した[51]。「校内には道路がないから、一歩も内部に入ることができませんので、校長が先頭になって」道路の開鑿を進めたのである[52]。幸助は「移住当時に怖ろしくて困」ったものは、「虻や蜂、蚋や糠蚊」であり、「野鼠が多い」ことであったという。「原生林に這入って最初五町や一〇町や二〇町の小地積を開墾して少々の作物を造った所で、出来上った所の作物は悉く野鼠の食糧に食い尽くされた」と回想している[53]。

　そして８月６日、幸助は同志社の先輩で国民新聞社の徳富猪一郎に、一通の手紙を出した[54]。

　　拝啓仕候
　　　此度の移住開墾につきては　御奨励被下　少からぬ力と相成り鳴謝此事に候　小生こと去月十三日、東京出立　函館　小樽　札幌　旭川の各地に四五日づゝも逗留所用を了へ去る三十一日夕刻安着致候
　　　創業の際とて道路の開鑿荒地の開拓　橋梁の架設　それはそれは忙はしきものに候　人夫二十名計りも入り込み居れば小生人夫頭となりて　督励致居り候
　　　土地は案外によろしく小作人の希望者も多く　前途有望なれば御喜び被下度候　汽車も三里手前まで　此九月には開通致候得者開利不少と存候
　　　払下地壱千町歩の内　五十町歩学校敷地として使用致度　此場所教育地としては何とも云へぬ程　よき場所にして　御覧被下候暁は　御嘆レ感被下候事と存候　是非一度　御来遊被下度候　緩々御銷夏被下候とも食ふことには差閊無之候　先生の御為に一棟の庵を造ても不苦候　御著述には着も妙を極め候

　　このサナプチの渓谷は延長四五里　誠に閑静平和の谷に候　此谷間より
して福音を叫び度　去る日曜日より小集会を開らき神の道を教へ始め候
宗教と農業とは物質と精神上との差こそあれ　そのプロセスは同一なれば
中々趣味有之申候
　　御承知の如く小生は口の開墾は出来可申も手の開墾は少々怪しく候得者
農閑を利用して福音を以て　人心の開拓を致すこと小生には適当致候
　　農民の心を救はざれば　物質の農業も効化（ママ）少かるべしと存候
　　　鶯や籠から春をなきひろげ
は此谷に住む小生の心事に候
右　御報まで如此御座候

草々敬具
留岡幸助

　　八月六日
徳富先生玉榻下

　幸助みずから「人夫頭（にんぷがしら）」として未墾地の開拓にあたったことが記されている。
彼は約20名の人々と一緒に道路の開鑿や荒地の開拓、橋梁の架設などに従事
した。そして、「土地は案外によろしく小作人の希望者も多く　前途有望」と
感じていること、徳富のために「一棟の庵」を造る構想を伝えている。2年後
に幸助は樹下庵という建物を用意し、サナプチで徳富夫妻をもてなした。加え
て、徳富にあてた書簡には、幸助がこの谷間から「福音を叫び」「福音を以て
人心の開拓」を行いたいという願いが伝えられている。
　幸助はその志のとおり、来場以降、日曜礼拝や朝など、折々に聖書講義を行っ
た。そして、そのような幸助の来場は、遠軽のキリスト教徒にも歓迎されてい
る。
　遠軽は、1896年、北海道同志教育会によってキリスト教主義による私立大
学校を北海道に設立するために最初の入植者による開拓が始められた町であ
る[55]。同会は、東北学院創設者押川方義（おしかわまさよし）を会長とし、後に家庭学校理事でキ
リスト教青年会（YMCA）理事長となる江原素六や霊南坂教会牧師の小崎弘道
など、幸助と親しいキリスト教徒らが発起人に名を連ねた組織である[56]。そ

うした歴史のある遠軽の地において、1914年8月9日、日本基督教会、美以_{み い}教会、救世軍の三派連合による幸助の歓迎会が開催された。幸助もまた地域のキリスト教関係者との交流を大切にした。

⑶　命名と開場式の挙行

　その後、8月18日には事務所の前を貫く道路が「略完成」_{ほぼ}した。入口より現在の樹下庵診療所のふもとあたりまで開鑿され、「延長三百間ある故、幸助校長はこれを三百間道路」と名付けた。しかし、「困ったことには井戸を掘っても水が出ない」ため、幸助と鈴木らは「背丈の草をかきわけ、横木、倒木をまたいで、山の奥へと進み」、草の下、木の下をかきわけ湧泉を発見した[57]。これを幸助は生命の泉と命名した。さらに、札幌から人を招き炭焼き釜を設置する場所を定めるため農場内の山林を踏査した。そして、8月22日に恵の谷の数カ所で写真が撮影された。

　幸助は、南北2里（8km）、東西23町（約2km半）に広がる農場内の谷を誠の谷、感謝の谷、恵の谷、生命の谷、平和の谷、望の谷、喜の谷、働の谷、末広の谷と名付け、生命の泉からほど近い丘を望の岡、丘の背後にある山を平和山と命名した。そして、望の岡に「丸太を削って腰掛をつくり、大樹の根株を台として演壇を設けて集会場」とした[58]。この望の岡の「林間礼拝堂」において、8月24日、農場の開場式が挙行された[59]。

　この日は、午後2時頃から降り出した微雨が漸次、激しくなっていったが、鈴木の司会によって3時に式が始められた。讃美歌131番、聖書朗読、遠軽教会山下善之牧師による祈禱後、幸助によって開場演説がなされた。遠軽村長代理、遠軽有志代表三沢恒助、吉田常太郎による祝辞、家庭学校理事田中敬造による謝辞の後、山下牧師による祈禱によって閉会となった。家庭学校では、約150名の参集者に赤飯と茶菓で饗応した[60]。

図 2-1　草創期の家庭学校農場事務所

● 第3節　社名淵分校の教育

1　草創期における生徒の生活

　生徒たちはどのような生活をしていたのであろうか。

　創設当初の生活は、事務所と納屋を兼ねた住宅（後の向陽寮）に職員と生徒が一緒に住む形でスタートした。

　開設当初の日誌を読むと、生徒たちは職員とともに日々、農地の開拓に従事していることがわかる。

　幸助は、北海道農場で最初に生活を始めた3人の生徒と一緒に作業することを通して、次のように述べている。1人は「馬車を御すること」において「第一等の人物」であり、今1人は「騎馬の小名人」で「馬に騎して、使ひに行く」と他とは異なる良い仕事をする。最後の1人は「力業をさせたら、前記二少年などの到底及ぶ所でない」と述べる。つまり、「不良少年は、不親切、不注意な社会と家庭」が「放棄」し、それが原因となり「彼等自身が自らを放棄した」者であるが、人には「個性」があり「それに必ず引き掛り」というべきものがあり、その「引き掛り」を発見すれば活かされるという[61]。

　このコメントは、生活を通して、生徒一人ひとりの得意とするところ、「引

表 2-1　草創期の日課（1914 年冬）

起床	午前 5 時半
朝集会	午前 6 時〜
朝飯	午前 6 時半〜
就業	午前 7 時〜
喫飯	正午〜
休憩	零時半〜
家業	午後 4 時〜
晩餐	午後 5 時〜
休憩	午後 5 時半〜
夜学	午後 6 時半〜
任意	午後 8 時〜
消灯就寝	午後 10 時
雨天の日は半日薬仕事、半日自習又は学科 日曜日は午前 9 時　日曜学校、10 時　礼拝 午後は晴雨により教師と遠足又は作業	

出典：「大正三年十一月以降日誌及発信簿」家庭学校農場＜No.436＞

き掛り」をみつけて伸ばそうとする幸助の考え方を示している。そして同時に、馬を駆ることや馬車を御することを生徒が担っていた様子も伝えている。実際に、日誌を読むと、午前 3 時に牛が牝牛を分娩した際に、生徒を使いとして町に住む獣医を迎えに行かせている記述や、ある生徒を客人の「見送の為め馬車の駅者として下生田原駅」に派遣したという記述に出会う[62]。家庭学校北海道農場は、職員と生徒が力を合わせてともに生きる場所を拓くところであり、平均 17 歳前後の少年たちは共働者として、必要な働きを行う担い手でもあり、そのような共働を通してそれぞれが成長することを企図したのである。

　1914 年、最初の冬を迎える頃、表 2-1 に示したような日課が定められる。日曜学校と夜学と雨天の日以外は座学の時間はあまりないことが読み取れる[63]。1914、5 年の在籍者は全員がすでに学齢（当時は満 14 歳まで）を超えた者であり、就学よりは就労ということが意識されていたためと考えられる。

　最初の家族舎掬泉寮が完成したのは、翌 1915 年春である。同年 4 月下旬、本校から職員篠崎篤三夫妻と加藤清丸が 6 人の本校の生徒を引率して赴任し、掬泉寮で生活を開始した。13 歳、15 歳とそれまでの生徒より幼い少年も入校

表2-2　1910年代着任の職員（10年以上勤務者）

職員名	勤務期間	担当業務	
鈴木良吉・ケイ夫妻	1914-1962	農場	
大谷松太郎・ツル夫妻	1915-1931	庶務会計	
品川義介・貞子夫妻	1916-1925	掬泉寮	
神田重慶・まき子夫妻	1917-1932	農場	
岸野喜三郎夫妻	1916-1939頃		
斎藤金三郎	1916-1930年代?		
佐坂甚吉	1915-1933	農場	
阿部喜平・梅子夫妻	1918-1929	酪農	妻1923-
吉田常太郎・トモ夫妻	1918-1932		妻1920-

出典：北海道家庭学校「住宅別職員」2012年より作成

した。

　6人のうちの1人は、2年後、校長幸助に次のような近況報告の書簡を送っている。そこには、「立派なオルガン」が一昨日到着し他の生徒と一緒に「駅より運び」一同で喜んだこと、自分の最近の仕事は、スコップで平和山の草積み場への道づくりや薪切り、薪運搬を行うことで、ときには旭川から届く米の運搬も行っていると記している。そして、「休日毎に鉄砲をかかげ、山野を跋渉」し「行く毎に必ず兎を取り来」る生徒がいて「兎は食べ飽き」たが、当地で「神より賜はる食物の多大なる事は常に感謝」しており、仔牛も大きくなり牛舎で飛びはね「妊馬、夏風、錦、其の他牛、馬、雉、豚より犬に至る迄の動物」は皆「健全」であると記している。「夏風、錦」は馬の名前であろうか。愛着をもって伝えている。また、「日曜学校は酷寒にもかかわらず、昨年にも増して盛大」で、夜学校も相変わらず盛んであると述べている。そして、自分は「信仰の生涯に入り」たく「努力」しており、先生から賜わった「神様より托せられし時と仕事とを正直にやること、最も大切」で「濫に失望したり、悲観したり」しないようにという言葉を「幾度も熟読玩味」し、「二、三日以前より毎夜五十頁づつ」他の生徒とともに「徳富猪一郎著『大正の青年と帝国の前途』を輪読」しはじめ「得る所大」であると伝えている。また、クリスマスのプレゼントに農場の先生から自分達は日誌を1冊ずつもらったので、競って記し「良習慣」を身につける上で非常に「喜ばしき事」と述べている[64]。

生徒たちは、休日を思い思いに過ごした。川を遡上するヤマメが多い季節の休日には釣りに夢中になる生徒も多かった[65]。また、種々の見学や行事も盛んに行われた。「全部除草を終了し小閑ある」暑い夏日に教師が思い立ち寮生7名を連れて早朝からサロマ湖に海水浴へ出かけたこともあった[66]。また1916年正月は遠軽で催された熊送りの儀式を観覧している。サロマ湖の海水浴場付近の牧場見学に行くこともあった。新年会やカルタ会に始まり、夏には児童大会、冬にはクリスマスなど、1年間を通して多様な行事が営まれた。家庭学校の生徒と農場の小作人やその家族、町からの参加者も迎えて行われる行事もあった。たとえば、1916年には掬泉寮を担当する教師芹川醒がクリスマス装飾委員長に任命され、礼拝堂玄関に国旗、屋内に十字架を銀星や五色のモール、蝋燭を灯したクリスマスツリーなどが飾りつけられ、クリスマス会が開催されている。午後6時より小作の家族も含め150人が集まって、生徒の歌や演芸を楽しみ、最後にサンタクロースからの菓子や土産を受け取っている。芹川は、日曜学校で音楽を教え、また青年文学会に参加するなど、文化的な生活をつくることに貢献し、生徒の生活に変化と喜びをもたらした[67]。

　1915年6月14日には「農事」に「格別勉励」した生徒7人に校長から「賞与」が出されている。4人が2円、3人が1円を受け取っている。在籍生の半数を超える者が「賞与」を受け取った。ちなみに、当時、東京の大工の日当が1円10銭、米1升（約1.5kg）が13銭、下男の初任給が月約5円である[68]。

　「賞与」が出た翌日、町では遠軽小学校の運動会と馬の競技会が開催された[69]。遠軽地方では、日露戦争後、軍馬を育成する畜産業が盛んとなっており、馬の競技会は畜産奨励の意味をもつ地域行事である。15日は9人の少年が職員の了解を得て生徒だけで出かけ、16日は15日に行かなかった少年が教師とともに出かけている。15日の日誌には「五名は午後七時過ぎ帰場」したとある。これは教師の許容範囲である。しかし、残りの4人が戻ったのは「午前二時頃」であった。教師が事情を聞くと、家庭学校農場に移住してきた小作人と出会い、遠軽の飲食店で「金七円五十三銭を消費」したものの、持ち合わせが足らず「残金支払いの猶予を乞」い帰ったことが判明する。教師は「将来を訓戒」したと日誌に記している[70]。

　職員の引率がない状態で町の行事に出かけていること、帰校が遅くなっても

教師たちが生徒の無断外出を心配している気配がないことなど、これらの叙述からは東京の本校とは異なる生徒の生活の様子が読み取れる。

同年7月27日の日誌には、5人の生徒を「農手候補生」（「農手見習」）に採用したことが記されている。8月1日付で家庭学校農場印を押し、一人月額7円50銭の給与支給という待遇の辞令が発せられ、5人は家庭学校を卒業した。そして、彼らは家族舎掬泉寮から離れ、鈴木良吉が住む一日庵へ移った。一日庵には在学中の生徒は生活せず、「農手見習」になった者だけが生活し「庵生」と呼ばれた。この「農手見習」のなかから家庭学校の小作となり、その後、「独立」して自作農となる者が誕生する。幸助が家庭学校北海道農場において構想したコロニー・システムの姿が、開設当初の生徒によって実を結んでいた[71]。

その後、終戦までに卒業した315名のうち、少なくとも15名が「家庭学校見習」として卒業している。見習を経て「分家」と呼ばれる家庭学校農場の小作となった者も複数いた。また、農場部の見習でなく、第一農場内に開設された畜産部の見習になった者もいる。将来、畜産家になることを希望する複数の生徒が「畜産部実習生」と呼ばれる見習となり、なかには上級学校に学び獣医となった者や家庭学校に妻とともに長く勤務した者もいた。さらに、家庭学校北海道農場における見習だけでなく、巣鴨の本校にある木工部や西洋洗濯部の見習となった者もいる。本人の状況とその希望をふまえながら、見習を経て独立していくという形の自立支援が行われていたのである。

2 職員確保の難しさ

幸助は徳富に宛てた書簡において、「難物のみを集め」て行う感化教育を「偏隅の地」で始めたため「適任者を得るに困り候」と職員確保の難しさを伝えている[72]。職員に人を得ることは「事業の成否」につながるとしながらも、創設時より幸助は人を得る難しさ、とりわけ女性職員を確保する難しさを実感していた。

このようななかで、前掲表2-2にあるように、幸助の姪ケイと結婚した鈴木良吉をはじめとする職員が、10年以上勤務し草創期を支えた。ただし、これらの職員の多くは農場に関する業務を主担当とするものであった。

これに対して、家族舎を担当する感化部（社名淵分校）の職員は事情を異に

表 2-3　生徒および職員数の推移と建物の変遷

年度	生徒定員	生徒数の推移				職員数の推移			建物	1939 年時点で使用の建物
		入校	退校	死亡	年度末	就任	退職	年度末		
1914		5			5	6	2	4	事務所新築（後、家族舎向陽寮）	事務所（後、家族舎向陽寮）　56.25 坪　65 坪
1915		7	7		5	5	1	8	掬泉寮新築	樹下庵（来賓宿舎）　49.5 坪
1916		2	3		4	2	2	8		白滝農場事務所 家族舎済美館　72.25 坪
1917		13	1		16	2	1	9	石上館新築	
1918		6	2		20	4		13		
1919		5	5		20			13	礼拝堂、樹下庵、牛舎新築 掬泉寮建替	礼拝堂　64.59 坪
1920		9	12	1	16	2	1	14		職員住宅洗心寮　26.67 坪
1921		10	6		20	2	2	14		第一牛舎　96 坪 第二牛舎　40 坪 釜場　15 坪 サイロ　8 坪
1922		13	6		27	1		15		
1923	30	21	16		32	1	1	15	畜産部平和寮新築	家族舎平和寮　74.25 坪 白滝農場恩賜館　28.5 坪 助手住宅　15 坪
1924	30	16	13		35	1	2	14		安居邸　11.7 坪
1925	30	15	21		29	1	2	13		倉庫　15 坪
1926	30	9	14		24	2	1	14		
1927	30	16	20		20	5		19		
1928	30	12	11		21		1	18	掬泉寮焼失 89 坪	
1929	30	17	7		31	6	5	19	掬泉寮再興	家族舎掬泉寮　89 坪
1930	30	12	14	1	28		3	16		鶏舎　15 坪
1931	30	9	10		27		1	15		
1932	30	11	11		27	4	5	14	石上館消失 再興	教場　49 坪 家族舎石上館　74.42 坪
1933	40	12	8		31	3	3	16		作業場　31.5 坪 家族舎楽山寮　71.25 坪 兎舎　15 坪
1934	40	12	12		31	1	3	14	留岡幸助君古稀記念文庫竣工	図書館　39 坪
1935	40	31	19		43	3	2	15		山羊舎　8.5 坪 白滝畜舎　16.25 坪
1936	40	18	28		33	7		17		作業教室　26 坪（ミシンおよび木工教室）
1937	50	11	9		35	2	4	15		
1938	50	8	13		30	2	1	16		温室　5.12 坪
1939	50	16	18		28	2	3	15		

出典：家庭学校社名淵分校「昭和十五年三月三十一日現在少年教護院調査」家庭学校社名淵分校 <No.4044>、鈴木良吉編『社名淵分校二十五年史』家庭学校社名淵分校、1939 年他より作成

する。当初、家族舎掬泉寮を担当した夫婦の職員は短期間で移動し、しばらくは前田則三、芹川醒、品川義介ら単身の男性職員が炊事担当職員の助けを得ながら掬泉寮の教育にあたった。その後、品川義介・貞子が結婚し、夫婦で掬泉寮を担当するようになった。

3　三能主義とサナプチの生活

幸助は、巣鴨の本校と同様「家庭的の愛と訓練」により生徒の「品性を陶冶する」家族舎制の下で、「能く働か」せ「能く食はせ」、「能く眠ら」せる「三能主義」の教育を大切にしようとした[73]。「勤労、飲食、睡眠の三事」を実行し、同時に「教育を以て知識を磨き、宗教を以て心性を開発」することが涵養であり、知育や徳育に先立つ教育の基本として三能主義の考え方を位置づけた。今日の北海道家庭学校でも継承される「三能主義」の理念は、当時の教師たちにおいても共有された理念である。掬泉寮の教育にあたった品川義介は、「能く喰ひ、能く寝、能く働き」という「三能主義」を紹介している[74]。義介は、筆頭に「食べる」ことと「寝る」ことを位置づけている。

義介によると1916年の掬泉寮における冬の日課は、6時起床、泉で水浴、掃除、輪読会後、午前中は学校に通い、午後は伐木、運搬、除雪、薪割等の「勤労に従事」するという毎日である。同年11月の教員の協議会において「掬泉寮生午前中学課を課す[75]」ことが議論され、午前の日課に学課が入るようになっていた。入校時の平均年齢が14歳となり、学齢期の生徒が増えたことも関係していると考えられる。夜学は前田が算術、義介が国語を担当した。

零下20度に達する冬の厳しさは相当であった。義介は「毎朝鼻毛が凍る、夜衣に氷柱がさがる。バケツに手がひつつき、急にひつぱれば皮が剝げる。油が凍て時計がとまる」と紹介し、その厳寒のなかで「皆勇健、愉快」に生活し、農場の「有り余る程の仕事」に従事することを通して「驚くべき大自然の感化」を受けていると述べている[76]。同時に、義介は家庭学校内で出土した石器を展示する博物館を掬泉寮に設けるなど、社名淵の教育環境の整備にも貢献した。

4　社名淵分校における留岡幸助

家庭学校社名淵分校では、1915年に最初の家族舎掬泉寮、1917年に2番目

図 2-2　社名淵家庭学校農場における校長と職員（1918 年頃）

の家族舎石上館が建てられた際、ともに巣鴨の本校から集団で生徒を受け入れた（**表 2-3**）。この時期は、北海道庁の代用感化院には指定されておらず、社名淵分校の生徒は、家庭からの委託や東京府代用感化院生として東京の本校入校後、北海道で生活をすることになった者たちである。

　1923 年、社名淵分校は北海道庁から代用感化院の指定を受け、また少年法施行により少年審判を受けた青年が入校するようになった。それ以降、直接、社名淵分校へ入校相談や入校依頼がなされる事例が増えていく。

　1925 年 7 月末、掬泉寮長の品川義介と庶務担当の大谷松太郎は、幸助に「至急来場」を促す手紙と電報を発した。幸助は、生徒が増え少年審判所や検事局より「難物の青年」が入り「監督上困難を感じ」ているのではと推測しつつ、「職員一致団結して何事が起っても公平、親切、正義を本として」やればできないものはないと返電した。

　社名淵分校に来た幸助に寮母は、「家族長の妻」としての「困難」を吐露し、生徒が「乱暴剛執」で言うことを聞かずいつも「騒擾」し「もうやり切れぬ」と訴えた。幸助はそういう青少年であるから「父兄又は政府より托されるのである」から「辛抱して自分の子の如く可愛がってやれ」と、「生徒を縛ばる鎖は愛」であり「愛の浅深を測るものは忍耐」というヴィッヘルンの言葉を伝えた[77]。

　幸助は教訓を伝えるだけではなかった。新たに採用された職員松田茂が掬泉

寮を担当することになった際には、幸助は掬泉寮に入り、しばらく生徒や職員と一緒に生活をした。徳富に宛てた書簡に、自分はこの頃「同寮家族長」とでも言えるような立場で「毎朝食前生徒と労働に従事」し、6時に「朝飯を一同と食し四時に家族会の小集会をも同じ食堂」で行っている。まるで、家庭学校を開設した「三十年前に立帰り」創設当初、巣鴨の家庭学校でしたように、生徒と生活をともにしていると伝えている[78]。

校長自ら、生徒や新しい職員と労働と寝食をともにし活きた「模範」を示すことを通して、家族舎の仕事を新しい寮長に伝えようとしたのである。庶務会計主任の大谷松太郎が担当する石上館、畜産部主任の阿部喜平が担当する平和寮と並んで、新しく掬泉寮を担当することになった家族長について、幸助は「新家族長大分相慣れ安心致候」と徳富に書き送っている。

第4節　家庭学校における二つの農場経営

1　サナプチの家庭学校北海道第一農場

家庭学校北海道農場は、感化教育を行う教育部（社名淵分校）と農場経営を行う農業部からなり、農場としては1914年にサナプチに開設された第一農場と、1916年に白滝に開設された第二農場（通称、白滝農場）を有していた。第一農場と第二農場はほとんどが小作制農場であり、自作地はわずかにすぎない。

第一農場と分校のあるサナプチは、開設当初、約45km離れた留辺蘂（現、北見）が最寄り駅であったが、その後、軽便鉄道湧別線が延伸され、1914年10月に下生田原（現、安国）、1915年11月には社名淵（現、開盛）、遠軽の駅が開設されたことに伴い、正門から約1里程度の地で鉄道が利用できるようになった。

そのようななかで、小作として入植する者も増えていった。1918年に幸助が徳富蘇峰に充てた書簡では[79]、第一農場に小作者が33戸、第二農場に30戸が「入地」し、当初の予定の約半数の入植者を得て「前途成功の曙光」が現れ喜んでいると記している。

幸助は、家庭学校と小作の関係を大家族のように捉え、地主、小作人という

言葉を嫌い、自らを「本家」、小作農家を「分家」と呼び、本家と分家が「温情と誠意」にあふれた関係である理想的な農村をつくろうと考えた。

　そのために後述するように、分家に対してさまざまな社会教育的働きかけを行うとともに、分家に対する支援を行った。礼拝堂が建立される前は、望の岡に野外礼拝場を設け、そこで日曜学校を始めていた。最初の担当者は鈴木良吉と吉田（後に鈴木）ケイであった。日曜学校は、分家の子どもと家庭学校の生徒も参加する学びの場となっていた。さらに、1919年には、校内から掘り起こされた石材や、平和山から伐り出されたトドマツなどを使って、望の岡に礼拝堂を建てた。礼拝堂を建てる木材を製材するために、校内に水車小屋も設け、本格的な建築が進められた。さらに、博物館や簡易図書館を附設し、小作人のための各種の講習会や慰安の行事も催した。

　また、遠軽では軽便鉄道湧別線の開通と遠軽駅設置以降、市街地の形成が進んだ。上湧別村から遠軽村が分村して独立した1919年には、中心部に30以上の各種商店、10以上の旅館、劇場、新聞社、写真館、医院が4院、産院、歯科医、獣医、日本基督教会・メソヂスト教会・救世軍等のキリスト教会、曹洞宗・大谷派・日蓮宗等の説教所、遠軽神社、村役場、郵便局、巡査部長派出所・駐在所などがあり、『北見時報』という新聞も発刊された(80)。このような地域の歴史とともに家庭学校の歴史は刻まれていく。

　家庭学校では、ホルスタイン牛を導入し、生徒や職員に牛乳を提供するとともに、1916年には遠軽の市街地に牛乳の供給を開始し、また家庭学校で開催されるさまざまな行事に町の住民も参加した。その後、家庭学校理事大倉粂馬の寄付により、1923年には、バターの製造を始め、遠軽町で初めてのサイロを建造した(81)。小作農家に乳牛を貸し付け、酪農技術の指導にあたり、小作人慰安会や農作物品評会を開催するなど、地域産業の振興に貢献した。

　また、家庭学校では地域の教育環境の整備に力を入れた。1920年、遠軽村立遠軽小学校附属下社名淵分教場の開設がその代表的なものである。家庭学校北海道農場の職員や小作人の子弟は、上湧別村立開盛小学校へ通学したが、農場の入口からでも約4kmあり低学年児童には遠い通学路であった。そこで、幸助は遠軽村に分教場設置を働きかけ、校門右側の畜舎を急改造し仮校舎を用意して分教場を開設させ、その後、家庭学校が遠軽村に用地（現、留岡公民館

所在地）と 1,500 円の寄付を行い、同地に建坪 52 坪の新築校舎が竣工されるに
いたった[82]。建築用材は家庭学校校有林を用いた他、営林署の特売を受けた。
さらに、東京や横浜などの家庭学校の支援者に寄付を募り、オルガンや運動具、
滑り台、ブランコなど、この地域の他の小学校では珍しい教材を整えた[83]。

2　家庭学校北海道第二農場（白滝農場）

　家庭学校は、1916 年、社名淵から約 52km 離れた白滝にも約 300 町歩の土
地を得、第二農場を開設した。「白滝原野に良地」があると告げられた幸助は、
1915 年 4 月、7 名の家庭学校理事とともに、この紋別郡上湧別村字白滝 1503
番地の 304 町 6 段 8 畝 13 歩の土地の売払を申請した[84]。そして、翌年 5 月、
土地代金 1,243 円 48 銭、立木代金 319 円 65 銭、1926 年末日を事業成功期間と、
「自作及び小作開墾」による起業という条件で売払いが許可された[85]。社名淵
と白滝の二つの農場をあわせて、家庭学校の土地は約 1,000 町歩（約 10km^2）
となった。

　幸助は、白滝農場に 1921 年までの 6 年間、家庭学校の職員高野一司を赴任
させ、その後、2 年間のアメリカ研修を経て帰国した鈴木良吉を農場主任とし
て白滝農場に派遣した。

　白滝農場は、開設時の最寄り駅は 50km 以上離れた遠軽駅であり、社名淵分
校のある家庭学校第一農場から白滝農場に向かうには馬か徒歩などで行かなけ
ればならなかった。1929 年、遠軽から白滝まで石北本線が延伸されたが、白
滝農場から白滝駅までは約 9km 離れていた。

　鈴木良吉が校長や第一農場の農場主任大谷松太郎に白滝の状況を報告した書
簡類によると、白滝農場は、微雨が降ると社名淵から馬でも 10 時間[86]を要し「交
通の便を欠き何等文化的設備を有していない[87]」地であり、冬には雪が「二
尺もつもり大吹雪」の時は往来が困難であった。通信についても「白滝と社名
淵とは近くても遠」く、むしろ東京と社名淵の方が便利で、白滝は「孤域の状
態[88]」にあった。さらに、医療も十分ではなく[89]、白滝農場の最寄りの産婆
や医師は 10km 離れた地域に各 1 名がいるにすぎなかった[90]。

　幸助は、農村生活は変化に乏しく寂しく「慰安がない」ために、活気のある
「青年を引き止める力がない」こと[91]、家屋や道路、学校、医療、娯楽や文化

などが十分でないことを認識していた。そのため、家庭学校ではサナプチの第一農場では小作のためにさまざまな行事が開催され、礼拝堂、博物館や簡易図書館などを設けた。白滝農場においても土地をいくつかの区画に分けその一つを「公園」とし、地域の慰安の場とすることを構想し、また講演会やクリスマスなど住民に文化的機会を提供するように努めたが、多様な社会資源を整備するには程遠い状況にあった。

　表2-4 に示したように、白滝農場には開設の翌年、翌々年と入地者があり、幸助が「分家」と呼んだ家庭学校の小作者の数は順調に増えていたが、1919年以降は毎年2戸の入地者と低迷し、1920年以降は退場戸数の方が入場戸数を上回っている。白滝農場は1926年が「成功期限」、つまり北海道庁に国有未開地の開墾終了の審査を受ける最終年であった。この時に開墾の「成功証明」が得られなければ、売払いを申請した土地は家庭学校のものにはならない。その「成功検査」を2年後に控えた1924年、鈴木は幸助に白滝農場の小作戸数は20戸、139人、開墾面積は56町歩と全面積の2割にも達せず、当初計画に対して「遺憾」な状態であると伝えている[92]。「欧州大戦の結果」による日本の「財界の景気膨大」や樺太木材の景気によって、入植者をそちらに奪われ、加えて鉄道駅から白滝農場が12里も離れた地にあるためであり、石北線開通に希望を求めつつも、白滝農場の小作者は入植後、努力をしているものの「所持金は悉く使尽[93]」す者もあると訴えていた。

　鈴木は社名淵と白滝農場を頻繁に往復し、小作の家を訪れ「昼夜二日もかかつて小作料」の回収にあたることもあった[94]。彼は、困難に耐え忍んだ小作[95]にとっても、白滝農場のある上支湧別地域は「各種商品の購入には高い品を買わされ、逆に農産物の販売は遠距離にしてかつ交通の不便を理由として安値取引がなされるなど入植者の苦労は大変[96]」なものと捉えた。

　それゆえ、鈴木は1923年、支湧別信用販売購買利用組合を開設し、みずから組合長となり農産物の集荷や日用品の共同購入など、生活者の互助とそれぞれの利益を保障する仕組みを構築する[97]。また蓄音機のレコードを求めるなど、生活の慰安の方法を模索した[98]。加えて、鈴木の妻ケイは1918年6月、在籍児童89名の支湧別小学校に勤務し[99]、同校退職後は、近隣の女子に裁縫を教えるなど地域の教育にも貢献した。

表2-4　白滝農場入場および退場戸数　　（戸）

入地年度	当初計画	入地	退場
1916	8		
1917	8	6	
1918	10	16	
1919	10	2	
1920		2	3
1921		2	4
1922		2	5
1923		2	
計	36	32	12

当初計画は北海道庁［拓殖部］「北海道国有未開地処分法完結文書　売払台帳　法第二条未開地売払台帳北［見］・天［塩国］大正五年」（北海道立文書館所蔵請求記号Ａ7-1Ｂホン/153）、入地退場戸数は鈴木良吉「家庭学校第二農場成功付与法ヲ論ズ」1924年2月＜No.52036＞より作成

　白滝での農業振興と住民の生活向上に努めつつも、鈴木良吉は、「白滝は平常は大した事件は無いから月の3分の2以上を社名淵に居りて総ての事務要件に触れて凡ての事に精通する必要あり[100]」と幸助に伝えていた。

　幸助が鈴木の社名淵への転居を認めたのはその2年後の1923年12月である。その際、幸助は岸野喜三郎を白滝に赴任させることとし、鈴木に引継ぎとして次のことを命じた[101]。すなわち、白滝農場の事務所の備品目録の作成、「盗伐されぬよう時に巡回」すること、担当職員の「真面目なる勤労」が「分家等の模範」であると伝えること、産業組合を発達するよう助力すること、「分家の人にも社名淵移転のことを説明して力を落さぬように」配慮し「事務所に分家の人々を集めて晩餐でも出して懇談すること」等である。

　鈴木は、これを受けて小作人の新年会において社名淵に居宅を移すと発表した[102]。

　しかし、これに対して、小作人をはじめ住民は鈴木に「どうしても第二農場に居りて貰はねばならない[103]」と「泣いて訴へ」た。鈴木は小作たちの思いに打たれ、「裁縫生」として20名が妻ケイの教授を受けており、「彼等の涙を見ると自分も涙もむせぶ」と記し「離るに忍びない」と記している。それゆえ、

幸助に、もし事情が許すならば自分の俸給を「半減にしても白滝」の専任として白滝の農民の指導と開拓に従事したく、また白滝農場の小作らから「嘆願書」が送られた時には「相当の御慰安と御懇書等を以て御回答」してほしいと書簡を送った[104]。

　幸助は、白滝農場の小作の代表に「第二農場を粗末」に考えて鈴木良吉を社名淵分校へ異動させるのではないと伝えた[105]。白滝農場に最初に配した高野は、東京帝国大学農科大学卒業後、群馬県利根郡で技手として農会に勤務した者であり、次の鈴木も同様に札幌農学校卒業後、農場勤務経験を有する人物であった。今回、鈴木を社名淵に配置するのは、関東大震災以来の経営上の困難があるためであり、鈴木の代わりに行く岸野喜三郎も「慥（たしか）な人物」で幸助が「深く信用致居る人物」であると伝えている[106]。また「産業組合の事も大切に考へ」ているので、この点については鈴木にも伝えておくと述べている。岸野の白滝着任後も、鈴木は社名淵と白滝を往復し、農事の相談や産業組合の指導にあたった。

● おわりに

　幸助が開設した家庭学校北海道農場は、卒業生を含めてさまざまな人々が共に生きていく「共生社会」ともいうべき新しい農村を創設する構想の下に具体化されていた。サナプチには生徒だけでなく地域の人々に祈りと文化を共有する教育力のある礼拝堂や図書館、冬期学校などが生み出された。幸助は「社会の教育化」とも呼んだ。白滝農場ではサナプチの第一農場ほどの文化施設を構築することはできなかったが、多様な人が生活する場を創出した。

　しかし、小作料を通して感化教育施設を経営し、寄付に依存しない感化院の独立経営という目的は実現できないまま、1928年春、幸助は病に伏す。数カ月の療養後、幸助は快復するものの、それは、自身にとってもまた彼の周囲にとっても、家庭学校の将来が危惧される事態であった。

註
(1)　二井仁美『留岡幸助と家庭学校――近代日本感化教育史序説』不二出版、2010年、

　　　p.98。本章第 1 節は主として同書による。

(2)　前掲註 (1) p.20、pp.99-100

(3)　留岡幸助「家庭学校設立趣旨書」『監獄協会雑誌』12-5、1899 年、pp.36-39

(4)　留岡幸助『監獄改良　監獄日曜日の為に』警醒社、1900 年、pp.60-61

(5)　前掲註 (4)、p.62

(6)　留岡幸助「家庭学校概則」『家庭学校（第 1 編）』警醒社、1901 年、pp.14-18

(7)　前掲註 (1)、p.102

(8)　前掲註 (1)、p.74

(9)　留岡幸助『基督の教育法』警醒社、1903 年

(10)　留岡幸助「感化教育」『社会』、1901 年、p.25。前掲註 (1)、p.104

(11)　留岡幸助「感化事業に就て」『社会』2-13、1900 年、pp.8-9

(12)　留岡幸助『家庭学校（第 2 編）』警醒社、1902 年、pp.162-172。前掲註 (1)、p.104

(13)　前掲註 (11)

(14)　前掲註 (1)、pp.121-123

(15)　留岡幸助「家庭学校概要」『家庭学校』1922 年、p.1

(16)　土井洋一『家庭学校の同行者たち』大空社、1993 年

(17)　「家庭学校」『人道』1、1905 年 5 月、p.1

(18)　前掲註 (17)、p.2

(19)　前掲註 (1)、pp.169-174。東京府「代用感化院設備ニ関スル認可案」『明治四十二年文書雑纂地方雑件』1909 年、東京都公文書館所蔵

(20)　前掲註 (1)、pp.186-187

(21)　前掲註 (1)、pp.188-193

(22)　家庭学校『家庭学校回顧十年』1909 年

(23)　留岡幸助「感化農場と新農村」『人道』108、1914 年 4 月 15 日、p.5

(24)　留岡幸助「予が感化農場を建設せんとする動機」『斯民』9 編 1、中央報徳会、1914 年 4 月、p.9

(25)　前掲註 (24)、p.9

(26)　前掲註 (24)、p.9

(27)　留岡幸助「児童と殖民」『人道』96、1913 年 4 月、p.4

(28)　前掲註 (27)、p.4

(29)　留岡幸助「農業と慈善事業」『人道』105、1914 年 1 月、pp.2-3

(30)　前掲註 (1)、p.159

(31)　留岡幸助「汗の教訓」『人道』89、1912 年 9 月、pp.1-2

(32)　留岡幸助「北海道土地選定行（大正二年九月）『留岡幸助日記』3 巻、pp.498-504

(33)　増田道義「留岡先生の想い出」『留岡幸助著作集第一巻月報』同朋舎、1978 年

(34)　前掲註 (1)、pp.219-220

(35)　前掲註 (32)、p.499

(36) 前掲註（32）、pp.500-501

(37) 留岡幸助「サナプチ原野」1913 年 10 月、『留岡幸助日記』3 巻、1979 年、矯正協会、pp.500-501

(38) 申請書には、出願日「十月二十四日」という記載が「八月九日」に修正されている。また、申請名「留岡幸助、早川千吉郎、大倉粂馬、吉村鉄之助、小林富次郎、江原素六、有馬四郎助」の記載は「家庭学校」と校正されている。北海道庁「北海道国有未開地処分法完結文書売払台帳」66、1913 年（北海道立文書館所蔵）

(39) 前掲註（38）

(40) 北海道庁［拓殖部殖民課］「国有未開地処分法完結文書（本庁）法第二条未開地売払台帳 全国　後段二 大正五年 四月～六月、石狩・後志・渡島・胆振・日高・十勝・釧路・根室・北見・天塩国　明治四一～大正五年売払」北海道立文書館所蔵。その後、サナプチの 918 番地と 920 番地の「畑及牧場」という目的地目は「畑及放牧地」として起業方法の変更が申請され、1923 年 9 月 21 日付で、「成功証明」が交付された。

(41) 「感化農場先発隊」『人道』110、1914 年 6 月 15 日、p.15

(42) 土井洋一「鈴木良吉」『家庭学校の同行者たち』大空社、1993 年、p.185

(43) 鈴木良吉「農場開設の当時を偲ふ」『人道』復刊 16、1934 年 9 月、p.7

(44) 前掲註（43）

(45) 鈴木良吉「四十年を回顧して」『北海道家庭学校四十年』北海道家庭学校、1955 年、p.51

(46) 前掲註（45）

(47) 家庭学校農場『大正三年六月以降至十一月初日誌及発信簿』1914 年 <No.435>

(48) 前掲註（47）

(49) 「留岡校長の北行」『人道』112、1914 年 8 月 15 日、p.14。見送り人には、内務省の相田良雄や北海道庁の西村保吉、家庭学校理事で大倉土木組（現・大成建設）店主大倉粂馬、内務省嘱託生江孝之、東京府属岡弘毅、東京出獄人保護所を創設した原種昭、霊南坂教会牧師小崎弘道、サムライ商会（外国人向け古美術商）創設者野村洋三などがいた。

(50) 留岡幸助「天涯到る所知己」『人道』113、1914 年 9 月、pp.11-13

(51) 前掲註（47）

(52) 前掲註（45）

(53) 留岡幸助『自然と児童の教養』警醒社、1924 年、序 pp.15-21

(54) 留岡幸助「徳富猪一郎宛書簡」1914 年 8 月 6 日、徳富蘇峰記念資料館所蔵

(55) 遠軽町『遠軽町史』1957 年、pp.48-55

(56) 他に、本多庸一、片岡健吉、海老名弾正、仁平豊次、田村顕允、島田三郎、川崎芳之助、信太寿之が同会役員。前掲註（55）、p.55

(57) 前掲註（45）、pp.51-52

(58) 留岡幸助（薇峰生）「形勝の新農場」『人道』114、1914 年 10 月、p.11。前掲註（45）、
p.52

(59) 留岡幸助「書翰より受くる教訓」『人道』116、1914 年 12 月、p.8

(60) 前掲註（58）

(61) 留岡幸助「感化事業の真諦」『人道』116、1914 年 12 月 15 日、p.2

(62) 家庭学校農場『大正三年十一月以降日誌及発信簿』1914 年 7 月 3 日記事
<No.436>

(63) 前掲註（62）、花島政三郎によると、北海道農場開設当初の入校生の平均年齢
は 18 歳である。以下、入校生の状況については、花島政三郎「北海道家庭学
校六十年の歩みとその再検討」（『ひとむれ』411、1976 年 9 月、pp.78-79）参照。

(64) 社名淵分校生徒「留岡幸助宛書簡」1917 年 1 月 15 日 <No.50145>。書簡の冒頭
に「御懇篤なる御返書に接し誠に有難く拝読仕候」と、留岡からの書簡へのお
礼を述べている。校長が生徒の手紙に返信を送っていることがわかる。そのう
えで、彼は家庭学校生活における近況を記している。

(65) 家庭学校農場「日誌」1915 年 8 月 31 日記事 <No.437>

(66) 前掲註（62）1915 年 8 月 7 日記事 <No.436>、家庭学校社名淵農場『大正五年
一月起　日誌』1916 年 8 月 12 ～ 13 日記事 <No.438>

(67) 前掲註（66）

(68) 前掲註（66）、週刊朝日編『値段史年表 明治・大正・昭和』朝日新聞社、1988 年

(69) 遠軽町『遠軽町史』1977 年、遠軽町『遠軽町百年史』1998 年、p.814

(70) 前掲註（66）<No.438>

(71) 前掲註（1）、pp.251-252

(72) 留岡幸助「徳富猪一郎宛書簡」1916 年 7 月 16 日、徳富蘇峰記念資料館所蔵

(73) 留岡幸助「三能主義」『人道』123、1915 年 7 月

(74) 品川義介「サナプチ平野の春を俟ちて」『人道』154、1918 年 2 月、p.12

(75) 前掲註（66）<No.438>

(76) 前掲註（74）

(77) 前掲註（1）、pp.293-294、その後、品川義介夫妻は白雲山荘という自らの感化
塾を創設するために家庭学校を去った。

(78) 前掲註（72）

(79) 留岡幸助「徳富猪一郎宛書簡」1918 年 4 月 1 日、徳富蘇峰記念資料館所蔵

(80) 遠軽町『遠軽町百年史』1998 年

(81) 遠軽町農業史編纂委員会『遠軽町農業史』1981 年、p.65

(82) 下社名淵分教場「下社名淵分教場建築書類」1920 年 <No.289>

(83) 『遠軽町史』遠軽町、1979 年、pp.1110-1111

(84) 北海道庁〔拓殖部〕「北海道国有未開地処分法完結文書　売払台帳　法第二条
未開地売払台帳 北〔見〕・天〔塩国〕〔前段〕大正五年」北海道立文書館所蔵。
花島は留岡の叙述を引用し「社名淵の土地を返上し白滝の土地の払い下げを受

けるよう申請したと記しているが、「北海道国有未開地処分法完結文書」において、家庭学校による「土地の返上」を示す文書は管見のかぎり確認できていない。前掲註（63）、p.72

(85) 白滝農場は、払下げ後、その立木を3万5,656円という想定以上の額で売却でき、家庭学校にとっては重要な収入となった。白滝農場が「成功期限」を1930年から1934年へと変更を願い出、最終的に「成功証明」を出願し、「牧場」という地目で「成功証明」が交付されたのは1933年であった。このあいだ、1929年11月28日に「猶予明年再検査ノコトニ決定」、1919年10月7日には、「本地ノ目的及起業方法変更」を申請し、1930年7月2日に許可を得ている。社名淵に比べ白滝では、「成功証明」を得るまでより長い時間を要し、白滝の開墾に労が多かったことが想像される（前掲註（84））。

(86) 留岡幸助「手帖」1918年6月15日

(87) 「北見に於る記念式と落成式」『人道』復刊29、1935年10月、p.4。二井仁美「社会事業・社会福祉史における家庭学校の再定位──社名淵分校・白滝農場の生活者に注目して」『社会事業史研究』56、社会事業史学会、2019年

(88) 鈴木良吉「留岡幸助宛書簡」1921年12月3日 <No.50406>

(89) 鈴木良吉「留岡幸助宛書簡」1921年12月31日 <No.51897>

(90) 白滝村史編さん委員会『白滝村史』白滝村役場、1971年、p.35

(91) 留岡幸助「農村と青年」『人道』122、1915年6月、p.5

(92) 鈴木良吉「家庭学校第二農場成功付与方法ヲ論ズ」1924年2月 <No.52036>

(93) 前掲註（92）

(94) 前掲註（88）

(95) 前掲註（92）

(96) 前掲註（90）、p.181

(97) 前掲註（96）、pp.181-182

(98) 鈴木良吉「大谷松太郎宛葉書」1922年8月10日 <No.55438>

(99) 前掲註（96）、p.271

(100) 前掲註（89）

(101) 留岡幸助「鈴木良吉宛書簡」1923年12月3日 <No.56637>

(102) 鈴木良吉「留岡幸助宛書簡」1924年1月1日 <No.52044>

(103) 前掲註（102）

(104) 前掲註（102）

(105) 留岡幸助「菊池寅蔵宛書簡」1924年1月12日 <No.54083>

(106) 前掲註（105）。幸助は鈴木には「人心の帰向篤と御観察」されたしと書き送った（留岡幸助「鈴木良吉・大谷松太郎宛書簡」1924年1月21日）<No.54083>。

第 3 章

家庭学校社名淵分校における
教育の展開

二井仁美

音楽（ハーモニカバンド）・修学旅行（札幌神社）・大雪山登山
「創立二十五周年記念財団法人家庭学校社名淵分校絵葉書」1939 年より

はじめに

1929（昭和4）年、留岡幸助の四男留岡清男（1898-1977）が家庭学校社名淵^{サナブチ}分校教頭に就任し、家庭学校北海道農場の小作制の廃止と感化教育の改革を推進した。それは、社名淵分校の中心的事業 "感化教育" に焦点化する改革であった[(1)]。

家庭学校では、1933年に創設者留岡幸助から牧野虎次へ、1939年に今井新太郎へと校長交替がなされたが、そのなかにあって、清男が教頭時代に先鞭をつけた社名淵分校の教育は教師たちに継承され、作業班学習をはじめとする今日の北海道家庭学校の基礎となる。

他方、少年教護法の施行に際して、社名淵分校は北海道庁の認定少年教護院となったが、東京府代用感化院の認定を辞退していた東京の本校は認定少年教護院とならず、1935年に家庭学校の財政整理の一環として巣鴨から高井戸へと移転した後、司法省少年保護団体の指定を受けた[(2)]。戦時体制下において人的資源化を推進する政策が展開されるなかで、家庭学校社名淵分校は女子部の設置と司法省少年保護団体の指定を受けることになる。

本章では、留岡清男の教頭時代から、感化法に代わり少年教護法が施行された時代、終戦までに焦点をあて、家庭学校社名淵分校の諸相に迫る。

第1節　留岡清男の家庭学校社名淵分校 教頭就任

1　社名淵分校教頭兼掬泉寮長としての留岡清男

1923（大正12）年、家庭学校は神奈川県に茅ヶ崎分校を開設し、1月、巣鴨から移動した生徒が生活を始めた。しかし、9月の関東大震災で茅ヶ崎分校では、教師神代スミが死去し校舎が全壊する。震災により、家庭学校の財政は打撃を受けた。茅ヶ崎分校の校舎復興後、比較的年少である者は茅ヶ崎、年長者は社名淵分校、西洋洗濯部や木工部で働く生徒は本校という分類方針による運営をめざした[(3)]。巣鴨の本校と、分校のある社名淵と茅ヶ崎のあいだで、必要

図 3-1　若き日の留岡清男（1932 年）

に応じて生徒が移動するほかに、折々に職員間の人事異動がなされた。

　1929 年には、社名淵分校の掬泉寮長松田茂が茅ヶ崎分校に異動する。後任の掬泉寮長に就任したのは、幸助の四男であり東京農業大学教授として心理学の研究に従事していた清男である。彼は社名淵分校教頭を兼務し、感化教育施設としての内部刷新・小作制農場の改革をなすべき課題として着任した[4]。このとき彼は 31 歳であった。

　清男は、着任後、新築の家族舎掬泉寮において、家族長として 4 人の生徒と生活を始めた。結婚していなかった清男は、夫婦ではなく炊事や家事を行う職員の補助を得て寮を担当した[5]。

　清男は、生徒と一緒に生活をしながら生徒の行動を観察し調査結果を記録し、その検討を通して「少年の教化に於ける観察と調査──サナプチ分校昭和四年度の報告」をまとめた[6]。「賢明な努力のある所に克明な記録が残される」と考える清男は、記録が示す「冷酷な事実の前に謙遜」であろうとした。そのために、個性誌や観察日誌、月報、家族舎日誌、教務日誌、協議録、学科並に実科の出席簿と採点簿、所持品検査表、夜尿日誌、学用品簿、日用品簿、被服台帳、年中行事表、調査および研究日誌、参考書籍目録、参考資料目録、購入器械目録など記録の整備を提案した。

　とくに、従来の「弊害の根源は生徒が現金を所持すること」であると捉え、その問題を指摘した。自らの所持品を遠軽で質屋に入れたり商人に売ったりすることで現金を得ていた生徒もいた。それは、生徒だけで町に行かせることから起こっていた。「遠軽通ひ」に「生徒を使用」することは生徒に「学習も訓育も施し難い」状態をつくっていると清男は問題視し、それを禁止したのである[7]。

　これは、創設期に比べ、学齢期の生徒が増えてきたことと関係している。創設当初の入校者の平均年齢は 16、17 歳であったが、この時期は、13 歳となっ

表 3-1　1920 年代に着任し 10 年以上勤務した社名淵分校・北海道農場職員

職員名	勤務期間	担当業務	備考	
寺崎好・かつ夫妻	1921-1969	向陽寮	妻 1928-	★
横山義顕・せつ夫妻	1921-1969		妻 1928-	★
三沢正男・ヘルタ	1923-1933	酪農	夫 1925-	
紺野春男・フジミ	1924-1941		夫 1935-	
大泉栄一郎・ヒサ	1927-29、32-69		妻 1932-	★
岸本種次・斐	1939-1971		妻 1936-	★
留岡清男	1929-33、52-68、68-77			★

注：夫婦で勤務年が違う場合、長い方を記し、備考に短い方の着退任時期を記載『ひとむれ　創立 100 周年記念誌』を参照

ている（第Ⅱ部）。

　そのため清男は、教授方針についても「従来の雑然たる事態を整理」し、学科担任者と実科担任者を区別した。学科は「訓育に役立つ」と述べ、1 年を通じて冬は 3 時間、夏は 2 時間ずつ学科の授業を行うこととした[8]。

　さらに、生徒の卒業後のアフターケアに関する嘱託の設置を提案した。学校における「職業教育の限度」を考えると、在校期間をできるだけ短縮して「校外委託」や「卒業後の委託に力を注がねばならぬ」と述べ、「最も欠けている」委託先の紹介と「アフター・ケーア」を担当する人を「札幌、小樽、函館、旭川に設置」することが生徒の自立支援に必要であると考えた[9]。この提案は実現しなかったが、清男の予後への関心の所在を示している。

　清男は、「訓育はとるに足らぬと思はれる日常生活の一ツ一ツの些事に浸透することに依って始めて力となって働く」と述べる。観察と分析を通して生活や教育のあり方を見直した。「消費は個人的に統制し、生産は協同的に切磋琢磨する」という原則を導き、「各自の労働成果を価値として理解する」教育や、自らの「家族舎の生活を少しでも気持のよいものにしたい」という心を抱かせ自らの手で「協同的」生活を築くため自治的組織の結成を提案した[10]。

　教職員にも「立案的な意識と計画的自覚」を求め、それぞれの構成員が主体的に生活することを求めた。このような清男の働きかけに、横山義顕や寺崎好ら、戦前戦後を通して家庭学校社名淵分校、北海道家庭学校の担い手となる若き職員が応えていく（表 3-1 ★印）。

2　一群会の発足

　清男は、生徒の自治会一群会の結成も促した。この時期、他の感化院においても生徒の自治的活動への関心の高まりがあり、多くの感化院で自治会がつくられている。

　同会が定めた一群会規則には、「生徒が主になり、職員が之を扶けて、生徒のことは生徒自身で善処するやうにさせたい」という願いのもと、「生徒は生徒中より理事七名を選出し、其の内六名は各家族舎にある生徒より互選し、一名は職員の家庭に托してある者より顧問と理事とが推薦する」と、一群会理事の選出方法を定めている[11]。顧問とは家庭学校の教職員を指す。

　一群会の事業は、第1に、「相互の共励」によって「全校の規律や風紀や衛生等」を向上させ、農業や植林など「相共同して働く」こと、第2に、音楽や演劇、弁論会、学芸会、修学旅行、祈禱会等の開催、『一群』の発行、図書および雑誌の請求と保管など「学芸に関すること」、第3に、テニス、バスケットボール、フットボール、野球、スキー、登山、相撲等の「運動に関すること」である[12]。

　一群会の会報『一群』は生徒が中心となり編集され、生徒を主たる執筆者とする随筆や俳句、詩等や一群会理事会の議事録が掲載された。同誌は一群会会員に配布されるだけでなく、「貧弱の会報ではあるが会員の希望によりてその父兄に数部」送付されたこともある[13]。

　清男は、『一群』の巻頭言において、「この秋畑からどんな作物がどれ位とれたか。それを作るのに、春から秋まで何人が何日間どの位働いたか。これがお金に見積ったらどの位になるか。これを先づはつきり調べてみよう」と生徒に呼びかけている[14]。清男は、「何のために働かねばならぬか。働いた結果がどうであるか。そして、その結果が如何に消費されるべきであるか。これらのことが日常生活の些細な点まで最後の一人に知られなくてはならぬ[15]」と語り、創意と工夫と努力を具体的に重ねるための方法として一年の働きを検証することを求めた。これを受け、その後の『一群』には労働に関する作業予定や実績報告が寄せられるようになる。

　つまり、清男は幸助が構想した「コロニー・システム」ではなく、日々の労

働を分析し記録しみずからの生活に対して主体的に向き合う「コロニー・プラン」の教育を提示した[16]。そして「サナプチ家庭学校の将来に関する試案コロニー式児童教育場の完成」という報告書にまとめた[17]。それは「"教育"中心主義[18]」をねらいとするものであった。一群会の活動や作業班学習など、今日にも繋がる北海道家庭学校と望の岡分校の実践のルーツをここに見出すことができる[19]。

3　自作農創設

　1923 年、家庭学校が中心となり、家庭学校北海道第一農場およびその付近の住民で養鶏をなす者を組合員とし、その生産になる卵と鶏肉を共同販売し貯蓄するための平和鶏卵貯金組合が設けられた[20]。また、1927 年には組合員が牝牛 1 頭以上を飼養することを目的とする平和飼牛組合がつくられる。両方の組合窓口を家庭学校事務所内に置き、平和飼牛組合では幸助が 50 株を出資した[21]。この 2 つの組合の発展的形態として結成されたのが下社名淵産業組合である[22]。鶏卵と牛乳によって資本の蓄積に励み、養鶏技術の向上のための座談会や、飼牛管理の向上に努めた。

　他方、家庭学校では小作料の値上げを何度か検討している。これに対しては小作からの要望を受け一度、延期したが、さらに 1927 年には 51 名の小作から小作料値上げの「無期限延期」についての嘆願書が出されている[23]。不作凶作による小作農家の窮状は深刻な状態であった。家庭学校農場の小作料滞納農家数は 1930 年には 40 戸を超え、家庭学校の小作料収入は著しく落ち込んでいく[24]。

　加えて、1931 年頃は不況と凶作のため乳価が下落し、特産薄荷（ハッカ）の価格も暴落、さらに悪性感冒の流行などによって農家経済は逼迫した。家庭学校では、医療費調査を通して、富山の薬商から購入した売薬の未払滞納金を抱える分家が多いことを把握し保健組合をつくったが、小作制度における地主である以上、小作料の徴収をしなければならなかった。このような状況に対して、清男は「産業組合を指導しながら他方に飢餓線上にさまよう者より小作料を強要する」のは、「産業組合の経営に名をかりた農村指導の仮面」であると述べた[25]。それゆえ、附属農場の土地売却、社名淵産業組合の移管などの改革を提案した。一

町村一組合という政府の方針もあり、下社名淵産業組合は遠軽町産業組合に合併されることになった。清男はそのような状況のなかで「家庭学校北海道農場の土地処分調査要項」を記した(26)。それによれば、サナプチ第一農場の総面積は721町歩、白滝第二農場の総面積は317町歩で、第一農場には47戸、第二農場には38戸、合計85戸の小作があり、小作料は反当たり一等地2円50銭、二等地1円50銭、三等地1円、小作料収入は年平均約4,500円である。これに対して、農場管理に要する人件費2,400円、諸税950円、道路・橋梁等の修繕と集会費等400円を差し引くと約800円ほどの純益しかない。しかも、そこから開墾補助費も要するため、「農場の経営によって得る所の純益は意外に僅少」であるのみならず「喰込む危険性が多分に」ある。人件費や雑費の節約、小作料の増収等では対応できない課題である。「農場の土地を最も有利に且つ最も確実に処分する」ために、「自作農創設資金を利用するより他に道はない」と清男は考えた。ただし、自作農創設資金は成墾地のみに適用されるため、未墾地は「創設者の自己資金を以て適当に購入」させるものとする。そこで、土地区画の実測等に要する土地処分の準備金には、「白滝第二農場に残されている立木価格三、五〇〇円を充当」し、家庭学校北海道農場の土地を処分する計画を立てた(27)。具体的には家庭学校は、教育用地として適した320町歩を保存し、残余の土地を7万5,725円で売却するという計画である。この計画では、白滝農場のほとんどすべての土地を自作化する予定である。そして、70戸の小作の自作農化を企図し、教育予定地内に14戸の小作を残し、それらの小作から毎年1,260円の小作料を徴収することも想定した。この提案は校長幸助によって承認される。清男は1931年2月23日、「校長の命令」により「自作農創設資金借入を申請」することとし、自作農創設地を実測する技手の推薦などを依頼するために北海道庁網走支庁に出張し、支庁長島倉正雄の了解を得た(28)。

この計画に従い、1932年に第一農場誠の谷（上湧別村開盛）の5戸（23町7反8畝）が自作農創設資金を用いて家庭学校から土地の譲渡を受けた後、1939年に第一農場の50戸（約250町歩）、1943年に第二農場（白滝）29戸（約300町歩）が自作農となった(29)。この結果、サナプチの家庭学校の土地721町歩は約450町歩となり、白滝の土地は、自作地約15町歩のみが残された。

清男は、創設以来十数年を経た今日において、農場経営は「経済的にみて必

ずしも有利ではなく、また管理の上からみてもいつかは窮地に陥らねばならぬ運命」と捉えた。そして、自分たちの事業が「農村問題の究明と解決」ではなく少年の教育である限り、「農村問題を寧ろ回避すること」を急ぐべきと考えたのである[30]。家庭学校が小作制農場の経営から撤退することは、小作者である「分家」の側からすると、土地が自分の所有となり、自作農になることを意味する。

家庭学校の「分家」の人々は、幸助の徳を讃え、留岡幸助先生頌徳碑を建立した。家庭学校の正門南側に建てられた碑には、「乳牛の導入、水田の試作、産業組合の結成、冬期学校、季節保育所の開設、神を讃美する一羊会の例会、小学校の誘致、石北線開通の陳情等 悉く先生の発意と努力の賜物」であり、とくに「附属小作制農場を開放し、自作農家を創設」したことは「先生の抱懐した素志」と刻まれた[31]。

4 家庭学校整理改造案

1931 年 6 月、清男は幸助に「最小限度の事業縮小」と「最大限度の事業進捗の経済力」の向上が必要であるとして「家庭学校整理改造案」を同封した書簡を送った[32]。

そこには、「自作農創設計画」が進み「職員間の暗き顔も一掃され」改革が「希望通り」に進捗したこと、そして「分校は今や全く面目を一新」し「私のこの農場に来りたる目的」は遂行されたと述べている。

しかし、「家庭学校全体の将来の成算」にかかわって、「このままにて家庭学校はよろしきか」と問いかけた[33]。「家庭学校現在の事業形態は家庭学校現在の経済能力の範囲内にはめこまれて」いないが、それが問題にならなかったのは「校長の存在とその能力とが経営上並に経済上の諸問題を自から解決」してきたからである。しかし、幸助が病に倒れた「今日以後はこの問題は決して一日の猶予を許し難」い。家庭学校の経営状態は恒常的に赤字であり、「事業形態そのものの破綻」である。

それゆえ、清男は巣鴨の本校の土地処分、茅ヶ崎分校の閉校、「巣鴨本校の児童相談所並に研究所化」という大胆な「家庭学校整理改造案」を提示した[34]。

清男の案は、「茅ヶ崎分校を閉校し、人件費丈をサナプチ分校に移」し、そ

のために「サナプチ分校の家族舎等の諸設備」の整備を進める。その完成まで
は、東京府代用感化院か、道庁代用感化院のいずれかの生徒数を減らすという
案である。最終的には家族舎を8棟設け、生徒収容定員を80名（自費生40名、
代用生40名）とする構想であった。生徒80名定員を「理想案」とすれば、「サ
ナプチ分校は二万円を以て、本校は九千円を以て十分に経営維持出来る」と述
べている。「巣鴨本校の児童相談所並に研究所」には「医師、社会学者教育学
者幹事、書記兼訪問教師、給仕、校長」を配置する計画であった。そして、最
後に自分は社名淵分校の教頭を辞退するが、「本校の研究部の助力」はできる
かぎりしたいと結んでいる⁽³⁵⁾。清男は幸助校長の代行をつとめる副校長小塩
高恒<ruby>高恒<rt>たかひさ</rt></ruby>に、「東京を中心としての生徒募集」を努力する必要があり、「感化教育に
於ける生徒募集」は「東京に於ける家庭学校研究調査部の働き」を不可欠とし
ており必須条件であると書き送っている⁽³⁶⁾。

5　留岡清男の退職

　清男が示した本校で生徒募集を担う「家庭学校研究調査部」の設置構想にか
かわって、1932年12月、理事会が開かれた。理事会の委員会議事項目には、
巣鴨本校を「児童に関する相談、調査並に研究をする場所」とするため「留岡
教頭を東京に転任」させ、後任に前田則三を採用することが議題として取りあ
げられた。計上された児童相談研究部の人件費は1,560円、調査研究費は1,000
円である⁽³⁷⁾。しかし、清男の構想に近い形で提案された原案に対して「職員
採用の件は予算は収入の範囲にて出来るか」との質問が出され可決にいたらな
かった⁽³⁸⁾。

　このような状況のなかで、社名淵分校の職員（鈴木良吉、横山義顕、大泉栄一
郎、寺崎好、小島正、稲坂久子、横山せつ）は連名で副校長小塩高恒に一通の書
簡を送っている。「家庭学校の将来の為に又留岡清男先生の記念事業として児
童研究部」の「実現」を求める要望書である。「我々の常に崇敬と信頼して止
まさる」清男の「協賛」を得て実現のための尽力を小塩に求めたのである⁽³⁹⁾。

　しかし、その後に開催された翌1933年3月13日の理事会では、教頭留岡清
男の「止むを得ざる退職」と本校と社名淵、茅ケ崎両分校の「整理状況」が報
告された。茅ケ崎分校土地の一部（4,175坪）を隣地にある結核療養施設南湖院

に売却すること、建物の東京府への貸与、茅ヶ崎分校を担当してきた副校長小塩高恒の退職などが承認された[40]。

　同年、閉鎖された茅ヶ崎分校の在籍生徒の多くは、東京府立誠明学園に移った。誠明学園は、家庭学校巣鴨本校の代用感化院辞退を受けて、東京府が茅ヶ崎分校の建物を借用して開設した施設である。また、小塩高恒・うた夫妻（1900-1903、1912-1933 勤務）だけでなく、鶴見欣次郎・唯与夫妻（1912-1933 勤務）、広津友信・はつ夫妻（1928-1932 勤務）、吉田内次（1929-1932 勤務）ら長年、本校あるいは茅ヶ崎分校を支えた職員が家庭学校を去った[41]。相田良雄は「在本校職員が凡て罷免された[42]」と捉えている。

　清男は小作制農場から自作農創設への舵を切り、教育に焦点化させた家庭学校経営をめざした。具体的には、東京の本校における研究と入校相談機能を通して、社名淵分校へつなぐことで、授業料による学校経営の安定を模索したのである。清男が教頭在任中に行った教育改革は、一群会という生徒の自治活動や作業班学習など、今日の北海道家庭学校の特徴ある教育の源流となった。それは、人間の力を越えたみえざる手の働きに導かれ大自然のなかで労働を通して教育を行うという父幸助の感化教育理念のうえに展開された。しかし、家庭学校本校における児童相談所と研究機関の設置という提案が具体化しないなかで、清男は家庭学校を去り、1933 年 7 月 1 日、家庭学校委員会は病床にあった幸助の校長辞任を承認する。

第2節　家庭学校の校長交替と財政整理

1　牧野虎次の校長就任

　牧野虎次（1871-1964）が第 2 代校長兼理事長として家庭学校に着任したのは前述のような状況においてであった[43]。

　家庭学校理事国沢新兵衛は、「留岡君が旺盛なる活動力に任せて、家庭学校の事業を本校、茅ヶ崎、北見と殖し且つ伸ばされた」が、校務を執ることができなくなるなかで、家庭学校理事会は、事業の「整理と縮小を断行」し後任者を検討したと述べている。第 1 に「君の身辺」に、第 2 に「校内当事者に求む

ることにしたが、両者共に成功せなんだ」という[44]。留岡清男、小塩高恒などが候補者であったと推察される。しかし、清男は大学に戻り、小塩は小塩塾創設の道を選んだ。そういうなかで、1932年末、家庭学校は「留岡翁をして有終の美を完ふせしめ」「北見分校の内容を充実し」「本校の移転、整理を断行し」そのために「要する資金の調達」することをめざし、理事の大久保利武、有馬四郎助が中心となり、大阪府に勤務する牧野虎次を第2代校長に選んだ。

就任後、牧野は『人道』を復刊し、復活号の巻頭言に「就任の辞」を執筆した[45]。それによると、1887（明治20）年に同志社英学校に入学した牧野は、先輩である幸助の「意気込と熱心」に惹きつけられ、大塚素、山本徳尚、水崎基一らとともに、1895年、北海道集治監教誨師となった。そして、幸助がアメリカから帰国後、「巣鴨教誨師事件や感化法の提唱や、家庭学校創立や、夫れから夫れへと活動を演ぜられて居た頃、我等同志の一団は常にその周囲に居て、何かと相談に与って居た」という。

牧野は、その後、土佐組合基督教会伝道師を経て、アメリカのエール大学で神学と社会学を学び、帰国後、大阪で基督教世界社の編集主任となった。京都四条基督教会牧師、同志社理事としてキリスト教界で働き、種々の社会事業にもかかわってきた牧野の軌跡は幸助との接点が多い。1919年には、幸助の推薦により「恰も彼（幸助）の後継者たるかの如く」内務省事務取扱嘱託として社会局社会課に勤務し、1922年5月には、家庭学校理事で南満州鉄道株式会社社長の早川千吉郎の下で同社社会課長（後に社長室審査役）、1925年5月には、小河滋次郎の後任として大阪府臨時事務取扱嘱託となり、そのかたわら、同志社大学講師や大阪府方面委員、大阪社会事業連盟、大阪結核予防協会理事等を務めた[46]。

「留岡翁は予の指導者である」と述べる牧野は、「就任の辞」に「彼（幸助）の血と生命とを打ち込んだる家庭学校は、何処までも活躍させねばならぬ。徒らに過去の型に捉へらるることなく、現在及び将来に処して、その尊き活ける使命を達成する為めに、最善の努力を捧ぐべきである[47]」と記した。

そして、1938年に家庭学校長を退任するまでのあいだに、家庭学校理事会が推進する本校地の移転整理などに携わった。

2　留岡幸助の死去

　1934年2月5日、留岡幸助は70年の生涯を終える。その前日、家庭学校理事であり北海道集治監以来の盟友有馬四郎助（1864-1934）も急逝した[(48)]。

　有馬は、北海道集治監の看守長時代に幸助と出会い、1898年、霊南坂教会で幸助から洗礼を受け、巣鴨監獄典獄を務めた際には教誨師として幸助を採用した。家庭学校創設に際して、幸助とともに家庭学校の候補地を踏査し、1906年には、財団法人家庭学校の理事に就任した。また、1909年には監獄業務に携わるかたわらで、日本で初めての女子のための感化院（現、横浜家庭学園）を創設し、日本の感化教育に貢献した。若き日より生涯を通して、幸助と家庭学校のよき理解者であり同行者であった。

　家庭学校では、2月6日、留岡幸助と有馬四郎助の合同家庭学校葬を営んだ。家庭学校理事国沢新兵衛が葬儀委員長、牧野校長が副委員長、相田良雄が幸助の居宅烏山の総務、小塩高恒が西巣鴨総務を務め、青山会館で挙行された。祈禱および式辞を小崎道雄、履歴紹介を山室軍平、悼辞を大久保利武、徳富猪一郎、山岡萬之助、床次竹二郎が述べた。遺族も含めて、2,300余人の会葬者が[(49)]、近代日本を代表する社会事業家と行刑家の死を悼んだ。

　多摩墓地に建てられた幸助の墓碑には、「下積みの米や虫食い鼠食い」という言葉が刻まれた。これは、目を病んだ山室軍平に幸助が送った見舞い状に認められた句であった。「お互いに社会事業に従事する者は、下積の米のような生涯」であるという気持ちが込められているという。幸助の「遺族の者が、これが父の一生を象徴するものではないか」と考え、「清男が山室先生のお宅に手紙を拝借」に行き、理事の国沢新兵衛が筆でその句を記し、平和写真製版所長信木杢三郎がその字を碑に合わせて大きく引き伸ばした[(50)]。

　サナプチでは、幸助の遺髪を平和山の頂に納め、留岡幸助記念碑が建てられることになった。記念碑表面には、高さ6尺、幅2尺の仙台石に「眠るべきところはいずこ平和山興突海を前に眺めて　一日庵」という幸助の辞世の句が刻された。裏面には、徳富蘇峰の言葉が刻まれた。

　社名淵分校の生徒と職員およびその家族、分家、地域青年団がみなで平和山頂までの道を拓き担ぎ、記念碑は山頂に建立された。8月25日、幸助の遺髪

が記念碑に納められた。現在も幸助の命日にあたる毎月5日に、北海道家庭学校の教職員と生徒達は平和山に登り、幸助の記念碑の前で礼拝を行っている。

3　少年寮と社名淵分校・白滝農場

⑴　東京本校における少年寮の設置

　1934年、家庭学校は東京本校内に「少年の一時的保護事業」にあたる「少年寮」を開設することを定め、岡崎喜一郎（1873-1946）の採用を決定した[51]。癌研究所に土地の多くを売却した後に残った本校の敷地の一角で1933年12月、少年寮は開設された[52]。『人道』は、「本校構内の整理に伴ひ、一校舎の利用が出来る様になつたので、新に少年寮を設け青少年の保護」を行うと紹介している[53]。予算記録によると[54]、当時、巣鴨の本校は校長の他、職員として俸給を得る者が2名（岡崎喜一郎と岸本種次）、雇給を得る者が1名いるだけであり、主として岡崎が少年寮の仕事を担うことになった[55]。

　岡崎は、島根県仁多郡横田村で横田郵便局長や八雲銀行取締役、横田村村会議員等を務め、救世軍の横田伝道相愛幼稚園や相愛裁縫女学校、永生病院の開設等を助けた人物であり、幸助とは旧知の間柄であった。1933年末、満60歳にして家庭学校に勤めた[56]。彼は、少年寮主事として「専ら教護の任に当り[57]」、「感化法や少年法の適用を受くるに至らざるまでの」状態で「父兄の手に余る者」や「事情ありて父母の保護」を受けることができいない者の相談に応じ、「一時収容保護を加へた後ち、サナプチ分校」や「他処へ転送乃至斡旋紹介等[58]」を行った。鑑別と診察に関しては、松沢病院で精神科医として作業療法を主導してきた加藤普佐次郎（1887-1968）が嘱託医として採用された[59]。少年寮では青少年の

図3-2　留岡幸助記念碑

表 3-2 少年寮入寮者の状況

	1933年12月～34年11月末	1935年中
良好退寮　学校へ入学	1	
良好退寮　就職	3	2
家庭の事情による退寮	1	2
他施設へ入院	2	
院外委託	1	
社名淵分校へ転校	8	10
農民道場済美館へ		7
退寮者総数	16	21
調査時点での在寮者	1	2

出典：「家庭学校少年寮」『人道』復刊 19、「自昭和十年一月至同年十二月一ヶ年間家庭学校少年寮報告」より（二井、2023）

相談に際して主任者の岡崎が「調査研究」し、医師の「診察鑑定」や「専門の鑑定」を経て、少年審判所や保護者、他の感化院から委託された者などの一時保護を行った[60]。その後、**表 3-2** にあるように、1933-1934 年には約半数の 8 名が社名淵分校へ転校している。少年寮収容者の年齢は、全員が 14 歳以上で、17 歳がもっとも多く、20 歳以上が 5 名もいた[61]。1935 年の統計では、保護者からの相談件数も増え、1935 年中の少年寮退所者数 21 名のうち、社名淵分校へ 10 名、白滝農場へ 7 名が移動している。社名淵分校と白滝農場に行った者は少年寮退所者の 8 割に及ぶ[62]。社名淵分校と白滝農場の入校者全体からみると、1934 年には 10 名中 8 名、1935 年には 21 名中 17 名が少年寮からの入校者である。留岡清男が構想した「東京を中心としての生徒募集」機関として少年寮は機能し、1935 年度末の社名淵分校および白滝農場の生徒数は戦前期の最大数に達したのである[63]。

⑵　白滝農場済美館

　白滝農場に多くの生徒が送られた背景には、済美館の存在が関係している。1933 年、家庭学校白滝農場は道庁から土地売払いの条件であった開墾に関して成功証明の交付を受けることができた[64]。そして、1935 年家庭学校理事会は白滝農場の事務所を改築して、寮舎と隣保事業的農民道場を兼ねた済美館として整備し

表3-3　社名淵分校および白滝農場の職員と家族舎別生徒数（1935年10月1日現在）

担当職	職員名	家族舎	家族舎保姆	生徒数
校長	牧野虎次			
教師校長代理	鈴木良吉	楽山寮	鈴木ケイ	8
教師教務主任	横山義顕			
教師　土木部主任	寺崎好	向陽寮	寺崎カツ子	9
教師　農業部主任	大泉栄一郎	掬泉寮	大泉久子	11
教師　会計主任兼書記	丸岡干夫	石上館		8
保姆　洋裁	横山せつ			
保姆　音楽	泉秀子			
助手	紺野春男	平和寮		2
嘱託医　医学博士	斎藤節			
白滝第二農場　教育部主任教師	見上熊吉	済美館		6
白滝教育部助手	寺田更生	済美館		
			計	44

出典：東京少年審判所「少年保護団体事業成績報告ニ関スル件」
（1936/3/26）への回答＜No.2517＞より作成

たのである。そこには、見上熊吉と助手寺田更生という新たに採用された職員が
配置され、社名淵分校や東京の本校から送致される生徒が生活するようになった[65]。

　表3-3は1935年10月段階での、社名淵分校および白滝農場の職員と、家
族舎別の生徒数である[66]。農場の経営にあたってきた鈴木も社名淵分校の家
族舎楽山寮を担当し、掬泉寮、石上館、向陽寮で1寮約10名前後の生徒を、
畜産部を担当した紺野が平和寮で2名の生徒を受け入れている。

　他方、白滝では見上と寺田が6名の生徒を受け入れている。その後、白滝の
生徒数は、一時期には10名を超える人数となった。白滝では住民井村謙二が
家庭学校の白滝農場に1919年に建てられた恩賜館という家屋に「社名淵校の
優等生を収容[67]」したと述べたように、済美館が整備されるまでは、白滝農
場には少数の家庭学校の卒業生や委託青年が、家庭学校の職員の住宅に共に生
活し農作業などを手伝うというに過ぎなかった。済美館の整備は、そのような
状況に変化をもたらした。

　しかし、**表3-4**のように済美館整備以降に入所した白滝生30名のうち、8
名が入所時に20歳を過ぎており、なかには38歳という者もいた[68]。社名淵

表 3-4　白滝生入所時年齢

14 歳	2 人
15 歳	3 人
16 歳	1 人
17 歳	3 人
18 歳	3 人
19 歳	2 人
20 歳	3 人
21 歳	2 人
22 歳	1 人
23 歳	0 人
24 歳	1 人
38 歳	1 人
不明	8 人
合計	30 人

分校の卒業生も複数、在籍した。年齢差があり、それぞれに事情を抱える多様な白滝生の教育は困難であった。1939 年には白滝農場の生徒の受け入れが停止され、ほとんどの白滝生が退所した[69]。家庭学校の歴史において、1930 年代後半は白滝農場に生活した生徒のもっとも多い時期であるが、少年寮との関係も含めて白滝農場の課題は大きかった。

4　東京本校の高井戸移転

家庭学校理事会は、1935 年、東京本校を巣鴨から杉並へと移転させた。幸助も巣鴨の敷地の譲渡と東京本校の「郊外移転」を希望していたが、「成らず、遂に分譲計画を試み」、1932 年に癌研究所に敷地の一部を売却したという[70]。1935 年、研究所の発展に伴い、残りの敷地全部を同所に売却した。牧野に替わり財団法人家庭学校の理事長となった国沢新兵衛と大久保利武、大倉粂馬、古河虎之助ら家庭学校の理事 4 名が常任委員として移転地の選定にあたった[71]。

中央線沿いの杉並区方面を検討し、古河理事が経営する明徳園の建物および設備の寄付を受け、同年 11 月に移転した。「少年寮としての施設を整備し、特色ある基督教主義の教護教育を充実」すると謳われた。巣鴨の土地の売却費を新しい土地（坪総数約 1400 坪、価格約 1 万 4,000 円）の購入費にあて[72]、16 名の生徒が生活可能な明徳館が移築された[73]。

第3節　少年教護法施行期における社名淵分校の暮らしと教育

1　社名淵分校における生徒たちの生活

⑴　家族舎での日常と一群会

この時期、生徒たちはどのように暮らしていたのであろうか。

当時、掬泉寮、石上館、向陽寮、楽山寮の4家族舎に各10名前後の生徒が在籍し、家族長夫婦や補佐の先生と生活していた。生徒は自由時間にはカルタや碁、将棋、カロムというボードゲーム、当時、流行したという盤の上に玉を転がして遊ぶコリントゲーム等も楽しんだ[74]。

生徒の自治組織一群会の活動は一時低迷したこともあったが[75]、「自治独立を教へる事を第一の目的」とした教師横山が働きかけ、生徒たちが「一生懸命に一ヶ月もかかつて」一群会の「基礎を作成[76]」し直した。「一群会は私達の生活の中核をなすもの[77]」と回想する卒業生もいた。1935年の一群会は出版部、運動部、修養部、園芸部、作業部、会計部、衛生部、製菓部、理髪部、娯楽部という部に分かれている[78]。

『一群』の編集担当の生徒は、「どしどし原稿をお出し下さい」と会員に寄稿を促し[79]、家族舎毎に執筆担当者名を記し、時には「一群のために汗を流して働いた先輩諸兄」に「会す顔ありや」と檄を飛ばすなど[80]、原稿募集に力を注いだ[81]。編集部の生徒の行った1936年3月下旬からの3ヵ月間における『一群』投稿者調査によると、総数108編の執筆者は会員（生徒）60編、卒業生15編、顧問（教員）16名などであった[82]。

一群会では生徒投書箱も設けられ、「野球を盛んにやりたい」という希望や「あだなを言はぬやうにしませう」「小鳥の巣をとらぬこと」「煙草をやめませう」など、生徒の意見が紹介され、自治的な生活の向上に努めた[83]。

1938年に生徒が執筆した「社名淵生活一題」は、日課とともにその頃の生活の様子をよく伝えている。

「カンカン──」寂寥を破る鐘の音に暖き夢破られし若人達は元気旺盛威勢よく床を蹴り愈々今日一日の業に励まんと活気づきぬ。時午前五時──之より若き少年達は洗面朝の国民体操に身を固め各々持場々々の清掃に励みぬ。身廻の清掃を終へし若人達は食堂に集合輪読会を開催　神を讃美礼拝清き心にて朝食を取る。此頃より太陽東天高く微笑み碧き天空より燦然たる炎暑七月の陽光万物へとそそぐ。──朝食を済せし若人達は暫時少憩思ひ想ひ学び遊びつ時の来るを待ちぬ。「ボンボン──」食堂の柱時計が七時を報ずる頃少年達は学年別に分散四時間の授業を受け（ハーモニカバ

ンド員三時四時両時間ハーモニカ練習に満つ）十一時半一かくて授業を終へ
し若人達は各自教室其の他周囲の清掃を終へ正午……集会所に一同会合楽
しき昼食に腹つつみを打つ。之より昼休み一時間愈々少年達の楽しき遊戯
時間である。野球に音楽に回旋塔に各自めいめい好きな遊戯に時の過るを
知らず愉快に遊ぶ其処彼処に起る笑声の中二時は経過して午後一時――再
度ラヂオ体操を終へ整列主任の先生依り実科の言渡しを受け之より午後
（中略）の労働に取かかる。若人達は与へられし作業畜産部炊事部野菜部
等牛の世話畑の除草とそれぞれ分散汗を流す。炎熱の陽は頭上に高く時折
吹来る冷風に活気を溢られつつやがて太陽西山に没する頃一日の労働を終
へし若人達は元気にそれぞれ家族舎へと急ぐ[84]。

「美育は我分校の特色」として、音楽に力を注ぎ、ハーモニカバンドやレコー
ドによる名曲鑑賞を通して、情操を高めることに意を払っている。日露戦争の
戦利品として家庭学校に払い下げられた燭台付きのピアノがこの頃、社名淵分
校に運ばれた。これは清男の強い要請であった[85]。くわえて、教師武井守善
の指導により、校内でハーモニカ演奏が盛んに行われた。ハーモニカコンサー
トは、家庭学校の生徒だけでなく、地域の人々からも歓迎された。

(2) 行事

年間を通して様々な行事も行われた。たとえば雄弁会、遠足、海水浴、運動
会、テニス大会、スキー大会、ピンポン大会、お伽大会、音楽会、クリスマス、
修学旅行、「雪の芸術品」展等があった。「雪の中の生活に感謝する催し」とし
て始められた「雪の芸術品」展は、50人が「各々腕をふるふと実に見事」な
雪像展であったという[86]。雪像展は今日も北海道家庭学校の冬を代表する恒
例行事である。

あわせて「真の家庭学校の姿」を広く世人に伝えようと16ミリ映画に社名
淵分校の生活の様子が撮影され、各地で上映された。1939年7月20日夜から
22日朝までの2泊3日の修学旅行も撮影された[87]。

『一群』には職員生徒31名による札幌神社、北海道庁、植物園、北海道帝国
大学、酪農本部、北海タイムス社、三越、中島公園への修学旅行の様子が、生

徒の作文を通して報じられた⁽⁸⁸⁾。1人1円以内で許された「生徒買物調」など
も報告されている⁽⁸⁹⁾。帰路の車中で母と面会が叶った生徒は、次のような作
文を記した。

　　いままでお母さんにあひたいと思っていたのがあへるのでうれしくてた
　まりませんでした。僕が岸本先生にかへりにうちの人にあへるでしやうか
　とききますとあえるだらうといつたのでうれしくてたまりませんでした。
　僕をおかあさんがみたらよろこぶだらうと思ひました。しばらくいろいろ
　のものをみているうちにばんがたにはいりました。そしてばんごはんをた
　べてからていしやじょうに行きました。
　　しばらくしてから汽車にのりました。だんだん停車場をすぎいよいよ岩
　見沢まできました。おかあさんがいないかと思ってまどからみているとお
　母さんが僕をさがしていました。僕はおかあさんとよびました。するとお
　かあさんはにいさんがいるよと妹にいって妹といっしょに汽車に上ってき
　ました。そして僕の前にすはりました。やがてびばいにつきました。おか
　あさんはそこでおりました。げんきにいてくださいと言ふと汽車はうごき
　だしました。おかあさんさよならといひながらおかあさんと妹の姿がみえ
　なくなるまでみていました⁽⁹⁰⁾。

　家庭学校の生活が変化と喜びのあるものであるように工夫がなされ、可能な
生徒に、母や妹との再会の機会を与えた「一生の思い出」となる修学旅行であっ
た。

2　自給主義と作業教育

　「生活が陶冶する」という思想は、創設以来、家庭学校において大切にされ
てきた。同時に、清男が分校教頭でなくなった後も、その教育観は分校の教師
たちによって実践的に継承された。その中心が作業教育に見られる。
　清男の「指導を受けその影響を受け」たと述べる横山義顕は、家庭学校での
「作業（労働）」の眼目は「職業の伝習ではなくて教育」であると述べ、教育が「一
片の説明や、記述や、お説教」でも「感激」でもなく、「汗と力の生活体験」

であると強調している⁽⁹¹⁾。つまり、「同じ一つの労働に関与する限りそこに同じ一つの意識」が生まれ、労働が「人と人とを結びつける結滞[ママ]」となり、「工夫」や「知恵」を生み、「知恵は労働と共に生育し、労働は知識を生む母体である」と説明する。

　具体的には「自給主義」という発想につながり、衣食住の様々の局面で生徒たちがみずから自分の生活をつくり出すことが重視された。

　たとえば、ミシン裁縫作業の実習として衣服も自分達で縫製した。冬は黒コール天の洋服、夏は霜降小倉（ともに年1着宛）、この他、本紺木綿の作業服（年に上1着、下2着）を用い、帽子も自給した⁽⁹²⁾。

　食事は、昼は掬泉寮で調理したおかずと飯盒に入ったご飯を、職員生徒が揃って食し朝夕は各家族舎で喫した。その食材も「自給主義」がめざされた。

　職員稲坂久子は食事について、「少年達にとつて、最大の楽しみは食事」であり「年中行事としての御馳走は勿論」であるが、「少年達が汗を流して作った鶏舎落成祝い、洋服仕上りの祝、楽しい寮新築起工祝、収穫祭等々、生活の喜びを一つでも多く、味はしめる様」にしていると語る⁽⁹³⁾。しかも「どんな御馳走でも皆少年達によつてつくれらる」作業の賜物であった。

　加えて、「正しい食物を摂取して、心身共に健全にし品性を高め、品行を方正にして病気と犯罪を此の世から姿を消し度い」という願いをもって、献立が考えられた。毎週木曜日に女性職員が事務所に集まり、昼休みを利用して、会計や農業部担当の職員とも相談しながら献立会が開かれた。少年たちが育てる「牛も豚も冬中に私達の食物」になり、「おのづと畑のものを主としたお献立」になった。**表3-5**はその例である。毎週金曜に馬車が市街地に出て買物を行い、食材を土曜の午後に各寮へ配給した。「米俵をリヤカーで運ぶもの、味噌、醤油をかつぐもの卵や、冷麦を持帰るもの、明日の休日をひかへ薪割もあり、緑したたる道を右往左往」しつつ土曜日を少年達は忙しく過ごすと伝えている⁽⁹⁴⁾。

3　社名淵分校における教科学習

　コロニー・システムに基づき、自給主義の方針による作業教育がなされるとともに、1933年の少年教護法成立以降、教科教育のあり方が意識されるようになる。少年教護法施行を前にして、1933年9月、家庭学校は定款「財団法

表 3-5　1933 年夏　ある週の献立

日付	曜日	朝	昼	夜	1日1人の熱量・蛋白	
					カロリー	蛋白
7 月 15 日	土曜日	白米飯 味噌汁（夏大根、菜葉） 菜葉浅漬	白米飯 鮭 菜葉浅漬 苺（350 グラム）	玄米飯 ワカメと干大根の酢味噌和附二十日大根チシャ 菜葉浅漬	2921.66	91.5
7 月 16 日	日曜日	オートミール パンケーキ 牛乳一合宛 苺（砂糖、牛乳）	冷麦 菜漬 お汁粉（午後 3 時）	玄米飯 卵焼　卵二個宛 附二十日大根チシャ 菜葉浅漬	2852.00	94.68
7 月 17 日	月曜日	白米飯 味噌汁（ワカメ、蕪菁） 大根卸 白菜浅漬	白米飯 白菜油焙り 沢庵 苺（砂糖、牛乳350 グラム）	玄米飯 蕪菁風呂吹き 附二十日大根チシャ 白菜漬物	2822.66	81.14
7 月 18 日	火曜日	白米飯 味噌汁（蕪菁、白菜） 白菜浅漬 二十日大根	白米飯 金時豆甘煮 白菜浅漬	玄米飯 さつま汁（牛肉、こんにゃく、燕麦、莢豌豆） 白菜浅漬	2779.90	82.5
7 月 19 日	水曜日	白米飯 味噌汁（蕪菁、莢豌豆） 大根卸 白菜浅漬 二十日大根	白米飯 白菜卵とじ たくわん 苺（350 グラム）	玄米飯 天ぷら（莢豌豆、人参葱） 附卸大根 チシャ 白菜浅漬	3127.26	98.34
7 月 20 日	木曜日	白米飯 味噌汁（白菜） 昆布煮付 チシャ 白菜浅漬 二十日大根	白米飯 白菜油焙り 附二十日大根 たくわん おやつ　そばぱん	玄米飯 黄味酢和（チシャ、莢豌豆、二十日大根、蕪卵） 金時甘煮 白菜浅漬	2899.14	109.35
7 月 21 日	金曜日	白米飯 味噌汁（蕪、白菜） 大根卸 二十日大根 白菜浅漬	白米飯 塩さけ 白菜漬物 苺（350 グラム）	玄米飯 白菜油焙り 昆布汁 二十日大根 たくわん	2717.16	84.61

稲坂久子「サナプチのお食事」（『人道』復刊第 1 巻 3 号、1933 年 8 月 1 日刊、p.5）より作成

表 3-6　少年教護院教科承認に必要な教科目及び毎週教授時数

	修身	国語	算術	国史	地理	理科	図画	唱歌	体操	裁縫	男計	女計
尋常科1年	2	8	4	—	—	—	—	1	3		18	18
尋常科2年	2	10	4	—	—	—	—	1	3		20	20
尋常科3年	2	10	5	—	—	—	1	1	3		22	22
尋常科4年	2	10	5	—	—	2	1	1	3	2	24	26
尋常科5年	2	7	4	2	2	2	1	1	3	3	24	27
尋常科6年	2	7	4	2	2	2	1	1	3	3	24	27
	12	52	26	4	4	6	4	6	18	8	132	140

出典：文部省普通学務局長「少年教護院教科承認ニ関スル件通牒（発普一二八号）」1935 年 7 月 29 日より（二井 2023）

表 3-7　家庭学校社名淵分校毎週教授時数（1935 年度）

	修身	国語	書方	作文	算術	珠算	国史	地理	理科	図画	唱歌	英語	計
尋常科1年	以テ此ニ替ル　毎週日曜日礼拝金曜日祈禱会ヲ	6	3	2	4	0	—	—	—	3	1	0	19
尋常科2年		6	3	2	4	0	—	—	—	3	1	0	19
尋常科3年		6	3	2	4	0	—	—	—	3	1	0	19
尋常科4年		6	3	2	4	0	—	—	—	3	1	0	19
尋常科5年		5	3	2	3	1	0	1	1	2	1	0	19
尋常科6年		5	2	1	4	1	1	1	1	2	1	0	19
		34	17	11	23	2	1	2	2	16	6	0	114
高等科1年													
高等科2年		3	3	2	3	1	1	1	2	2	1	0	19
補習科		2	2	2	5	1	0	0	—	1	1	5	19

出典：家庭学校社名淵分校「北海道庁社会課宛当校状況調査報告ノ件」1935 年 12 月 19 日より＜No.2517＞なお、高等科 1 年は文書において空欄である。

人家庭学校寄付行為」に定める法人の目的を「少年の教護及社会事業の発達を期す」[95] と改正した。そして社名淵分校の教授時数について、1935 年 11 月、道庁に報告している[96]。

　感化院出身者に小学校卒業資格がないことによる進学や就職時の不利益を解消するため、少年教護法は、施設長が「小学校の教科を修了したる者と認定」できるよう規定したが、そのためには、「小学校令に遵拠し文部大臣の承認」が必要とされたのである。

　表 3-6 は文部省の定めた教科承認のために必要な標準教授時数[97]、**表 3-7** は 1935 年に家庭学校社名淵分校が提出した教授時数である[98]。「修身」の時

表 3-8　家庭学校社名淵分校毎週教科目時数（1939 年度）

	修身	国語	作文	書方	算術	珠算	国史	地理	理科	図画	唱歌	ハーモニカ	手工	体操	合計
尋常科 1 年	1	6	2	3	6	0	—	—	—	2	1			1	22
尋常科 2 年	1	6	2	3	6	0	—	—	—	2	1			1	22
尋常科 3 年	1	5	1	2	5	1	—	—	—	1	1	2	2	1	22
尋常科 4 年	1	5	1	2	5	1	—	—	1	1	1	2	2	1	23
尋常科 5 年	1	3	2	2	3	1	2	1	1	1	1	2	2	1	23
尋常科 6 年	1	3	2	2	3	1	2	1	1	1	1	2	2	1	23
	6	28	10	14	28	4	4	2	3	8	6	8	8	6	135
高等科 1 年	1	5	1	2	6	1	1	1	1	1	1	2		1	24
高等科 2 年	1	5	1	2	6	1	1	1	1	1	1	2		1	24
補習科	1	5	1	2	6	1	1	1	1	1	1	2		1	24

出典：家庭学校北海道分校「昭和十四年度生徒及其教育ニ関スル報告書」（「昭和十五年度始事業計画及事業報告書」）より作成

間を「毎週日曜日祈禱会ヲ以テ此ニ替ル」と記している点が注目される。また、全体的な教授時数や尋常科の国史、地理、理科の時間数は少ないが、図画の時間数が多く、国語の時間は書方、作文に分けられている。算術の時間数は珠算を加えると標準時数に近い。他方で、少年教護院の教授時数には設定されていない英語が補習科学生向けに設定されている。この点は、中学校退学者など家庭学校に入校する前の修学経験を意識したカリキュラムである。**表 3-8** にみるように、1939 年には英語がなくなり、修身の時数が記されるなど変更された[(99)]。

4　教育科学研究会北見大会

　少年教護法施行により、家庭学校社名淵分校に文部省の定める学校教育に対する対応が求められるようになった。同時に、この時期、社名淵分校と一般の学校の交流が深まる機会があったことも注目される。

　1940 年 8 月 16、17 日の 2 日間にわたって、教育科学研究会北見大会が家庭学校社名淵分校を会場として開催されたのである[(100)]。教育科学研究会は、留岡清男が幹事長を務める民間教育研究団体である。1933 年、東京に戻り法政大学に勤務した清男は、城戸幡太郎と雑誌『教育』の刊行に携わり、教育科学研究会を結成し、教育問題を科学的に捉えるべく教育科学運動を展開していた。

　家庭学校社名淵分校の教頭鈴木良吉は「小学校の教職員と連絡を取り理解を求め、吾々の教育の実際方法を識って貰ひ度い、と思ふの念は兼ての宿望[(101)]」

であったと述べている。

　清男は、礼拝堂において有名な「児童観と生活教育」と題する講演を行い、文部省と内務省、司法省の児童観について論究した。遠軽や北見、女満別や斜里など道内各地の学校から参加した85名が校内を参観し、学級経営部会、単級複式教育部会、総合教育部会、農村教育部会という4部会に分かれて研究協議を行った[(102)]。

　家庭学校からも横山義顕が「精神薄弱児の学習について」と題して家庭学校での教育について研究発表を行い、また鈴木良吉は「酪農業は如何に進展しつつあるか」と題して家庭学校の酪農の発達を語った[(103)]。

　家庭学校は「五十名を限り、無料宿泊」を用意し、宿泊希望者は米と毛布を持参して、校内に分宿した[(104)]。参加者は、家庭学校への理解と家庭学校の職員との親交を深め、その関係は戦後にも継承されていく。

第4節　社名淵分校と東京本校

1　今井新太郎の校長就任

　1938年5月、牧野虎次は母校同志社大学の総長事務取扱に就任するため家庭学校長を辞任するという書簡を社名淵分校の職員に送った[(105)]。

　これに対して、社名淵分校の職員を代表して鈴木良吉は国沢新兵衛に、校長更迭があるなら新校長に「東京本校に児童研究所設置」を検討してほしいとする書簡を送った[(106)]。「学校に児童研究所を設け少年児童の不良行為の傾向を早期発見」し、「鑑別の結果、虚弱児童の収容の処置、教護委員の観察処置、又北見の分校へ収容の処置等の分類系統事務」を行うことが教育に効果的であるというのである。

　『人道』は、後任の家庭学校長に神戸市社会部長赤堀郁太郎が就任予定であると報じた[(107)]。赤堀は、同志社大学とペンシルベニア大学卒業後、牧野と幸助の紹介で知的障害児のための白川学園に勤務し、その後、大阪府や石川県社会課、浴風園、中央社会事業協会に務めた人物である。彼は関西留岡会の幹事でもあり、家庭学校の移転地杉並高井戸の土地を斡旋し、また社名淵分校に性

格検査器械を寄付するなど、家庭学校のために尽力してきた[108]。

　しかし、1938年7月3日から5日にかけての豪雨で神戸市をはじめ阪神地方は大水害に見舞われ、事態は異なる方向に展開する。赤堀は罹災民の救護事務を担当するため校長就任が困難となったのである。家庭学校理事会は、次期校長就任までのあいだ、家庭学校常任理事生江孝之に校長および理事長事務代行を委任した[109]。11月下旬になっても校長交替は実現せず、社名淵分校職員を代表して鈴木良吉は、国沢新兵衛と生江孝之に校長候補者を推薦する書簡を発している[110]。そこには、東京府社会事業協会常務幹事で東京府主事の岡弘毅（1884-1939）[111]と武蔵野学院在職中の石原登の名が挙げられた。岡は社会事業に多年の現職経験と社会事業界に「信威」があり中央行政官庁に「相当信用を有」し「留岡前校長と精神的又は人物的に交誼」あるキリスト教徒であるという理由である[112]。また石原は「教護教育の大家」であることが推薦理由であった。この提案を国沢や生江が検討した記録はないが、社名淵分校職員が理事会と家庭学校長に何を期待していたのかを窺える書簡である。

　家庭学校理事会常任委員会は、この年12月24日、金沢教会牧師今井新太郎（1891-1968）を後任校長とし、国沢新兵衛を理事長、生江孝之を常務理事とすることを決定した[113]。

　1939年1月、今井新太郎が第3代校長に就任する。

　松山に生まれた今井は、幼少時から大工の父を助け家業に従事し、苦学をしながら松山夜学校に学び、その後、同志社大学神学部を卒業後、母校松山夜学校で教鞭をとった後、京都西陣基督教会牧師、ハワイ、ホノルル日本教会での伝道活動を経て、ニューヨーク、ユニオン神学校に留学し、その後、金沢基督教会で牧師をしていた[114]。今井の同志社時代からの親友で、家庭学校理事となっていた巣鴨時代の家庭学校職員安東長義の懇請を受けて、家庭学校長に就任することを引き受けた[115]。今井は「薄幸不運の青少年への同情篤く、親達の持て余せる若者を我家に引取り、我子同様に薫育して更生」させた経験のある人物であった[116]。彼は「みえざるみ手の導きのまにまに、少年感化教育の大業に参与したい」と就任の気持ちを記している[117]。

2　定員充実方針

　今井が校長に就任した頃、家庭学校東京本校は在籍者数がわずか4名であった。それゆえ、家庭学校理事が中心となり、「家庭学校東京本校を如何にすべきか」について意見を交換するための懇談会が開催された[118]。家庭学校理事生江孝之の司会で、家庭学校の理事長国沢新兵衛、校長今井新太郎、職員鈴木春治、佐藤尚道のほか岡弘毅、東京育成園長松島正儀、赤堀郁太郎、支援者の信木杢三郎などが参加した。自園で孤児の養育にあたる松島は、「現在の育児の収容施設は三倍の申込超過」で「児童保護事業の収容施設は満員である」にもかかわらず、「家庭学校に申込みなく何故子供が不足しているか疑問」と述べた。この会議では、東京にある家庭学校の本校を「就職、職業指導等の斡旋」などのケースワークを行い、「やがては感化工業学校を設ける」という案や、社会教育的な講話会の開催を行うことなどが提案された。

　このような議論をふまえ、家庭学校理事会は「本分校共に定員充実方針」を決議する[119]。そして、生徒収容充実を計るために従来の学費月額30円を20円に減額するとともに、学費納入が困難な者は事情によっては「財政の許す限り無料収容」することで、「社会事業本来の面目発揮に努むる事」を確認した。さらに、本校においても「性格検査」などを行えるようにして児童相談所を開設し、その存在を伝える広告標識を要所要所に設置するとした。

　今井は理事会の「積極的方針」による「定員充実」に向け奮闘した。日曜学校や子どもの家、祈祷会等の開催などの教化事業、児童相談所の設置、司法省の少年保護団体として少年審判所からの少年収容など[120]、新事業の開始を計画した[121]。今井校長就任後、東京本校は「短期収容の一時保護中心の施設から長期収容施設へ[122]」転換していった[123]。理事会は、東京本校の生徒定員を本校16名、社名淵分校50名、白滝農場を8名と定めた[124]。社名淵分校宛ての書簡で、今井は理事会で本校に4名の在籍者しかいない状況では「社会の信用を失ふ」として、定員が提示されたと伝えている[125]。

　その後、1940年には、東京本校に建坪81坪、16名収容の教室2室と6名収容の生徒室、寮長室、保姆室、食堂兼社交室等を供えた第2校舎の新築と作業農作地412坪の購入後、東京本校の定員は30名に増員された[126]。1942年には、

6名収容の2室と寮長室を供えた47坪の寮舎が新築され東京本校の定員は40名となり、新たに一組の夫妻が職員として採用される[127]。そして、1943年には社名淵分校の職員が本校に異動する。

このような状況に対して、社名淵分校の横山は理事長に「サナプチのみ事業縮小となり欠員となり終ることなきやう」依頼する書簡を送り、不安と懸念を滲ませながら社名淵分校への配慮を求めている[128]。

3　東京本校に対する少年保護団体の指定

東京本校は、1939年、司法省の少年保護団体の指定を受けた。東京本校の職員角名巽によると[129]、少年審判所から委託される生徒は少年教護の対象者に比べ、年齢が高く「児童の取扱ひとは全然異な」り「逃走の憂」や「悪質の者が多い」ため、1939年から1940年にかけて「委託されても直ちに逃走」し、「焦燥と疲労」が募ったという。こうした状況のなかで、少年審判所が東京本校の状態に理解を示し、希望に応じた委託がなされるようになったという[130]。

具体的に示すならば、東京本校の受け入れ対象者は「知識階級の子弟」で「将来上級学校に進学出来る可能性のある『能力』を有するもので、素行収まらざるもの[131]」となったのである。1941年中に少年審判所から6名、少年相談所から10名、家庭より4名、その他から2名の計20名が東京本校に入校した[132]。

太平洋戦争期、「戦力増強に有効である限り、不良性の軽い者でもできる限り多くの者が矯正院に送られ、短期強度の錬成によって、ひたすら国家に献身するような有用な労働力に造り変える」ようになっていた[133]。

このような時期に、「主として教育治療に依つて保護の目的を達成し得る早期保護対象」を入校対象とした家庭学校の東京本校は、「知能指数に於ては普通以上」で「学業を継続せんとする者及学業を少なくとも必要とする職業を希望」し「自覚」がある者で「直ちに就職せしめず、学課を通して、知識を涵養する必要を認める者」を入校条件とした。東京府の「保導部とも連絡がつき、問題の生徒が成る可く早期に発見され、本校で錬成され、復校される段取り」であると述べている。つまり、東京本校は、「予防的保護対象に限定して、その要保護性の比較的軽度なるもの」を「早期発見」し、「学校に復帰せしめること」を方針とし、そのため「校内に於ては学科に非常に重きに置き、常に勉

強の出来る施設」を準備した。結果として「昼間の中学校、工業学校、大学予科に進学」した者をはじめ、夜間の学校や国民学校等で勉学する者がいると東京本校の教員角名巽は報告している。収容期間は「多くの少年を短期間に、即ち回転率を高度化」し、「一少年の特質を充分に知るためには少なくとも二三ヶ月を要する」が、それは「少年も行為と自覚に確実性を持つて来だす頃」であり、「その頃から復校させるのであつて、復帰通学は当分本校からなさせ」た後、「猶二三ヶ月を経て自宅に帰さしめる」ため、「約半ケ年に於て当該少年を錬成する」と述べている[134]。

　このような東京本校における入校相談を通して、東京本校の収容方針には合わないが、北海道で教育を受けることが適切と判断された少年が社名淵分校に送られることになった[135]。

4　戦時体制下の社名淵分校

(1)　社名淵分校における戦時協力

　1937年7月の盧溝橋事件を発端として日中全面戦争が展開し、その後、『人道』には社名淵分校の職員や生徒の出征、「北支戦線だより」や「北支皇軍慰問だより」の連載が掲載され、「生徒の時局認識行為」や「時局とわが分校教育」などが論じられるようになった。

　同誌は、社名淵分校の生徒が「支那事変に際し何れも総力を挙げて此の難局を切り抜けねばならない精神は相当に深刻に刻み込んで」おり、「物の節約、廃物の利用、屑物の蒐集、整理等実行又勤労の一致協力を以て山野に草を刈り、其得たる賃銀を以て皇軍慰問の恤兵金に寄附[136]」したと伝えた。そして、羊毛の国防資材献納（1938年）や軍隊慰問の恤兵金寄付（1937年）に対して陸軍大臣感謝状、海軍将兵慰問の恤兵金寄付（1938年）に対して海軍大臣感謝状が社名淵分校生徒に与えられたと記している。

　また、「日常の実科労作教育が山火に役立ちたる一例」として、「平和山麓の或農家の過失」による「失火」を「我が校の生徒はそれ山火よと筋骨を逞しうして手に手に鍬を持ち防火に駆け付け奮闘し、指揮一令の下に火の中に突進突撃して火を食い止めた」ことを「平素の訓練即ち勤労刻苦の訓練」の成果として『人道』は紹介している。『児童保護』には「事変二周年紀念のため家庭学

校生徒一同は自発的に、勤労奉仕作業を申出たるため、職員一同も協力し早速出征遺家族の畑の除草作業に従事」したと報じられている[137]。

1941 年には、金属類回収令（昭和 16 年勅令第 835 号）が公布される。社名淵分校では、礼拝堂、鐘、鉄棒、戸レール等「鋼鉄等国家に供出すること」について分校としても「覚悟を定めて置かざる可からず」と述べている[138]。その後、1942 年 1 月 10 日に金属供出をはじめ、1943 年には礼拝堂の鐘を国防資材として陸軍に供出した。

他方で、戦時体制が強まるなかで物資不足や流通制限は生活に大きな影響を与えた。今井は 1940 年 7 月、「物資は（生活必需品は）内地から貴地に統制上輸送し得ぬこと」になり「困却の至」と社名淵分校に伝えている[139]。

そのようななかで職員は生徒と寮の傍に防空壕を掘り、万一に備えた。

(2) 社名淵分校における女子部の設置

1939 年、家庭学校理事会は道庁から寄せられた「家庭学校分校に少女部を新設せられたき切なる要望」を検討した[140]。「事変は教護少年少女の増加の傾向」をもたらしたが、北海道には「教護少女あれども之の対策設備」がないというのである。今井は「時局下に於いて要保護少年少女の増加は誠に驚くべき数」であるとして、東京少年審判所の審判件数が 1937 年、1938 年には 250 名であったものが、1939 年には 500 名となり、「学生の不良化」と「少年職工の不良化」を問題とした[141]。北海道では、要保護少年が 4,500 人、要保護少女が 1,500 人であり、全国では 20 万人の要保護少年少女がいると指摘し、このような事態に対して家庭学校は、本校での寮舎の増築、社名淵分校での女子部の新設、家庭学校後援会の組織化の計画を発表した[142]。本校定員を 15 名から 25 名に、分校定員を 50 名から 60 名とするという計画である[143]。

この計画に対して、多摩少年院長小川恂蔵は「興亜聖業の達成」として「家庭学校が時運の推移を通観して新発展定格を樹立し、世の要望」に応えることを「吾が意を得る処」と賞賛し、司法省保護課長も「時局下の緊要」として家庭学校に対する期待を寄せている[144]。

社名淵分校では女子の受け入れについて職員会議を開き、「最底の年少者」を対象とすることを要件として承認した。定員 10 名、入所時年齢 12 歳未満、

学費1カ月20円とした。教育内容としては、実科は和洋裁縫、家事、園芸とし、週26時間の学科（修身、国語、作文、書方、算術、歴史、地理、理科、図画、唱歌、珠算、作法、体操）の授業を行うこととした。家族舎は、横山義顕・せつ夫妻と助手阿部梅子が担当する石上館とした[145]。

しかし、実際の女子部の運営には困難が伴い[146]、7年間で9名の入校にとどまり、1946年に閉鎖されるにいたった[147]。

(3) 社名淵分校に対する少年保護団体の指定

さらに、1941年12月、校長は鈴木良吉に、新しく北海道に少年審判所が開設されるのに伴い、「少年法による児童も収容せねばならぬ指令に接し」たと伝えている[148]。少年保護団体として社名淵分校を指定するというのである。

これに対して、社名淵分校の職員会議の意見として鈴木は、「認可少年教護院なれば司法保護団体兼用は出来ざるもの」であるが、もし兼用が可能ならば、分校の「従来の教育方法と齟齬を来たざる範囲に於て当校分校にて教育の可能性のものは其都度相談を受けて後引受」る方針をまず伝えた[149]。

そして、その後、次の5点の理由を挙げ「教育上非常なる困難を来たすことを杞憂」すると不賛成を表明した[150]。第1に「教護院と少年院とは教育上大に支障」があること、第2に「女子部の教育に大なる暗影と蹉跌を来たし懼れある」こと、第3に「従来の教育の良風を根本より覆すおそれあること」、第4に「秩序と規律を廃すおそれあること」、第5に「保護院引受くる時には特別の設備を擁すること」である。

鈴木は、少年院には「一人の収容者のために其妻女は暴行致死」にいたった事例や女性職員が強姦された事例があることや、家庭学校でも「年長者を入校せしめて教育上不結果を見たる苦き経験」があることに言及した。留岡幸助は「一箇所に十五人収容すれば百五十人の少年を収容する」と述べたが、「失敗の苦験」を経て「数を入れる」ことよりは「訓練の行き届いた教育的質」を確保するよう、「家族長其人を得ること」を大切にしたと校長に伝えた。「サナプチの年長少年よりも寧ろ茅ヶ崎分校に於ける年少者即教護児童を多く収容」したのはそのためである[151]。このように述べ、司法省の指定を受けることに反対したのである。

　校長は、横浜家庭学園のように司法省少年保護団体の指定を受けている認可少年教護院があることを例示し、司法省に対して次のような回答案を作成した。それによると、社名淵分校の定員は60名であり、そのうち男23名、女子5名、計28名が北海道認可少年教護院生、残り32名は個人や家庭からの直接委託生として月額30円で受け入れている。もし、司法省少年保護団体として少年審判所から直接委託を受ける場合は、個人や家庭からの直接委託生を22名とし、10名を審判所より委託生とするが、「認可教護院として年少のものを多数収容し教育効果極めて顕著なる状態」であり、このような「教育事情を阻害毀損」しないように「少年法による少年を収容する」には、「御引受する少年十名も極めて素質上、犯行上教育可能なるもの極めて軽微なるもの」にしたいと記した[152]。東京本校においても審判所の理解によってそのような対応になっていると附記している。

　その後、1943年11月の理事会において、「社名淵分校に北海道少年審判所長伊藤敏より希望ありたる15才未満の収容機関たる幼年保護団体（定員二十名収容）設立」することが承認された[153]。

　家庭学校からのこの要請はほぼ守られ、この時期以降に少年審判所から社名淵分校へ入所した者はほとんどが、12、13歳であった（第Ⅱ部参照）。

● 第5節　家庭学校社名淵分校における生徒の入校と退校

1　入校前の状況

　社名淵分校の生徒はどのような背景を有していたのであろうか。出身地は北海道と東京を中心としながらも全国に及ぶ[154]。1923年に北海道庁代用感化院認定後、北海道を住所地とする者が増えた。

　北海道家庭学校が実施した創設以来100年間の在籍者に関する調査によれば[155]開設以来、終戦までの入校者約370名中、30名以上が家庭学校社名淵分校への入校前に施設入所や里子委託の経験がある。

　感化院・少年教護院への入所経験のある者は、入校者の約5%であり、少な

くとも 18 名を数える。たとえば、幼少期に実父母を失い祖母と生活した後、里親に委ねられ、窃盗や買い食いが問題とされ、他の感化院に入所後、そこで落ち着かず社名淵分校入所というようなケースである。茅ヶ崎分校から 1929 年に 5 名が集団で社名淵分校に入校しており、複数の施設経験者も散見される[156]。

1920 年代後半以降は、孤児院や育成院などの養護施設の入所経験者が増える。実父失踪・実母死亡後に施設に入所した事例や、3 歳まで父の知人に養育された後に施設入所にいたった事例、両親死後、3 歳まで祖母に養育され里子へ委託された事例など、幼少期から養育者が転々とした後に社会的養育に委ねられ、その後、社名淵分校入所にいたっている[157]。

施設入所経験がない場合においても、食事が与えられず、体罰や身体的虐待などの結果、家出を繰り返し、食べるために窃盗に及んだ事例など、問題行動の背景には、養育環境の問題があった。「飢は少年を不良化す」という状況でもある[158]。父親によって借金の肩代わりに 3 年間の年期奉公に出された後、雇用先から逃亡した事例のように、入校前の問題行動としてもっとも多い窃盗の背景として、貧困と虐待は見逃せない[159]。

加えて、戦争による影響も少なくない。ある少年教護院職員は、戦争が始まり「労力不足よりあらゆる働手を強要、徴用し、父兄は遠く他地方まで、母姉又向上其他へ早朝より夕刻まで、国策に副ひ物資増産へ勤労に従事」する結果、子どもを「世話する家人なし」という状態を少年が「不良化する原因」の第一として指摘している[160]。社名淵分校にも同様の背景を有した少年が入校している[161]。

2　入校時年齢の低下と作業教育

少年教護法施行期、生徒の入校時年齢の平均は 13 歳と低くなった。また初発非行年齢が 10 歳未満の者は、それまでの 2 割強から 4 割強と増える（第Ⅱ部参照）。平均在籍期間は、2 〜 2 年半であまり変わらないが、入所時平均年齢を年毎に示すと、1941 年には 11 歳になっている（図 3-3）。

幼い者が多くなることは作業教育、とりわけ畜産部のあり方に影響を与えた。1940 年 11 月、社名淵分校では、畜産部は「収容少年の労力と能力」では「合

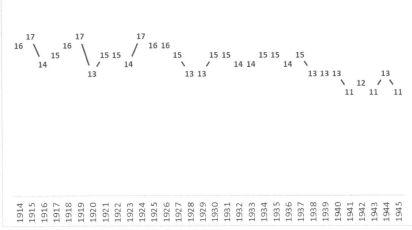

図3-3　入校時平均年齢（第Ⅱ部作成データより）

理的」な経営はできないとして縮小を検討し、翌年4月、「現在生徒労働力非常に低下せるを以て畜牛飼育不可能」と校長に伝えている[162]。これに対して理事会は、かつて理事大倉粂馬が5万円を投じて畜産部が整備された歴史や「牛乳は山間生活者に取りて唯一の栄養食」であること等を挙げ、「労力低下の場合なれば牛頭数を減じ」2、3頭とすることを提案した。これを受け社名淵分校は畜産部は継続するが、牛を1頭、羊を数頭とし、鶏は場合によりて少しという飼育案を示した[163]。

　入校者の年齢層の変化は、社名淵分校創設時、職員と生徒が一緒に開拓を推進した様相とは異なるものになった。

3　退校後の進路とアフター・ケア

　1938年度までの退校生に関する調査によると[164]、270名中58名（21.5%）が「事故退校」、212名（78.5%）が「改善卒業」である。内訳をみると、「改善卒業」者中の約3割の62名が、第一次産業（農業・牧畜・水産）に従事している。

　「改善卒業」の具体例としては、『児童保護』に紹介された、日本少年教護協会から助成を受けた3名の卒業生の事例が興味深い。

　日本感化教育会（1934年4月より日本少年教護協会と改称）では、1932年度か

表 3-9　退校生調査（改善卒業）

農業	50
牧畜	11
水産	1
工業	32
土木建築	1
商業	27
鉄道員	1
船員	3
事務員	2
軍人	15
教員	1
医業	2
工芸	2
映画製作	1
炭鉱夫	2
日雇労働	11
家事	4
修学	23
無職及不明	23
合計	212

出典：「昭和十三年度生徒及其教育ニ関スル調査」『児童保護』10-9、日本少年教護協会、1940 年 11 月、p.117

表 3-10　入校生の入校時住所

北海道	120	宮城	3
東京	104	福島	1
京都	9	山形	3
大阪	6	島根	2
神奈川	7	岡山	4
兵庫	7	愛媛	2
長崎	1	福岡	2
新潟	3	熊本	1
埼玉	2	宮崎	1
群馬	2	石川	1
千葉	3	岐阜	1
茨城	1	朝鮮	1
愛知	2	満洲	1
静岡	5	上海	2
滋賀	2	北米	1
		合計	300

出典：「昭和十三年度生徒及其教育ニ関スル調査」別表より
ただし、北海道 220 を修正

ら「成績優秀にして独立自営の意志強固」な退院生に「生活福祉増進」のため助成金制度を設けた[165]。15 歳以上 25 歳以下の退院生に、「生業資金、生業に必要なる器具・機械・材料又は其の購入費、実業教育・徒弟教育其の他実業練習に必要なる費用（被服、器具類、学用品其の他）」を 1 人 30 円（特別な事情の場合 50 円）を上限として助成するというものである。1934 年度は約 40 人分、1200 円が予算に計上されている[166]。全国の感化院から意見を求め制度化された[167]。決算報告では該当者は予算人数より少なく 1933 年度は 20 人、1934 年度は 21 人が助成を受けた[168]。社名淵分校の卒業生も、1941 年までに 3 人がこの助成を受けている[169]。

　社名淵分校の横山は、この 3 人について詳細な報告を発表している[170]。

　1 人目の卒業生は、木工場で職工として働く実父の下で、5 人兄弟の長男と

して「極く貧しい生活」のなかで育った。「学業」と「日常生活」が「不良」で小学校の「高等科に進学しても殆ど登校せず、遂に退校処分を受ける」にいたった。「性行大胆にして十四歳の児童とは見えず」と評され家庭学校社名淵分校に入校した。4年3カ月の在校期間中、彼は「機転のきく少年」で「好きなものを造れと言へば、山から木を取って来て布を張り、大きなグライダーをつくり平和山の上から飛んで見せるのだと喜んだこと」などもあり、社名淵分校では「何の仕事にも間に合ふ程の器用さがあり、よく働く少年であったが、一寸も眼のはなせない少年」であった。「いたづらはし、わるさをする少年であったが、どこやら教育の仕甲斐ある少年」で、「次第に成績も良好の域に進んで」いった。「性格的に小学校の教育に不向きな点が多く、そのため学業の指導も全きを得なかったのではなかろうか」というのが横山の考えである。この少年は18歳で家に戻り、精米場で働いた。しかし、「父は病死し、母も病弱の身となり、一家を負ふて進む責任は、彼の力量をもっては堪へ得られないのではないかと思はれる程」の状況にさらされる。彼は「幾度か悩み、幾度か想ひ、遂に意を決して農業をもって身を立て、母を養ひ弟妹を養育せん」とある農村に「小作農として、新しい生活を開拓せん」と入植したのである。「村民との関係もよろしく、青年団等に加入してもその中堅人物として重き」なし、冬期の農閑期間には酪農義塾等の講習を熱心に受け」るなど、「農村中堅人物」であると同時に「農家としても土地を愛する念止みがたく、一小作に満足せず自作農たらんとして借地五町歩余の購入を計画し、日本少年教護協会より助成金の交付を受けた」のである。

　2人目の卒業生は2歳で生母を失い、継母に養育されたが、13歳で第2の継母の養育を受けることになった。その頃、「操行上の問題」で中学校を退学となり、「窃盗、買喰、遊惰の理由」で家庭学校に入校する。家庭学校で学び、退校後、乳業関係の仕事に従事するが「鼻と耳の疾患」が業務に支障をもたすため「職業転向を計画」し、治療のため一端、実家に戻った。しかし、実父が本人を「厄介視する」ため「父の態度に心傷め自ら大いに決するところ」があり、治療が終わると「再び渡北、家庭学校に来り職員に今後の方針に就いて相談」し、「農業によりて身を立てんと決意」するにいたった。「北方農業経営に就きての学理と実験とに就きて専心勉学」した後、「篤農家に農夫として雇」

われ4年半、働き、500円余の貯蓄を貯えた。この時期、彼は5町歩余の土地の購入を計画し、1934年に少年教護協会から助成を得たのである。家庭学校仮退校後8年目のことであった。ただ、「独立農家として立たんと着手」したものの、500円余りでは「土地を購入すること夢にも及び難」かった。「小作農としての生活」を始めるにも「耕馬、農具、肥料代にも不足するため家庭学校職員は各自拠出して彼のために三百円の金額を集め、貸与」した。彼は、「第一期五ヶ年、第二期五ヶ年、第三期三ヶ年と詳細なる農業計画、経営方針を確立して努力」し、「経営日誌」と「農業記録」を「毎日丹念に記録」し農業に従事している。彼は「満洲におもむきて農業を営み、農業報告の誠を尽くしたき希望を抱きつつある」と『児童保護』に横山は記している。

3人目の卒業生は、幼にして生母と生別し、養父母に育てられ、9歳で養母が病死し、養父継母の下で育ったが、「肉親的に家庭的に不遇な運命の下に、十分なる教育、養護を受くることを得ず」、11歳のときに「問題児として家庭学校に入校」した。その後、3年6カ月、家庭学校で教育を受け、15歳の春、退校した。「本人の希望」により鍛冶職見習としてある鉄工場に入り修業したが、工場閉鎖のため別の工場に移った。しかし、彼はそこでも「精勤よく努め主家の信認を得、或る冬は主人の印鑑と金とを託され徒弟の募集にかけ廻ったこと」もある程に信用を得た。そして、成人し「主家の年季奉公も過ぎ、一人前の職工として活動し得ることとなった」彼は、「農具製作の極めて規模の小」さな今まで働いていた工場から、「各種の工作機械を使用し、又動力等も使用する大きな工場に入って腕を磨きたい」と希望を抱き、「今後の一段の修業の資」とするため、日本少年教護協会の助成を得たのである。横山によれば、1941年、「家庭学校入校と共に成績を挙げ今は鍛冶職工として一人前の腕になり以来独立の機をうかがっていた」彼は、特別な事情のある場合に与えられる50円の助成を交付されている。

このような事例は、家庭学校社名淵分校における様子をよく伝えている。卒業生自身が家庭学校で出会った教師たちとの人間関係を大切にし、社名淵分校の教師たちもまた卒業生を卒業後も種々、応援していること、そして、卒業生が自らの進路として農業や物づくりを自発的に選んでいる姿がみえてくる。それは、社名淵分校での経験に根ざした選択であったと考えられる。

4　小笠原への渡島

　他方、生徒は在学中に安定した学びと成長だけを経験したのではない。職員
が指導に苦慮する事例もあった。第 2 章に記したように、家庭学校では 1909 年、
東京府代用感化院指定後、指導困難な事例の対応として、少年の小笠原への委
託が始まった。社名淵分校開設後、社名淵分校が指導困難な生徒の移送先にな
ることは多くなく、小笠原への委託が継続された。

　その際、小笠原への送致は大きな労力が払われている。分校教員が島まで引
率したケースや、分校教員が本校まで引率した後、小笠原までを本校教員が同
道したケースの他、船員に委ねるという方法もあった。

　費用は鉄道割引券を使用しても社名淵分校から 1 人 20 円も要する[171]。自費
生で経済力のある保護者は、子どもの渡航費と引率の教員の経費 50 円を準備
したが、少年の旅費は家庭学校が負担することもあった。

　1941 年、保護者の依頼で卒業生を小笠原行きの船に乗せるべく北海道から
引率した教師は[172]、東京・小笠原諸島間の定期船芝園丸が欠航した際には[173]、
「次回の船は何日頃か」不明なかで、「東京にまごまごしてゐて逃走されたらこ
れも大へん」であり「食糧や野菜の少ない東京にゐることも気がひける」と心
配しながら[174]、少年の乗船を見届け、約 1 カ月ぶりに社名淵分校に帰ってい
る[175]。この間、社名淵分校は 1 名の教員が不在状態で教育にあり、小笠原に
少年を送致することは多くの労を要した。

　太平洋戦争下の 1943 年 11 月という時期になっても、社名淵分校の職員会議
では 2 人の生徒について「小笠原ニ交渉スルコト[176]」が議論された。当時、
小笠原へ向かう芝園丸は、戦時海軍管理令（昭和 17 年 3 月 25 日公布）により、
船舶と乗組員の国家的管理を行う統制機関である船舶運営会使用船であり、「小
笠原に行くには、小笠原在住のものか、軍部のものでなければ行かれない[177]」
状況となっていた[178]。そのなかで家庭学校の生徒を島の住民として切符を購
入し渡航させようとしていた。東京本校においても小笠原に赴く生徒があり、
東京本校の職員は、「校長に警視庁と交渉して当校生は特別に渡小出来る様計っ
てもらふ[179]」予定と述べている。

1944 年 1 月、ある生徒の祖母から小笠原行きにかかる礼状と母島への布団の送付先についての連絡が社名淵分校に寄せられている。この時期まで家庭学校から小笠原に委託する事例があったことがわかる[180]。

　しかし、指導困難な生徒が小笠原へ送致されるばかりではなかった。むしろ、就労先の一つとして自ら小笠原へ渡島することを選択した事例もある。

　岡崎喜一郎によると、1933 年の開設以来、1936 年までに少年寮から 15 名の少年が小笠原母島に委託された[181]。岡崎は、1936 年 12 月に家庭学校を退職し、その後、小笠原姉島に「家庭塾」を開く。そのような岡崎の存在が、家庭学校から小笠原への渡島の仲介役となった。

　1939 年から 1944 年にかけて、家庭学校の生徒あるいは卒業生で 7 名が小笠原に赴き、この時期、9 人の家庭学校出身者の在島が確認できる[182]。

　そのうち 4 名は少年教護法第 8 条 1 項 2 号に基づき北海道庁から入院命令を受けて社名淵分校に入校した北海道認可少年教護院生、2 名は保護者や関係者から直接、社名淵分校へ入校依頼のあった自費生であり、北海道で生まれ育った生徒も複数いた。また、保護者や関係者が本校で入校相談を行った東京本校自費生や、東京少年審判所から本校に入校した生徒等、東京本校の生徒も小笠原に渡島している[183]。

　在学中、指導に困ることのなかったある少年は、家庭学校から「既に数名の委託生」がいる「殆ど家庭学校の分校の如き」[184]農家を進路選択の一つとして選び就労した。

　ある卒業生は、社名淵分校の教師横山に「当地ではトマト南京キウリ　ジャガイモ等を内地に移出し私達は之を造つて居ります　私達も卒業生できても何ら変りなくみんな島の模範生となつて居ります　力を合せて島の産業の為に力めて居ります[185]」と伝えている。彼は社名淵分校卒業時に、担当の寮長寺崎好に「サナプチが恋しいやうな慕はしいやうな気持」を抱えつつも「私は専心目的に進まんとして居ります」と伝えている[186]。

　社名淵分校の鈴木良吉は、保護者に委託費を要しない形で「専ら農業手伝」として一個人が経営する農園で、家庭学校より数名がすでに働き、「農園主も大変よい好人物なれば心配無用」であり「在島中は金は必要無之却つて貯金[187]」が可能と伝えている。

小笠原への渡島は、少年と保護者にとって家庭学校を出た後の一つの選択肢であった。

5　卒業生の出征

戦時体制下において、軍隊も卒業後の重要な進路の一つであった。たとえば、1941年度の事業報告では、社名淵分校では「陸軍志願入隊一名、海軍志願入隊一名あり何れも十八歳の志願兵で、成績優良」と報じ、「他に卒業生で、入隊せる者二名」があることを伝えている[188]。1943年度の報告においても、分校卒業生9名は「徴用工に、軍人に、産業戦士に、又自己に夫々成績良好である。帝都軍需生産に、熟練工として活躍中の二名あり。海軍水兵として、又は陸軍砲兵として、前者は太平洋戦線に、後者は北支戦線に活躍して居る。又、模範工員として働いているものもあり、又労務主任として、帝都工場の管理にあたって活躍して居るものもある。農業見習から養子となり、模範青年となっているものもある。主として産業戦士として国家有為の働き人となっている。

かくして、昭和十八年度卒業四十名中八名失敗者を除いては大体、国家に有為なる人材として奉公して居るのは、吾等教育事業者としては、快心の至り」と述べている[189]。

一方、「友の遺骸」を敵陣から地下道を「掘って抱き還」り「靖国神社の護国の神と祀られた」2名をはじめ、「社名淵分校出身の勇士にして、戦闘第一線に活躍」する卒業生が9名いることなど、卒業生の戦死や戦地での様子が報じられた[190]。

戦地に向かう少年たちと家庭学校はどのような関係にあったのであろうか。ある卒業生は入隊後、戦地に向かって出発するに際し「アスアサタツスグコイ」と打電してきた。この電報を受け取った教師横山は、「同君は故国を立たんとして学校職員に面会いたし度情切なるものがあったのだろう」と記している。横山は、「校長はじめ、職員、生徒有志の署名の日の丸の旗と手紙や、餞別を携行」して、彼が出発する旭川の駅頭に見送りに行った[191]。社名淵分校から旭川までは、約130km離れている。出征を前にして家族に送るような電報を発した卒業生と、息子の出征を送るように卒業生の出征を見送りにいった教師とのあいだには、「家族」のような絆が感じられる。家庭学校創設以来、幸助

が大切にした生徒と教師を結ぶ絆としての信愛の形を、卒業生の出征の見送り
という姿としてみることができる。

註

(1)　花島政三郎「北海道家庭学校六十年の歩みとその再検討」『ひとむれ教育特集号』
　　　第3集、411、北海道家庭学校、1976年、p.95

(2)　財団法人家庭学校「加盟団体一覧ノ件（昭和十四年十月四日）」『文書綴』東京
　　　家庭学校所蔵。司法省保護局編『司法保護団体名鑑』（司法保護研究所、1942年）
　　　に「昭和十三年十一月十一日現在地ニ移転」とあるのは、「昭和十年」の間違
　　　いである。

(3)　二井仁美『留岡幸助と家庭学校――近代日本感化教育史序説』不二出版、2010年、
　　　pp.281-283

(4)　留岡清男『教育農場五十年』岩波書店、1964年、p.67。家庭学校「理事会」
　　　1929年、東京家庭学校所蔵

(5)　前掲註（3）、p.299

(6)　留岡清男「少年の教化に於ける観察と調査――サナプチ分校昭和四年度の報告」
　　　1930年 <No.12783>

(7)　前掲註（3）、pp.299-300

(8)　前掲註（6）

(9)　前掲註（3）、p.302

(10)　留岡清男「少年の教化とコロニープラン」『人道』320、1932年7月、pp.2-5

(11)　留岡幸助「サナプチ分校と其の一群会」『人道』300、1930年10月15日、p.19

(12)　一群会「一群会会則」『一群』230、1939年

(13)　「雑録」『一群』4、1930年7月8日、p.4

(14)　留岡清男「十一月三日の支度」『一群』第7号、1930年11月

(15)　留岡清男「サナプチの生活と理想」『一群』46、1932年7月

(16)　前掲註（3）、pp.298-306

(17)　留岡清男「サナプチ家庭学校の将来に関する試案　コロニー式児童教育場の完
　　　成」1933年

(18)　前掲註（1）、p.95

(19)　『一群』には「大口牧場見学報告書集」（1932年4月）や「大雪山温根湯旅行記
　　　特輯号」（1937年9月）のように、校外学習や修学旅行等の行事に関する特集
　　　号も編まれた。

(20)　大谷松太郎「組合の生れる今日まで」家庭学校農場、1920年代（推定）
　　　<No.3676>。平和鶏卵貯金組合「大正十二年四月組合員名簿」1923年 <No.718>

(21)　平和飼牛組合「組合規約」1928年 <No.838>

(22)　社名淵信用購買販売組合「昭和四年秋始社名淵分校内社名淵産業組合設立ニ関

スル書類」1929 年 <No.740>

(23) 家庭学校農場『第三農業開墾 農業事情 植林事業 農場反別 小作現在 調証書 小作関係 造田事業』1927 年 <No.823>

(24) 青木紀「感化教育実践と新農村建設——北海道家庭学校の小作新農場」『北海道大学教育学部紀要』58 号、1992 年、pp.38-41

(25) 留岡清男「少年の教化とコロニー・プラン——昭和五年並に昭和六年度事業報告」1932 年 <No.3429>

(26) 留岡清男「家庭学校北海道農場の土地処分調査要項」1930 年 2 月 <No.991>

(27) 前掲註 (26)

(28) 留岡清男「復命書」1931 年 3 月 1 日 <No.991>

(29) 留岡清男が、1933 年 3 月の家庭学校理事会で第一農場誠の谷（隣村上湧別村所属）十五町歩自作農創設決定を報告している。また、同理事会では「第二農場（三百四町六反八畝十三歩）ハ今回北海道庁ノ特別便宜ノ取扱ヲ受ケテ賦与セラレタリ。留岡教頭ノ尽力、道庁、支庁長ノ好意ニ依ルモノニシテ、コレヲ以テ全部家庭学校ノ所有トナリタル」ことが小塩副校長から報告された。「理事会摘録」1933 年 3 月 13 日『自昭和七年全十年理事会委員会摘録』東京家庭学校所蔵

(30) 前掲註 (10)、1932 年 <No.3429>、同『昭和七年度本校往復文書綴』<No.450>

(31) 遠軽町『遠軽町史』1977 年、p.1119。同様の碑が白滝にも建立された。

(32) 留岡清男「留岡幸助宛書簡」1931 年 5 月 22 日 <No.3900>

(33) 前掲註 (3)、pp.309-310

(34) 前掲註 (3)、pp.309-312

(35) この時期は、城戸幡太郎が『岩波講座教育科学』を刊行し、その附録としての雑誌『教育』の編集に協力することを清男が要請した時期に重なる。留岡清男は、東京に戻りそこでの働きを意識していたのでないかと考えられる。前掲註 (32)

(36) 留岡清男「小塩高恒宛書簡」1932 年 11 月 5 日『昭和七年度本校往復文書綴』<No.450>

(37) 家庭学校「昭和七年十二月十七日委員会議事項目」前掲註 (29)

(38) 家庭学校「委員会摘録」1932 年 12 月 17 日。この委員会の出席者は、大倉粂馬（1866-1954）、国沢新兵衛（1864-1953）、大久保利武（1866-1943）、有馬四郎助（1864-1934）の理事と留岡清男、小塩高恒副校長のほか、岸本種次書記が陪席した。大倉組取締役の大倉粂馬（1954 年 12 月まで理事）と有馬は家庭学校が財団法人となった 1906 年以来の理事である。有馬（1934 年まで理事）は、留岡幸助が北海道集治監教誨師であった時に同監網走分監長として出会い、1898 年に幸助から受洗し、典獄として監獄に勤務する傍ら、1906 年に幼年保護会を設立し、女子を対象とする感化院根岸家庭学園を開設した人物である。大久保の家庭学校理事就任は 1922 年であるが、監獄局長として 1899 年の創設時にも家庭学校を応援し留岡幸助の多くの著書に揮毫を寄せるなど、30 年以上、留岡

幸助を支えてきた。国沢は、鉄道省から満鉄に移り1917年に満鉄総裁となった人物であり、社名淵分校開設の翌1915年から財団法人家庭学校理事であり、後1939年には家庭学校理事長（1953年まで）となる。

(39) 鈴木良吉、横山義顕、大泉栄一郎、寺崎好、小島正、稲坂久子、横山せつ「小塩高高恒宛書簡」1933年2月10日『昭和七年度本校往復文書綴』<No.450>

(40) 家庭学校「理事会摘録」1933年3月13日、前掲註（29）

(41) 土井洋一『家庭学校の同行者たち』大空社、1993年

(42) 相田良雄「愛慕の念更に新なり」『人道』復刊21、1935年2月、p.6

(43) 土井洋一「牧野虎次」（前掲註（41）、p.255）には1933年5月とあるが、ここでは「牧野虎次履歴書」（東京家庭学校所蔵「昭和十一年度以降参考書類綴」1933年8月）記載に従った。1933年7月1日の「家庭学校委員会摘録」（前掲註（29））には、「留岡校長ハ病気ノタメ予テ辞職申出アリタル処校長ノ辞任ハ止ムヲ得ス承認スルコトニ決議セリ」と記載されている。

(44) 国沢新兵衛「家庭学校長の更迭に際して」『人道』復刊62、1938年7月

(45) 牧野虎次「就任の辞」『人道　復活号』1933年6月6日、p.2

(46) 前掲註（43）。牧野虎次『針の穴から』牧野虎次先生米寿記念会、1958年参照。このようにキリスト教や社会事業に関する種々の場面で、牧野は幸助と多くの接点を有しているが、それだけでなく内務省嘱託時代には巣鴨の家庭学校の傍に生活するなど、留岡家や家庭学校と公私ともに交流があった。

(47) 前掲註（45）

(48) 幸助は1934年1月末に危険な容態に陥っており、彼の主治医加藤普佐次郎から報告を受けた家庭学校理事有馬四郎助は、「トウトウ留岡の弔を己がするのかナア」と洩らし、千葉刑務所での講演に向かったが、2月4日、脳溢血の発作のため急逝した（篠崎篤三「留岡名誉校長有馬理事校葬記事」『人道』復刊9、1934年2月15日、p.4）

(49) 前掲註（48）、p.5

(50) 多摩墓地（13-1-18-1）。留岡よしこ「遺族代表としての挨拶」『留岡幸助先生生誕百年記念集』家庭学校、1965年、p.79

(51) 家庭学校「委員会報告及協議事項」1933年11月17日、前掲註（29）

(52) 前掲註（51）。牧野虎次「昭和八年の回顧」『人道』復刊7、1933年12月、p.2。二井仁美「少年教護法制下における家庭学校の教育──少年寮・社名淵分校・農民道場済美館に注目して」『奈良女子大学文学部研究教育年報』19、2023年、pp.1-11

(53) 「家庭学校少年寮の新設」『人道』復刊7、1933年12月、p.7

(54) 家庭学校「昭和九年度収支予算表（本校及社名淵分校）」1934年、東京家庭学校所蔵

(55) 前掲註（53）

(56) 岡崎喜一郎「履歴書」1933年、東京家庭学校所蔵。岡崎の生涯については、加

藤歓一郎・藤原道夫『奥出雲の地の塩――雲南キリスト教史物語』松江今井書店、1983 年、室田保夫「岡崎喜一郎と社会事業――奥出雲の地で」『キリスト教社会福祉思想史の研究――『一国の良心』に生きた人々』不二出版、1994 年、石井良則「岡崎喜一郎と小笠原姉島家庭塾」『小笠原研究年報』33、首都大学東京、2010 年

(57) 「少年寮」『人道』復刊 18、1934 年 1 月、p.5

(58) 前掲註 (57)

(59) 1933 年から 1934 年にかけての加藤普佐次郎の日記（加藤家所蔵）によれば、当該時期の加藤は幸助の主治医としての診察が中心であった。加藤は東京府立松澤病院で作業療法を担当し、患者とともに作業に従事し治療を行った精神科医である（藤森岳夫「加藤普佐次郎の歩み――そのキリスト教活動、精神病者作業療法、医療生協運動」『医学史研究』57、pp.697-714、1983 年、加藤普佐次郎「精神病者ニ対スル作業治療並ビニ開放治療ノ精神病院ニ於ケル之レガ実施ノ意義及ビ方法」『神経学雑誌』25-7、1925 年、pp.1-33、菅修「日本の精神医学 100 年を築いた人々 (8) 加藤普佐次郎」『臨床精神医学』8-6)、1979 年

(60) 「家庭学校少年寮」『人道』復刊 19、1934 年 2 月、p.5

(61) 家庭学校「家庭学校少年寮報告 昭和八年十二月九年十一月間」、前掲註 (29)

(62) 家庭学校「自昭和十年一月至同年十二月一ヶ年間家庭学校少年寮報告」1936 年、北海道家庭学校所蔵

(63) 二井仁美、前掲註 (52)、p.7

(64) 北海道「各部成功証明交付簿」『北海道国有未開地国有未開地処分法完結文書成功証明簿（網走）昭和 3 年度完結』1928 年、道立文書館所蔵

(65) 前掲註 (63)

(66) 家庭学校社名淵分校「少年保護団体事業成績報告ニ関スル件」1936 年 <No.2517>

(67) 井村謙二『種蒔人』鈴木淳一刊、1990 年、北海道家庭学校所蔵

(68) 前掲註 (63)

(69) 家庭学校『自昭和八年度至昭和十七年度生徒ニ関スル調査』1943 年。今井新太郎編『家庭学校五拾年小史』家庭学校、1949 年

(70) 牧野虎次「家庭学校の移転」『人道』復刊 25、1935 年 6 月 15 日、p.2

(71) 家庭学校「理事会摘録」1935 年 6 月 22 日、前掲註 (29)

(72) 前掲註 (71)

(73) 今井新太郎編『家庭学校五拾年小史』（家庭学校、1949 年）には、移転後、1938 年までの本校の在籍生徒統計はない。

(74) 前田則三「サナプチに於ける少年教化」『人道』復刊 3、1933 年 8 月 1 日、人道社、p.3

(75) 「一群会の近況」『人道』復刊 16、1934 年 9 月、p.5。同会の機関誌『一群』は 1930 年 6 月～31 年 7 月、32 年 2 ～ 10 月、33 年 5 ～ 9 月、34 年 7 ～ 10 月と、断続的に発刊されたが、1935 年に刊行された『一群』は、89（1935 年 1 月 27 日）、

90（1935 年 3 月 30 日）と最初は隔月発刊であったが、4 月から 7 月にかけて、91（1935 年 4 月 21 日）、92（1935 年 4 月 28 日◇、93（1935 年 5 月 12 日）、94（1935 年 5 月 26 日）とほぼ月 2 回のペースとなった。そして、8 月以降は週刊となり、11 月の 110 に至るまで刊行されない月はなかった（家庭学校社名淵分校一群会『北海道家庭学校所蔵「一群」1935 〜 1940 年』2017 年、北海道教育大学旭川校教育史研究室作成影印本）。

(76) 朝陽学人「『一群』第百号」『人道』復刊 28、1935 年 9 月、p.7

(77) 前掲註（75）、p.5

(78) 「第四回理事受持」「第五回理事受持」「第六回理事受持」『一群』91、1935 年 4 月 11 日、p.4

(79) 「出版部」『一群』91、1935 年 4 月 11 日、p.4

(80) 「来週ノ原稿ヲ出ス人」『一群』107、1935 年 10 月 6 日、p.4

(81) 家庭学校一群会出版部「ガンボウ岩」『一群』88、1935 年 1 月 20 日、p.3　編集担当の生徒の卒業により『一群』はしばしば発刊が遅れることもあった。

(82) 一群会編輯部「『一群』の投稿調査」121、1936 年 7 月 12 日、p.3

(83) 「報告 理事会」『一群』94、1935 年 5 月 26 日、pp.2-4

(84) 「文苑　社名淵生活一題」『THE HITOMURE』189、1938 年 7 月、一群会、pp.8-9

(85) 家庭学校社名淵分校『昭和七年本校往復文書綴』1932 年 <No.450>

(86) 社名淵家庭学校「雪から花へ　北海道だより」『人道』復刊 71、1939 年 4 月、p.6

(87) 北海道家庭学校「修学旅行の記」『人道』復刊 75、1939 年 8 月

(88) 「午後の見学」『The Hitomules　旅行記念号』一群会、1939 年

(89) 「生徒買物調（札幌旅行の時）」『The Hitomules　旅行記念号』一群会、1939 年

(90) 「お母さんにあったこと」『The Hitomules　旅行記念号』一群会、1939 年

(91) 横山義顕「サナプチ分校に於ける作業教育」『人道』26、1935 年 7 月、p.10

(92) 前掲註（74）、p.3

(93) 稲坂久子「サナプチのお食事」『人道』復刊 3、1933 年 8 月 1 日、p.5

(94) 前掲注（93）

(95) 家庭学校「理事会摘録」1933 年 9 月 20 日、前掲註（29）

(96) 前掲注（52）

(97) 文部省普通学務局「少年教護院教科承認ニ関スル件通牒（発普 128 号）少年教護院教科承認申請ニ対シ其ノ教科目及教授時数並教科用設備ニ関スル詮議ノ標準」1935 年 9 月 29 日

(98) 家庭学校社名淵分校「北海道庁社会課宛当校状況調査報告ノ件」1935 年 12 月 19 日『一、本校往復文書（自昭和八年度―至同十一年度、一、雑文書、一、社会事業関係書類（昭和九、十、十一年度）昭和十二年二月四日綴』<No.2517>

(99) 家庭学校北海道分校「昭和十四年度生徒及其教育ニ関スル報告書」1940 年『昭和十五年度始事業計画及事業報告書』<No.2461>

(100) 鈴木良吉「教育科学研究会北見大会」『人道』復刊 88、1940 年 9 月 15 日、p.5

(101) 前掲註（100）

(102) 前掲註（100）

(103) 家庭学校「教科研北見大会」1940 年 8 月 15、16 日 <No.821>

(104) 前掲註（103）

(105) 牧野虎次「鈴木良吉、横山義顕、寺崎好、大泉栄一郎、岸本健次、紺野春男、西村忠三、阿部喜平宛書簡」1938 年 5 月 9 日。北海道家庭学校所蔵

(106) 鈴木良吉「国沢新兵衛宛書簡」1938 年 5 月 17 日。北海道家庭学校所蔵

(107) 前掲註（44）。大久保利武「牧野校長を送るの書簡」『人道』復刊 63、1938 年 8 月

(108) 牧野虎次「鈴木良吉、岸本健次宛書簡」1938 年 5 月 18 日。北海道家庭学校所蔵

(109) 家庭学校「常任委員会摘録」『昭和十三年度本分校往復文書綴』1938 年 8 月 5 日 <No.2447>

(110) 鈴木良吉「国沢新兵衛・生江孝之宛書簡」1938 年 11 月 20 日。北海道家庭学校所蔵

(111) 今井新太郎「噫岡弘毅君」『人道』復刊 76、1939 年 9 月、p.3

(112) 前掲註（110）

(113) 校長代行生江孝之「家庭学校理事会常任委員会記事摘要御報告」1938 年 12 月 24 日、北海道家庭学校所蔵

(114) 今井新太郎「履歴書」東京家庭学校所蔵

(115) 土井洋一「今井新太郎」『家庭学校の同行者たち』大空社、1993 年、p.143

(116) 国沢新兵衛「新校長今井新太郎氏を迎ふ」『人道』復刊 68、1939 年 1 月、p.2

(117) 今井新太郎「家庭学校長就任の辞」『人道』復刊 68、1939 年 1 月、p.3

(118) 家庭学校「懇談会摘録」1939 年 2 月 7 日『文書綴』東京家庭学校所蔵

(119) 家庭学校「理事会決議録」1939 年 3 月 25 日『昭和十四年度本校往復文書綴』<No.2456>

(120) このほか、茅ヶ崎分校跡の建物を家庭学校厚生寮と名付け 8 歳から 14 歳の児童を対象とする夏季臨海学校に用いた。また児童相談所では毎週火曜日と土曜日、午前 9 時から午後 4 時まで「鑑別、考査、診察等」を行うことを計画した。職員角名によると、家庭学校本校に設置された児童相談所は「その機能を充分発揮してゐるとは云へない」状態であったが、東京少年保護相談所等「他に完備したもの」があるためその機能強化に努めなかったという（角名巽「少年保護と東京本校とを思ふ」『人道』復刊 117、1943 年 2 月、p.3）

(121)「家庭学校一覧」『人道（特輯）』復刊 70、1939 年 4 月、pp.1-3。今井は東京本校の事業を「青少年の教護、児童相談所、教化事業、"人道"の発行、児童ノ研究所」と述べ、ここには「少年寮」という名称は登場しなくなった。

(122) 前掲註（1）、p.100

(123) 今井新太郎「鈴木良吉及分校諸教師宛書簡」1939 年 3 月 30 日『昭和十四年度

本校往復文書綴』<No.2456>
(124)前掲註（121）、p.1
(125)前掲註（123）。当時、社名淵分校は 31 名、東京本校は 4 名の生徒が在籍していた。家庭学校「理事会報告並に議案要項」1939 年 6 月 17 日『昭和十四年度理事会決議録』東京家庭学校所蔵
(126)今井新太郎「第二校舎新築経過報告」『人道』復刊 91、1940 年 12 月 15 日、家庭学校、p.2
(127)今井新太郎「昭和十七年度本校の新計画」『人道』復刊 107、1942 年 4 月 15 日、家庭学校、p.1。なお、児童相談所は主として担当した教務主任野口（佐藤尚道）が担当していたが 1939 年 12 月末に司法省少年保護研究所入所のため家庭学校を辞することになり、1940 年以降は角名巽が教務主任を担当することになった。
(128)横山義顕「国沢新兵衛宛書簡」1943 年 1 月 19 日『昭和十八年本分校往復文書綴』<No.2485>
(129)前掲註（120）、p.3
(130)前掲註（129）
(131)角名巽「教化余滴」『人道』復刊 102、1941 年 11 月、p.4
(132)家庭学校「昭和十六年度事業報告」『人道』復刊 109、1942 年 6 月、p.2。少年審判所から委託される者の多くも自費生であると記されている（前掲註（127）、pp.1-2）
(133)赤澤史朗「太平洋戦争期の青少年不良化問題」『立命館法学』201、202、1988 年 3 月（北村嘉恵・白取道博編『戦争と教育』p.198）
(134)前掲註（129）、p.4
(135)前掲註（131）、p.4
(136)鈴木良吉「時局とわが分校の教育」『人道』復刊 73、1939 年 6 月 15 日、p.5
(137)岸本種次「事変二周年記念に際し家庭学校生徒の勤労奉仕作業」『児童保護』9-8、日本少年教護協会、1939 年 8 月、p.70
(138)鈴木良吉「今井校長宛書簡」1942 年 1 月 10 日『昭和十七年本校往復文書綴』家庭学校社名淵分校 <No.2480>
(139)今井新太郎「鈴木良吉、岸本種次宛書簡」1940 年 7 月 24 日『昭和十五年度本校往復文書綴』<No.2463>
(140)財団法人家庭学校「分校女子部設置承認ノ件（理事会報告並に議案要項）」1939 年 6 月 17 日『昭和十四年度理事会決議録』東京家庭学校所蔵
(141)今井新太郎「二六〇〇年記念事業について」『人道』復刊 86、1940 年 7 月 15 日、p.1
(142)前掲註（141）
(143)前掲註（141）
(144)前掲註（141）
(145)「家庭学校社名淵分校女子部併置計画書」『児童保護』9-9、日本少年教護協会、

1939 年 9 月、p.90

(146)鈴木良吉「今井新太郎宛書簡」1942 年 1 月 6 日付『昭和十七年本校往復書簡』
　　　<No.2480>

(147)第Ⅱ部 pp.312-313 参照

(148)今井新太郎「鈴木良吉宛書簡」1941 年 7 月 20 日『昭和十六年本校往復文書綴』
　　　<No.2473>

(149)鈴木良吉「今井校長宛書簡」1941 年 12 月 31 日『昭和十六年本校往復文書綴』
　　　<No.2473>

(150)前掲註（146）

(151)前掲註（146）

(152)今井新太郎「釧路検事正殿への回答原案」1942 年 1 月 7 日『昭和十七年本校往
　　　復文書綴』<No.2480>

(153)家庭学校「常任理事会決議録」『昭和十八年本分校往復文書綴』1943 年 11 月 1
　　　日 <No.2485>

(154)家庭学校社名淵分校「昭和十三年度生徒及其教育ニ関スル調査　附　創立以来の
　　　統計」家庭学校社名淵分校、1939 年

(155)北海道家庭学校「北海道家庭学校 100 年史調査資料」2023 年（第Ⅱ部参照）。
　　　記載のない者も多く実数はより多いと思量される。少年寮入所経験者は含まれ
　　　ていない。

(156)前掲註（155）

(157)前掲註（155）

(158)松岡二郎「飢は少年を不良化す」『児童保護』10-4、日本少年教護協会、1940
　　　年 4 月、pp.69-73

(159)前掲註（155）

(160)菱沼新一「時局下要教護少年の増加原因対策」『児童保護』12-11、日本少年教
　　　護協会、1942 年 11 月、p.16

(161)前掲註（155）

(162)鈴木良吉「今井新太郎宛書簡」1940 年 11 月 3 日『昭和十五年本校往復文書綴』
　　　<No.2463>

(163)今井新太郎「常任委員会決議の件」1941 年 8 月 6 日『昭和十六年本校往復文書
　　　綴』<No.2473> によれば、畜産部の牛を 10 頭、馬 2 頭に「拡充」し「必要な
　　　る人物は専門的な夫婦なれば一家族独身青年ならば二名を採用する」方針を示
　　　した。

(164)前掲註（154）

(165)「感化院生退院生の生活福祉増進」『児童保護』4-3、1934 年 3 月、日本感化教
　　　育会、p.65

(166)日本感化教育会「昭和九年度歳入歳出予算」1934 年『日本少年教護協会議事録』
　　　修徳学院所蔵

(167)日本感化教育会「昭和八年度事業計画要綱」1933 年『日本少年教護協会録 旧
　　　日本感化教育会』修徳学院所蔵
(168)日本感化教育会「決算報告」1934 年『日本少年教護協会録 旧日本感化教育会』
　　　修徳学院所蔵
(169)横山義顕「日本少年教護協会より助成を受けし三人の人々」『児童保護』11-2、
　　　日本少年教護協会、1941 年 2 月、p.53
(170)前掲註（169）
(171)旅行案内社『昭和戦前時刻表 汽車汽船旅行案内 543 号　昭和十五年一月』1940
　　　年　3 等運賃で、遠軽から東京まで約 13 円、東京芝浦から母島沖港まで約 12 円、
　　　遠軽から函館まで約 14 時間、函館青森間 4 時間半、青森上野間約 17 時間を要
　　　する。
(172)横山義顕「遠軽町家庭学校職員一同宛葉書」1941 年 9 月 8 日、北海道家庭学校
　　　所蔵
(173)日本郵船株式会社『日本郵船戦時船史 下巻』1971 年、p.104 参照。1941 年 9 月
　　　13 〜 27 日の間、同船は陸軍期間備船となっている。
(174)横山義顕「遠軽町家庭学校職員一同宛書簡」1941 年 9 月 14 日、北海道家庭学
　　　校所蔵
(175)横山義顕「遠軽町家庭学校職員一同宛葉書」1941 年 10 月 2 日、北海道家庭学
　　　校所蔵
(176)家庭学校社名淵分校「職員会議事録」1937-1949 年 <No.2437>
(177)角名巽「鈴木良吉宛書状」1943 年 11 月 27 日、北海道家庭学校所蔵
(178)旅行案内社『汽車汽船旅行案内　昭和十七年十月』1942 年。なお、旅行案内社
　　　『汽車汽船旅行案内　昭和十五年一月』には、小笠原航路は定期便として記載
　　　されているが 1942 年の時刻表には小笠原航路は定期航路として記載されてい
　　　ない。
(179)角名巽「鈴木良吉宛書簡」1943 年 11 月 23 日、北海道家庭学校所蔵
(180)前掲註（179）
(181)岡崎喜一郎「小笠原姉島家庭塾」『人道』復刊 45、1937 年 2 月、p.8
(182)前掲註（155）。岡崎は 1939 年 6 月郷里横田の大火で実家消失に際し姉島を引
　　　き上げる際には一人の少年を連れ帰った（石井良則「岡崎一郎と小笠原姉島家
　　　庭塾」『小笠原研究年報』33、首都大学東京、2010 年、pp.27-49）。
(183)前掲註（182）
(184)鈴木春治「岸本種次宛書簡」1940 年 11 月 9 日、北海道家庭学校所蔵
(185)社名淵分校卒業生「横山義顕宛葉書」、北海道家庭学校所蔵
(186)社名淵分校卒業生「寺崎好宛書簡」、北海道家庭学校所蔵
(187)社名淵分校卒業生「寺崎好宛書簡」1935 年 4 月 27 日、北海道家庭学校所蔵
(188)「昭和十六年度事業報告」『人道』復刊 109、1942 年 6 月、鈴木良吉発 1941 年 7
　　　月 24 日付書簡

(189)「昭和十八年度の教育回顧」『人道』復刊 131、1944 年 5 月 15 日、p.3
(190)前掲註（136）、p.5
(191)「○○○○君出征」『人道』復刊 76、1939 年 9 月 15 日、p.8

「北海道家庭学校」の誕生

大泉 溥

留岡幸助胸像（絵葉書「北海道家庭学校」1964年より）
胸像基礎：齋藤益晴・平本良之と生徒が作業班で制作
地下にはタイムカプセルが埋められている

はじめに

　本章では、日本国の敗戦直後から 1968（昭和 43）年に社会福祉法人北海道家庭学校が発足するまでの、主に留岡清男校長時代を扱う。敗戦直後の混迷と窮乏から、1948（昭和 23）年の児童福祉法施行で社名淵分校が教護院となり、1952（昭和 27）年北海道家庭学校と改称し留岡清男の校長就任、1968 年に東京家庭学校から分離独立し、社会福祉法人北海道家庭学校が実現するまでの歩みである。以下では、１．敗戦直後の社名淵分校、２．北海道家庭学校の創立五十周年記念事業までの道程、３．放胆な教育実験・実践の展開、法人としての分離独立と新運営体制に区分して描出する。

　なお、先行刊行物として、すでに『北海道家庭学校四十年』（北海道家庭学校、1955 年）[1]、『教育農場五十年』（留岡清男、1964 年）[2] などがあり、また歴史的検討「北海道家庭学校六十年の歩みとその再検討」（花島政三郎、1976 年）[3] もあるが、本章ではそれらをふまえつつも原典・資料を再吟味して、家庭学校復興・再建の筋道を事業運営・実践の両面に留意して記述する。

第１節　敗戦直後の社名淵分校

　太平洋戦争で、日本の国土は荒廃し、国民生活は疲弊し困窮の極みであった。沖縄は焦土と化し、東京大空襲をはじめ全国の主要拠点で人々は空襲に逃げまどい、広島や長崎は原子爆弾投下で廃墟となって、日本国は 1945（昭和 20）年 8 月 14 日にポツダム宣言を受諾して無条件降伏した。連合国軍総司令部（GHQ）の占領下で敗戦国日本は、戦後改革が推進された。それとは別に、ソ連軍が同年 8 月から南樺太や千島諸島に侵攻し占領されて、在留島民は 1946（昭和 21）年以降引揚を余儀なくされたが、その中に親や家族を失った孤児もかなり多かった。北海道の引揚孤児は 608 名で、全国 2 番目だったとの記録もある[4]。引揚孤児や戦災孤児等の保護は深刻な社会問題となり、その受け入れ施設として家庭学校にも対応が求められたが、そこには宿舎の荒廃や食糧・衣料品の不足など、いくつもの問題があった。

1　敗戦直後の分校の窮状と自給自足の模索

　財団法人家庭学校の社名淵分校は、北海道庁認可少年教護院の生徒15（男9、女6）名と、少年教護法に拠らない生徒を含めて約30名の生徒と共に1945年8月15日の敗戦を迎えた⁽⁵⁾。8月18日には、本州から「帰農集団疎開」として4家族28名が社名淵分校に来て石上館に入った。また、8月21日に1名、9月5日に2名の生徒が少年審判所から送致され入校するなど、新たな出入りもあった⁽⁶⁾。

　9月10日、平和寮の生徒7名が全員「逃走」した。鈴木良吉教頭は「一寮挙げて逃走せしことは家庭学校創設以来なきこと」⁽⁷⁾だとして、その原因を「食糧」と「自由」を求めたものだとしている⁽⁸⁾。実際、当時の職員会議では食糧問題への対応について繰り返し論じられている。1945（昭和20）年は度々の天候不順で北海道全体が「大凶作」⁽⁹⁾となり、食糧問題は秋以降、さらに深刻となる。社名淵分校のカボチャ（南瓜）の収穫は前年の半分以下、ジャガイモ（馬鈴薯）は1/3の収穫だった上に、小麦粉は収穫の半分以上を供出しなければならなかった⁽¹⁰⁾。それで、分校の生活者（職員家族を含む）65名に必要な「重要食糧」の7ヶ月分も不足していた。食糧管理法による食糧統制・配給網の下で配給は遅配や欠配が頻発し、10月も「十日分余、配給なく食糧事情困難」であった。また物価高騰で、10月31日の日誌には「麦一俵の値は遂に五百円に達す。家庭学校としては食糧問題いよいよ危機に到達す」とある⁽¹¹⁾。分校はたびたび「食糧自給、畜産拡充、薪炭の獲得」を議論し、「主食物の確保に努力」⁽¹²⁾し、東京の本校に対処を求めても改善されなかった。1945（昭和20）年11月13日の職員会議は「澱粉ノ入手方ニ奔走セルモ見込薄」く「従テ生徒ヲ減ジルコト、最低一五名トスル案」⁽¹³⁾を検討し、12月には2人の生徒を「食糧事情」逼迫を理由に退校させ実家に戻した⁽¹⁴⁾ほどであった。

　この背景には、分校はその開校以来、運営経費を東京の本校が担ってきたが、敗戦で家庭学校の所有していた南満州鉄道（満鉄）の株が無配当の紙屑となり、GHQによる財閥解体で、三菱、三井、住友、古河、大倉、原田積善会などからの大口寄付が皆無となり、財政が極度に困窮していたことがある⁽¹⁵⁾。

　社名淵分校は、戦前には乳牛を36頭も飼育し地域酪農の一大拠点だったが、

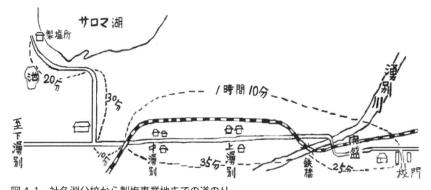

図 4-1　社名淵分校から製塩事業地までの道のり
『製塩日記』1946 年 10 月 12 日（横山義顕作図より大泉溥トレース）

　戦時中の国策営農でジャガイモ、カボチャ、トウキビ、小麦、豆類などを、戦争末期には甘味料として採集したイタヤカエデの樹液まで供出するように求められた[16]。こうした国の作付転換命令に従った結果、山林は荒れ、牧草地は激減して畜舎も荒れ、蔬菜畑は痩せて細り、野菜や穀物などは気象異常も加わり自給さえままならなくなった。寮舎などの建物もいたみ放題で、衣服や寝具なども損耗し、生徒たちは厳冬の夜半に薄汚い煎餅布団にくるまって震えていた。新入少年たちの多くは栄養失調の上に蚤、虱（ノミ シラミ）、慢性の下痢や腹痛（蛔虫など）、慢性鼻炎、トラコーマ（眼疾患）、疥癬（かいせん）（皮膚疾患）、夜尿症などに冒されていた。

　分校では野菜や穀物を増産し、1946（昭和 21）年には農作業用の馬を導入して畜産部を再開し、牛乳、鶏卵、豚肉が食べられるようにした[17]。緬羊から刈り取った羊毛を寮母たちが紡錘して手袋や靴下、セーターなどを手編みして防寒に備えた。さらに、東京の闇市でメリケン粉袋を大量に入手し、寮母が型紙から切り出し布団や下着などを縫製した。味噌の醸造、タクアンなど漬物づくりの必要から、同年 7 月から 40km 以上離れたサロマ湖畔で製塩を行った（図4-1）。海水を汲んで大釜に入れ、分校の山林から運んだ薪を焚く作業で、翌年は下湧別（しもゆうべつ）の海岸で実施した[18]。

　1947（昭和 22）年からララ物資が配給され始め少年たちの生活を援助したが（～ 1952 年）、ユニセフの脱脂粉乳配給（1950 ～ 52）は畜産部復活による牛乳があるとして辞退している[19]。このように、農作物や暖房用薪炭の確保など「力

田而食」の精神で生活必需品の自給に尽力し、ララ物資など外的支援でこれを
補い生活の保持を試みていたのである。

2 留岡清男と奥田三郎の分校への移住

　つぎに、留岡清男と奥田三郎の社名淵分校への移住に注目したい。
　留岡清男は教科研事件で1944（昭和19）年6月に特別高等警察（特高警察）
に検挙され戸塚警察署に拘留されたが、起訴されぬまま東京大空襲の激化で翌
年4月29日に釈放された。しかも、下宿先（創設期の最初の職員上野他七郎・
百合夫妻宅）で再三空襲に遭遇し、5月には不発弾暴発危険区域となった[20]。
そのため、清男は上野老夫妻を伴い、元社名淵分校畜産部主任で親友の三沢正
男[21]が経営する北海道八雲町の大平牧場に疎開した。しかし、7月14〜15日、
函館も空襲に見舞われたので、分校教頭鈴木良吉は國澤新兵衛理事長に、道南
の八雲は「当地（遠軽）より危険区域」だとして清男と上野夫妻が社名淵分校
に「再疎開」する承認を要請したが、実現しないまま敗戦を迎えた[22]。
　『社名淵分校日誌』には、1945（昭和20）年9月11日に清男が来校滞在し、
近隣の上湧別屯田兵村や芭露の農村調査を実施した際に、分校職員からの移住
要請を受けた。そこで、清男は9月29日に上野夫妻を伴い、社名淵分校の石
上館に移住した（國澤理事長黙認）。翌日、今井校長は「清男氏と面談を得たり。
抱負、計画等承る。新計画の成功を祈る。殊に農村文化の建設に新しき歩みを
談する」とある[23]。1946（昭和21）年3月12日の『社名淵分校日誌』には、「留
岡氏は悲想の決意」をもって「吾々職員に対し反省を促がし」「新機蒔直し」
のため酪農業を営む今野を職員に迎え、「畜産部の体制強化に着手」とあり、
同年5月18日に「留岡先生より農村基本方針案提出せらる」との記載もある。
　当時、各地の疎開先から東京・大阪など中央都市に戻るものが多かったが、
清男はあえて北辺厳寒の遠軽町に移住した。彼は戦前に分校教頭を務めたのち、
岩波書店の雑誌『教育』や『教育学辞典』の編集などに取り組み、教育科学研
究会の幹事長として活躍したが、30歳代後半から40歳代前半の生き方を「中
央で旗を振る」態度に潜む「英雄主義」を自己批判して、「私は新しい決意をもっ
て、身を地方末端に沈めようと考えた」[24]のだが、すぐに分校への本格的関与
とはならなかった。それは何故だったのか。

奥田三郎は、次のように述べている。

　「(清男が) 分校職員の強い招請によって敗戦直後の９月、石上館に転居して
きました。職員の間には、留岡が、すぐにも、復興の先頭に立って動き出して
くれるだろうとの期待があった様でした。しかし、留岡は、折目を正しくする
のに厳しく、機運を察知するにも明敏でした。職員間の準備態勢が必ずしも熟
していないばかりでなく、法人理事会との連絡などもはっきりしていないこと
を知って、個人的な相談はともかく、学校の中心となって積極的に動き出すこ
とは控えていました。(中略) いずれは、北海道家庭学校を背負わなければな
るまいと覚悟しながらも、経営についての職員間の自覚が熟さず、理事会から
の要請がはっきりきまらないうちは、求めて苦労を買って出ようとはしなかっ
た」というのである[25]。

　清男は、1946 (昭和21) 年５月25 〜 26日に家庭学校社名淵分校で「北海道
教育懇話会」を開催した[26]。この懇談会で、清男は「日本の文化運動と教育」
と題して講演し、石附忠平、坂本亮、中井喜代之などが話題を提供した。参加
者は４〜５回分の主食・副食と飯盒を持参しての合宿研究会であった。これと
相前後して、清男は日本教養連盟 (本部は東京) や北方民生協会 (本部は札幌)
を結成して、それらの理事長として地方に文化を行き渡らせるための活動を本
格化させており、北方民生協会は日本教養連盟の北海道支部の役割も担うもの
でもあった[27]。

　奥田三郎は、親友の清男が「家庭学校を中心とする地域的なセツルメント運
動を実際的にやってみようとの構想をたて、私などにも呼びかけて来た」と述
べ、清男の決意と覚悟のほどを知った奥田は、自らも意を決して、都立松沢病
院医長や東京帝国大学医学部講師などの職を辞し、1946 (昭和21) 年７月、社
名淵分校に赴いた。『社名淵分校日誌』の1946年９月３日には、今井校長と清
男、奥田、鈴木良吉が懇談。奥田を「校医トシテ嘱託」し、石上館に居住、報
酬年俸100円を支給すること、また「奥田先生は職員会議の時には奥田先生の
差支ない範囲に於て出席」し「医療等に於ても同然」と定め、石上館に住む上
野夫妻と清男を奥田の「同居家族」、「留岡氏ヲ相談役」としたとある[28]。こ
の時期の清男は分校の職員ではなく、奥田の同居者、いわば“分校の居候”だっ
たことになる。

　奥田は校医として保健衛生担当の大泉栄一郎を指導し、1946 年 9 月からは分校職員会議のメンバーとして清男と連絡をとりながら同志会の会長就任を含めて学校運営にも関与していく。1946 年 10 月からは遠軽保健所長を兼務し、厚生病院と連携して結核や赤痢などの診療を実現させた。彼はまた、清男が家庭学校の復興・再建のリーダーとなるよう準備・協力し、1952（昭和 27）年に家庭学校の理事となり、北海道家庭学校の法人としての分離・独立にも寄与していくのである。

3　家庭学校同志会の結成と家庭学校の改組問題

　社名淵分校は開設以来、財政的には「本校交付金」で運営され、寮舎や教場、酪農、農地の開墾と耕作、山林の管理、水源の確保などを含む教育実践や近隣農村への奉仕に専念してきた。ところが、1946（昭和 21）年、常任理事会は敗戦による法人資産の激減に寄付集めや北海道の山林・農地の売却などだけでは対処しきれず、分校への本校交付金を打切る方針を立てた(29)。

　今井校長は分校管理の職務を果たすため定期的に遠軽に来て 1 ヶ月ほど滞在し、公文書などを処理し、1946 年 4 月には樹下庵脇の空き地を開墾した畑で野菜づくりを始めた。7 月来訪の際に、帰京前日 7 月 17 日夜半に主な職員を集め、今後の分校運営に関する会議を開いた。職員たちは分校の窮状を訴え打開策を示すよう求めたが、校長は理事会の窮状を語るのみで、分校の自力更生の方策には言及せず、すれ違いのまま終った(30)。

　この時期、「浮浪児」などの保護につき、社名淵分校は「食糧事情に鑑み昨年冬以来なるべく収容人員を増加せざるを得ない」と道庁教育民生部長に伝えたが、それは「同事情緩和せられ欠配遅配が除去される迄の暫定的処置」にとどまるものだった(31)。1946 年 9 月 7 日、校長は職員たちに「浮浪児戦災孤児収容所ノ立案書」を提示した。北海道庁長官宛「戦災孤児及浮浪児収容所並に診療所新設に関する願い」は定員 40 名を増加するため「浮浪児・戦災孤児収容所」を新築し、医療室を増築するとした。9 月 14 日の職員会議では、浮浪児・戦災孤児収容 36 名増加案は「校長自ら否決」し、「診療所」の方は校長が道庁に「打診」した(32)が実現しなかった。ともかく、分校は 1947（昭和 22）年 10 月 25 日、生活保護法による生活保護施設（浮浪児保護、定員 40 名）の指定を受

けた[33]。

　1946（昭和21）年4月、畜産部発足で平和寮は西村夫妻と新採の今野夫妻が担当し、大泉夫妻は平和寮から楽山寮に移り「女子部」を廃止して男子寮とし、掬泉寮（横山夫妻）、向陽寮（寺崎夫妻）という体制となった。また同年9月に「家庭学校児童相談所」を設置したことが『北海道公報』に報じられ[34]、これには主に横山が担当している。

　社名淵分校の職員たちは前述の1946年7月17日の今井校長との会議以降、幾度も話し合ったが、容易にラチが開かなかった。そこで、同年11月24日、「家庭学校社名淵分校の事業を援助振興すると共に近隣農漁村の生活向上を図るをもって目的」とする組織「家庭学校同志会」を結成し、引用の「宣言」（**資料4-1**）[35]を発した。この同志会は、「家庭学校職員の福利事業、児童保護上必要と認めたる職業補導事業、農漁村の啓蒙指導事業」等を行うことをめざし、会長には奥田三郎、副会長に鈴木良吉と横山義顕、幹事に岸本種次、監事に大泉栄一郎が就任した。理事は寺崎好、今野善助、西村忠三、鈴木ケイ、寺崎かつ、横山せつ、大泉ヒサ、岸本種次であった。会員は家庭学校社名淵分校職員と「本会の目的に賛同する有志」で正会員は1口400円を出資した。家庭学校同志会は、財団法人家庭学校に1000円の寄付を行い、主に分校職員の慶弔・病気見舞など職員互助会としても機能している。

　ここで肝心なのは、家庭学校同志会の結成とその「宣言」が、分校職員たちが法人理事会の復興方策が示されず生活困窮の深刻化という危機的事態において、職員たちが相互不信・疑心暗鬼に陥りバラバラになってしまう方向ではなく、事業運営の危機を前向きに打開するために、復興への意志を相互に確認して団結を強め、児童福祉法施行にかかわる「家庭学校定款」変更への分校職員の態度を主体的に、しかも集団的に示したという点である。

　常任理事会は1947（昭和22）年9月19日から20日に今後の再建方針について審議するので、分校は意見をまとめて参加せよとの9月6日付けの書状を送付したが、社名淵に届いたのは同月14日だった。分校は乗車券も入手できないので10月まで延期してほしいと求め、とりあえず國澤新兵衛理事長宛に9月15日付けの「陳情書」を提出した[36]。そして、同年11月に鈴木・横山・岸本の3名が上京し、常任理事会の場で「陳情書」の趣旨説明をした。それに

宣言

家庭学校社会部分校ハ大正三年八月創設せられ、甫ゟ三十有二年

創設とその歴史を誇り機能を発揮し来れり。然るに時勢の

転変に伴ひ漸次経営は困難を増大し、端に本年に入りては赤字

に次ぎ赤字を次くし、安寧をもて政治近きに非ざるを危惧せ

しむること頼りなりき。果然先般の職員會の

意として赤字補填の名義にて、今後の運営も容易し難き

を宣し、今後分校の経営は吾等の独自経営に俟つ外なしと断定せる。

事態を茲に到らしむる責任の進退は暫く措く、いかなる此の局面を

挽回すべき処の教育通過は平和にて眠る両同族組の最も意を用いらる

愛して吾等が此處に居住し、使命を感じ此處に足るを捧げんとする慈恵に

燃えて今迄守り来れる聖なる殿堂なり。この殿堂にして徒らに崩壊に

帰せしめ荒廃に委すんか、何の顔あって祖師に面見え、何を以て吾等同

らの生を慰め得べき。吾等同志が此處に思を致し、寔を持ち寄り護を

凝らすこと教田・紀一・以て吾等が能力のすべてを結集して、この殿堂を守り抜

む事に決意するに到れり。

吾等とより教育の実務右にして運営経理は決る得意とする處

に非ざるも吾等自らのよく識る處なり。たが吾等の頼むところは使命感

に徹したる無私の熱情に燃ゆる同志の一致団結のみなり。吾等は改

めて児童愛護と農村新生活運動に吾等の生を賭け以て財政の災害を斯に

し、私心を棄て協力一致、如何なる困難をも自ら克服、吾等が使命遂成に

邁進せん。強固なる固志的熱情の邁ゆ處、自ら道の拓く、事は吾等の固

く信ずるところなり。

右宣言す。

昭和二十一年十月二十四日

家庭学校分校 同志會

12760

資料 4-1　家庭学校同志会「宣言」<No.12760>

対して、生江孝之理事などから意見が出されたが、結論とはならず、後日再検討となった。そこで、分校職員たちは連名で法人理事全員に宛てて、分校の窮状とその危機突破のためには「抜本的な機構改革が必要」だとする「訴状」を1947（昭和22）年11月25日付けで送り、牧野虎次や安東長義などの理事らと激しく対立した[37]。

1947（昭和22）年12月、児童福祉法が公布された。少年教護法に基づく少年教護院は児童福祉法第44条に定める「教護院」となり、「保護者のない児童、虐待されている児童その他環境上養護を要する児童」を対象とする「養護施設」など種々の児童福祉施設が法制化されて、家庭学校はその施行への対応を迫られていた。「教護院認可」の段階で独立の事業体とするのが行政的には自然で、分校職員も本校から独立した法人となるよう希望したが、財団法人家庭学校理事会は1947年度予算審議の際に、分校への「本校交付金の廃止」や留岡幸男（留岡清男の実兄）[38]の法人理事就任を決めるにとどまった。

1948（昭和23）年1月25日、家庭学校長今井新太郎・東京本校現業代表角名翼・分校現業代表岸本種次の三者の連名の文書が作成された。そこには「家

庭学校をば留岡精神の愈々具現されたものとして存続発展させたい」として、「私共は一度は破局的場面を招来しましたけれども、雨降って地固まるとか、今や上下緊密なる再結合を確信」するとある⑶⁹。この文書は事業認可申請にかかわるものであり、分校運営は分校職員会議で決定し実行するという方向へと舵を切った。この後、校長は分校の職員会議には出席せず、決定事項を事後承認し、道庁や児相・家裁などへの「公文書」に校長として署名・捺印することだけを役務とすることになる。理事会は家庭学校機構の改革についての分校の申し出を了承し、分校では鈴木良吉副校長（理事）・横山義顕教頭と岸本種次を幹事とする運営体制を出発させた⑷⁰。

　こうして、1948（昭和23）年4月から、本校は東京都所管の「養護施設」となり、社名淵分校は北海道庁所管の「教護院」となった。

4　分校のままでの教護院としての認可

　社名淵分校は「教護院」として認可を受けたことで北海道庁の監査を受けることになったが、社会福祉法人家庭学校としての関係事項は東京都庁の所管となるため、児童福祉法施行以降、社名淵分校は毎年二つの行政監査に対応せざるをえず、これは1968（昭和43）年に「社会福祉法人北海道家庭学校」として分離独立するまで続いた。しかも、これで「本校交付金の分校への給付」が復活したわけではなく、むしろ東京本校は社名淵分校に運営資金や物資の融通要請を増加させていた。社名淵分校は自立的に運営できる見通しを主体的に切り開くしかなく、とくに生産力の拡充、もてる資産の有効活用を必死で探ると同時に、定員増による「措置費」収入を増加させていくことになる（**表4-1**「戦後初期の経常費収入」を参照）。終戦直後の1945（昭和20）年度末の分校在籍生数は18名、1946（昭和21）年度末に21名、1947（昭和22）年度末には36名（定員40名）であった⑷¹。児童福祉法における教護院としての認可を受けた社名淵分校は定員増に踏み切った⑷²のは、「措置費」収入の確保が分校財政の安定的財源となることに着目したからであった。

　1948年12月2日付けの鈴木良吉から北海道庁稲垣是成児童課長宛ての書簡（控）には、「浮浪児の収容」について「引き受くることを決議」して「最初第一期として三十名位引き受ける」⑷³と返答している。やがて中規模寮舎を新設す

表 4-1　戦後初期における社名淵分校の経常費収入（決算）

	本校交付金	国道委託費・措置費	共同募金補助（一般）	事業収入	寄付金	雑収入	前年度繰越金	借入金	歳入総額
1945 年度（構成比）	15,757 円（43.9%）	7,681 円（21.4%）		10,131 円（28.2%）	335 円（0.1%）	2,067 円（5.8%）	―	―	35,869 円（100%）
1946 年度（構成比）	21,781 円（16.4%）	34,744 円（26.2%）		48,736 円（36.8%）	4,066 円（3.1%）	9,975 円（7.5%）	―	―	132,460 円（100%）
1947 年度（構成比）	9,000 円（1.8%）	268,364 円（52.6%）	15,000 円（2.9%）	151,239 円（29.6%）	16,694 円（3.3%）	34,225 円（6.7%）	―	―	510,615 円（100%）
1948 年度（構成比）	廃止	905,320 円（62.6%）	25,000 円（1.7%）	85,104 円（5.9%）	103,000 円（25.0%）	67,231 円（4.6%）	36,548 円（2.5%）	30,000 円（2.1%）	1,447,204 円（100%）
1949 年度（構成比）		1,779,457 円（79.5%）	450,000 円（20.1%）	3,500 円 **（0.2%）	2,600 円 ***（0.1%）	1,468 円（0.1%）	―	―	2,237,025 円（100%）
1950 年度（構成比）		2,597,626 円（85.2%）	450,000 円（14.8%）	4,000 円 **（0.1%）	1,500 円 ***（0.0%）	2,000 円（0.0%）	―	―	3,049,126 円（100%）
1951 年度（構成比）	―	3,444,506 円（89.3%）	400,000 円（10.4%）	8,000 円 **（0.2%）	1,300 円 ***（0.0%）	1,667 円（0.0%）	―	―	3,858,169 円（100%）

［典拠資料］各年度の社名淵分校『歳入歳出決算書』（法人理事会承認）　資料 No. 記 82-2847
（注）　＊　1949 年度の「屋根葺替工事」「澱粉工場開設費」「洗濯場工事費」「パン工場設置費」「寮舎修繕費」など（1,019,900 円）
　　　　　は「経常費」とは別の「臨時費」会計であり、1950 年度の中規模寮舎「柏葉寮」の新設費 3,831,000 円も「臨時費」会計の扱いである。
　　　＊＊　「事業収入」で、1949 年度以降は、酪農部を独立採算制の別会計となり、1951 年度には養鶏部、精米工場も独立会計となる。
　　　＊＊＊　「寄付金」項目の中に、天皇御下賜金（1949 年度 300 円、1950 年度 1,000 円、1951 年度 1,000 円）を含めた。

表 4-2　北海道家庭学校の戦後復興期の定員・実員の推移

年度	1947 年昭 22	1949 年昭 24	1951 年昭 26	1953 年昭 28	1955 年昭 30	1957 年昭 32	1959 年昭 34	1961 年昭 36	1963 年昭 38	1965 年昭 40	1967 年昭 42	1969 年昭 44
定員	40 名	50 名	80 名	80 名	80 名	80 名	80 名	85 名	85 名	85 名	85 名	85 名
実員	36 名	62 名	75 名	75 名	78 名	79 名	82 名	84 名	76 名	82 名	79 名	82 名

［典拠資料］各年度の『生徒調査』による

ることになるのだが、「浮浪児収容所」についても「一ヶ所に集合すること。従来の家族制度と異にして集団制度とすること」との新設構想を示し、費用は「国費か道費に願ふこと」、「家族舎の構造は各方面の施設等を見て参考に致し度いので急速には出来ない。目下種々考案中でありますが課長さんに於て良い処あらば参考に資し度い」とも言及している。

　それまで定員割れだった分校だが、1948（昭和 23）年度に、実員を増やして定員 40 名を充足するために、石上館を生徒用寮舎に戻し（奥田・上野夫妻は樹下庵に移動）、新任の田中誠一・勝恵夫妻に寮舎・石上館を担当させた。1949（昭和 24）年度に定員を 50 名に変更したが、実員は 62 名となっている（表 4-2）。

1　留岡清男の分校復興リーダー就任と復興五ヶ年計画

　マッカーサー指令による公職追放で、留岡清男は 1946（昭和 21）年 2 月に
大政翼賛会への関与を理由に追放処分を受けたが、1949（昭和 24）年 1 月に公
職追放の見直しが始まり、清男の処分も解除される[44]。また、児童福祉法に
よる措置費制度の実施で東京本校の運営の目処も立ってきた。そこで、國澤理
事長の了承を得て、1949 年 6 月、社名淵分校職員は職員の総意として、清男
に分校の"復興リーダー"となるよう懇請した。清男はその場では即答せず、
同年 7 月に条件を付して受諾の返事をした[45]。その際、清男が分校側に求め
た条件は、第一に分校運営を清男に「事前相談」を得て進めること（従来のよ
うな事後報告は不可）、第二に清男は日本教養組合連盟などの仕事を引き継ぐた
め、すぐには遠軽に常住できないので運営状況を逐次報告することである（**資
料 4-2**）。以来、社名淵分校から清男に職員会議の記録などをカーボン複写で
送付されている[46]。

　分校職員会議では「本日、留岡先生より書状来る。当校の再建について私た
ちの念願をうけ入れて頂いた御承諾の書状である」と述べ、「日誌は過去怠り
勝ちなりしも、本日を期して、これを特に詳細に亘り認め、一部を保存し、一
部を留岡先生に送付する」ことにした[47]。

　清男は疎開先での痛切な反省と新たな決意をもって遠軽の分校に移住し、分
校運営の実情をつぶさに見ながら「煩悶の 4 年間」[48]を過ごしてきた。それゆえ、
この受諾がいわば命がけの仕事となる覚悟の表明であった。他方、法人理事会
が清男の分校運営関与をどう見ていたのかは記録がなく、よく分からない[49]。

　分校の"復興リーダー"となった清男は、卓抜な発想と豊富な人脈を駆使し
組織的な行動力を発揮し、分校職員たちとともに「猛然と」突進していく。彼は
まず復興・再建を計画化することを考えた。家庭学校では他の民間福祉施設と
同様に、毎年「事業計画」がその年度の予算書に添付されて理事会の承認を受
けてきたが、年度決算書に合わせた「事業報告書」は当初の事業計画書との整

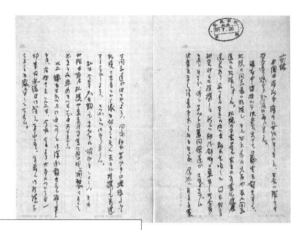

滞在中、皆様から決意に充ちた勧誘を載きまして、(現在手がけている仕事や他の業務などとの関係で各所と相談した上で)、サナプチの旧同僚達がさほどまで決意を示しているならば、途上に事業は同志達が何とかしよう。勿論、これは私がサナプチに埋没しても、札幌と東京とから縁を切ることなく、共々提携して前進することにしようといふことになりました。私は今年末を期してサナプチに帰りましょう。その時期は、或いは札幌や東京の事業を整理、調整によって出来る丈早めるつもりではあります。以上、(遠軽に)腰をすえるとの御返事と御了承戴き度く存じます。なお、左様決まった上は、今後、今日より大事については一切事後承諾は御控えされ度く、事前に御相談下さることを、厳守して下さい。

資料 4-2　留岡清男、分校からの協力要請受託の書簡 1949 年 7 月 22 日
（『往復文書綴』＜No.2584＞）

合性を考えないものであった。清男はその独創的な「計画化の概念」[50]にもとづき、敗戦後の分校の運営経験と現状をふまえた諸課題を整理して、入所生定員増による措置費増を基軸として財政的危機を克服し、当面の生活諸困難を打開し、経営的展望を主体的に切り開くための「復興五ヶ年計画」（表4-3）を1949（昭和24）年末に作成した。

　復興計画では、寮舎修理や屋根葺替などは「通常会計」で実施され、寮舎新設という新規事業は「臨時費会計」で実施される仕組みであった。この復興策を統一的に展開する妙案として、10床前後の従来の家族主義的小舎制ではな

表 4-3　復興五ヶ年計画

(1)　生徒収容（定員増）計画

年度	寮 舎 数	収容人数	児童と職員家族の全数	備　考
昭和 24 年度	5	65*	100	
25	6	75	110	職員採用
26	7	85**	125	職員採用
27		90**		

＊　昭和 24 年度の教護員定員は 50 名であり、生活保護法の浮浪児保護収容施設指定による定員を 15 名として加算（？）。

＊＊　定員 85 名は昭和 36 年に実現したが、昭和 27 年度に予定されている定員 90 名は実施されなかった。

(2)　建築年次計画

建築工事の種類	坪数	予　算	備考	実施年次	引用者（大泉）による補足注
医療兼静養所	16 坪	124,000 円	作業教室移転改修	昭和 24 年度	実施せず
寮舎修理		259,000 円	各寮	〃	
共同炊事場・寮新設	31 坪	200,000 円	既設建物移転改造	〃	実施せず
第二牛舎の屋根修繕	60 坪	200,000 円	葺替	〃	
礼拝堂の屋根葺替工事	120 坪	55,000 円		〃	
澱粉工場及び木工場設備		50,000 円	元薄荷工場を利用	〃	昭和 25 年 3 月に実現
寮舎	72 坪	10,000 円	済美館移転	〃	実施せず
寮舎（新築）	70 坪	1,050,000 円		25 年度	柏葉寮（中舎制 32 名収容可能）
寮舎（新築）	70 坪	1,050,000 円	移転改造	26 年度	昭和 29 年度新築（清渓寮）
本館建築	80 坪	600,000 円		27 年度	昭和 35 年に実現
博物館			本館に付設す	〃	昭和 26 年 2 月 営林署より寄贈

出典：「建築年次計画等書類」＜No.1160＞

く、その 2 〜 3 倍も収容可能な 32 床の「中規模寮舎」の新設を構想して、これを復興の目玉に位置づけた[51]。しかし、当時の分校は戦中・戦後の山野の荒廃や建物の老朽化などで貧窮極寒の生活に耐えるのに精一杯で、新寮舎の建築に必要な資金はどこにもなかった。戦後復興に多大の寄与をしたとされる北海道共同募金会であるが、その建築補助には所定の「自己資金」が必要であった。分校はこの「自己資金」を如何にして準備するか、これが「五ヶ年計画」を具現する際に決定的に重要なことであった。

2　中規模寮舎「柏葉寮」の新築と試練

(1)　復興資金集め

留岡清男はこの「復興五ヶ年計画」を実現するのに必要な「資金」を獲得す

るために、二つの後援会を組織して募金活動をすることを提案し、率先してこれに取り組んだ。

第一に、社名淵家庭学校後援会の結成と募金活動の展開である[52]。民間施設の寮舎建設のために網走支庁が積極的に協力し、湧別町長の大口丑定が各市町村への拠出金割当などの実務を担った。その結果、網走支庁2市28町村と道内有志からの寄付金を合わせて、130万円の資金を得た。この網走支庁各自治体からの資金提供の主眼が中規模寮舎の新築にあったことは当時の地域の浮浪児問題とも関係して注目すべきであろう。

「社名淵家庭学校後援会趣意書」には、家庭学校社名淵分校は常時100名以上の児童を収容する「日本的なる少年の村を建設」するために、家庭学校社名淵分校は「校舎、本館の改築、寮舎の増設、共同炊事場、共同食堂の新築、医療施設、児童研究所新設、木工、農産加工等、少年の職業教育施設の完備をはかり教育の理想を五ヶ年計画を以て完成せん」と資金1000万円を募集するとある[53]。つまり、入所定員増による「措置費」収入の増加を基軸に「最低限必要な経済力」を確保して戦後復興を軌道にのせる計画の第一歩として、地域協力を生み出し実現させようとしたのである。

第二の募金組織は、北海道家庭学校後援会の設置である[54]。岩波茂雄、城戸幡太郎、羽仁説子、宗像誠也、留岡清男などの呼びかけで結成され、東京・大阪などの大会社や銀行などから寄付金90万円を得た。清男は留岡幸男理事の協力を得て、様々なツテを活用し、1950（昭和25）年3月から5月まで、大会社や銀行を訪問し依頼して廻った。しかし、戦後経済の復興が未だ始動しておらず、激烈なインフレの下でストライキが頻発していた時代だったので各企業の社長や重役たちはほとんど聞く耳を持たず、この募金活動は困難を極めた。それでも、清男は耐え難きに耐え同じ会社に平均5～6回も訪問し、家庭学校再建の必要を訴え続けた。その心労のため、清男自身が駅のホームで一度ならず、二度までも昏倒したほどであった[55]。

これら二つの後援会で集めた復興資金は目標の1000万円にはほど遠いものでしかなかったけれども、北海道共同募金会からの寮舎新築補助金100万円と寮舎補修費補助金50万円を得るのに必要な「自己資金」となった。こうして、1950年12月に総工費380万円で「建坪118坪の堂々たる寮舎がみごとに出来

あがった」[56]のである。

(2) 中規模寮舎「柏葉寮」の構想とその建築

　清男と分校職員たちがこの復興計画で従来からの小規模な家族制寮舎の新築ではなく、新たな「中規模寮舎の設置」を構想したのは、何故なのか。それは家庭学校が創始した「家族主義による教育制度は、全国各府県の少年教護院がひとしく看倣って採用している」と自負しながらも、これをもう一歩進めた寮舎処遇による事業展開できると判断したからである。「家族主義の教育制度を拡げ、重点を家族主義の教育から集団的社会生活の教育に移行しなければならない」とする見地から、1家族舎10名前後の生徒を入所させる寮舎から20〜30名の規模に拡大し、生活の中心を「少年たちが寝起きする居間から大部屋のホールに移行」し、また「家族舎長夫妻の外に優秀なる若い助手を増員して集団生活の仕組みと規律とを訓練すること」にした。それは「救済の時機を失った多くの少年たちを一人でも多く収容しなければならないという実際的必要」に応え、「単なる家族主義の教育では果たし得なかったところの教育の技術を新たに生み出すこと」をめざしたものである[57]。

　その建築構想の核心は、大きなホールの設置である。そこを「食堂にしたり、自習室にしたり、娯楽室にしたりして、定員十五名乃至二十名の子供たちが、孤立分散するのでなく、全部が揃って、集団生活の訓練をする」場となる。その寮の全員が腰掛けられる大きな食卓には、各生徒専用の学習用具や私物を入れる引出がある。他方、少年たちの居室は二段ベッドを部屋の両側に二台ずつある夜間だけの寝室（1部屋8床、4室で32床）であった。居室（寝室）に個々の少年専用の机や椅子をなくしたのは、ホールでの「集団生活を重視」したからであり、また「北海道の冬期間の燃料を節約するため」でもあった。

　図4-2 中規模寮舎「柏葉寮」の設計図と写真のように、生徒室四室とホール（食堂）がL字型で繋がる寮舎で、「少年たちを一人でも多く収容」し集団生活力を育成する必要をふまえたものでもある。

(3) 「柏葉寮」の運営経験と「小舎制原則」の再確認
　「柏葉寮」は鈴木良吉寮長、井上肇助手の体制で、1950（昭和25）年11月末に、

正面姿図

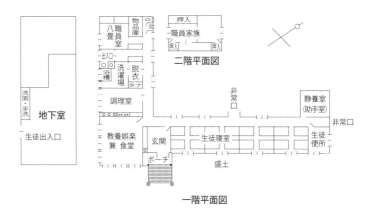

洗面・手洗
地下室
生徒出入口

物品庫
八畳 職員室
押入
職員家族
押入
出入口
洗濯場
脱衣場
浴槽
タナ
調理室

二階平面図

非常口

静養室
(助手室)
非常口

教養娯楽兼 食堂
玄関
ポーチ
生徒寝室
盛土
生徒便所

一階平面図

図4-2　中規模寮舎「柏葉寮」の設計図とその完成寮舎

石上館と向陽寮から各2名、掬泉寮と楽山寮から各3名の生徒が移り、寮生10名でスタートした[(58)]。

　中規模寮舎としての「柏葉寮」は1950（昭和25）年から1954（昭和29）年にわたり運営されたが[(59)]、清男は1954（昭和29）年の清渓寮開寮式典の式辞で「一寮舎定員一二名を超しては、到底、君たちの寮生活の生活指導はできないと確信した」[(60)]と述べた。中規模寮舎の運営苦闘を経て、「1寮舎12名を限度とする」という「小舎制の原則」が再確認されたのである。清男はこれを次のように整理した。

　第一に、「一人の寮長の眼の届く範囲」は、生徒数6〜7人が「最適」だが、それでは「贅沢すぎて、経済的でありませんから、せいぜい十二人を限度」とすべきである。第二に、大きな広いホールで、集団行動ばかりしていると「みごとに行詰まってしまった」のは、「独りを慎む」という「個別生活が皆無」になったからで、「集団生活は個別生活によって裏付けられなければならない」し、「集団生活に先行する、または集団生活を裏付ける個別生活」が必要である。「個別生活」とは、「所有権の発生と、育成と、管理」を中核にしており、「自分の労力を注ぎ込むところに所有権は発生し、自分の労力を注ぎ込まないところに、所有権は発生しない」と考えるに至った[(61)]。

　中規模寮舎の創設という「放胆な教育実験」は、寮舎担当職員の目が行き届く人数の限界を超えてしまっていた。この「反省」をもとに、職員会議は寮舎の適正規模を改め、集団主義教育の前段階である個別生活に重点をおいた家族小舎とする原則に依拠して新築したのが1954年の「清渓寮」であった。それは築後30年まで改築の補助金対象にならないという制度的問題のため改築できず、復興計画の見直しが必要となった。すなわち、1寮12名以内という小舎制の原則で、定員を50名から85名まで増加させるためには、上記の中規模寮舎「柏葉寮」を改築せずに小舎として利用し、職員宿舎だった洗心寮を改築して生徒用寮舎にした上で、1954年に清渓寮を、1963（昭和38）年に桂林寮を新設して8寮体制による定員増計画に改めたのである[(62)]。

3　北海道家庭学校の発足と留岡清男の校長就任

　社会福祉事業法が1951（昭和26）年6月に施行された。この法に応じて、

家庭学校理事会は「財団法人」から「社会福祉法人」に改組することになった。この機会に、留岡清男は北海道の分校を東京本校から「独立分離」したいと考え、そのことに理事國澤新兵衞が賛成し、理事留岡幸男が奔走していると述べている[63]。しかし、「社会福祉法人家庭学校定款」の理事会審議では、東京本校の「分校」ではなく、独立の事業体と認めて「北海道家庭学校」と改称し、校長（理事）に留岡清男が就任したが、法人分離は承認されなかった。

1952（昭和27）年2月13日に開催された常任理事会は、常任理事6名中4名（國澤新兵衞理事長、生江孝之、中川望、安東長義）が出席し、今井新太郎理事も加えて、「留岡清男氏理事及び北海道家庭学校の長に就任承諾、登記完了の報告」がなされ、次のような協議結果となった[64]。

1. 社名淵分校の名称を北海道家庭学校と改称する。
2. 北海道家庭学校校長に留岡清男氏を推薦することを可決す。

　　但し、家庭学校を教育経営の精神は、定款にある通り、創立者の信仰せる基督教精神をあらわすにあるので、校長は基督教信奉者たるを本旨とするが、今回は創立者の令息であると言う特別事情と小児洗礼を受けているとの証言から、留岡清男氏を校長に推薦することを決定した。

3. 留岡清男氏を同時に、社会福祉法人家庭学校理事にすることを可決す。
4. 社会福祉法人を東京と北海道とに各別個に設ける案は意見の相違もあり、討議の後、尚、調査考究を常任理事会に一任し、再検討の上、合理的な案を作って理事会に再提出することを可決す。但し、これは2月中になすこと。

つまり、1. 社会福祉法人は一つとして、事業を分離する。2. 名称を社会福祉法人家庭学校とし、東京事業所を東京家庭学校と言い、北海道事業所を北海道家庭学校と言うとしたが、1952年2月21日の理事会でも、清男の提案した法人分離独立は論議が紛糾して國澤理事長の預かりとなり、同年2月21日付け「理事会声明」[65]が出された。その上、複数メンバーによる常任理事会の組織は廃止され、「國澤理事長のもとに今井新太郎理事兼校長が常任理事となり、一切を総括すること」に変更されたのは、その後の法人分離・独立問題の推移との関係で見逃せない点である。

こうして、1952年4月、「北海道家庭学校」という名称の「教護院」となり、留岡清男が校長に就任した[66]。なお、清男は北海道家庭学校の校長就任と相前後して、北海道大学教授にもなり、いわば「二足の草鞋を履く」こととなっている。

● 第3節　放胆な教育実験・実践の展開

1　「教育は胃袋から」をスローガンとする復興

(1)　生産活動の重視

清男は、自然を生かした労働教育について、「積極的に自然を素材とし、これに人力を加えて加工する労働力に重点を置き、生産と消費との仕組、方法とに教育の仕組と方法とを照合させねばならない」と述べている[67]。それが「職業教育の基礎となる教育」であり、「職業教育へ橋渡しをする教育」になるのだという。そのため「学校の経営維持を賄うところの生産的事業体を学校自らもたなければならない」と考え、「生産部」という組織を構成し、「教育は胃袋から」というスローガンを掲げ、復興を進めた。清男は、この点について、次のように述べている。

> 　私たちは、不幸な少年たちの胃袋の中に、栄養価の高いものを供給しなければなりません。而もその栄養価の高いものを供給するためには、生産と加工との設備を整備しなければなりません。教育を構築する順序からいって、北海道家庭学校が、敢てその貧弱な経済力をもって、酪農部を始めとして、養鶏部、精米麦製粉工場等に、甚しい傾斜経済の施策を断行したのは、そのためであります。生産と加工との設備が自転しつつ効果をあげるのは、決して生やさしいことではなく、一定の歳月を経過しなければならないのであります。（略）それはひたすら、教育を構築する誤りなき順序と段取りとを追い求めるからに外ならないのであります。[68]

1950年代から1960年代にかけての生産活動を**表4-4-(1)〜(3)**に示した。これら多種多様な事業の内容を性質の面から整理すると、次の三つに分けられる。

第一に、校内需要に応えるための生活の共同化、合理化の事業である。木工

部、味噌醸造、養兎部、製パン所は従来から活動していた山林部や蔬菜部など
と同様に、校内需要に応えるためのものであった。

　第二に、養鶏部、酪農部の基礎牛導入、軍手部などは、校内需要とともに、
それが近在農家に新しい営農方法を啓蒙するという役割も担っていた。精米麦
製粉所は近在農家への働きかけの最初の手がかりであった。

　第三に、平和社の出版事業、自動車部品を作るケルメット工場、鮭鱒流し網
の漁業部は復興資金の外部調達を目的としたものであった。

　清男は 1951（昭和 26）年 7 月に「遠軽の諸先生」に始まる書簡を送った[69]。「私
たちの学校は貧乏です。随分無駄な苦労と不自由を我慢してきました。貧乏は
一切の禍根です。貧乏を断じて克服しようではありませんか」と呼びかけ、必
要なことは「お互いの生産意欲を燃えあがらせることです。生産意欲を責任意
欲でしっかり締めくくること（中略）言葉を換えていえば、生産責任制と責任
分担制とを日常生活の中に確立することです」と述べて、“怠慢と気儘”の横
行を強く戒めた。この「生産責任制」と「責任分担制」とがやがて、各生産班
に独立採算を求めることになる。

　「遠軽の諸先生」宛の書簡は、家庭学校の復興再建で必要な「確実迅速、創
意工夫、整理整頓」という三つの鉄則にもとづく「生産責任制」と「責任分担
制」を説いたもので、職員の心構えだけでなく、その具体化と実効性を問題と
した。北海道家庭学校が自らの持てる資産を最大限活用する自力再建の努力で
あり、その核心をなすものが「独立採算制」であった[70]。

　これを端的に示しているのが、次の清男の発言である。

　清男は、1954（昭和 29）年度予算の各部予算案についての論議をふまえて、「私
が予算会議の席上で意地悪い質問やくどい発言をした」のは「諸先生に、諸先
生が分担する持場を、家庭学校という経営体全体の立場で考え主張すること、
そして、家庭学校という経営体が、いま辿りつつある現段階の限界性を、巨視
的にながめることを、要求するからに外ならなかった」と述べている[71]。

　これは国立や県立などの公立施設のように所定の枠内で予算配分を決めるの
ではなく、まず自分たちの再建目標を立て、その達成のために自前の事業収入
を含めた「学校経営」の予算を編成していることを意味する。北海道家庭学校
の運営と実践を文字通りの「復興＝再建」とするために、学校経営の根幹にか

表 4-4-(1)　1950〜60 年代の生産部活動の推移
　　　　　　　　　　　―校内需要と近在農家への啓蒙・普及―

酪農部	1914 年　分校創設で酪農部開設（開墾との関係で山林管理も） 1923 年　十字印バターを製造販売 1946 年　畜産部再開（牛・緬羊・鶏・馬）、青年酪農家養成制度の開始（甲田ほか） 1950 年　基礎牛 5 頭購入。酪農事業本格化（森永乳業遠軽工場協力） 1952 年　今野が酪農部長に就任、基礎牛 2 頭追加購入の中 1 頭変死（釘を食べて胃袋を破る） 1956 年　川口正夫が赴任し酪農部長に就任 1957 年　ミルカー導入　翌年に動力噴霧器導入 1960 年　乳牛 16 頭、豚（頭数不明） 1963 年　バター製造再開 1968 年　乳牛 39 頭、豚 9 頭 【担当】1946 西村・今野　→　1956 川口・村上
養鶏部	1950 年　養鶏部発足（平飼い）　平和寮から鶏を向陽寮に 50 羽移し、孵化した雛を近隣農家に提供 1952 年　ブロック鶏舎竣工 1955 年　ブロック二階建鶏舎竣工 1964 年　2000 羽をめざすが、1500 羽前後で病死との戦い 【担当】 1950 寺崎　→　1959 寺崎・秋葉　→　甲田
精米部	1951 年　精米麦製粉工場を開設 1953 年　齋藤益晴の赴任で「農産加工部」となる 1965 年　廃止（近隣農家の需要低下のため） 【担当】 1951 廣島　→　1953 齋藤　→　1963 藤田
軍手部	1955 年　"いしづえ基金"（清男寄付十万円）で機器購入（校内外の需要とその利益による婦人職員の厚生が目的） 1957 年　軍手機 2 台増設　　1963 年　活動中止 1969 年　新機械導入で活動再開　　1970 年に廃部 【担当】 松岡→松原　1959 平本（秋）→ 1963 ／ 1969 秋葉

出典
酪農部：社名淵分校（1950）、川口正夫（1959、1982）、清水小十（1983）。養鶏部：寺崎好（1952a 〜 d、1954、1964）。精米部：齋藤益晴（1954、1955、1983、2014）。軍手部：留岡清男（1962ab）

かわる予算編成として生産部に「独立採算制」を導入してきたことを改めて問題とする。ポイントは 1954（昭和 29）年度予算における赤字三〇万円についてだった。これはどうしても「避けることのできない」ものだと職員が相互に了解していたが、予算会議の席上では「誰が、この赤字を埋めるのか」は話題にならなかった。それは家庭学校の経営に必要な金を持ってくる義務と責任がある「校長たる私が工面してくるだろうと楽観した」からであるが、それは決して「各自がやりさえすればできるのに、やらないから"足らなくなる金"」

表 4-4-⑵　1950 ～ 60 年代の生産部活動の推移
　　　　　　―生活の共同化・合理化に関する事業―

山林部	1914 年　分校創設と同時に作業開始 1950 年　山林部　学校林植樹 2 町歩（国の政策として） 1953 年　学校植林コンクール優秀賞を受賞 1958 年　製材事業計画を策定（資料 No. 記 005 － 3678） 1960 年　全道学校林植樹十周年特賞を受賞 1964 年　野鳥保護で農林大臣賞、特別野鳥保護区に指定 1968 年　オリンピック展示林 【担当】1950 年代は横山、1960 年代は渡辺・加藤
土木部	1914 年　分校創設と同時に作業開始 1960 年　構内道路拡張工事に着手 1963 年　生命の泉・ヤコブの井戸・平和山麓の水源を活用した校内水道システム構築に着手（遠軽保健所飲料水検査で楽山寮・洗心寮は不良、向陽寮は不可と判定）、1965 年に完成し、校内どこでも湧き水が飲める状態となる 1968 年　"遠軽～鴻之舞"道路改修に伴い、校門移動再建 1981 年　社名淵川が干上がる異常渇水で、遠軽町営水道に移行 【担当】1945-50 寺崎　1960- 平本
木工・営繕部	1949 年　田中誠一部長、夜尿ベット・手作りスキーの製作（下社淵小学校長森透も協力、合同スキー大会を開催） 1952 年　田中の退職で休止 1957 年　木工教室新設（木工部を営繕部に改称） 【担当】1949 田中、1957 齋藤
蔬菜部	1914 年　分校創設と同時に作業開始 1949 年　楽山寮前の畑に暗渠排水工事 1950 年　金時畑開墾（礼拝堂裏の平和山登山口で展示林手前） 1952 年　四町畑開墾（掬泉寮の東側で礼拝堂正面の林裏） 【担当】1961 渡辺　→　1962 徳江　→　1965 藤田
醸造部	1951 年　自家用味噌醸造開始
養兎部	1949 年　ララ物資の山羊・兎を各寮で飼育 1951 年　ララ物資の兎を各寮で飼育
果樹部	1954 年　果樹園用地開墾（本館裏のグランドの一部） 1956 年　果樹部発足　　担当：大泉
園芸部	1956 年　園芸部創設　　担当：森田
製パン	1954 年　製パン所設置（酪農部搾乳保存庫の一角にパン釜）
輸送部	1956 年　オート三輪車クロガネ号購入で、遠軽定期便の開始 【担当】岸本

出典
山林部：加藤正志（1959）、留岡清男（1964a）、社名淵分校（1968）、土木部：平本良之（1963）。木工営繕部：齋藤益晴（1957ab、1966）。蔬菜部：大泉溥（2018）。醸造部：山田春美（1956）。養兎部：大泉栄一郎（1951ab、1952a、b）。果樹部：大泉栄一郎（1959）。製パン部：社名淵分校（1954）。輸送部：留岡清男（1964a）、岸本種次（1953，1954）。製パン部：社名淵分校（1954）

表 4-4-(3)　1950 年代の生産部活動
　　　　　　─復興資金の外部調達のための事業

出版社	1951 年　株式会社「平和社」設立（於、千葉）を企画（株主は分校職員）、看護婦養成テキストの出版を企図したが、厚生省の協力が得られず、頓挫した。
漁業部	1951 年　漁業部開設（釧路厚岸沖で鮭鱒流し網漁船 2 艘分の漁業権を得て操業したが、2 年で廃止）
工　場	1953 年　ケルメット工場開設（自動車の軸受け部品製造工場を東京郊外に設置、300 万円の出資で年 1 割程度の収益を見込む、1960 年頃まで）

出典：留岡清男（1951、1964a）、社名淵分校漁業部（1950-1953）

まで含まないと釘をさした上で、次のように議論を進めた。

　予算の収支を再点検し「三〇万円の赤字」の由来をみると、支出総額の中で一番金額がはるのは「食費と被服費」だが、「食費」について言えば、卵や野菜、豚肉、牛乳などの量は過少で、それらの単価も市価をあまり下回らない。蔬菜部の生産性が低く、卵は養鶏部の生産規模が小さ過ぎて生産力が低い、豚肉や牛乳でも酪農部の生産がまだ軌道にのっていないのが実情だ。それらの生産力の増強ができれば、「蔬菜でも、卵でも、豚肉でも、牛乳でも、その生産物の量を増し、その単価を引き下げ」「家庭学校の限られた購買力をもって、なおかつ充分に、しかも廉価に栄養物を摂取することができる筈」で、そこに「教育は胃袋から」の真の意義がある。「校長は、そのために、生産設備を整備拡充する金を持ってくる義務と責任とをもち」、すでに相当な額の金を注ぎこんできた。勿論、まだまだ生産設備を拡充する余地はあるので、「校長はもっともっと資金を注ぎこむ決意をもっています」と述べた上で、各作業班の職員に対して、「私は諸先生の労苦を知らないわけではありませんが」、「生産力を増強するために、最善の努力と協力とを尽くし」たのかと問いかけ、「もし諸先生の生産に対する努力と協力とにおいて、一層の進歩を期待することができるならば、食生活の内容も量も一段と向上し、しかも却って金額は低下するでしょう。そして、飲食費は圧縮されて、三十万円の赤字を埋めるどころか、更に進んで余剰を生み、その余剰を教育と生活の向上に振り向けることができる」のだから、「赤字を埋めるもの、それは校長ひとりではなく、むしろ諸先生の責任である」と結論した。このような論理で、生産部と作業班に「独立採算制」を導入する意味を再確認し、一層定着させようとしたのである。

　生産部の事業展開に対応する予算書・決算書をみると、1949（昭和24）年度決算書で初めて「酪農部」の収支決算書が経常費会計から分離され、独立会計となっている[72]。

　独立採算制はまず「酪農部」から始まり、「養鶏部」と「精米工場」もこれに準ずる扱いとなり、各作業班でも独立採算制の色彩が強められてきた。そのような流れのなかで、1953（昭和28）年の自動車部品工場設置など学校の外で復興資金を調達する方法は学校の日常的生活における職員や生徒たちの努力とは関係が薄いだけでなく、北海道家庭学校の事業とするには本質的な無理があると判断し、外部資金調達をすべて中止した。すなわち、自力復興の中で「独立採算」の方向が生み出され、作業班にも次第に拡がって、ケルメット工場の中止でより明確な経営路線となった。学外の事業収益によるのではなく、自立とは「一坪の土地、一本の樹木、一株の野菜、一頭の家畜といったようなものを、徹底的に管理し、活用することでなければならない[73]」とした。

⑵　生産事業費と人件費

　清男校長は外部的収益に依存せず、自らの持てる資産を最大限に活用する「教育の計画化」として「生産部の独立採算制」を導入した。それは家庭学校の窮乏からの脱却の方途を、総務の岸本種次や教頭の横山義顕などと協議して学校運営を大きく転換させた。復興事業に各職員が主体的に取り組み、日々の実践が自分たちの「持てる資産を管理し、その活用を徹底化」することを期待しての「放胆な教育実験」の一つだった。復興第一段階の10年間（1949年〜1959年）は花島も指摘したように[74]、職員待遇などの人件費を切詰め、生産活動に傾斜配分して実現させたものである（図4-3）。

　清男校長は、復興第一段階10年間の取り組みを「その上に教育が成り立つところの、生産と生活との基盤をつくることを目標にした[75]」と述べて、戦後復興を本格化させる出発点で「最少限度の資金であるから、節約と耐乏とが、これに先行することはいうまでもない。まず、人件費を切りつめなければならない。私は、同僚たちに約束した。復興の途は険しい。耐乏生活は続くであろう。しかし、最低生活は、保障しよう。最低生活の保障とは、最低の俸給を支給する外に、第一に、飲食費の半額を生活手当として支給すること、第二に、

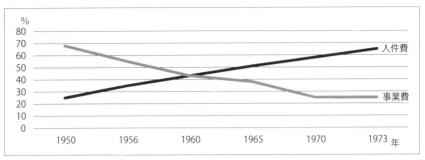

図 4-3　北海道家庭学校の人件費と事業費の推移（花島政三郎　1976）より作成

医療費の全額を、家族員のすべてに、医療手当として支給すること、第三に、子女の教育費を、高等学校までは、資質の如何に関係なく、教育手当として支給すること、但し、大学については、官公立大学に限り支給すること[76]、等である。耐乏生活を乗り切るためには、安定することが先決問題である。生活手当と、医療手当と、教育手当とは、差当りこれに応えるであろう。また、年功序列や家族の大きさを無視して、人頭割であるから、生活は均等に保障されるであろう」という[77]。

　大自然の中で集団的に生活して「仕事」（労働）に取り組むことの教育的価値（ともに生活し自立的に生きる力を涵養すること、暗渠精神）をもつ家庭学校へと復興・再建させようとした。それは住み込み勤務の職員の家族生活を経済的に規定していた[78]。

⑶　「教育は目から、耳から」「教育は体から」
　①　学校整備
　清男校長は 1954（昭和 29）年の創立 40 周年記念式典で、次のように述べた[79]。「教育は胃袋から」という標語をかかげ、「牛を飼い、鶏を育て、山に植林し、農畜産加工をする生産設備を整え」てきたが、「復興の第二段階」には「教育は目から耳から」という標語をかかげ、「豊かな情操の涵養を目指して、教育の建設」のため、「温室を修理して花壇をめぐらし、校内放送設備を完備」した。「豊かな情操の涵養は多額な資金と設備」と「技能と見識とを兼ねそなえる優秀な指導者」が必要だが、本校は「僻地」にあり「依然として貧乏」で「充分

な設備と優秀な指導者とを得ることが出来ない」。また上記の標語に加えて「教育は体から」を加えた。「豊かな情操」と並行した「健やかな発育」を保障するために、雨の日にも雪の日にも支障なく、体育の授業ができるよう熱望して、厚生省と北海道庁、北海道共同募金会の協力を得て 1954（昭和 29）年 9 月に体育館を竣工した[80]。

　また、校内 1km 四方に点在する寮舎や職員宿舎などからの情報を共有するため、森田芳雄が完成させた「校内通信設備」によって、1956（昭和 31）年からは毎日夕食後に定時打合せを開始した。1954 年 9 月に焼け石の「校門」が設置された[81]。

　清男と奥田は 1955 年に家庭学校同窓会札幌支部を発足させ[82]、1957（昭和 32）年には全校的な同窓会も組織して機関紙『道芝』を創刊したが、「不良卒業者」との接触機会が生じトラブルとなったことから廃刊した[83]。

　　② 学習指導、行事、レクリエーション、『ひとむれ』

　1953（昭和 28）年度末には、定員 80 名に対して 75 名（6 〜 12 歳 22 名、13 〜 16 歳 53 名）が在籍していた[84]。1956 年度の『北海道家庭学校要覧　昭和 31 年度』には、身体検査、平和山登山、駆虫日、映画を月例行事とし、表 4-5、(1)、(2)、(3)のような年間行事と日課、授業時間割が示されている[85]。

　留岡清男校長は「教育は胃袋から」のスローガンによる復興計画が一段落したと、1954（昭和 29）年に教育活動の改革へと展開すべきだと考え、「教育は目から耳から」という標語を掲げ、教育内容の充実、とくに視聴覚教育の重視を宣言した[86]。従来から紙芝居や無声映画、スライド、ピアノ、ハーモニカなどがあったが、1953（昭和 28）年にテープレコダーを購入し、また映写機の寄贈で（1955 年）映画会（卵映画会）を開催し、また 1951（昭和 26）年にリズムバンドの楽器を購入して創立記念式典などで演奏している[87]。

　さらに、1955（昭和 30）年からは松平義人[88]の指導による糸鋸工作が実施された。博物館や各寮などの表札が作られ、1957 年には「全校高低地図」も作成された。これがやがて齋藤益晴指導の「木工教室」となるのは若手職員の校外研修の結果であった。

　こうして、教育関心が高まり、1955（昭和 30）年にはかねてから清男と親交

表4-5　年間行事、日課、授業時間割　1956年度

(1)　年間行事

月別	行事
1 月	元旦、書初、娯楽大会、仕事始、平和山初登山、三学期始業式
2 月	節分、校祖記念祭、スキー大会
3 月	春分の日ピンポン大会、成績展覧会、終業式
4 月	新学期始業式、復活祭、鍬下ろし大掃除、春季身体検査、天皇誕生日、駆除日
5 月	憲法記念日（自治会総会）、花見、母の日、緑の日
6 月	ワラビ狩、遠足
7 月	海水浴、野球大会
8 月	盆祭り、慰霊祭、創立記念日、相撲大会、留岡校祖頌徳会
9 月	園遊会、秋分
10 月	多装備、鑪（炉）開き
11 月	文化の日、勤労感謝の日、駆虫日
12 月	クリスマス、餅つき、除夜祈禱会

(2)　日課

時間	項目
5 時	起床、洗顔、ラジオ体操、
6 時	清掃、礼拝
7 時	朝食　登校（飯盒弁当持参）　朝礼
8 時	学科指導
9 時	学科指導
10 時	
11 時	治療、掃除
12 時	昼食、運動
1 時	実科職業指導　レクレーション　自由研究
2 時	
3 時	
4 時	
5 時	戻寮、掃除
6 時	夕食、入浴
7 時	自習
8 時	夕拝、就寝

(3)　学科授業時間割

時限	小　学 1、2、3 年学級			小　学 4、5、6 年学級			中　学 学　級		
	1	2	3	1	2	3	1	2	3
月	国語	算数	図工	算数	国語	図工	国語	算数	理科
火	社会	国語	算数	社会	算数	国語	音楽	算数	国語
水	自治会	算数	体操	自治会	算数	体操	自治会	国語	算数
木	音楽	作文	算数	音楽	算数	国語	算数	国語	社会
金	図工	算数	国語	図工	国語	体操	体操	算数	国語
土	国語	算数	お話	国語	算数	理科	算数	国語	図工

出典：『北海道家庭学校要覧』＜No.13541＞

のあった女満別の学校から講師を招き、学習指導の校内研修会を開催している。
1958（昭和33）年の夏季学習「植物標本づくり」は、1955年に遠軽営林署による「樹名標作成」の指導[89]以来の努力の具体化であった（これが加藤正志の「展

示林」の設置へとつながっている）。

さらに、生徒自治会「一群会」の機関誌『一群』は戦時中休刊となっていたが、1948（昭和23）年12月に再刊された校内配布を主とする生徒自作の週刊紙（謄写印刷、B4判二つ折り四頁）であった。井上肇が編集顧問となった1950（昭和25）年10月の第84号からは学級新聞的な月刊紙に変更され、校外関係者にも郵送され始めた[90]。そして、第128号（1953年5月20日発行）からは家庭学校の広報的機関誌『一群』として編集するようになり[91]、1954年頃には不定期で『一群子供版』も発行されている[92]。その後、渡辺作次が183号（1958年4月30日発行）から編集を担当して338号（1971年3月1日発行）まで発行し、以降の『ひとむれ』編集枠組みが定型化となったが、校長が巻頭言を書くようになるのは谷校長以降のことである。

2　生活教育の本格化

(1)　入所児童の変化と「生きる力」につながる教育

清男校長は1960年代に入ると、1950年代の復興事業を総括して1960年代の課題を展望し、創業精神を復活させ継承する北海道家庭学校の再建について述べている[93]。清男校長は、「教育農場で行われる義務教育は、少年たちの現在と将来とに亘って、生きることにつながるものにしなければなりません」として「子どもが夢中になる学習」が大切だとした[94]。午前中の学科指導では「主要教科は体育、音楽、工芸の三つとし、これに国語、算数、理科、社会を配し、就中、算数と理科の教材は、午後に行われる作業の中から拾いあげなければならない」とした[95]。

1961（昭和36）年の予算会議でも、教護院の学習や作業は「非行を除去するもの」とされていた教護院のカリキュラム編成が議論され、入校生の実態を「非行とは何か」にまで遡って問い直し、生徒の発達や家庭の貧困、親の育児態度を再検討し、寮日課を見直し生活構造の改革をベースに学科指導や実科（作業）指導のあり方を問い直していく必要があるとした[96]。

森田芳雄は「教務部」の実情を1963（昭和38）年からの5年間にわたって入校・卒業・無断外出・保護者来訪・病院への入院通院を整理して数的傾向を探り、また算数の理解度を学年別に検討した報告をまとめ[97]、さらに「学力

検査」結果を報告した[98]。渡辺作次は「東北北海道教護院児童の学力検査（算数・数学）」を東北北海道ブロック専門委員会[99]で報告した。また、森田芳雄はこれまで幾度も問題となってきた生徒の言葉遣いの悪さが1966（昭和41）年の職員会議で話題となったのを機に始めた「朗読会」を報告した。この朗読会は毎月1回、各寮の生徒が1名ずつ、自分で選んだ文章（書籍や生活作文など）を5分間朗読して、先生方から講評してもらうものだが、54名の朗読を検討すると、「朗読会のための読書」ではなく「読書のための朗読」となっているとした[100]。これが次第に市販の本ではなく、寮生自身の「生活作文」や「労働作文」を発表する場として定着してきたのである。

(2) 作業班の活動と生産部の事業展開

　北海道家庭学校は家庭学校の分校として1914（大正3）年に開設し前人未踏の山野に入植して生活の場をつくり、開墾耕作するところから始まり、その作業の種類は時代によって変化してきた。それぞれの時期の生活と教育の必要に迫られて組織された作業班活動は、国公立教護院での作業指導とは著しく異なることをふまえた今後の作業教育のあり方が議論された。『ひとむれ』誌上座談会「教護と作業」（留岡清男ほか1965年、第264号）は、他の教護院の作業との違いから議論が始まる。

　加藤正志は研修した東北のある学院では「果樹園にリンゴを作っていたが、収穫したものは県の収入になってしまうので、経理がめんどうだったり、むしろ買って食べる方が安上がりになるので」、この作業を止めたという。また、渡辺作次は「私は教護院を十ヶ所程と少年院も五ヶ所見たが、どこでも教育は消費だと考えられているようだ。教護するためには農業とか、木工とか、その他の職業教育をしなくてはならないからやっていた。家庭学校の場合は予算を消化するという呑気なものではなく、必要にせまられてやらなければならぬという基本的なものがある。」だから、豊作とか凶作も生徒自身が身にしみて感ずるし、いいかげんな生活はいけないことを教えられる。作業の種類の選び方でも根本的に異なっている。「他の教護院では出来たものは余分に食べる、経理には影響はない」ものだったという[101]。

　要するに、家庭学校の作業教育は、「教護」教育の必要から予め選定され実

施されている他の「教護院」の「作業科目」
とは本質的に異なる。北海道家庭学校では大
自然の中で暮らすという否応のない生活の必
要から生み出され、その作業班の成果は全校
的な生活の充足（豊作か、凶作か）であった。
ガラス張りの温室からビニールハウスとなり、
人力や馬力からブルドーザーなど大型耕作機
による耕作へと進み、重粘土層の丘陵地を畑
にするには暗渠を掘めぐらせ、時ならぬ寒波
の襲来や遅霜で野菜苗が潰滅しそうなら夜明

図 4-4　野鼠被害の防除
斜線部（幅 2m）雪踏部分

前に全校一丸で藁や笹、枝木を燃やして霜被害を最小限にしようとした。

　また、家庭学校の敷地 450ha の過半を占める山林を有効活用するため林道
をつくり、植林に取り組んできた。植林での最大の問題の一つはせっかく植え
付けたカラ松の苗木が冬には野鼠に食い荒らされ、ほとんど枯れてしまう。そ
こで、加藤山林部長は全校生徒と一緒に冬場に植林地の周囲 2m 幅を雪踏みに
よる城壁を築くことで、野鼠被害の防除に成功した。この家庭学校ならではの
野鼠被害の防除（**図 4-4**）の方法は全道の林業改良研究大会の審査員を唸らせ
表彰されている[102]。

　ちなみに、加藤の構想による礼拝堂裏にある展示林の一角に、東京オリンピッ
ク（1964 年）で各国選手が持参した樹木の種を美唄の道林業試験場で苗にして、
マツ類 10 種が 1968（昭和 43）年に植樹された[103]。

　飲み水の確保は生死にかかわる。そのために、開校以来、湧水を寮舎に引く
よう様々に試みてきた。平本良之土木部長は 1963（昭和 38）年桂林寮新設（現
博物館）・楽山寮改築を機に、校内の三つの水源（生命の泉、ヤコブの井戸、平
和山の麓で平和寮の山脇の沢となる水源）からの湧水をモーターを使わず、ただ
高低差のみで導水する全校簡易水道工事を設計して、トラクターなどの重機を
使わず人力だけで 3 年がかりで完成させた（**図 4-5**）[104]。それは重粘土層とそ
の下にある硬くツルハシやタガネでも掘削できない分厚い片麻岩層の凹凸や巨
木の根を避けるよう工夫して導水路を掘削し零下 30 度の凍結にも耐えうる導
水管を敷設するものであった。この困難をきわめた作業は土木部の生徒たちの

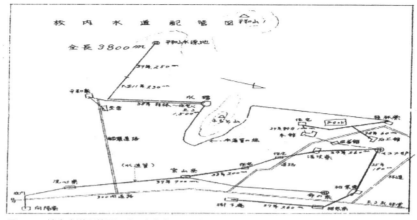

図 4-5　校内水道配管図　（平本良之　1963）

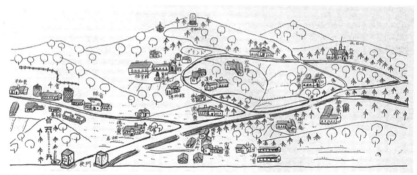

図 4-6　北海道家庭学校鳥瞰図
出典：全国教護協会発行『教護』130、1964 年 10 月

理解力を遙かに越えており、その無謀さを嘆じさせた。そこで、平本土木部長は紙芝居を作成し、この作業の意味と方法を「万里の長城」に擬えて説明し理解させ、少年たちを鼓舞すると同時にこの作業の面白さを伝えようとした。開校以来の宿願だった全校簡易水道網への挑戦であり[105]、その完成は古代ローマの水道網の如く、北海道家庭学校の戦後復興・再建を象徴するものの一つである。ちなみに、この簡易水道網は、社名淵川が枯渇し校内水源も激減した1978（昭和 53）年に、遠軽町営上水道を導入することになり、その校内水道としての役割を終えている。

⑶　北海道家庭学校のスポーツ・音楽・造形

　毎年の運動会や相撲大会、スキー大会などは 80 名余の生徒たちが参加して
盛況であった。1963（昭和 38）年に全校生徒で構成した鼓笛隊（平本指導）が
結成され、毎週土曜日のレクレーションの時間に集まって練習を重ね（養鶏部
の生徒の練習参加には苦慮したとのこと）、1965（昭和 40）年秋には遠軽町の市街
地を演奏行進して好評を博した[106]。

　清男校長が学科指導を発展させるべく試みたのが、村井武雄（もと浅草歌劇
団員）による 3 ヶ月間の「労働賛歌コンクール」と労働生活の壁画作成という
集中指導である[107]。その成果は明白だったが、それと同時に「歌を忘れたカ
ナリヤに、歌を教える先生が足りない」、そして「辺鄙な山の中に、情操教育
に堪能な先生は来ない」という現実に直面させられた[108]。

　そんな学校の「スポーツ、レクレーション、あそび」実態調査（図 4-7）は
当時の実情をとらえたものとして興味深い[109]。

　平本は 1969（昭和 44）年には柏葉寮での「雪像づくり」のレポートをまと

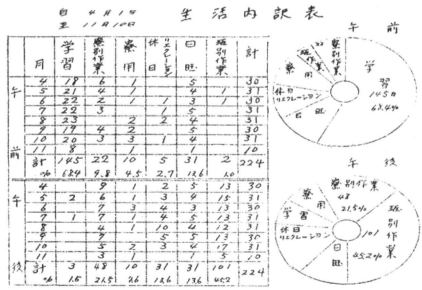

図 4-7　生活時間の内訳（1964）
出典：平本良之 <No.8033>

めて発表しており[110]、これが北海道家庭学校"冬の風物詩"ともいうべきものとして、各寮の雪像づくりコンクールの源流となった。加藤正志は「生活指導の一翼－北海道家庭学校一群会（自治会）の状況－」について、1962（昭和37）年の1年間のデータを分析しまとめている[111]。

　このように戦後復興から再建への歩みは最盛期となった。それは1950年代に赴任した若い職員たちが成長し作業・学習・あそびなどを発展させたもの[112]で「復興」の到達を象徴するものだとして『主婦の友』1963年9月号の「さいはての教育農場」などで紹介されている。家庭学校の再建を象徴的に示すものとして、本館前の留岡幸助胸像の設置（1960年）[113]や留岡清男『教育農場五十年』岩波書店（1964年）の出版、留岡幸助先生頌徳碑の建立（1966年）[114]などをあげることができるだろう。

3　地域との連携

⑴　「地域社会学校」の構想

　清男校長は「北海道家庭学校は少年を教育する学校であるばかりでなく、近隣農家の生産と生活とを引き上げる、地域社会学校の使命」があると述べ、1955（昭和30）年、精米製粉工場を設けることで「地域社会学校としての、最初の手がかり」[115]としようとした。

　「地域社会学校」として清男校長が構想したことは、家庭学校における各生産部の仕事と直結するものであった。たとえば、「酪農部は、優良品種の乳牛を生産して、近隣農家の喜ぶ支払い条件のもとに、これを普及」し、「養鶏部は、近隣農家の育雛を一手に引受け、農家から育雛の手間を省き、産卵の効率をあげる」こと、「園芸部は、責任ある育苗を拡充して、農家から育苗の手間を省く」こと、「精米部は、単に農産加工をするだけでなく、随時に利用者の懇談会をひらいて、啓蒙と親睦の機会をつくりたい」[116]と考えた。当時、下社名淵部落では米や麦の精白、製粉のために、4kmほど離れた遠軽市街地までを往復する手間と時間とを算出したら年間30万円を越える額になり、この無駄金の流出を防ぐために始めたもので、精米製粉工場から多くの事業所得を得ることは考えておらず、精米製粉にかかる加工賃は農協並みで、糠なども掃き寄せ全て戻すといった良心的な経営に下社名淵部落（55戸、その多くは旧小作）だけで

なく、他地域の農家も利用するようになった[117]。

　また、家庭学校社名淵分校の生産施設が「近隣農家の生産と生活とに、直接関連するもの」であり、「これらの施設と活動とを開放して近隣農家に結びつけるならば、近隣農家の日常生活を通して、信頼と協力とをかちとることができ」ると、清男校長は考えていた。前述のように、家庭学校は1946（昭和21）年に酪農部を再開したが、乳牛1頭という状態であった。1952（昭和27）年に森永乳業遠軽工場からの借入金60万円で5頭の基礎牛を導入し、酪農部の経営を軌道にのせた。清男校長は「酪農部経営の要は土地生産性及び労働生産性を如何にして最大ならしめるか」にあり、恐慌や「農村不況を憂える下社名淵の近隣農家に直結して、啓蒙指導の役割を果す」ことを家庭学校のなすべきこととととらえていた。そのため下社名淵の多くの耕作地が重粘土層の「傾斜地利用に模範を示さなければならない[118]」として、平和寮の酪農部長1人、指導員3人、生活改良員1人に生徒2人を通勤させる体制で家畜を増やし、乳牛14頭（うち仔牛5頭）、豚16頭、緬羊10頭、耕馬4頭を飼育した。そして、5頭の基礎牛から増えた3頭の乳牛を1954（昭和29）年に近隣農家に5ヶ年の年賦償還で分譲した。このような酪農部の働きを、花島政三郎（1976）は「地域社会学校として誇るべき実績の一つ」だったと評している[119]。また、1955（昭和30）年には感謝の谷の家庭学校所有地を部落青年たちに提供して「感謝の谷稲作経営共同組合」をつくらせ、収穫された玄米1俵が寄贈された[120]。

　また、養鶏部では雛の提供を契機として近隣農家へ働きかけ、1955（昭和30）年、鶏卵協同組合を結成し卵映画会を開始した。清男校長は、「農業経営面積三町歩そこそこでは営農が成り立たないのが当たり前」であり、「経営面積を広げることができない」なら「今まで専業だと考えていたものを副業とし、副業だと考えていたものを専業化して、経営の増収」をはかることが必要であると主張した。つまり、養鶏は「土地に制約されない営農の見本」であると考えた。それゆえ、清男校長は「敗戦直後に私たちが不如意の経済力を傾注して養鶏部を特設し、養鶏事業を始めたのは、いうまでもなく、一方に80名の不幸な少年たちのために栄養価の高い鶏卵を供給し、他方に下サナプチの農家を養鶏専業農家に近づけたい、と考えたから」であり、「サナプチの農家の人々には、養鶏は貧乏をきりひらく一つの突破口」にする[121]という考えに基づい

て養鶏部を運営していたのである。

　それは、近隣農家を有畜化することを志向して見本を示すと同時に、部落農家における女性解放と子どもの文化促進の運動としての意味をもたせたものであった[122]。1950（昭和25）年に50羽から出発した養鶏部は、まず1000羽を目指して羽数を増やしていき、1954（昭和29）年には部落農家で鶏卵貯金組合を結成した。1955（昭和30）年2月より卵映画貯金を開始し、1956（昭和31）年からは「卵映画会」を実施している[123]。

　清男校長は、1956（昭和31）年9月、以下のように述べた。

　　「家庭学校は、不幸な少年たちの教育に精進すればする程、不幸な少年から不幸なお母さんと、不幸な原因をたぐって行かざるを得ないのであります。子供の不幸をなくすことから、お母さんの不幸をなくすことえ、家庭学校は、漸く、教育の視野を拡大しつつあるのです。家庭学校は、併し、単なる啓蒙機関ではありません。啓蒙を地に行うところの実践機関であります。ご承知のように、家庭学校は、近隣部落の農家百五十戸によってとり囲まれています。百五十戸の農家のお母さんと娘さんとは、漸く視野を拡大しつゝある家庭学校の、大切な教育の対象であります。昨年の一月から、卵映画会が発足して、ささやかながら、農村婦人運動のスタートが切られましたが、微力と怠慢とは、これを推進することが、洵に鈍いのであります。創立満四十二周年を紀念するに当って、改めて、農村婦人運動の地についた実践が、推し進められてゆくことを、期待してやまないのであります。」[124]

　つまり、清男校長にとって、地域社会学校は「子供の不幸」の原因に繋がる「お母さんの不幸をなくすこと」のためのものであった。

⑵　下社名淵部落との連携

　家庭学校農場に入植した55戸の小作者は1943（昭和18）年に自営農化したが、地域創成という目的は戦後も「下社名淵部落会」の形で引き継がれた[125]。

　理想の農村づくりの意識は、1947（昭和22）年の「農民福音学校」の開催などの実践として継承された[126]。また、地域の子どもたちを対象とする「日曜学校」を開催した[127]。しかし、いずれも単発的なもので、1950（昭和25）年

以降にはクリスマスの招待以外には実施されていない。

　学校教育法の施行に伴い下社名淵国民学校は「下社名淵小学校」と校名を変更して新制の中学校を併置することになった。1949（昭和24）年、新校舎を建設するために、校地整備を部落民と家庭学校で協力して実施した。同校の「父母と教師の会（PTA）」の事務局は家庭学校事務所におかれ、家庭学校の職員岸本種次がPTA会計実務を担当するなど、戦後も家庭学校は地域の学校や農村と連携した[128]。そうした中で、1949（昭和24）年からは、森透（下社名淵小中学校校長・二代目）が、木工部（田中誠一部長）に毎週通い生徒たちとともにスキーづくりに取り組み、1952（昭和27）年には下社名淵小学校と家庭学校との合同スキー大会[129]を実現させた。これを契機に、合同運動会[130]や合同相撲大会、ピンポン大会、野球試合なども開催されていたのである。

⑶　「地域社会学校」の現実

　「地域社会学校」の構想はどのように展開したのだろうか。

　酪農部における乳牛の斡旋は1954（昭和29）年の一回だけで[131]、稲作経営共同組合も川口正夫が家庭学校畜産部長となったことで、わずか1年で消滅した。清男校長は、「農家に働きかける啓蒙運動」を志向しながら、「徒らに焦慮をかさねるばかり」であったと述べている[132]。

　家庭学校が率先して牛を増やし、鶏を飼うことで「いずれは近隣農家を有畜農家化することを目的としていた」が、近隣農家との養鶏座談会で、清男が「サナプチの人は養鶏をやってゆこうと考えている人はいるのだろうか」と問いかけると、150羽の養鶏をしている農民は「現在ではいないと思います。今やっている人達の飼育管理はみんな自我流で、飼料計算すらやっていないんですよ。私は、今の処、借金をしても牛の方がよいと思っています」と言われ、また「校長は養鶏について、少し甘く考えているのではないか。一千羽にするのは容易ではない。努力しているのに年によって大損こうむるので、伸びないのです」とも批判される始末であった[133]。つまり、戦後復興の一環として近隣農家に見本を示し、その貧乏からの解放を目指した取り組みは、「便利で重宝だ」という位にしかならず、家庭学校は「土地問題をかたづけただけで、開放された後の営農指導に無関心であり、無力であったということは自省自戒」するにい

たる。「地域社会学校」や「農家センター」の構想を示し[134]、「再出発の地域開発」ということで、網走支庁管内3市23町村の農業青年を教育する場として本校の生産施設を開放し、「片や優良な青年の一群があり、片や優良ならざる少年の一群があって、その二つが相互にささえ合い、相互に影響し合って、新しい教育環境をつくり出す」こと[135]は、清男校長の構想通りには展開しなかった。

　白滝第二農場においても同様であった。白滝では、北海道家庭学校の後援の下、白滝支湧別婦人会によって1953（昭和28）年1月から女子生活学院が済美館で開校され、「女子青年教育機関」として白滝村に引き続き3年間貸与され、その後は季節保育所として利用された。その後、白滝村に貸与していた済美館が季節保育所としての役割を終えて返還されたので、清男校長は「私設公民館」を構想し[136]、また「養鶏場」としての活用[137]を検討しているが、いずれも具体化されなかった。

⑷　下社名淵の字名変更と留岡幸助頌徳碑の建立

　留岡幸助がめざした「新農村」の建設や清男がめざした「生活と生産の水準を引きあげる」地域社会学校は、構想通りに実現することはなかった。しかし、地域の人々にとって留岡幸助が創設した家庭学校の営みは、永く記憶されるべきものであった。家庭学校が社名淵の小作制農場を自作農とした1939（昭和14）年、「留岡幸助頌徳会」が結成され、また、白滝支湧別でも1943（昭和18）年、「留岡幸助頌徳会」が結成されている。

　しかし、白滝では石造りの記念碑を建立し、碑の裏面に留岡幸助による白滝農場開設と土地開放に関する由来が記載されたものの、社名淵では、校門脇にある神社山の登り口に記念柱を立てた位で特段の活動もなかった。

　そこで、下社名淵部落の「家庭学校よりその土地の分譲を受けたる者及び留岡幸助先生の高徳を賛仰する者」たちは、1953（昭和28）年に「留岡幸助頌徳会」を再結成し、「留岡幸助頌徳会々則」を定め、幸助の「徳」を讃えた。会員は67名で、会長山本夏太郎、副会長田村佐左衛門、会計川口安太郎であり、会則の第4条で、以下の事項が定められた[138]。

　㈠　毎年四月五日を記念日と定めその遺徳を偲ぶ会合を開くこと

㈑ 先生の遺訓を継承して相当土地の記念植樹をなすこと

㈡ 毎年総会を開き協議及び報告をなすこと

㈢ 本会と家庭学校との関係を益々密にし、その教育的事業に対し援助奉仕をなすこと

㈣ 分譲を受けたる土地は永久に子孫に伝うるものとす。万一土地の維持不能なる事故生じたる者ある時は総会の決議を経て本会にて整理保持する方法を講ずるものとす

1950年代後半からの経済成長で、子どもたちは都会に出てサラリーマンとなり過疎化が進行し、小作農だった者も2代目、3代目となると家庭学校との関係も薄れていく。そこで、1961（昭和36）年10月、従来の「下社名淵」という字名は「留岡」に変更された。これは「二宮尊徳が小田原で理想的村づくりを指導したのに擬して、留岡幸助の遺徳を偲び」[139]、地域の要請を受けた行政的変更であった。

そして、幸助の33回忌にあたる1966（昭和41）年には、1940（昭和15）年に家庭学校社名淵分校校門近くの神社山登り口に建てられていた木製の留岡幸助頌徳碑を地域住民が建立資金を集め、石造りで建立した。1966（昭和41）年8月15日、総工費63万8千円で再建され、約300名の参加を得て除幕式が家庭学校礼拝堂で挙行された[140]。このようにして、幸助の営為と記憶が地名と記念碑という形で残されているのである。

⑸ 石器がつないだ地域との連携

北海道家庭学校は、博物館や図書館等を通して、地域に貢献することもあった。1950（昭和25）年、旧事務所の二階に陳列されていた博物館が遠軽営林署の「林業夫養成所」として校内図書館（留岡幸助君古稀記念文庫）の道路向かいに設置され、1956（昭和31）年2月に家庭学校に15万円で払い下げられて「博物館」となった[141]。

1947（昭和22）年に群馬県岩宿遺跡が端緒となる旧石器ブームを背景として、1950年代半ば、北海道家庭学校博物館所蔵の石器中に縄文期以前のものがあることが注目された。1955（昭和30）年、北海道大学人類学教室の大場利夫講師、松平義人の指導で、平和寮裏の大根山で遺跡発掘が実施された。これを発

端として、8月には明治大学の芹沢長介（のち東北大教授、岩波新書『日本旧石器時代』の著者）、吉崎昌一（のち北大教授、旧石器類を科学的に年代測定）をはじめ近在の中学・高校の教師たちも参加した調査団が遠軽の瞰望岩やタチカルシュナイ、置戸や白滝の遺跡を 1959（昭和 34）年まで発掘を進め、その後も白滝を中心に発掘調査が続けられた[(142)]。これを牽引したのは戦前に家庭学校の白滝農場で発見された長さ約 34cm、幅約 11cm、厚さ約 2.5cm の巨大ポイント（槍の先端につけて狩猟に使用する尖頭器）で、国内最大級の石器として学術的価値が高く、1977（昭和 52）年、京都国立博物館の特別展示に貸し出され、『京都国立博物館開館 100 周年記念国際シンポジウム報告書』（1998 年）の巻頭にその実物大写真が紹介されている[(143)]。

● 第4節　法人としての分離独立と新運営体制

　1964（昭和 39）年 9 月に北海道家庭学校創立 50 周年記念式典を終えて 1965（昭和 40）年 3 月、清男校長・理事は家庭学校の予算を審議する理事会で「社会福祉法人北海道家庭学校の創設について」[(144)]を提案した。

　北海道家庭学校は 1952（昭和 27）年以来十余年にわたって行政上の監督と措置費支給などは北海道庁の所管、法人としての監査は東京都庁の所管という二重の対応を余儀なくされてきた。その事務の煩雑と不便と無駄は北海道家庭学校にとって耐え難いものであった。この実務的解決は、法人を分離し、新法人を創設するしかない。その新理事会メンバーは従来通りでもよいが、北海道に理解ある者が望ましいとするとの提案であった。

　この提案をめぐる法人理事会の審議は、1952（昭和 27）年度以来「理事」となった留岡清男の他に、留岡幸男、奥田三郎も参加（粟野武雄、渡辺弘、鈴木良吉、横山義顕は委任）してなされたが、即決とはならず、「検討小委員会」を設置して検討することになった。同検討小委員会は、調査団（団長：秦孝治郎理事）を 1965（昭和 40）年 9 月に北海道家庭学校に派遣して調査した。その結果をまとめた報告書を検討小委員会委員長（原泰一理事長が兼務）に提出されたが、それから 1 年以上も同小委員会は開催されなかった。

　糖尿病で入退院を繰り返していた清男校長は病をおして京都まで出向き、調

査団長の秦孝治郎理事（同志社大学教授）と面談して、その法人分離問題に関する小委員会を 1966（昭和 41）年 11 月に開催させることに漕ぎ着けた。その小委員会では「家庭学校は一つ」との形式にこだわる原泰一理事長・今井常務理事に対して、理事留岡幸男は強く「独立」を訴えた(145)。その流れで法人理事会が幾度か開催され、1967（昭和 42）年 6 月の理事会で北海道家庭学校を独立の法人とする方向が決まり(146)、新法人創設準備が進められ、北海道の土地（山林を含む）・建物などは新法人の北海道家庭学校に帰属することになった。1967 年 11 月には、札幌で「社会福祉法人北海道家庭学校設立発起人会」を開催して(147)、厚生省及び北海道庁に新法人創設（理事長は留岡清男）の認可申請が提出され、1968（昭和 43）年 3 月 14 日付けで認可を受け(148)、宿願の「社会福祉法人北海道家庭学校」が発足した。

　1968 年 3 月 24 日に「第一回社会福祉法人北海道家庭学校理事会」が開催され、新法人の「定款」と運営方針が決定された(149)。職員の定年制導入で、高齢職員たちは学校会計の職員ではなく、法人職員に変更となる。新設の公的年金制度では入会後 25 年で支給対象となるが、高齢職員は入会後の期間が足りず支給対象外だった。しかも、北海道家庭学校には定年退職時に支払う退職金の準備がなく、いわば緊急避難的な「老後保障」として法人職員としたのである(150)。

　敗戦直後の分校は法人理事会や校長と運営方針をめぐって対立し、「本校交付金の廃止」を契機に分校なりの独立自営をめざすが、児童福祉法の施行で東京の「本校」は東京都庁所管の"児童養護施設"となり、北海道の「分校」は北海道庁所管の"教護院"となって、事業体としては分離された。分校復興のリーダーに留岡清男を迎えて「教育は胃袋から」をスローガンとする戦後復興を本格化させ、1952（昭和 27）年の社会福祉法人への改組で分校は北海道家庭学校という独立の事業体となり、留岡清男が理事長兼校長に就任した。そして、1960 年代には「家庭学校の再建」を意識的に追求し、いわば家庭学校の正統な継承者として北海道家庭学校は東京家庭学校とは別な社会福祉法人として 1968（昭和 43）年 3 月に発足するに至ったのである。

● おわりに

　北海道家庭学校の戦後復興について、留岡清男校長時代を中心に述べてきた。それは旧習の破綻と廃墟からの再生だっただけではなく、「教育は胃袋から」「暗渠精神」「教育は目から、耳から、体から」という標語が端的に示すように、社会現実の条件に応じた主体的復興・留岡幸助創業の精神を現代的に再興する事業の第一段階であり、それを可能にした「人の力」こそが重要だったと、奥田はいう[151]。その歩みをまとめた留岡清男『教育農場五十年』は全国的に大きな反響を呼び起こし、北海道大学教育学部時代の旧同僚たちが出版祝賀会を開いた席上での講評を要約紹介して、自らの感慨を記した[152]。その文の表題は「人生は短すぎる」であった[153]。北海道家庭学校の復興と創業精神の再興は極めてユニークで、じつに峻烈なものであったが、その実行力の発揮を可能としたのが当時の現場職員たちの同志的団結と献身的で自立的な努力であり、また生徒たちの自分らしさを求めて苦悶しつつもなお生きようとする自己復元力であり、この事業に声援と協力を惜しまなかった多くの人たちの存在だった。敗戦から高度成長期に至る北海道家庭学校の歩みは日本の戦後史における、在野で教育と福祉の真実を求めつづけ留岡精神を再建し、未来へとつなげようとした、もう一つの歴史であったとも言えるだろう。

　付記　本章の草稿が長文であったことなどから、編集委員会で加除修正など再編集し（その間著者も数回推敲^{こう}）、最終的には著者が脱稿したものです。

註

(1)　北海道家庭学校『北海道家庭学校四十年』北海道家庭学校、1955 年
(2)　留岡清男『教育農場五十年』岩波書店、1964 年
(3)　花島政三郎「北海道家庭学校六十年の歩みとその再検討」『ひとむれ　教育特集号』通巻 411、北海道家庭学校、1976 年
(4)　引揚援護庁「引揚孤児都道府県分布図（1948 年調査）」『引揚援護記録』1950 年。北海道庁『外地引揚者援護概況』を参照
(5)　家庭学校社名淵分校「認可少年教護院々生収容状況報告書」『昭和二十年公文書』1945 年 <No.2493>
(6)　家庭学校社名淵分校『社名淵分校日誌』1945 年 8 月 18 日 <No.3020>。「帰農集

団疎開」は戦災者を北海道・東北等へ疎開させ就農させ政策として実施された。鈴木良吉発書簡 <No.13139> によれば、石上館に身を寄せた帰農集団疎開者は渡道し一時寄留後、それぞれに移住した。

(7) 鈴木良吉「鳥居審判官宛書簡」1945 年 10 月 1 日 <No.13110>

(8) 家庭学校社名淵分校『職員会議議事録』1945 年 10 月 3 日 <No.2437>

(9) 農政史研究会『戦後北海道農政史』北海道農業会議、1976 年

(10) 前掲註（8）、1945 年 10 月 1 日

(11) 前掲註（8）、1945 年 10 月 31 日

(12) 前掲註（8）、1945 年 10 月 6 日、11 日

(13) 前掲註（8）、1946 年 11 月 13 日

(14) 前掲註（8）、1945 年 12 月 21 日。今井校長から生徒受け入れの計画を示すよう求められた分校は「食糧の実情調査統計に基づき学校経営上の合理的実質的計画」として、1946 年 3 月末までは家族職員 34 名、生徒 18 名の計 52 名、4 月より 8 月まで生徒 23 名、農業要員 5 名、助手 2 名、農業要員宅の諸家族を加えて 69 名が「経営可能の見込」人数だと報告している。鈴木良吉発今井新太郎宛付書簡「分校職員窮迫状況善処方他」1945 年 12 月 14 日 <No.13127>

(15) 戦前と戦後の運営費の変化については、前掲註（3）、（花島政三郎 1976）pp.102-103。東京家庭学校『東京家庭学校創立百周年記念誌』2001 年、pp.11-13。土井洋一『家庭学校の同行者たち』大空社、1993 年、pp.51-72 も参照

(16) 遠軽町長通牒「軍特殊糧食としてイタヤカエデ樹液供出方割当」1945 年 3 月 20 日付 <No.2495>

(17) 家庭学校社名淵分校「昭和 21 年度　事業計画」1945 年 <No.2925>

(18) 製塩事業の成果と収益は、学校消費：2 石 2 斗：6,600 円、一般売却：3 石 1 斗：9,290 円で、必要経費を差し引くと 8,125 円 70 銭の利益を得た。「製塩事業報告書」1947 年 <No.12762>

(19) ララ物資としてオートミール、乾パン、チーズ、ザラメ砂糖、パイナップル砂糖漬（缶詰）などの食料品、衣服や下着、靴下、長靴などの衣料品、DDT をはじめ医薬品、山羊などの家畜が家庭学校社名淵分校に提供された。「ララ物資」<No.2501>、「ララ救援物資」1947-48 年 <No.2516>、「ララ物資受け払台帳」1947 年 <No.1147>、「ララ救援物資（各寮舎別配分表）」1948 年 <No.2502>、「ララ物資」1949 年 <No.2503>、「ララ物資受け払簿」1950-51 年 <No.2506>、「ララ物資関係書類」1951 年 <No.2504>、「ララ謝恩会」1951 年（「雑文書　昭和二六年」<No.2548>）、「ララ物資書類」1952 年 <No.2505> ほか、『一群』に配給通知や謝礼の記事がある。

「ユニセフ物資書類」1950-52 年 <No.2500>

(20) 留岡清男・奥田三郎編『上野百合遺稿』私家版、1959 年

(21) 留岡清男「三沢正男君を悼む」『ひとむれ』145、1954 年 10 月

(22) 「鈴木良吉発國澤新兵衛宛書簡」1945 年 7 月 28 日 <No.13087>。鈴木は校長に

も「校祖留岡の慈愛のある処を思召され其の子清男殿の疎開の出来る様特段の御配慮を頂き度職員一同の御願」と「鈴木良吉発今井新太郎校長宛書簡」1945年8月2日、<No.13097>を送付したが、敗戦までに清男と上野夫妻の社名淵分校への疎開は実現していない。

(23) 『社名淵分校日誌』昭和20年度（1945）<No.3020>

(24) 留岡清男『教育農場五十年』岩波書店、1964年、pp.89-90

(25) 奥田三郎「家庭学校に学ぶ」北海道知事室秘書課編『北海道開発功労賞受賞に輝く人々（昭和四十七年）』1973年、p308

　　　（ちなみに、奥田は旭川市長となる奥田千春の三男（1903年生）、東京帝国大学文学部心理学科で学んだ。卒業研究で必要なリップスの原書を借り出していた先輩の留岡清男（東京農業大学教授）を訪問したことで清男との親交が始まる。奥田は東京府立松沢病院心理学実験室に入り、1931年には東京慈恵会医科大学を卒業し医師免許を取得、1942年に東京帝国大学で医学博士の学位を取得した。また戦前・戦時中に小金井学園や法政大学児童相談所、教育科学研究会など清男と共に関与した活動は多い。社名淵分校校医、遠軽保健所長に加えて、1949年に北大文学部心理学教授となる。同大教育学部の創設準備委員として、城戸幡太郎学部長を中心とする教授陣を実現させ、北海道家庭学校校長に就任して間もない留岡清男に北大教育学部教授（社会教育学担当）を兼務させた。大泉溥編『日本の子ども研究　第8巻　奥田三郎の子ども研究と治療教育方法論』クレス出版、2009年。市澤豊『奥田三郎——シリーズ福祉に生きる60』大空社、2011年

(26) 「案内状」『雑文書　昭和二十一年度』1946年 <No.2508>

(27) 「財団法人北方民生協会趣意書」（1947年5月法人認可）による。

(28) 家庭学校社名淵分校『社名淵分校日誌　昭和21年度』1946年 <No.3019>

(29) 家庭学校社名淵分校『東京本校ニ対スル文書類』1946年11月（～1949年10月までの文書あり）<No.2507>

(30) 前掲註（28）

(31) 家庭学校社名淵分校「家庭学校分校庶務規定・浮浪児対応等」1945-1948年〈No.0893〉

(32) 前掲註（28）。「戦災孤児及浮浪児収容所並に診療所新設に関する願い」『雑文書』1946年 <No.2508>

(33) 生活保護施設認可については、家庭学校社名淵分校「昭和22年度事業計画」『公文書 昭和二十二年』1947年 <No.2514>

(34) 「児童相談所設置者について」『北海道公報』4396号、1947年9月19日。これは札幌、中央、旭川、函館などの公立児童相談所の設置にともない、1948年度末で廃止されたようである。

(35) 家庭学校同志会「家庭学校同志会会則」、「宣言」1946年 <No.12760>

(36) 家庭学校社名淵分校「陳情書」1947年9月15日。『東京本校ニ対スル文書類』

1946 年 <No.2507> に収録

(37) 理事宛「訴状」、前掲註（29）に所収

(38) 留岡幸男は留岡幸助の三男で、警視総監や北海道庁長官などを務めた元内務官僚で、留岡清男の良き理解者であった。留岡茂男ほか『父を偲ぶ』自家本、1981 年

(39) 前掲註（29）

(40) 前掲註（29）

(41) 家庭学校社名淵分校「生徒ニ関スル調査報告」1946 年 6 月 <No.7436>、「院生異動報告（昭和 21 年）」1946 年 <No.1094>

(42) 『新改築計画・後援会の関係書類袋（昭和 24 年）』1949 年

(43) 「鈴木良吉発稲垣是成宛書簡控」1948 年 12 月 2 日 <No.13087>

(44) 「広汎なる公職追放」『朝日新聞』1946 年 2 月 10 日。この該当者審査にかかわって、法政大学時代教え子たちの「留岡清男に関する証言」（控）とともに、追放解除の方でも 石附忠平・留岡清男ほか「覚書　該当指定特免申請書」（控）1949 年 5 月 2 日 <No.0798> も北海道家庭学校に所蔵。大泉溥「北海道家庭学校の戦後復興にみる留岡清男「生活教育論」の展開（上・下）」『日本福祉大学社会福祉論集』141、2019 年、pp.1-26、142、2020 年、pp.1-29

(45) 「留岡清男発社名淵分校教職員一同宛書簡」『往復文書綴』1949 年 7 月 22 日 <No.2984>

(46) 『往復文書綴』1949 年 <No.2984>

(47) 『家庭学校日誌　昭和 24 年度』1949 年 7 月 28 日 <No.1149>

(48) 奥田三郎「留岡君と家庭学校」『世界』226、1964 年、pp.244-248

(49) 北海道家庭学校「留岡清男先生略歴」（留岡清男葬儀で配布したもの <No.11548>）には「昭和 24 年　校長」とある。留岡清男自身が「昭和二十五年、私が校長に就任してから間もなく」という文章（『ひとむれ』237、1962 年 10 月）もあり、校内文書には、「留岡校長」と記したものも少なくない。しかし、理事会議事録には 1949 年に清男校長就任に関する記録はなく、確認できない。

(50) 留岡清男「教育における計画化の概念」三井透編『教育計画』国土社、1956 年、pp.45-74

(51) 社名淵家庭学校後援会「後援会挨拶状」『復興五ヶ年計画』1950 年 <No.1217>

(52) 社名淵家庭学校後援会『家庭学校後援会書類』1950 年 <No.1140>

(53) 社名淵家庭学校後援会「社名淵家庭学校後援会趣意書」<No.0456>、『家庭学校後援会関係（柏葉寮建設）』1949 年

(54) 前掲註（52）

(55) 前掲註（2）、留岡清男『教育農場五十年』岩波書店 1964 年、p.109

(56) 留岡清男「北海道家庭学校創立五十周年式辞」『ひとむれ』261、1964 年

(57) 「家庭学校とはどんな学校か」『遠軽家庭学校』1949 年、p.6

(58) 家庭学校社名淵分校『家庭学校日誌』1950 年 <No.1149>

(59) 井上肇「オホーツクの見える丘」『児童』13-15（1954 ～ 1956 年）、井上肇『少年教護の人間像』川島書店、1982 年は、井上が担当した 1950 年末から 2 年間のケース記録、実践記録である。1953 年度以降は横山義顕が寮長となり平本良之などの若手職員とともに寮舎を運営した。大泉溥「北海道家庭学校における中規模寮舎への挑戦―戦後復興のための『放胆な教育実験について』日本福祉大学社会福祉学会『福祉研究』113、2018 年、pp.49-81 を参照

(60) 留岡清男「開寮の言葉」『ひとむれ』147、1954 年、pp.14-16

(61) 前掲註（2）、留岡清男『教育農場五十年』1964 年、pp.251-252

(62) 1963 年の「桂林寮」の新設と関係して、清男が当初予算の「共同炊事場」建設を中止して、老朽化寮舎の改造をすることを提案したのが注目される。留岡清男「予算会議の反省（3）」『ひとむれ』231,1962 年 4 月、p.3

(63) 「書簡綴」1951 年 11 月 1 日 <No.12625>

(64) 「財団法人家庭学校　社会福祉法人家庭学校　理事会議事録」1952 年 1 月 18 日、東京家庭学校所蔵

(65) 財団法人家庭学校理事会「声明」には「財団法人家庭学校の所有財産は創立以来、皇室をはじめ天下の同情者により寄付せられ、或いは官庁より無償払下げを受けたるものにして、現在財団理事会管理の下に養護事業、教護事業を実施中である。これにより理事会は右家庭学校の歴史並びに財産の本質に鑑み、これを分離する事なく従来通り統一の下に、東京家庭学校、北海道家庭学校を経営し、以て留岡校祖の遺志を大成せんと欲するものである。」とあり、この「声明」が 1968 年の法人分離独立のネックとなったと、今井譲は記している（今井譲「社会福祉法人北海道家庭学校創設の経緯」『ひとむれ　創立 100 周年記念誌』904、2014 年、pp.17-18）

(66) 「社会福祉法人家庭学校えの組織変更認可申請書」1952 年 3 月 <No.0956>

(67) 北海道家庭学校『遠軽家庭学校』1949 年、p.6

(68) 前掲註（2）（留岡清男『教育農場五十年』1964 年）、p.101

(69) 留岡清男「私の提言」『一群』96（1951 年 8 月）、pp.1-3

(70) 家庭学校産業部「昭和 24 年度事業計画書」1949 年 <No.12882>

(71) 留岡清男「赤字は誰が埋めるのか」『ひとむれ』137、1954 年、および前掲註（2）（留岡清男『教育農場五十年』1964）p.117

(72) 「昭和 27 年度事業計画書」1952 年 <No.3014、No.3032>

(73) 前掲註（56）

(74) 前掲註（3）（花島政三郎「北海道家庭学校六十年の歩みとその再検討」『ひとむれ』411（教育特集）、1976 年、pp.65-123）

(75) 前掲註（2）（留岡清男『教育農場五十年』1964 年）、p.245

(76) 高校と大学に進学した職員子弟には、1955 年に北海道家庭学校独自の奨学金制度を創設し、奨学委員会委員長奥田三郎による選考結果記録がある。「昭和三十年、昭和三一年、奨学金関係」1955-56 年 <No.1394>

(77) 前掲註 (2) (留岡清男『教育農場五十年』)、pp.105-106

(78) 前掲註 (2) (留岡清男『教育農場五十年』1964 年)、pp.105-106。当時の職員の生活を示すものとして、『ひとむれ』904 (創立 100 周年記念誌 2014 年) には、職員の子弟の回想として、大泉溥「ある平凡な職員の非凡さについて」pp.34-40、村田 (横山) 正代「職員の子どもとしての思い出」pp.82-83、岸本健「飽食の時代に思う」pp.84-85、中島 (寺崎) 紘子「過ぎし日の思い出」pp.85-87 がある。

(なお、上記の大泉回想記にある「法政大学付属児童研究所」(p.36) は事実誤認で、家庭学校児童相談所」の誤りである。この点を再検証して是正したものとして、大泉溥「留岡清男の児童研究所構想についての覚書」大泉溥編『日本の子ども研究―復刻版解題と原著論文―』クレス出版、2021 年、pp.277-308 がある。

(79) 留岡清男「創立 40 周年記念式典式辞」『一群』144、1954 年 10 月

(80) 岸本種次「工事経過報告」『ひとむれ』144、1954 年 10 月、p.4

(81) 松岡秀典「門柱工事を終えて」『ひとむれ』143、1954 年 9 月、p.5

(82) 同窓会については、留岡清男「家庭学校同窓会:札幌支部の初会合」『ひとむれ』159、1955 年 12 月、「同窓会」『ひとむれ』161、1956 年 2 月

(83) 『道芝』1、1957 年、『道芝』2、1958 年

(84) 「社会事業施設名鑑作成資料」『公文書綴　昭和 28 年』1953 年 <No.2650>

(85) 『北海道家庭学校要覧　昭和 31 年度』<No.13347> には、「学習指導」は「小学部、中学部、補修部を 5 学級に編成し、午前中を学習にあてる」としており、そこには「年中行事」や「月例行事」、「日課」も表示してある。

(86) 留岡清男は 1952 年 11 月に城戸学部長などと北海道視聴覚教育研究会を結成、翌年 6 月に機関誌『北海道視聴覚教育』を創刊、映画上映運動に特段の意を用いた。

(87) 「幻灯と音楽と演劇の夕べプログラム」『ひとむれ』117、1952 年 8 月

(88) 松平義人は徳川松平家の末裔 (岡崎市出身) で、小樽中学 (旧制) 工芸担当教師だった時、北海道で散見される石器類に注目。退職後も全道を巡り歩き、家庭学校博物館を訪れた縁で、ボランティアで糸鋸工作の指導にあたる一方、1950 年代後半に始まる旧石器発掘ブームの契機をつくった。宮宏明「松平義人と北海道の旧石器文化」『北海道旧石器文化研究』10、2005 年、pp.147-146

(89) 「人事往来」欄『ひとむれ』155、p.4、1955 年 8 月 23 日。大泉栄一郎「植物標本作り」『ひとむれ』187、p.7

(90) 『HITOMURE』84、1950 年 10 月

(91) 『一群』128 (特輯号)、1953 年 5 月。なお、『ひとむれ　再刊 1000 号記念特集号』を参照

(92) 『一群　子供版』1954 年 7 月、1956 年 4 月、『子供ひとむれ』1960 年 3 月

(93) 1960 年代初頭における留岡清男の総括と課題の『ひとむれ』掲載文献として、

留岡清男「胸像と手記」『ひとむれ』212、1960年8月、pp1-3、「復興十年の反省—見えざる建設をめざして—（創立46周年式辞）」214、1960年9月、pp.3-7、「大いなる疑問—年頭の課題—」217（1961年1月）、pp.1-4、等がある。

(94) 留岡清男「北海道家庭学校創立満53周年記念式辞」『ひとむれ』297、1967年10月、p.5

(95) 前掲註（2）（留岡清男『教育農場五十年』）、p.199

(96) ひとむれ編集部（渡辺）「カリキュラム研究」『ひとむれ』218、1961年2月,pp.1-3。1961年度全道教護研究会大会が北海道家庭学校で開催された際には、森田芳雄「教護児童の学力の実態について」、加藤正志「教護児童の学習進度について—特に安定との関係について—」、齋藤益晴「職業指導について」が報告された。

(97) 森田芳雄「教務部」『ひとむれ』299（収穫感謝特集）、1967年12月、pp.29-31

(98) 森田芳雄「学力検査」『ひとむれ』315、1969年4月、pp.4-6

(99) 渡辺作次「第二回東北北海道ブロック専門委員会報告」1969年 <No.7384>

(100) 森田芳雄「朗読会」『ひとむれ』291、1967年4月。なお、この朗読会が「自分の書いた作文」を朗読する形で定着し、1971年度からは機関誌『ひとむれ』と併せて発送・配布される。読者からの感想1年分をまとめたのが、加藤正志「朗読会に見られる児童の内面」『ひとむれ』361（1972年12月）である。

(101) 誌上座談会「教護と作業」留岡清男ほか『ひとむれ』264、1965年

(102) 加藤正志「林業改良研究大会に参加して」『ひとむれ』253（1964年2月）北海道家庭学校昭和38年度事業報告書。なお、野鳥保護については、留岡清男「農林大臣賞」『ひとむれ』257（1964年6月）を参照

(103) 渡辺「展示林樹苗を受く——東京オリンピックで各国から」『ひとむれ』305（1968年7月）、平井敬二「展示林について」『かいほう』北海道家庭学校後援会、第15号（2018年10月）、pp.2-3、清沢満「歴史を伝える『ひとむれ』」『ひとむれ再刊1000号記念特集号』2022年1月、pp.141-145

(104) 前掲註（2）（留岡清男『教育農場五十年』）、pp.161-163

(105) 遠軽保健所の水質調査で、飲料水として楽山寮は「要注意」、洗心寮と向陽寮は「飲料不可」とされたことから、桂林寮新築を機に、この校内水道システム（高低差だけで導水）の工事に着手した創立以来最大の土木工事であった。なお、平本良之 『土木部のしおり（昭和42年3月）』<No.12030> は、少年たちに土木作業を指導するためのテキストとして作成された冊子であり、この簡易水道工事の作業水準を理解するのに役立つだろう。

(106) 鼓笛隊関係の資料は「音楽部校外活動記録 昭和40-56年」<No.6529〜6541>および笛の練習 平本作成・指導（昭和40年前半）があり<No.6554>、さらに1968年度遠軽町夏祭りの一環としての鼓笛隊パレードの資料<No.6551>がある。ちなみに、鼓笛隊の楽器を購入する必要を、清男校長に平本は3年間かけて訴え続けて1963年度にようやく実現させたものだったとのことである

（平本談）。

(107) 留岡清男「労働賛歌コンクール」『ひとむれ』255、1964年4月。村井武雄指導による壁画は、北海道家庭学校本館職員室前の廊下壁面である。

(108) 留岡清男「北海道家庭学校創立満53周年記念式辞」『ひとむれ』297、1967年10月

(109) 平本良之「スポーツとレクレーションと余暇指導」（職員と生徒の実態調査）、1965年4月 <No.8033>

(110) 平本良之「雪像づくりについて」は、1969年度武蔵野学院全国教護院職員研修会でのグループワーク分科会で報告したレポート <No.7748> であり、1963年度から1968年度までの6回に渡る実践をまとめたものである。また、秋葉末光「校内通信 雪像コンクール」『ひとむれ』267（1965年4月）もある。

(111) 加藤正志「生活指導の一翼——北海道家庭学校一群会（自治会）の状況」<No.8024>

(112) 家村昭矩編『北海道家庭学校・夫婦小舎制職員の語り（1）—留岡清男時代から谷昌恒時代へ繋いだ寮舎の人々』函館短期大学家村研究室、2020年は、この戦後第二世代の職員だった齋藤益晴・逸子・村上時夫・京子・加藤正志・和子・川口正夫・千代子・甲田良作・節子・平本良之・秋子・藤田俊二・セツ子からの「聞き取り」で、北海道家庭学校百年史編集委員会メンバーとしてとりくまれたものである。

(113) 岸本種次「工事経過報告」『ひとむれ』214、1960年9月

(114) 留岡清男「留岡幸助先生頌徳碑除幕式特集」『ひとむれ』284、1966年4月。なお、森忠之『教育に生きる 森透の生涯』自家本、2003年も参照

(115) 留岡清男「北海道家庭学校創立41周年記念式々辞」『ひとむれ』158、1955年10月、p.3

(116) 前掲註（2）（留岡清男『教育農場五十年』岩波書店、1964年）、p.318

(117) 前掲註（2）（留岡清男『教育農場五十年』岩波書店、1964年）、pp.299-301

(118) 1952年度予算書に添付された「酪農部経営方針」1952年 <No.1549>

(119) 前掲註（3）（花島政三郎「北海道家庭学校六十年の歩みとその再検討」『ひとむれ』411、1976年9月）、pp.65-123

(120) 留岡清男「米1俵のまごころ」『ひとむれ』159（収穫感謝特輯号）、1955年12月、p.1

(121) 留岡清男「収穫感謝祭に送ることば」『ひとむれ』179、1957年12月、pp.1-3

(122) 留岡清男「十年後の学校と部落—自戒と希望—」『ひとむれ』161、1956年2月、pp.1-4。留岡清男「部落の見本農家になろう」『ひとむれ』166、1956年8月、pp.1-2

(123) 家庭学校『玉子映画会綴』1956年 <No.1355>。「部落婦人会の卵映画会準備会」『ひとむれ』150号（1955.1.14）、「最初の卵映画会」153号（1955.4.23）、以降の『ひとむれ』には卵映画会の記事が散見され、終期は216号（1960.11.14 卵映

画会)、223 号（1961.6,15　卵映画会の最後）であって、テレビ普及で、そのニーズが減退したということなのであろうか。

(124)留岡清男「北海道家庭学校創立満 42 周年〔ママ〕記念式々辞」『ひとむれ』168、1956年 10 月、pp.1-3

(125)下社名淵部落世話人会「議事録」1949 年 1 月 25 日 <No.2884>

(126)家庭学校「職員会議摘録」1947 年 <No.1098>

(127)「サナプチ十大ニュース」『HITOMURE』125、1952 年 12 月、p.1

(128)下社名淵小学校『昭和 37 年度学校経営概要』（第 9 回北見地方放送教育研究大会資料、1962）および『閉校記念誌　風雪に耐え 64 年』下社名淵小学校閉校記念協賛会、1984 を参照。なお、同中学校はこれより先の 1961 年 3 月に閉校。

(129)田中誠一「スキー大会のできるまで」「スキー大会」『一群』106、1952 年 2 月

(130)下社名淵小中学校「運動会プログラム」<No.13010>。運動会プログラム（下社名淵小中学校と合同）1952 年、森忠之『教育に生きる　森透の生涯』自家本、2003 年

(131)前掲註（3）（花島政三郎「北海道家庭学校六十年の歩みとその再検討」『ひとむれ　教育特集号』411、1976 年 9 月、p.109

(132)前掲註（2）（留岡清男『教育農場五十年』1964 年）、p.301

(133)留岡清男「大いなる疑問 ―年頭の課題―」『ひとむれ』217、1961 年 1 月、pp.1-7

(134)留岡清男「創立満三十九年 紀念式式辞（上）〔ママ〕」『ひとむれ』131、1953 年

(135)留岡清男「北海道家庭学校創立満五十四周年記念式辞〔ママ〕」『ひとむれ』309、1968年 10 月、pp.1-5

(136)留岡清男「創立満四十八周年記念式辞－私設公民館の構想：支湧別第二農場の復興」『ひとむれ』237、1962 年 10 月、pp.1-4

(137)留岡清男「白滝村の支湧別農場」『ひとむれ』256、1964 年 5 月、pp.1-3

(138)「留岡幸助先生頌徳会々則」（家庭学校『雑文書』1953 年 <No.2653>）。留岡清男「創立満 39 周年 紀念式々辞（上）〔ママ〕」『一群』131、1953 年 9 月

(139)花島政三郎「北海道家庭学校六十年の歩みとその再検討」『ひとむれ』411（教育特集号）、北海道家庭学校、1976 年、p.111

(140)家庭学校『昭和 41 年度事業報告書』1966 年。『ひとむれ　頌徳碑除幕式特集』284、1966 年 9 月。留岡清男「頌徳会の在り方」『ひとむれ』291（1967 年 4 月）、pp.1-3。森忠之『教育に生きる　森透の生涯』自家本、2003 年

(141)「〔博物館・柏葉寮新築関係〕」1950 年 <No.1217>。北海道家庭学校「林業夫養成所払下に関する書類」1955 年、<No.1374>

(142)大場利夫「遠軽の古代史」『遠軽町史』1977 年、pp.21-35、『遠軽町史』1977 年、pp.21-35、大泉溥『先史時代への憧憬と情熱』北海道家庭学校、2004 年

(143)佐藤京子（『博物館たより』2、北海道家庭学校創立 100 周年記念事業展示班）、2013 年。なお、巻頭写真の尖頭器は現在、北海道家庭学校博物館に展示されて

いるが、同型のものが 1995 ～ 2008 年の白滝遺跡発掘で見出されており、後者は後期旧石器（3 万年 -1 万 5 千年前）のものだと科学的に確認された。白滝遺跡発掘の石器類（遠軽埋蔵文化財センター所蔵）は国宝として指定された（「遠軽・白滝の石器類国宝に」『北海道新聞』2022 年 11 月 19 日朝刊）。

(144)「社会福祉法人北海道家庭学校の創設について」『理事会議事録』1965 年 3 月 22 日 <No.1962>。留岡清男「北海道家庭学校独立提案書」1965 年 4 月 <No.4161> があって、この文書の末尾には、法人理事であった粟野、横山、鈴木、奥田、福井、留岡（幸）、渡辺、藤田の賛成署名と捺印がある。

(145)この「検討小委員会」の記録がタイプ印刷の冊子『社会福祉法人家庭学校理事会議事録』昭和 41 年 11 月 25 日（全 34 頁）東京家庭学校所蔵である。また、その委員会に提出された文書が奥田三郎理事「北海道家庭学校を独立法人化についての意見」謄写印刷 B4 判 3 頁である。『法人設立関係綴』1966 年 <No.12614>

(146)今井譲「社会福祉法人北海道家庭学校創設の経緯」『創立百周年記念誌』社会福祉法人東京家庭学校、2001 年、p.14

(147)「社会福祉法人北海道家庭学校設立発起人会議事録」『北海道家庭学校創設について綴』1967 年 <No.2344>

(148)「法人認可」『ひとむれ』303、1968 年 4 月、p.5

(149)北海道家庭学校『社会福祉法人北海道家庭学校創設について綴』1967 年 <No.2344>

(150)北海道家庭学校「給与と老後の保障」『老後保障綴』1966 年 <No.2173>

(151)奥田三郎「人の力」『ひとむれ』205、1960 年 3 月、pp.1-5

(152)留岡清男「人生は短すぎる」『ひとむれ』265、1965 年 2 月、pp.1-3

(153)現場の職員たちからの指導希望（全国教護院協議会『教護』133、1965 年 1 月など）に対する留岡清男の応答として、雑誌『教護』136（1965 年 5 月）にも本稿「人生は短すぎる」が再録されている。

第 **4** 章

補論

児童福祉行政草創期の
北海道と家庭学校

家村昭矩

『北海道社会福祉』第 1 巻第 3 号　　　　　　　『北海道児童福祉』創刊号
1954 年 3 月刊行　　　　　　　　　　　1948 年 3 月刊行
（表紙写真　留岡幸助）

● はじめに

　戦後の我が国の児童福祉政策は、戦災孤児、「浮浪児」対策としての緊急課題から始まる。1945（昭和20）年9月に次官会議で決定した「戦災孤児等保護対策要綱」は、「孤児等が社会的経済的に自立するときまで、国家の責任において」「生活困窮者の一部として児童を取り扱う」[1]とした対応を示す程度で、翌年4月に厚生省社会局は「浮浪児その他の児童保護等の応急措置実施に関する件」を通達している。それには、「社会事業主務官公使の他少年教護院職員、少年教護委員、方面委員、社会事業団体職員、警察官吏等」による「巡察」（いわゆる「狩り込み」）や「児童保護相談所」の設置などの対策が示されている。この通知は内務省警保局と打ち合わせのうえ取り組まれており、「児童保護」の観点からだけではなく、治安や防犯対策としての側面が強くあった。

　敗戦直後の北海道内の社会的養護に関するおもな施設は、戦前から少年教護事業を行っている家庭学校社名淵分校（以下、家庭学校）、札幌報恩学園（以下、報恩学園）、北海道立大沼学院（以下、大沼学院）の3施設があり、孤児、育児事業では函館厚生育児院（以下、くるみ学園）ほか数施設しかなかった。

　本章では、戦前の「暗い面の特殊児童のみを対象としていた少年教護法、児童虐待防止法の両者——この二つが日本の児童に関する社会立法を代表していた——を廃止し」、「児童に対する社会の連帯責任」[2]を掲げて誕生した児童福祉法が、北海道の児童福祉行政の草創期においてどのように取り入れられ、どのように展開していったのか、当時の教護事業と家庭学校とのかかわりにも焦点をあて経緯をたどる。

● 第1節　敗戦直後の GHQ の動向

　敗戦直後の混乱のなかで、施設で暮らす子どもたちの生活は支援も乏しく困窮を極め、その維持存続にも困難な状況にあった。当時の行政当局は、間接統治を進める連合国軍総司令部（以下、GHQ）から戦災孤児・浮浪児対策を求められ、実態調査や「浮浪児狩り込み」対応に追われていた。

　GHQ の対日政策は、「非軍事化」と「民主化」を課題にしていたが、社会福

祉の発展にも大きく関与していたことは、「児童福祉法」成立に向けた議論の
なかでも明らかになっている[3]。

本道にGHQが本格的に進駐したのは、終戦直後の1945年10月4日に函館
港に上陸、翌5日に別部隊が小樽港に上陸し即日札幌に入り、その後旭川、稚
内にも向かっている[4]。GHQの教育現場の視察状況は、確認できる資料によ
れば、函館では10月15日に庁立函館高等女学校（現、函館西高校）、18日に
庁立函館中学校（現、函館中部高校）、札幌では10月21日に札幌市立高等女学
校（現、札幌東高校）などを視察している。初期の視察は銃器の処分状況や、「軍
国主義的な色彩の一掃」などを確認するものであったが、1946年以降は、指導・
助言などのほか必要な指示を道庁関係部署にしていたようである[5]。

児童福祉関係で確認できるものは、前述の庁立函館高等女学校の視察前後に、
函館市内のくるみ学園を視察したときの記録が残されている。

「10月某日　玄関にジープがとまり、アメリカ兵三人と通訳が下車し土足の
まま事務室に入り込んだ。『ここは何だ』『育児院です』『武器はないか。内部
を調べるがいいか』（略）そこで寮舎を一巡案内」と記され、そこで発見され
た「木銃」の処理を指示されている[6]。くるみ学園は翌1946年7月にも「中
尉来訪、アメリカの少年の家の話を聞く」など、その後も数度の視察を受けて
いる。

当時の少年教護院では、大沼学院に1945年11月5日「進駐軍テニハン中尉
来察」、翌1946年1月と6月には3回の視察が記録されている[7]。

家庭学校では、1946年6月24日に「進駐軍2名通訳巡査各1名」が訪れ、「施
設内を点検後寮舎の生徒と面談、入浴回数、睡眠時間、衣類、洗濯など聴取し、
臭気、台所不潔等」など指導されている。そして翌年の1947年8月24日の視
察では、「今マテ視察セシ中ニテ当校施設ハ最モ良シ、但シニ、三ノ注意ヲ要
スル点アリ」として、①便所の蓋、ハエ対策、②室内、台所の清潔、③礼拝堂
の清掃、④図書館の生徒利用などを指摘し、「以上ヲ守リ実行セシナバ日本最
良ノ施設トナル」と講評している（**図4補-1**）[8]。

その2カ月後の10月20日にも視察を受け、施設の概要やいくつかの質問に
ついて文書で回答するよう指示され、家庭学校はその2日後に道軍政本部法政
課に報告書を提出している。そのなかで、「経営上困難なる事項」の質問に対し、

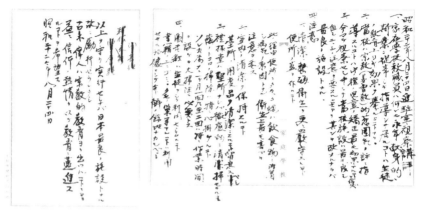

図 4 補 -1　1947 年 8 月 24 日 GHQ の家庭学校視察講評（記録者　家庭学校職員）

「学校は駅を距てること 4 キロの奥地（略）トラックを備えて事業の完遂を期したい」、「生徒の被服、履物類の物配給僅少なり（略）特に重点的配給を要望」など要望や窮状を訴えている。家庭学校は、その視察の詳細と GHQ に提出した要望事項を即日道庁社会課長にも報告している[9]。

　こうした GHQ の動きは、道庁教育民生部社会課も把握して対策をとっていた。1946 年 5 月 9 日に、GHQ から道庁に「福島県の進駐軍大佐が北海道の少年教護事業の事情を知りたい」と連絡があり、即日厚生課長は少年教護団体（家庭学校、報恩学園、大沼学院）に「シンチュウグンカンケイニテ　キキュウヨウケンアリ　スクサンチョウアレ」と打電し、10 日に 3 施設を招集し協議している[10]。

　GHQ の道内での少年教護関係に対する対応は、1946 年 7 月に、戦災孤児の保護や非行青少年対策について道庁教育民生部、道警と協議を行い、GHQ がすでに入手している情報をもとに道庁に勧告したり、関係機関を招集して個々の事例に対処するなど具体的な活動を行っている[11]。

　全国の状況をみると、1946 年 8 月に厚生省社会局は「少年教護院の管理及び院生教護の刷新に関す件」を都道府県に通達している。それには、「過般来当局者が、各少年教護院を巡回視察され、その代表的に三ヶ所を挙げて別紙の通り開陳し、それに付随して、それぞれ要望するところがあった」ので、それを参考にして格段の努力をされたいと記されている。GHQ が当初から「少年

教護院」にも関心を向け、全国の施設の詳細な情報を迅速に収集し、それらの施設整備や処遇内容などについて、具体事例を示し厚生省に改善を促したものである。

特筆すべきは、GHQ の対応は施設内の視察はもちろんのこと利用当事者との面接、聞取り調査を行い不適切な処遇が認められるとその改善のみならず、その施設責任者、当該職員の更迭などを求めるなど、即効性のある指導を行っていたことである。

本道の例をみると、大沼学院を調査した GHQ「軍政チーム」は、1946 年 12 月下旬に「軍政司令部は道庁民生部長渡辺を呼び出し、調査と報告の提出を命じた。その後、院長は解雇され、この施設は再編された」と報告されている[12]。

大沼学院の記録からこの件をみると、12 月下旬に呼び出され「解雇された」とされる八島悦栄院長は、12 月 31 日に札幌から大沼学院に帰庁し、緊急職員会議を開催している。そして、同日夕刻には道庁厚生課の中河原通之技官が大沼学院に入り、翌日元旦に職員の個人面接を行い、翌2日に中河原技官が全職員に訓示を行っている。これは、大沼学院は GHQ による視察を1月から4度受けており、その内容は不明であるが、院長の召喚はその視察結果によるものではなかったかと思われる。当時のことを八島院長は、「院児の逃走問題から端を発し札幌にあった駐留軍司令部に出頭を命ぜられ退職を強要され（略）他の職員まで波及して多大の迷惑をかけた」[13]と回想している。元旦に職員の面接調査が行われた後、1月 13 日付で教諭2名と保母1名が退職していることは、この件に関係しているのではないだろうか[14]。

GHQ の少年教護関係に関する指導について、家庭学校に残されている資料に、前述した「少年教護院の管理及び院生教護の刷新に関する件」のほか、1946 年8月に札幌少年審判長が管内少年保護団体宛に、司法大臣官房保護課長が瀬戸少年院長に通知した「軍隊式号令使用廃止について」の写しを送付している。それには、施設での人員報告は、「総員何名、事故何名、現在員何名、番号、事故○○名、は（略）廃止して原則として職員が少年の名簿により個々の氏名を読みあげ」るようにと例示している。GHQ は、施設の運営が少年の人権に配慮されているかにも着目して指導したものと推察される。また、翌1947 年8月に旭川少年審判長が管内の少年教護団体に「進駐軍の保護団体視

察の件」を通知し、留意すべき事項の最初に施設内外の清潔、整頓等について指示し、「万全の配意を以て周到な計画の下に極秘裏に実施」するようにと付記されていて、GHQ の対応に現場が右往左往していたことがうかがえる[(15)]。

このように GHQ は、その活動の初期段階から本道でも孤児院、少年教護院、矯正施設関係の視察調査を行い、強力な指導監督を行っていた。その対応に施設はもとより行政庁側の緊張ぶりもうかがえる。そして、敗戦直後のさまざまな面で困窮する施設の運営に直接関与し、施設整備の不備や保健衛生などの指摘にとどまらず、とりわけ職員の処遇面の点検や利用当事者である子どもたちの聞き取りを行うなど人権に留意し、それらを行政側に即応させていた GHQ の役割は、きわめて大きかったといえる。

家庭学校と GHQ との関係では、家庭学校はその後も数度の視察を受けたほか、留岡清男が戦後初の全国教護院長会議（1946 年 10 月）で講演をしたルイス博士と東京で懇談している。清男は当時家庭学校と頻繁な手紙の往来をしていたが、その手紙（1949 年 10 月 20 日付）の末尾に、「この間 GHQ の法務関係最高顧問のルイス博士夫妻に招かれ」夜 11 時頃まで話しこみ、「家庭学校の絵はがきを贈呈し（家庭学校の）説明しました」、「なかなか良い質問もあった」と伝えている[(16)]。その便りが届いた後の 11 月 7 日に GHQ 道民事部厚生課長ツルワックスが、道民生部長、社会課長、網走支庁長、遠軽町長と共に家庭学校を視察している。GHQ が家庭学校や留岡清男の存在に注目していたことを示すエピソードである。

● 第2節　児童福祉行政のはじまり

1　児童保護事業から児童福祉へ

道教育民生部は、戦後処理的な緊急対策として 1946（昭和 21）年 8 月に北海道児童保護委員会を設置して、いくつかの事業に取り組んでいる。そのひとつに、同年 8 月 25 日家庭学校を訪問していた同志社大学総長牧野虎次と家庭学校長今井新太郎の 2 名を講師に招き、「少年教護講演会」を道会議事堂で開催している[(17)]。さらに 10 月、教育民生部長名で関係施設に「児童保護研究会

等について」を通知し、「要保護児童の増加に鑑み之等児童の保護に関する研究」
の必要性から「児童保護研究会」を提唱し、地域別研究会（道内 3 カ所、15 施
設対象）と少年教護研究会（3 施設）を示して、施設側に自主的な取り組みを
促している。それを受けて家庭学校では、道庁に第 1 回少年教護研究会への職
員派遣を依頼し、11 月 7 日に報恩学園と大沼学院の参加を得て開催している[18]。

　当時の北海道の「児童保護」対策は、戦災孤児、浮浪児対策を少年教護事業
としてとらえており、なおかつ施設側の自主的事業として取り組むことを期待
したものであった。

　1946 年 11 月に日本国憲法が制定。国の組織再編にともない、道も教育民生
部は教育部、民生部、衛生部の 3 つに分かれ、民生部に児童福祉を担当する社
会課が置かれる。

　新憲法のもと、1947 年は「要保護児童の保護」から脱した児童福祉施策の
議論がスタートし、「児童福祉法案」が 8 月の第 1 回国会に提出され、12 月 12
日に児童福祉法が成立する。

　この間、1947 年 4 月に少年保護事業の啓蒙のため、GHQ の招聘で来日した
フラナガン（Flanagan, E. J.）神父（米国「少年の町」の創設者）が全国で講演活
動を始めている。予定されていたフラナガン神父の来道はかなわなかったが、
5 月に道庁社会課が事務局となり「フラナガン神父来朝記念」事業を催し、そ
こで北海道児童福祉協会を設立している。

　道は、1947 年 12 月末、民生部長に函館引揚援護局業務部長の蜂須賀芳太郎
をあて、翌年 1 月に社会課に児童係を設置して児童福祉法の一部施行にあたっ
た。こうした情勢のもと道児童福祉協会は、官民あげての児童福祉の啓蒙、啓
発を企図して機関誌『北海道児童福祉』（北海道児童福祉協会）を創刊している（章
扉写真）。その編集後記に「本誌は行政官庁の御用雑誌ではありません（略）そ
の事務の補助的役割は努めません」と記し、新たな時代にむかう児童福祉への
意気込みが現れている[19]。

　児童福祉法全面施行の 4 月には全国に民生委員が配置され、本道でも男性
5160 名、女性 527 名が任命された。その選任作業中に、GHQ 道軍政本部から「民
生委員に婦人を」[20]との談話がだされ、函館市では「民生委員に婦人進出
300 名中 52 名」「方面委員時代と比べ婦人は 6 倍となり大飛躍」[21]と報じられ

るにいたった。民生委員の女性の積極登用は GHQ によるところが大きかった。

　児童福祉業務を所管する道社会課児童係は、このほか短期間に児童相談所の開設準備、児童福祉司の任命など矢継ぎ早の対応に追われ、同年7月に児童課として体制が整えられた。その初代児童課長に衛生部の医師・稲垣是成が就任し、本道の児童福祉行政が本格的に始動することになる。当時の状況は、「児童課は、初め赤レンガ庁舎の南側1階にあったが、その後、木造バラックの北側に移転、冬など火鉢を囲みながら、毎日、深夜まで執務が続き、その中から児童相談所の設置、施設の新設整備、現業職員の研修、国立教護職員養成所への派遣等々、多彩な施策が一挙に噴出したと言える時代」と回想されている[22]。

　稲垣児童課長は、1948年7月から1951年9月まで約3年間の任期であったが、戦後の本道における児童福祉行政の基礎を築いている。いずれの事業も陣頭指揮し、とくに児童相談所の設置、児童福祉司の配置、2カ所の道立教護院の新設と各種児童福祉施設の開設や人材育成などに特筆されるものを残している。稲垣はその後胆振支庁長、衛生部長のときには民生部長兼務も経て、1956年に初代の道教育長を務めている。このあいだにも児童福祉行政にかかわる影響力は大きく、とりわけ家庭学校とのかかわりも深く、つながりを絶やさなかった。

　この時期の道庁と家庭学校とのつながりをみると、1946年1月25日に留岡幸男（留岡清男の兄）が官制の北海道長官に就任し、4月下旬に退官しているが、この短い期間に亡父留岡幸助が創設した家庭学校を訪ねている。前述のように道庁は8月に「要保護児童対策」のため牧野虎次や校長今井新太郎を道庁に招くほか、その後、歴代の民生部長、担当課長など関係する職員が再三家庭学校を訪問し、宿泊し職員と懇談をしていることが家庭学校の日誌に残されていて、道庁とのかかわりの深さがうかがえる。

　また留岡清男の親友である精神科医の奥田三郎が、清男の勧めで都立松沢病院医長、東京帝国大学講師を辞して1946年7月から家庭学校に移住し、家庭学校の嘱託医としてのみならず運営にも参画するほか、遠軽保健所長（嘱託）に就任、その後北大教育学部の教員としても道の児童福祉施策に少なからず貢献していた[23]。

　そして、道会議員の三沢正男（元家庭学校職員）が、1948年3月の道議会の

代表質問に立ち、「道内の官私立の不良少年感化院に対して如何なる措置を具体的に執られているか」と質している。家庭学校の実情を知る三沢の存在は、家庭学校のみならずその後の教護事業政策の後押しとなっていたのではないだろうか。

三沢はかつて家庭学校の酪農部に勤務し、清男が家庭学校の教頭を辞する1933年に退職、その後八雲町にて酪農業を営み町会議員に選出されている。そして1947年4月に第1回北海道議会議員として当選し、道政各般について問う代表質問で先きの質問を知事に投げかけている。三沢は1945年6月に、その年の5月に東京大空襲に遭い疎開先を探していた留岡清男、上野他七郎夫妻を八雲に迎え、同年9月に家庭学校に移るまでの間世話をしていた。その翌1946年8月に三沢は妻子とともに家庭学校を訪問し、家庭学校の窮状を見聞している。三沢は、1954年9月国会請願のため上京途中、乗船していた青函連絡船洞爺丸が台風のため遭難、死去している[(24)]。

2　私設「児童相談所」と道立児童相談所の設置

1947年5月厚生省主催の「孤児援護対策全国協議会」が箱根で開催された。そこに出席したくるみ学園の又坂日出生は「北海道からは私一人」であったと述懐している[(25)]。引揚げ孤児、戦災孤児対策に奔走していた又坂は、帰函後「函館厚生院児童相談所」を1947年9月に立ち上げ先駆的な取り組みをしている[(26)]。

家庭学校でも同年10月に厚生大臣宛ての「少年鑑別機関創設認可申請」を道社会課長に提出。それには、少年教護法の規定による少年鑑別を行う「家庭学校児童相談所」を校内に創設すると記されている。

児童福祉法案が国会で議論されているなかで、道は、1947年9月19日民生部長名で支庁長、市町村長あてに「児童相談所設者（ママ）について」を送付している。それには「今般左記の通り児童相談所が設置されたから学校、警察等の関係機関と連携を図り」とあり、「一、家庭学校児童相談所　二、函館厚生院児童相談所」と『北海道公報』に掲載している（**図4補 -2**）[(27)]。児童福祉法施行前に本道には、この2カ所の私設「児童相談所」が存在していた。

道は児童福祉法施行後の1948年7月に札幌児童相談所、旭川児童相談所、帯広児童相談所、釧路児童相談所を設置した。札幌児童相談所は報恩学園内に

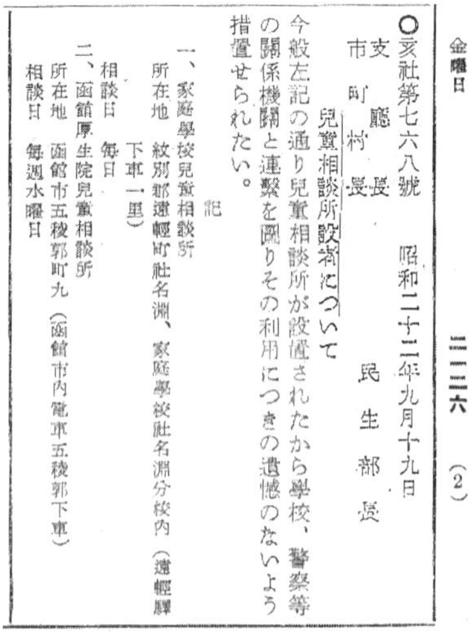

仮設置（翌 1949 年に遠友夜学校跡に移転し中央と改称）し、旭川、釧路も当該市の協力を得て市庁舎の関連施設に仮設し急ごしらえで事業を始めている。

児童相談所開設を進めるなかにあって、同年 9 月 3 日付で家庭学校長に、民生部長より「児童相談所設置について」通知があり、「貴校においてかねて私設児童相談所を併置せられ児童福祉の為御協力感謝に堪えぬところであるが、要保護児童の増加と他面道内相談所の実状に鑑み同相談所を児童福祉法第十五条による北海道立児童相談所と致したいが貴殿の御意向を承知致したい」と照会があった。

児童相談所設置について

今般左記の通り児童相談所が設置されたから學校、警察等の關係機關と連繋を圖りその利用につきの遺憾のないよう措置せられたい。

記

一、家庭學校兒童相談所
所在地　紋別郡遠輕町社名淵、家庭學校社名淵分校内（遠輕驛下車一里）
相談日

二、函館厚生院兒童相談所
所在地　函館市五稜郭町九（函館市内電車五稜郭下車）
相談日　毎週水曜日

○家社第七六八號

昭和二十二年九月十九日

市支廳町村長

民生部長

二二二六　(2)

金曜日

図 4 補 -2　私設「児童相談所」の設置
『北海道公報』4396 号、1947 年 9 月 19 日

家庭学校はその文書を受理した当日（9 月 6 日）に、「異存無之、児童鑑別には特に至便を感ずるものであります。建物その他必要のものは利用差支ありません」と回答している(28)。

児童相談所の設置計画は、「本道の児童相談所は大体六カ所を設置する見込み」(29)としており、函館に 7 月に設置されなかったのは、すでに事業を開始していたくるみ学園との関係を検討していたためである。しかしその翌年の 1 月に、道はくるみ学園の児童相談所を道立の「函館児童相談所」とし、所長は札幌児童相談所長が兼務し職員はくるみ学園職員を委嘱している。その開所式に、委託を受けたくるみ学園長の又坂は「正規の児童相談所が発足し新所長に引きつぐまで」と挨拶している(30)。函館児童相談所はその年の 11 月に函館市教育委員会の杉山由蔵を所長に迎え移転している。

道立児童相談所設置（4 カ所）後の 1948 年 10 月に、「児童相談所長、児童福祉司事務打合せ会」が児童課主催で開かれた。そこで GHQ 軍政部厚生課長ウルフ大尉が「児童相談所及び児童福祉司の活動について」1 時間半にわたり講演している。GHQ の担当者が児童福祉に精通していたことがうかがえる。この会議には、家庭学校に「貴所に設置方目下取進め中であるが標記会議に所長

候補者を出席せしめあられたく」と要請があり家庭学校から鈴木副分校長が出席している。その通知文書には「なお、道立相談所とする場合は貴校の一部を道において借用し、道より専任職員一名を配置する予定」とも記されている。

そしてなお、翌1949年1月11日付の民生部長通知「児童相談所に於いて取扱いたる児童の調査について」が家庭学校に送付され、家庭学校は1948年4月から12月まで延べ109件の詳細を記した「鑑別統計表」を、家庭学校児童相談所として報告している。その報告後まもなく、2月1日付で再び道から「児童相談所現況調査について」の照会あり、そこには「中央児童相談所」と「附設児童相談所」の報告様式が示されていた。それは前年7月に中央と同時に設置された旭川、帯広、釧路の3カ所の実績がまだないため、中央以外に函館厚生院（くるみ学園）と家庭学校の2カ所の「附設児童相談所」に報告を求めているものであった[31]。

この時期にあっても、「私設児童相談所」の存在を認め、活用もまだ検討されていたようであり、本道の広域な地域実情を考慮した整備計画が発想されていたことがうかがえる。このことは、のちに触れる児童福祉施設の設置に際し、公設・公営にとらわれず民間の活用などを模索した稲垣児童課長の「稲垣方式」のはじめではなかっただろうか。

その後の児童相談所整備は、1949年5月に中央児童相談所長に就任した長野襄に引き継がれた。長野は、稲垣児童課長に懇請されて中学校長から転職し12年間在籍するが、この間、道本庁との連携、児童相談所や児童福祉施設におけるケース処遇の在り方など詳細な体制整備に尽くしている。なかでも教護院入所待機児問題の調整や教護院児童の就学に関する北海道独自の「教育委託」方式の実現などに取り組むほか、児童相談所業務全般にわたる知見を発信し、初期の北海道児童相談所の基礎を築いている[32]。

道立児童相談所は、1952年に旭川児童相談所が管轄していた網走支庁管内に北見児童相談所が設置され、1954年に中央児童相談所が管轄していた空知支庁管内に岩見沢児童相談所を設置、少し遅れて1964年に中央児童相談所が管轄していた日高、胆振管内に室蘭児童相談所が開設され、現在の8カ所体制になっている[33]。

3　児童福祉司の配置

　児童福祉司は、児童相談所の設置とともに児童福祉行政の要として位置づけられ、厚生省児童局は1948年11月1日現在の「全国児童福祉司名簿」を公表している[34]。それによると、本道の児童福祉法施行時の児童福祉司定数は17名であり、1948年12月に道児童課が発行した『児童福祉司・児童委員の手引き』にもその氏名が掲載されている。そこには道内各支庁（14カ所）に11名と設置された児童相談所（4カ所）のうち旭川児童相談所に1名の計12名が任命され、残る「他の5名については目下詮衡中」となっている。本道の児童福祉司の前職について調べると、北海道教職員関係名簿などで確認できる教育関係者が8名、その内訳は元国民学校や現職校長が多く、業務の内容から教育関係者の配置を考慮し選任していたことがわかる。全国的に見ても「女学校長、国民学校長、中学校長、小学校長」の経歴を持つ者が多く登用されているが、「児童福祉に関する専門性もさることながら、人物本位で選任された可能性も考え」[35]ていたようで、本道も同じ状況であった。

　当初の児童福祉司は、1948年9月10日の児童局長通達「児童福祉法の運用に関する疑義及びこれが解答について（その四）」に、「2級官吏」相当職が前提であると通知されている。本道の児童福祉司も、配属された支庁では課長職級とされ、それは「支庁の課長と同様の両袖付きの青テーブルと回転椅子」（元児童福祉司の回想）の待遇であったが、資格要件が整わず「心得」として発令されていたものもあり、その処遇は配属先の支庁で異なっていたようである[36]。

　この時期に児童福祉司として勤務していた三浦寿太郎は、「昭和26年3月胆振支庁在勤福祉司として中学校現職から転出しましたが当時福祉司は道の二級官職員として採用され、又占領軍指令による厳しい資格審査がありました。福祉司は民生部婦人児童課に所属し、全員支庁に在勤していました。（略）問題児の保護者は役所に来ることを好まず日曜と云わず、夜と云わず福祉司私宅に相談に来ることも、（略）やむを得ない事情の児童で三、四日から六ケ月間も自宅に引き取った」こともあったと回想している[37]。

　その後、児童福祉司は児童福祉法の改正に伴い児童相談所に配置されるが、全国的にその専門性と待遇をめぐり自治体での対応に差異が生じていた[38]。本

道は広域のため道行政は市町村を所掌する支庁制度をとり、そのなかで役付職の児童福祉司としての配置が長く続いたためか、児童相談所に配置された後も児童福祉司は役付職としての体制をとってきている。本道では現在も児童福祉司はおもに係長相当職であるが、職務により一般職の児童福祉司も配置されるようになったのは2010年代に入ってからである。

4　相次ぐ道立教護院の新設

⑴　向陽学院・日吉学院の誕生

　児童福祉法による教護院は、戦前からの少年教護法による少年教護院からの転換が主であったが、法務省所管の私立矯正施設（少年保護団体）も法施行時に教護院への転換があったものの私立で教護院として認可されて残った施設は、家庭学校社名淵分校（東京の本校は1948年に養護施設に転換）と横浜家庭学園のみであった。この2施設が社会福祉法人の教護院として認可された経緯を記す資料は確認できていない。

　児童福祉法施行後に新たに設置された教護院は、1951年4月に京都府立桃山学院（5年後に養護施設に転換）と北海道立向陽学院（以下向陽学院）が設立され、その翌年の2月に愛媛県立新居浜家庭学園、同年10月に北海道立日吉学院（以下日吉学院）が設立された後は、設置義務が生じた政令指定都市により1958年に神戸市立若葉学園が設立されるまで新設はなかった[39]。

　敗戦後の復興に向け財政事情の厳しい時期に、本道は全国初の女子教護院と既設の大沼学院の近くに2カ所目の公立男子教護院を新設し、家庭学校を含め道内に4カ所の教護院が設けられたことは北海道の児童福祉行政草創期にあって特筆すべきものではなかろうか。

⑵　女子教護院誘致運動

　函館市は、「敗戦直後の何年か、函館の街は、引揚者の上陸地、あるいは本州・北海道の中継地として悲喜こもごもの喧噪を過ごし」「青少年犯罪昨年の二倍以上」「小、中学生の窃盗もますます増加」していた状態にあり[40]、そして女性対策では「多発地区内の民生委員、行政を含め連絡協議会を作り要保護女子の援護にあたっていました」と記録されている[41]。

こうした地域背景にあって、前述の三沢正男が1948年3月9日の第1回道議会で、「不良少年の問題」について、「戦後の後における不可避の問題として世界各国がともに悩み抜いて居る問題」にどのような方針を持っているのかと質問している。それにたいし前函館引揚援護局事業部長であった蜂須賀民生部長は、要養護少年、浮浪児などについて「本道では函館にどうしても多い」、そして乳児院、養護施設を含め道内10数カ所の施設が「前年度より本年度がさらに悪化して居る」と答弁している[42]。道においても、非行少年、要養護児童対策と、北海道の玄関口となる連絡船の桟橋や函館駅周縁にたむろする「不良女性」対策は、緊急性の高いものとしての認識は高かった。

　1949年6月に児童福祉委員会が、知事の諮問に、不良化防止対策の一つとして「女子教護院を早急に設けなければならない」と答申している。これを受け、道は翌年2月の定例道議会に、次年度予算として「およそ60名を収容する女子教護院を建設するために経費800万円」を計上している。

　教護院の設置について当時の児童課は、函館市の誘致運動をふまえ、道内に2カ所の設置を検討していたようである。1950年2月22日『函館新聞（夕刊）』は、児童課阿部次長談として「新年度予算に二カ所、3600万円を要求したが知事査定で800万円に削られ一カ所（略）、建設計画は函館の他に札幌、旭川でも」と報じている。

　このときの道議会で、函館市選出の窪田長松は「民生委員が一日もすみやかに女子教護院の設置を望んでいる」[43]と質問している。その予算審査特別委員会で旭川市選出の林謙二も「現在函館地方、上川地方、この両地区より女子教護院の設置について強力な陳情も参っておる」と誘致先の選定を質している[44]。その道議会には、函館市民生委員児童委員杉崎郡作ほか30名と紹介議員4名からなる「函館市に女子教護院設置の件」と、上川管内町村町会長ほか1名と紹介議員1名による「道立女子教護院設置の件」の2件が請願され誘致運動が競合していた。

　この時期函館市では、「函館に『少年の街』を」という機運が起こり、「田中知事が来函したおり婦人民生委員から女子を収容する施設（の建設）を要望」[45]と報道され、2月25日に函館市議会民生常任委員と婦人民生委員の合同協議会が誘致運動を始めている[46]。そこには全国民生児童委員会の副部会長と北

172

海道社会福祉協議会の初代会長となる函館市の杉崎郡作[47]が大きくかかわっていた。函館市は道の計画に合わせ市内に設置予定地を探し、同年 3 月に函館市を訪れた道民生部長や稲垣児童課長を現地に案内している。こうした一連の動きを「女子教護院の実施濃し」[48]と地元紙は伝えている。

女子教護院誘致運動は、道議会民生常任委員会で函館からの請願が「採択」され、上川からの請願については「函館に設置される」ことを理由に「不採択」となっている[49]。しかし、この道議会では函館ではなく、「札幌市内で適地を選定し、年内に実現を図る」と誘致の請願のなかった札幌市に決定している[50]。

札幌に設置が決まった後、地元函館では「函館への設置はお流れ」[51]と報じられたが、一方、同じ北海道新聞函館版で「教護院設置は可能　道児童課長語る　25 日予定地視察（中央と交渉し全国のモデル教護院を）」[52]とも報じている。この意味するところは、函館から「女子教護院誘致運動」を受けていた児童課は、当初道内に 2 カ所の新設計画があり、札幌に決定後も次年度に新設を検討していたようである。稲垣児童課長は、国とその折衝をした帰路、函館に立ち寄り予定地を視察し、設置要望の強かった函館にその可能性を示唆していたのである。

女子教護院設置について、稲垣児童課長のもとで計画に携わっていた児童課員の藤森勝住が向陽学院 35 周年記念座談会で、「男子と女子を分ける発想は、稲垣先生の？」との質問に、「いろんな議論があったんですが、今考えれば、先見の明があったんでしょうね」と応えている[53]。

女子教護院を札幌市に誘致しようとした動きや札幌市に選定された経緯の詳細は明らかではないが、道はこれらの施策に先立ち、1949 年 4 月に北大の関清秀助教授に札幌市内の非行少年の実態調査を委託している。GHQ の助言を得てまとめられたその報告書には、「少年犯罪の多い所は少女の犯罪も多い」と指摘されており、これらをふまえて女子教護院を道央圏の札幌市に配置したのは妥当な判断であったといえる[54]。

全国初の女子教護院であったが、その構想は十分に描き切れていなかったようである。開設間近の 4 月 10 日に民生部長名で各児童相談所長、各児童福祉司、各教護院長にあて「女子教護院名称」を募っていた。そこには、「一見教護院であるが如き印象を受ける名称は極力避け一般に親しまれるような名称として、

将来は男女共学を目的とするに適したる名称を希望する」（傍点筆者）としていた。「向陽学院」として応募したのは、中央児童相談所長の長野襄に新教護院長候補として請われていた、長野の元釧路女学校時代の同僚留目金治であった。

1951年4月に向陽学院は設立され初代院長に留目金治が就任（4月26日発令）、開設時の指導課長兼寮舎担当には国立武蔵野学院附属教護事業職員養成所一期生の安藤正尚夫妻を国立武蔵野学院から招請している。

留目は、院長として10年間勤め、その後長野の後任として中央児童相談所長に就いている。その間1957年10月に、教護院生徒の学籍問題について、児童相談所、道民生部、道教育委員会と協議を経て、北海道方式と呼ばれた学籍の「教育委託」を導入している(55)。当時の中央児童相談所長は長野、北海道教育長は衛生部長から異動した元児童課長の稲垣是成であった。

こうした経過のなかで向陽学院の開設準備と並行して、翌年度に向け日吉学院創設の準備が始まる。函館市に隣接する七飯町に大沼学院があるにもかかわらず新設を可能にしたのは、向陽学院の設立経緯にあるように、函館の「女子教護院誘致運動」の力が大きくあり、日吉学院創設にはその「熱心な婦人団体に動かされたのか、道においてもこれを認めたのがそもそもの起こり」(56)と記されている。

1951年度道予算に新設の教護院設置が計上されたとき、「道立男女総合教護院を建設の予定で予算は内定」(57)と報じられ、続報の2月21日の記事にも「道立函館教護院　18歳未満の不良少女を収容」と伝えている。「女子教護院」誘致運動が影響しているのか、「男女総合」あるいは「女子」なのか、この段階ではまだ「男子」のみとする構想が定まっていなかったようである。

そして、何よりも全国初の女子教護院の設置の後、次年度に大沼学院（七飯町）と隣接する函館市に新たに男子教護院を設置することを可能にしたのは、本道の児童福祉政策の喫緊の課題に、児童課は「児童保護対策」として教護院への期待を掲げて、2カ所の新設に取り組んだことが大きかったのではないだろうか。そこには児童課が、家庭学校の存在と、後述する教護事業の要所である国立武蔵野学院との「特別な関係」を築いたことをあげることができる。

5 「人づくり」と国立武蔵野学院

　1947 年 4 月にはじめての北海道長官選挙で全道庁職員組合委員長であった
35 歳の田中敏文が当選（5 月に知事と改称）、田中知事は翌年の 1948 年 7 月に
初めての人事を行い、衛生部の医師として GHQ との調整役も担っていた稲垣
是成（当時 40 歳）を初代の児童課長に抜てきしている。

　稲垣は、「何せ、児童福祉法が施行されたばかりでしょう。軍国主義下に育っ
た職員たちは、児童憲章の『児童は人として尊ばれる』（中略）の三ヵ条を職
場の壁に張ってね、まず自分たちの頭の切り替えにつとめたですよ。ええ、道
民への新しい児童観の啓発といった仕事も当然ですが、一方、施設づくりも迫
られました。」(58)と語っている。そして、児童福祉法施行に伴う新事業にあたり、
それぞれの専門家を招き終業時間後に頻繁に学習会を重ね、「定時制校長さん」
と呼ばれるような働きぶりであった(59)。道内初の精神薄弱児施設（知的障がい
児施設）設置計画には、北大教育学部で特殊教育講座を担当していた奥田三郎
を招いている。奥田は戦前に、石井亮一が創設した滝乃川学園の運営にもかか
わっていた知的障がいの研究者でもあった。

　稲垣は課長在任中、1950 年に北海道保母養成所を学校法人藤学園に委託し
て自身が所長を兼務したり、翌年に虚弱児施設の有珠有健学園の創設に道立・
民営（日赤道支部）方式を採用したり、道立施設の施設長を公募にすることを
創案するなど、その実利を重んじる柔軟な手腕は「稲垣方式」と呼ばれていた。
人材育成にも早期に取り組み、北海道から国立武蔵野学院附属教護事業職員養
成所（以下教護事業職員養成所）への派遣研修に伴う予算を獲得し実施してい
る(60)。

⑴　人材育成の手立て（道職員派遣）

　戦後の社会福祉制度が整う以前、1946 年 10 月に GHQ の主導により日本社
会事業学校（後に日本社会事業事業専門学校、現日本社会事業大学）が創設され社
会福祉の専門教育が始まっている。教護事業も、その翌年 8 月に国立武蔵野学
院に教護事業職員養成所が設置され、9 月 15 日に全国から第 1 期第一部（養成
部）22 名、第二部（研究部）に 4 名が就学している。

表 4 補 -1　国立武蔵野学院附属教護事業職員養成所卒業生数（1947-1956 年）

年　　次	一部（養成部）	二部（研究部）	北海道派遣
第 1 期（1947）	22 名	4 名（男 4）	―
第 2 期（1948）	12 名	2 名（男 2）	―
第 3 期（1949）	16 名	13 名（男 13）	5 名（男 5）
第 4 期（1950）	10 名	10 名（男 9 女 1）	4 名（男 3 女 1）
第 5 期（1951）	14 名	10 名（男 9 女 1）	10 名（男 9 女 1）
第 6 期（1952）	14 名	4 名（男 2 女 2）	4 名（男 2 女 2）
第 7 期（1953）	13 名	2 名（男 2）	―
第 8 期（1954）	8 名	3 名（男 3）	―
第 9 期（1955）	16 名	―	―
第 10 期（1956）	18 名	1 名（男 1）	―
合　　計	143 名	49 名（男 45 女 4）	23 名（男 19 女 4）

出典：「卒業生名簿」『国立武蔵野学院附属教護事業職員養成所五十周年記念誌』1996 より作成
・一部、二部生の性別は名簿の氏名表記から判別。一部の女性は 143 名中 8 名
・二部の北海道派遣については、養成所の記録、北海道職員録などで確認
・第 5 期の一部は、受験者数 50 名、合格者 14 名。うち北海道から男性 1 名女性 3 名を推薦、4 名全
　員が合格（教護事業職員養成所「昭和 26 年度職員養成所関係綴」1951）

　その「教護事業職員養成所規程」は、第一部は「将来、少年教護事業に従事
しようとする者」（1 年間）、第二部は「現に少年教護事業に従事している職員
の再教育」（短期間）と規定している[61]。教護事業職員養成所は、開設以降多
くの修了生を主に全国の教護院に送り出しているが、北海道はこの教護事業職
員養成所を開設後積極的に活用した自治体であった（**表 4 補 -1**）。

　前述した 1948 年 10 月の「児童福祉司並に児童相談所長打合会」で、稲垣児
童課長は「児童福祉事業技術職員の養成斡旋」について、日本社会事業専門学
校と教護事業職員養成所について説明している[62]。その翌年 1 月に民生部長
から教護事業職員養成所生徒募集について各養護施設、教護院に通知があり、
その結果、第 3 期の第二部に 5 名の職員を派遣している。特筆すべきは、第 5 期、
第 6 期の二部に在籍した全員が本道からの派遣職員であり、教護事業職員養成
所第二部の 10 年間に在籍した 49 名の研究生のうち北海道からの派遣は 23 名
で、実に全体の 46.9％を占めていた。

　その派遣には、北海道と教護事業職員養成所とのあいだに特別な取り決めが
交わされていた。

　1951年4月20日、民生部長から「教護職員養成所生徒募集について」、各支庁長、児童相談所長、大沼学院長、もなみ学園長に通知されている。そこに教護事業職員養成所の「募集要項」のほかに、道婦人児童課の「内規」と「参考」が添付されている。その「参考」文書には、「道の場合は特殊な扱いを受けている」との記述があり、応募に際しての研究テーマは「具体的なものであると同時にこの研究が今後の北海道の児童福祉事業に指針を与えるもの」で、研修には「研究テーマの究明以外に、施設見学等見聞を広める意味も含まれている」と記されている。そしてなお、「平常部局職員にあっては、執務繁忙のため本州方面の児童福祉行政、児童福祉事業を見る機会はまれである。それ故この機会を利用して、視野を広めると共に実務の資とされたい」と記されていた。1951年の第5期第二部派遣の予定人員は、「予算と申込者の数及び研究期間によるも10名程度」として予算を確保し、教護事業職員養成所長へ提出した推薦文書には、「なお入所許可につきましては旅費支給の都合もありますので、当課宛電報にてご連絡を」と付記して進達している[63]。

　しかし、教護事業職員養成所側の示す「募集要項」には、第二部の派遣資格は「現に児童の教護に従事している者で二年以上の経験を有する者」とされており、本道が派遣した第5期、第6期には児童相談所、もなみ学園の職員と支庁在勤の児童福祉司であり、教護院の職員は含まれていない。このことが「特殊な扱い」であったのであろうか。

　この「特殊な扱い」は、同年の第5期第一部においてもみられる。第一部の募集にあたって、民生部長が「教護職員養成所生徒募集」を送付し、各児童相談所長、大沼学院長、もなみ学園長に推薦の依頼をしている。そこには「第一部（養成部）生徒につきましては養成所長と道とのあいだにおいて、左のように特別措置をとるよう了解がつきました」とし、派遣も4、5名を予定していると記されている。実際、その後所属長の推薦を経て、4名の候補者を道が「審査の結果適格と思われる」として、道独自の「テスト結果概況」を添付し、「この4名の者は、婦人児童課長の熟知している者ですから念のため申し添えます」と付記して教護事業職員養成所長に進達している[64]。この第5期の第一部には受験者数50名で合格者は14名、本道から推薦した道職員4名（女性3男性1）全員が合格している。

第一部（養成部）は開設10年間で143名の卒業生のうち8名が女性である。そのうちの3名は第5期に北海道が派遣したものである。注目すべきは、第二部（研究部）において、10年間49名のうち女性は道派遣の4名のみであったことである。北海道の派遣は、おおむね1、2カ月間ではあるが、若手職員をおもに派遣し、かつ多くの女性を登用していた先見性と独創性は、当時としてはきわめて希有なことではなかったか。

　道が教護事業職員養成所の第二部（研究部）に多くの職員を派遣したのは、児童福祉に関する研鑽を短期間で積む機会として活用したことにある。

　北海道がなぜこのようなことができたのであろうか。それは当初の道の児童福祉政策が児童保護対策として教護事業に期待し、国立武蔵野学院関係者（院長他）を職員研修会などで本道に招聘して関係を深めたこと、また家庭学校の留岡清男や奥田三郎（戦前から精神科医として武蔵野学院とかかわりがあり、青木延春院長、石原登教務課長、伊佐喜久雄医務課長と旧知）などを通じ、医師であった稲垣は、武蔵野学院と「特別」な関係を築いたのではないだろうか。

　本道の派遣職員は、はじめて派遣された第3期の第二部5名のうち、1名が大沼学院職員で4名は本庁児童課の若手職員である。以降は、大沼学院1名ともなみ学園（知的障がい児施設）2名のほかは児童相談所の若手職員、さらに支庁在勤の中堅の児童福祉司にも研鑽の機会を提供している。

　第二部の派遣職員のその後の動向を調べると、全23名中20名が児童相談所や児童福祉施設の現場に携わり、のちに児童相談所長に就任した者は9名で、このうち4名は児童相談所長を経て大沼学院、向陽学院、日吉学院の院長にも就いている。そうした経験者が1970年代頃まで道内8カ所の児童相談所や3カ所の道立教護院に在籍していたことは、派遣研修生が当時の道の児童福祉現場を牽引する存在となっていたのではないだろうか。

　教護事業職員養成所第二部の派遣職員の諸氏が、北海道の児童福祉行政の第一線から退いたのは、1981年に中央児童相談所長を務めた池田昭二（第5期第二部生）が最後になる。池田は初任の帯広児童相談所時代に派遣され、以降道内各地の児童相談所に勤務し、児童相談所の業務に精通し児童相談所と施設現場との連携に心を砕いていた。とりわけ教護事業に対する理解は篤く、家庭学校に対する配意は特段強いものがあった[65]。

⑵　社会福祉法人北海道家庭学校理事

　家庭学校とのかかわりでみると、この派遣制度を進めた稲垣是成は児童課長就任当初から家庭学校との往来も多く、留岡清男や奥田三郎との親交も深めている。稲垣が道教育長退任後の 1968 年、藤女子大学教授の職にあった時期に「社会福祉法人北海道家庭学校」設立にあたり清男に請われ理事に就任し、1992 年没までの 24 年間の長きにわたり家庭学校の運営にかかわり続けた。

　その稲垣の後を継いだのは、井馬煌一（第 3 期第二部生）である。井馬は稲垣児童課長時代の課員として採用されてまもなく、初回の教護事業職員養成所に派遣され、以降道本庁に長く在籍して民生部次長（当時は道庁の民生部長は医師職）を務め退職している。その後井馬は重度身体障がい者施設の北海道立福祉村（栗沢町）の村長であったとき、稲垣の後任として谷昌恒の求めに応じて家庭学校の理事に就任し、2003 年に亡くなるまでの 11 年間理事を務めている。

　稲垣は 1984 年に北海道開発功労賞を受賞しているが、お茶とお菓子で催されたその祝賀会で、稲垣からの指名を受けスピーチをした 4 名の中に家庭学校長谷昌恒がいた[66]。

　井馬は、自身を語る書のなかで「家庭学校の樹下庵で、今は亡き留岡清男先生から『一路白頭に到る』の道を教わった」[67]と記している。

　稲垣、井馬の 2 人に代表されるように、教護事業職員養成所への派遣事業などに携わった職員は本道の児童福祉行政の草創期に活躍した人たちであり、児童福祉行政のなかでも教護事業に対する認識もあり、家庭学校とのつながりも深かった。

おわりに

　冒頭に引用した厚生省児童局監修『児童福祉』（1948 年 6 月）の「はしがき」は、「児童福祉法は、再建文化日本の先駆となる法律だといわれている。」と書きはじめられ、「児童の福祉を念願し、実行するところに、明るい再建日本の光明もみられる」と敗戦後の新時代を展望するなかでの児童福祉法施行の意義を説いている。

　敗戦直後の本道の児童福祉施設などの厳しい状況は、その当時資料が少なく

詳らかにすることはできないが、GHQ の直接的なかかわりがあったことを抜きには語ることはできない。

　本道の児童福祉行政のはじめは、教護事業を要とした児童保護政策を足がかりに進められ、全国に先駆けて 2 カ年で 2 カ所の道立教護院（向陽学院、日吉学院）を設立し、家庭学校を含めて道内に教護院が 4 カ所となったことは象徴的である（日吉学院は 1981 年に大沼学院と統合し大沼学園となる）。このことは、児童福祉法制定過程にあって、その初期の「児童保護法案」から「児童福祉法案」期のせめぎ合いのさなか、当時の「児童福祉行政の主要な業務であった『教護』事業と児童保護それ自体の思想及び変容」[68] を考えるうえでも興味深い。

　児童福祉法の施行に伴い道児童課は児童相談所、教護院や各種児童福祉施設などの整備に創意工夫を凝らした取り組みをしている。そしてまた、「児童福祉」創造への担い手の育成のため、若手道職員を鼓舞して「特別な関係」を築いた教護事業職員養成所に派遣している。教護施設職員の育成を目的とする教護事業職員養成所の独占的な活用は、本道の長期展望に立った児童福祉行政の礎を固めるという大胆な施策であり、他県ではみられない。

　この一連の展開に、新しい時代を牽引しようとする当時の児童福祉行政に携わる先達の意気軒昂な息吹を感じとることができ、そしてその過程の随所に家庭学校の存在が認められ、道の児童福祉行政と家庭学校との関係性も知ることができる。

　敗戦直後の北海道の教護事業の動向と児童福祉法施行のはじめを、おもに家庭学校に残された資料を手掛かりにそこに焦点を当て概括した。いずれもその初期の段階から、家庭学校は本道の児童福祉行政の草創期に活躍した多くの人々と深いかかわりをもち、その支援も得て家庭学校の歴史を刻んできている。

註

(1)　村上貴美子『占領期の福祉政策』勁草書房、1987 年、p.106
(2)　松崎芳伸「児童政策の進路」『児童福祉』東洋書館、1948 年、p.13
(3)　児童福祉法研究会『児童福祉法成立資料集成上・下』ドメス出版、1978 年
(4)　西川博史『日本占領と軍政活動——占領軍は北海道で何をしたか』現代史料出版、2007 年、p.43
(5)　大矢一人「学校記念誌にみる北海道の学校視察」『北海道史への扉』2、道史編

さん室、2021 年

(6) 又坂日出生「ある施設長の手記」『風笛』函館厚生育児院、1960 年、p.13

(7) 大沼学院『北海道立大沼学院三十年の歩み』1955 年、p.5

(8) 「昭和二十二年八月二十四日進駐軍視察講評」家庭学校社名淵分校『昭和二十二年度雑文書綴』1947 年 <No.2515>

(9) 「北海道軍政本部法政課宛、北海道庁社会課長宛昭和二十二年十月二十二日付文書」家庭学校社名淵分校『昭和二十二年度公文書綴』1947 年 <No.2514>

(10) 家庭学校『社名淵分校日誌』1946 年 <No.3019>

(11) 前掲註（4）、p.107

(12) 前掲註（4）、p.160

(13) 八島悦栄「湖畔の思い出」『湖畔　開院 50 周年記念』大沼学院、1961 年、p.16

(14) 大沼学園「大沼学院旧職員名簿」『湖畔　開園 70 周年記念』大沼学園、1983 年、p.35

(15) 「進駐軍の保護団体視察の件」家庭学校社名淵分校『昭和 22 年公文書綴』<No.2514>

(16) 留岡清男「社名淵分校宛書簡」1949 年 10 月 20 日、家庭学校『昭和二十四年往復文書綴』1949 年 <No.2984>

(17) 「少年教護講習会」『北海道社会事業』147、北海道社会事業協会、1946 年、p.13

(18) 前掲註（10）

(19) 「編集室だより」『北海道児童福祉』創刊号、北海道児童福祉協会、1948 年、p.33、田中利宗、田中康子「雑誌『北海道児童福祉』について」『道北福祉』1、道北福祉研究会、2010 年、pp.47-57

(20) 「民生委員に婦人を」『函館新聞』1948 年 3 月 4 日

(21) 「民生委員に婦人選出」『函館新聞』1948 年 3 月 27 日

(22) 藤森勝住「児童福祉法と関係機関」『北海道社会福祉事業史』北海道社会福祉協議会、1987 年、p.286

(23) 吾田富士子「戦後の北海道における保育者養成と実践教育——奥田三郎・稲垣是成・留目金治の実践と羊丘藤保育園設立の経緯から」『藤女子大学紀要』47、藤女子大学、2010 年、市澤豊『奥田三郎　シリーズ福祉に生きる 60』大空社、2011 年、p.150

(24) 三澤道男『酪農余滴・三澤正男遺稿集』私家版、1981 年

(25) 前掲註（6）、p.36

(26) 函館厚生院「函館厚生院児童相談所規程」家庭学校社名淵分校『昭和二十二年度公文書綴』<No.2514>、安田生命社会事業団『日本の児童相談　続』川島書店、1970 年、p.3

(27) 『北海道公報』4396、1947 年 9 月 19 日、2126（2）

(28) 「児童相談所設置について」家庭学校社名淵分校『昭和二十三年公文書綴』1948 年 <No.2520>

(29)「児童相談所設置」『北海道児童福祉』4（奥付は 3）、北海道児童福祉協会、1948 年、p.15

(30) 前掲註 (6)、p.58

(31)「児童相談所現況調査について」家庭学校社名淵分校『児童相談所関係書類』、1948 年 <No.2204>

(32) 長野襄『児童相談所業務運営に関する若干の資料』中央児童相談所、1957 年

(33) 1972 年、札幌市の政令指定都市への移行に伴い札幌市児童相談所開設

(34) 寺脇隆夫編『続児童福祉法成立資料集成』ドメス出版、1996 年、p.472

(35) 川崎二三彦『児童相談所のあり方に関する研究──児童相談所に関する歴史年表』子どもの虹情報研修センター、2013 年、p.8

(36) 筆者が勤務した 1970 年代の岩見沢児童相談所で聞き取った諸先輩の語り。

(37) 三浦寿太郎「退職にあたり」『福祉司会報』2、北海道児童福祉司会、1970 年、p.5

(38) 前掲註 (35)、p.72

(39)「資料 1 年表」『教護事業六十年』全国教護協議会編、1964 年、p.37

(40)「通説編第四巻第六編第一章第五節」『函館市史』函館市、2006 年、pp.224-259

(41)『創立二十周年記念誌』婦人相談函館職親会、1990 年、p.16

(42)『昭和二十三年第二回定例道議会議事速記録』3、北海道議会、1948 年、pp.81-95

(43)『昭和二十五年第一回定例道議会議事速記録』1、北海道議会、1950 年、p.277

(44)『昭和二十五年第一回定例道議会予算審査特別委員会議事録（上）』1、北海道議会、1950 年、p.11

(45)「市にも "少年の町" 馬込農場に建設計画」『北海道新聞（函館版）』1950 年 1 月 24 日

(46)「"市は浮浪児の溜り場だ" 女子教護院誘致運動展開」『函館新聞』1950 年 2 月 26 日

(47) 杉崎郡作は戦前方面委員として活動し、戦後函館市議会議員と民生委員を務めていたが、民生委員法施行に際し兼職禁止となったため議員を辞している。1947 年 10 月の全国社会事業大会に函館市民生委員常務委員長、全日本民生委員連盟理事として出席し、以後道内の社会福祉事業の要職を務める。『函館民生児童委員史』函館市民生委員総務連絡会、1967 年

(48)「女子教護院の実施濃し」『函館新聞』1950 年 3 月 19 日

(49)『北海道議会時報』2 巻 9、北海道議会、1950 年、p.28

(50)『昭和二十五年第三回定例北海道議会議事速記録』1、北海道議会、1950 年、p.44

(51)「女子教護院」『北海道新聞（函館版）』1950 年 10 月 30 日

(52)「教護院設置は可能」『北海道新聞（函館版）』1950 年 10 月 26 日

(53)『創立三十五周年記念誌』向陽学院、1987 年、p.27

(54) 民生部『非行少年の実態──札幌市に於ける発生の地域的関係について』北海道民生部、1951 年

(55) 留目金治「地方的に解決した教護院生徒の学籍及卒業等」『教護』85、全国教護協議会、1958 年、pp.5-9、留目金治「向陽学院創設の思い出」『創立十五年記念誌』向陽学院、1966 年、p.5

(56) 『ひよし創立 20 周年記念誌』日吉学院、1972 年、p.26

(57) 「恵まれぬ人達へ」『北海道新聞（函館版）』1951 年 1 月 28 日

(58) 稲垣是成「私の中の歴史④」『北海道新聞』1986 年 10 月 28 日

(59) 稲垣是成先生「北海道開発功労賞」受賞記念誌刊行会『夢を追う定時制校長さん—稲垣是成先生の歩み』道立社会福祉総合センター、1984 年 9 月 6 日

(60) 平中忠信「戦後の福祉・衛生・教育の先覚者」『北海道開発功労賞　受賞に輝く人々』北海道、1984 年、p.88

(61) 国立武蔵野学院『武蔵野学院五十年誌』1969 年、p.207

(62) 家庭学校社名淵分校『児童相談所関係書類』1948 年 <No.2204>

(63) 国立武蔵野学院附属教護事業職員養成所『昭和二十六年度職員養成関係綴』1951 年、国立武蔵野学院所蔵

(64) 前掲註（63）

(65) 池田は、1973 年 8 月 31 日に発生した家庭学校の 4 名の無断外出児の捜索を、中央児相相談所相談課長として現場で捜索の陣頭指揮をしている。3 日間に及ぶ機動隊や自衛隊の大捜索にも手掛かりを得られず窮地にあった谷昌恒校長とともにいた池田は、「その時は、自分が家庭学校を護らなくてはとの気持ちでいっぱいだった」と、家庭学校の思い出話の折筆者に語ってくれた。その現場に駆けつけ対応にあたっていた筆者は、捜索本部にいた池田の言動を見聞している。

(66) 忍博次「稲垣是成先生の開発功労賞受賞に思う」『北海道開発功労賞　受賞に輝く人々』北海道、1984 年、p.121

(67) 井馬煌一『常歩無限——井馬煌一名誉村長十二年の足跡』北海道立福祉村、1992 年、p.73

(68) 駒崎道『GHQ「児童福祉総合施策構想」と児童福祉法——児童福祉政策における行政間連携の歴史的課題』明石書店、2017 年、p.296

第 5 章

「教育農場」から「森の学校」へ

二井仁美・家村昭矩

森の学校　日曜礼拝を終えて

はじめに

　本章では、1968（昭和43）年の社会福祉法人北海道家庭学校発足から、児童福祉法改正（1997年）により教護院が児童自立支援施設と改称されるまでの時期を扱う。この時期は、谷昌恒が留岡清男の後任として校長を務めた1969年4月から1997年3月までの28年間にほぼ重なる時期である。ホスピタリズムの影響に加え、高度経済成長期を経て社会状況が変化し学歴社会が進行するなかで、全国の教護院が改革を迫られた時代でもあった。着任時、北海道家庭学校は「成熟の時代に入った」[1]と谷は述べていたが、この時代、北海道家庭学校はどのような状況であったのであろうか。少年たちの生活に焦点をあてながら、北海道家庭学校の諸相を描く。

第1節　社会福祉法人北海道家庭学校の発足と谷昌恒校長の就任

1　留岡清男の社会福祉法人北海道家庭学校理事長就任とその死

　1968年4月、社会福祉法人北海道家庭学校が創設され、独立した経営母体として北海道家庭学校の歴史は新たな段階に入った。社会福祉法人北海道家庭学校の理事長に就任した留岡清男は、北海道家庭学校の組織を総務部、教務部、生産部、調査研究部の4部とした[2]。総務部は庶務、経理、配給、輸送、教務部は児童の措置、生活指導、学習指導、保健衛生、生産部は木工、土木、山林、酪農、養鶏および軍手など生産事業に関することと労作教育に関すること、調査研究部は児童の教護に関する各種の調査と研究、児童の予後指導、職員の研修図書ならびに児童用図書の整備保管、博物館の運営、留岡幸助の記録日記等の収集整理を所掌事項と定めた[3]。そして、学校職員は主として総務部、教務部、生産部に、法人職員は主として総務部、調査研究部に配置することとした。

　また清男は自身の後任校長となるべき候補者を探し、家庭学校理事で厚生省元事務次官葛西嘉資の紹介で社会保障研究所の主任研究員谷昌恒をたびたび訪ね、札幌で開催される日本社会福祉学会の大会終了後、北海道家庭学校の見学

に誘った⁽⁴⁾。これを受け1968年9月24日、北海道家庭学校をはじめて訪問した谷に清男は校長就任を依頼した⁽⁵⁾。同年12月15日、谷は北海道家庭学校を再訪し町内の病院に入院する清男に会い、翌日は職員との懇談会に出席した。そして、1969年1月、社会福祉法人北海道家庭学校理事会は谷昌恒を次期校長に選出し⁽⁶⁾、3月、留岡清男を名誉校長とすることを決した⁽⁷⁾。

清男は、1969年3月末、生涯の大半を北海道家庭学校の「経営と教育とに捧げた」横山義顕・せつ、寺崎好・かつ、大泉栄一郎・ヒサを教護院北海道家庭学校の職員としては退職させ、社会福祉法人北海道家庭学校の採用する法人職員とした⁽⁸⁾。これらの長老職員は法人職員として校内に生活し、留岡幸助の手帳の整理作業や博物館の運営等、家庭学校の歴史を伝える記録と史料を後世に伝える仕事に継続して従事した⁽⁹⁾。『留岡幸助日記』として刊行すべく幸助の手になる318冊の手帖の翻刻作業が17年をかけて進められ⁽¹⁰⁾、総字数841万400文字、200字詰原稿用紙4万2,052枚の浄書原稿となった⁽¹¹⁾。

しかし、清男は1977年2月3日、1年数カ月に及ぶ闘病を経て没し、清男を支えた横山義顕も同年同月21日に没した。その遺志は、山本克郎を編集委員長とする『留岡幸助日記』編集委員会に引き継がれ、印刷工場の全焼などの刊行延引に見舞われながらも、1979年、『留岡幸助日記』全5巻として矯正協会より発刊されるにいたった⁽¹²⁾。同書は1978年に刊行された『留岡幸助著作集』と並んで、今日においても留岡幸助の思想と行動を知るための基本図書である。

清男の没後、1978年に平和山の留岡幸助記念碑の隣に、留岡清男先生記念碑が建立された（**図5-1**）。清男の記念碑には、彼が愛誦した前野良沢の句「経営漫費人間力　大業全依造化効」と刻まれた。「せかせかした経営はみだりに人間の力を空費させる。大事業の名に値するものは、深く神の力に導かれて成るもの」という意味である⁽¹³⁾。これは幸助が好んだ句でもあり、1909年に巣鴨の生徒に送った葉書にその句が記されている（**図5-2**）⁽¹⁴⁾。

2　谷昌恒の第5代校長就任

谷昌恒は、1922（大正11）年、東京に生まれ、技師の父とキリスト教徒の母に育てられた。1942年、東京府立第一高等学校を経て東京帝国大学理学部地質学科に進学した。卒業後、文部省の「特別研究生」として大学院での研究継

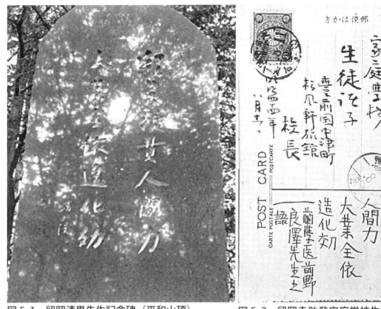

図5-1　留岡清男先生記念碑（平和山頂）

図5-2　留岡幸助発家庭学校生徒宛葉書
　　　　（前野良沢の言葉）

続が約束された「若き地質学者」であった[15]。彼は、戦時下、戦争遂行に必要な合金材料を確保するために、岩石の風化現象（カタモルヒズム）を研究テーマとして与えられていたが、「燃料にも困る国が、戦争に勝てるわけがないという絶望的な思い」を抱きつつ軍需目的の研究にも没頭できないまま敗戦を迎える[16]。そして、中学校や高等学校、大学の「親しい仲間たちが、戦争で死」んだのに自分は「戦争自体に直面せず、何となくその日その日を送ってきたという負い目」と「むなしさ」で「研究への意欲は喪失し、生きる目的さえ失」い「放浪の旅」に出る[17]。その旅において、彼はその後の人生を左右する経験をする。まず「働かせてほしい」と訪れたハンセン病患者のための星塚敬愛園で遠縁にあたる園長河島実乗から「子供の仕事でもやれ」と言われ、大阪駅では「腹をすかして」「金か物をくれ」とせがむ子どもに出会う[18]。そして、京都バプテスト教会の牧師清水義樹にも「子供に仕えなさい」と勧められ、「子供に仕える」ために生きる決意を固めた[19]。

　谷（図5-3）は、清水の紹介で東京・神田のバプテスト派の三崎町教会員神

図5-3　第5代校長谷昌恒

部周平らが福島県棚倉町で計画していた戦争孤児のための施設「堀川愛生園」の創設に参画した[20]。一高時代に師三谷隆正の「毅然とした挙措のすべての根源にキリスト教の信仰があること」を知り[21]、「いつしか信仰の世界[22]」を求めるようになっていた谷は、1946年に洗礼を受ける[23]。1947年、神部が堀川愛生園を去った後、谷は園長として同園の運営に携わった。

　その後、谷は1965年、社会保障研究所の研究員となり、ティトマス（Titmuss, Richard）の『福祉国家論』をはじめとする翻訳や研究論文を精力的に執筆し、社会保障の比較研究を推進した。そのようなときに、清男に北海道家庭学校長への就任を打診されたのである[24]。

　谷は再び児童福祉施設の現場に戻ることを決し、1969年1月、清男に「御校の人となることを考えますと、今更に満身の緊張を禁じ得ません。見えざる御手に導かれて今日まで歩いて来たのだと深い感慨も覚えます」と記している[25]。

　1969年4月、北海道家庭学校長に就任した谷は、「教護院の子だって養護施設の子と共通したものがあるだろうと、割に楽観した気持ちでいたが、来てみたらさすがに満身の緊張を覚えた」[26]と回想している。

　生徒たちもさまざまな思いで新しい校長を迎えた。ある生徒の作文はその一端を示している。

　新校長を迎えて

　　さっそくかきはじめるが、ほかの人がどう思ったか、知らないが僕自身としては、内心校長先生が変ることはあまりさんせいする方ではなかった。なぜかとゆうと今までの校長先生はやさしくて、おもしろく僕達が気軽に話せるとゆう印象がとてもつよくのこっているからである。しかし全く反対とゆうわけではなかった。それはどんな校長先生がくるか楽しみでもあった。

校長先生が始て来た時は僕はいなかった。みんなの話をきくとなかなか
ひょうばんが良いといっていた。それにみんなの話をきいてみると早くどん
んな校長先生か見たいと気持ちが強くなってきた。それから日がたって見
た校長先生は想像以上であった。なぜかとゆうと僕は今度来る校長先生は
背がひくくてメガネをかけて少しこわい感じがする校長先生だと思ったか
らである。実際見てみるとそうではなく少しふとりぎみは当たっていたが
その他は全部あてがはずれていた。校長先生と話してみると話しのわかる
ユーモアのある校長先生　だれとでも気軽に話しやすい先生だと思う。

『ジュニアひとむれ』No. 2、1969 年 6 月 21 日

　彼は校長の交替は「あんまり賛成する方でなかった」という。「やさしくて、
おもしろく僕達が気楽に話せる」と清男校長に親しんでいたからである。他方
で新校長を「楽しみ」に待つ思いも抱いていたという。そして、谷にはじめて
会った彼は、「だれとでも気軽に話しやすい先生」で「話しのわかるユーモア
のある校長」としてその着任を歓迎した。清男と同様に谷も「話せる」校長と
して捉えたのである[27]。

● 第2節　「復興」から「成熟」の時代へ

1　「生産第一主義」から「教育第一主義」へ

　谷は、着任後、「北海道家庭学校は今日までの歩みのとおりに、今後とも歩
いていきたい」[28]と述べつつ、日本が 1950 年代後半から高度経済成長期にさ
しかかったのに対して、北海道家庭学校は戦後の復興と再建に 20 数年を要し
「長い年月の労苦」を経て「今日の家庭学校はある高みに到達」したのであり、「そ
の高みに達してからこの学校の一員」となった自分は、「家庭学校の伝統のと
おりに歩みますと申し上げても、考えること、感ずること、願うことおのずか
ら異質のもの」とならざるをえないと語った。
　家庭学校は「成熟の時期に入った」のであり「おのずから変化していく」も
のであるが、「マスタープラン」を作成し、「各部の計画的調整に努め」、また「授

業の質」を高めるという「将来の夢」を職員と共有するにいたったと述べる。このような谷の意向を受け、教務担当の加藤正志は、これまで「復興という事だけに全校の焦点」があったが「これからは教育の中身を考える段階に入った」と述べている[29]。

そして、そのような思いが1972年の『ひとむれ　教育特集号』の発刊につながる[30]。『ひとむれ』では毎年「収穫感謝号」として「生産教育の実践」を報告する特集号が編まれていた。それに加え北海道家庭学校には「多様な生活場面において展開される、さまざまな教育の営み」の全容を伝えることを企図したのである。

『ひとむれ　教育特集号』第3集では、谷とともに社会保障研究所に勤務し、北海道家庭学校に入職した花島政三郎が同校60年の歴史を描き、北海道家庭学校の課題が「生産第一主義」から「教育第一主義」へと移行すべきであると論じている[31]。

この時期、北海道家庭学校ではどのような生活が営まれていたのであろうか。

2　1970〜1980年代の生徒たちの生活

まず、1970年代の生徒たちの日常生活を概観してみたい。

第1に、この時期、日課に変化があり、毎週水曜日の午後はレクリエーションにあてられるようになっている。その結果、年間のレクリエーションの総日数は、1960年には14日にすぎなかったものが1971年には校内で実施されるものだけでも43日を数えるにいたった。

表5-1は、年間レクリエーションプログラムの変化を示したものである[32]。1930年代は、弁論大会や音楽会のような文化的行事の存在が特徴的であるが、戦後はスポーツにかかわる行事が増え、1971年には、雪像コンクール（**図5-4**）や巣箱コンクール、木彫展示会など、物作りの行事や山廻りのように大自然の中での行事が増えていることがわかる。山廻りは冬、木の葉が散った冬山をスキーで廻る行事である（**図5-5**）。人は「自然の中に生活することを通して人間的に大きく成長する」が、「自然を相手にして労働するばかりでなく、自然のなかに遊ぶことの意味も大きい」[33]。ある生徒は冬、スキーで校内の山10kmを走破した経験を次のように記している。

表 5-1　年間レクリエーションプログラムの変化

	1934 年	1956 年	1966 年	1971 年
1 月	書初 新年会劇音楽 平和山初登山 スキー大会	書初 娯楽大会 平和山初登山	書初 娯楽大会 平和山初登山 スキー大会	書初 ピンポン大会 平和山初登山
2 月	スキー大会	スキー大会	スキー遠足 スキー大会 兎狩	山廻り 雪像コンクール スキー大会
3 月		ピンポン大会	木彫作品展示会	スキー大会 木彫作品展示会
4 月	ピンポン大会 弁論大会	復活祭	復活祭 巣箱かけ	復活祭 バスケットボール 大会
5 月		花見	花見 野球大会	花見 巣箱コンクール 町内社会見学 ソフトボール大会
6 月	蕨狩 テニス大会 運動会	蕨狩遠足	運動会 魚釣大会	蕨狩 運動会
7 月	海水浴	海水浴 野球大会	海水浴 野球大会 修学旅行	海水浴 サッカー大会
8 月		相撲大会	相撲大会 納涼大会	相撲大会 登山
9 月	音楽会	園遊会	園遊会 マラソン大会	ソフトボール大会 修学旅行
10 月	テニス大会 運動会 遠足		野球大会 遠足	園遊会 交歓ソフト サッカー大会
11 月		作業班学習発表会	作業班学習発表会	作業班学習発表会
12 月	クリスマス 餅搗	クリスマス 餅搗	クリスマス 餅搗	クリスマス 木彫展示会 映画鑑賞

出典：花島政三郎「年間レクリエーションプログラム」『ひとむれ　教育特集号』353、1972 年、p.29

図 5-4　北海道家庭学校絵葉書「雪像展」（雪像コンクール）1974 年頃

図 5-5　北海道家庭学校絵葉書「山廻り」

絵葉書には、「450 ヘクタールに及ぶ広大な敷地を有する本校を、草木の茂る夏の季節に
一周することはかなり困難である。冬、雪が全山をおおう頃、少年たちはスキーではじ
めて全校を踏破するのである」と説明されている。

二月五日は、平和山登山記念碑参拝を兼ねての山廻りを行いました。今年は山廻りの数日前に、二つの作業班でコースをつけに行ってきました。ゆっくりと全コースの半分くらいを回って来た訳だけど、それだけでもたいへんつかれました、でも全部のコースを回るのにどれだけの体力を使うか、ためしてみようと思いました。

　花島先生からも何のために山回りをするのかおしえてもらいました。その一つには、家庭学校の広大なしき地を見ること、二つには、体力を養うために行うものときき、なるほどなと思いました。

　当日五日は、八時半に平和山に登り、そこで記念ひに参拝し、司会の齋藤先生から、留岡幸助先生のおいたちと、なぜ家庭学校を建てたのか、たてるまでの苦労などを聞きました。

　そこで、AコースとBコースとに分かれました。ぼくはAコースに行きました。出かける時はくもっていたけど、五日山に登っている時に太陽がてり出して、あせだくで登りました。

　五日山の頂上からは、オホーツク海が少しだけど見えました。遠くの山々もよく見えました。そこで記念写真をうつしました。そこで三〇分ぐらいすべって、そこから北へ進み、少し小高い丘の上で昼食をたべました。そこでは十五分ぐらい休けいののちに出発しました。

　今度は境界線にそって進み、上り坂をはあはあいいながらのぼって行きました。ついた所は家庭学校の土地のはずれでした。

　Aコースでは、ただ一人の〇君もおくれずによくついてきました。そこからは、神社山の上の方が少しだけど見えました。そこでは三〇分ぐらい自由に思いきりすべりました。

　かえりは下り坂なので少しかんかくをおいていきました。くる時に苦労してのぼってきた道を、いっきにすべりおりるのは気もちがよかった。

　寮に帰ってくると、つかれが出てねむくなりました。今度はもう半分の方を廻ればいいと思いました[34]。

生徒は広大な北海道家庭学校の敷地を自らの五感で体験したのである。
第2に、この時期、さまざまなスポーツや遊びが生活に位置づいている。

1970 年代、寮対抗のスポーツ大会では寮長参加が原則とされ、職員参加の際のルールが定められた。たとえば、職員のスポーツ技量によって勝敗が左右されないよう、寮長参加の「サッカーに於ては、先生はゴールキーパーをしないこと、シュートをしてはならないこと」や、「ソフトボールでは、先生はピッチャーと、内野守備にはつかず、打つ時にはホームランを打っても、二るい打」とし、「バスケットボールは、人数の関係で出場してはならない」ことなどのルールが明文化されている(35)。

　同時に、「毎日の日課の中で、寸暇を惜んで行うカンケリや木彫、それに毎週水曜日の午後に行われる全校スポーツや、週一回の寮毎の遊び」を楽しんだ。また、山葡萄やこくわなどの木の実を採ったり、校内を流れる小川でイワナ釣りに興じたりと自然の恵を存分に使って、生徒達は楽しんだ(36)。各寮の前にある広場では鉄棒やブランコ、砂場など自由に遊べる設備があり、そこで、生徒はスキー(37)やそり、ホッケー、サッカー、鼓笛の練習などに興じた。

　花島政三郎が「寮内で楽しむといえば、何といっても木彫である」と述べるように、「木工部より支給される板を使ったり、また山から伐り出した薪用材の中から木彫に適したエンジュ（槐）やハン（榛）などの材を見つけては、寮に持ち帰り、コツコツと彫刻をする」姿がこの時期、あちこちの寮で見られた(38)。

　第 3 に、1971 年度から夏と冬、生徒の一時帰省が実施されるようになっている(39)。一時帰省は「保護者からの疎外感から現れる種々の葛藤を正常化するために、家族団らんの機会を与え、その成長を図ること、さらに、一般社会からの疎外感解消の一助」(40)とし、家庭学校での「生活に張りを持たせ、教護効果を高めること」を目的していた(41)。

　そのような際、木彫でつくった「作品を一時帰省の折に家へ持って帰り、親や兄弟に見せるのが少年たちの大きな喜び」であったという(42)。ある生徒は「家に帰ったら、僕がここで二年間四ヶ月いて、自分がよくなったと家の人に言われるように、また家の人たちが、家庭学校に行かせてほんとうによかったと思われるために家に帰るのだと思う」とその心境を語っており、生徒達の作品は「成長した姿を一人でも多くの人々から認めてもら」うことにつながった(43)。

　1980 年代になると、北海道家庭学校理事会においては「非行の多様化、暴力団組織の浸透」が話題となった。暴力団等が「学校に行かなかったり働かず

にブラブラしている青少年に執拗に働きかけ」ていることや、「ヤクザ関係のことで苦し」む卒業生がいた。「子ども自体が変ってきている」という認識の下、北海道家庭学校においても「何が何でも生産第一」とせず、「生産も大事だが、体育競技等のリクリエーションも大事とその両立」を探った[44]。

　家庭学校財政に寄与する「生産活動」に重きを置くのでなく、「スポーツを通じての集団指導」や「見学旅行費、教科書代、スポーツ用具、教材教具、通学用品、靴など」教育費支出を重視する姿勢が明確になっている[45]。

　「生産第一主義」から「教育第一主義」へという方向に少しずつ変わりつつあった。

3　生産教育 (作業班学習) における独立採算制の廃止

(1)　研究的な作業班学習発表会の報告

　留岡清男は、戦後復興の過程において、各生産部を「生産責任制と責任分担制」に基づく独立採算制としていたが、1970 年、北海道家庭学校では人件費はすべて措置費で賄うこととし、生産部門の独立採算制が事実上廃止された[46]。

　生産性の向上という点から作業の検討を求めた清男に対して、谷による作業班学習に対する評価の視点は「作業の学習化」という点にあった。

　たとえば、1979 年の作業班学習では、平本良之が部長を務める土木部は、給食棟や楽山寮・柏葉寮に給水することを目的として、柏葉寮の生徒の協力を得て、容積 2.7㎥の濾過槽を 3 基、9.3㎥の貯水槽一基を制作している[47]。

　作業班学習発表会では、作業表、水槽の基本設計、泉からの入水量、炊事棟と 2 寮の必要水量、濾過槽の仕組みを生徒が報告した。ろ過装置の仕組みについては、模型を使っての実験報告という工夫のこらされた発表であった。

　この土木部の発表に対して、谷は「きわめて研究的な報告」であると評し次のように述べている。

　　　圧巻は、ガラスの器をいくつも並べて、濾過槽の機構を実験して見せたことです。一方から水を入れ、一分、二分、三分、次々と濾過槽に見立てたガラスの器を水が移っていきます。諸君はほとんど息をつめて水の行方を見ていました。実験の進行状況を一生懸命説明する〇〇君、〇〇君。や

がて他方の口から水が流れ出て来ました。それを受けるコップ。水ははっ
きり澄んで出てきました。○○君は自信をもって、こんな小さな実験装置
でも、こんなに効果があるのですから、本ものの濾過槽は絶対に有効です
と断言しました。私たちは深くうなづきました。○○君の報告によると、
資材は六四万円と言うことでした。しかし、この工事を外注したら数百万
円かかるでしょう。そうした経済的なことよりも、諸君がこれほどまでに
打ち込んで、一生懸命やりとげた仕事の思い出。柏葉寮と土木部の諸君。
それが尊いのです。そうではありませんか。忘れることはできないでしょ
う。大きな自信が腹の底から湧き上がってくるでしょう[48]。

　達成感や自信という価値を獲得したことを高く評価し、生徒たちにもそのこ
とを強く伝えている。
　作業を指導した平本は、「濾過という言葉やその意味、仕組みを知らない生
徒の前で、金魚鉢４ツを連ね作ったミニミニ濾過槽での濾過実験を、半信半疑
で眺め、濁った水が、一ツ二ツ三ツと金魚鉢の中で濾過されゆくメカニズムに、
ジーッと息をこらして見つめていた一人ひとりの眼差しが、やがて本物の濾過
槽と重なった」ときの生徒たちの歓喜に、「ものを造るよろこび」と完成させ
た満足感を見出している[49]。

(2)　作業班学習における記録と分析
　生産第一主義からの脱却を意識しつつも、作業班学習は北海道家庭学校の教
育の中心であり、２年がかりで「三つの部の、共同と連係」による校内共同作
業がなされることもあった。1983年に完成したグラウンド入口にある体育用
具庫がその一例である。基礎工事は前年度に土木部が行い、骨組み建築を木工
部、外部全般の仕上げを工作部が担当し、「校内の歴史に残り得る作品」がつ
くられた[50]。
　この作業に携わったある生徒は、「仕事はつらく、毎日あつくてとてもつら
かった。こんな仕事は二度とやるまいかと思ったことが何回もあった。でも仕
事をやり終わったうれしさはたまらなかった」と記している[51]。また、「木工
部へ行くことは、新入生当時からの夢でした」と語る別の生徒は、木工部で「体

育用具（庫）を作った時に僕もなんらかの形でやくにたったんだなあと思えばとてもうれしいです」と述べている(52)。

　作業班学習発表会では各部からの報告がなされている。工作部の部長田中勉は、「共同の汗の代価がどの様に数字に表れたか」について、「屋根の面積図面と長尺平葺工法」をはじめ図によりその作業の概要を示すとともに、外注工事では26万2,988円を要するところ、校内作業班では11万2,047円の資材代金で完成したと説明している。田中は「工事日数は、はるかに掛かって」いるものの、「物を作る、完成させる、労働の尊さと技術の価値観も、習得できた」と述べている(53)。以下は、1983年の醸造部の報告である。

　　土木二班に入り、一番の楽しみは醸造部に行って味噌を作ることだった。（略）　味噌造りのやり方はまず米をとぎ、それを一晩水につけておいて米をむし、むし上った米を今度は二階に上げ、米の温度が四十度に下ったらこうじ菌と米をまぜます。その時は室温を四十度以下に保って、一時間半にわたってやります。それはとても汗が出て出て、大変な作業でした。

　　それが終わった夜は、夜の九時頃まで順番に、米の温度を計りに行きました。その頃、大豆を洗い、そして一晩水につけておきます。一晩たったら、大豆を釜でゆでます。米は盛板に一升半ずつ盛って、棚に置いておきます。ゆでた大豆は、親指と薬指で軽くつまんで、つぶれる位になった時、大豆をチョッパーという機械で大豆をつぶして、全部つぶし、大豆の温度が四十度以下になったなら、こうじを大豆に混ぜます。こうじはその頃盛板の中でかたまっています。それを手でバラバラにして、大豆の中に二十五枚分入れます。そして塩を混ぜ、手で大豆やこうじや塩を混ぜて行きます。それをこんどは樽に仕込んで終ります。その様な事を何度も繰り返して行きます。

　　醸造部は終わりました。醸造部のメンバーは、軽部先生と○○君と○○君と○○君と自分の五人で、始めた時から終わるまでとても楽しい作業でした。最後の方には、醸造小屋の二階に泊まって、こうじの温度や、こうじの変化をかんさつする事になったけど、寝てしまいできませんでした(54)。

表 5-2　作業班学習発表会資料（醸造部）

（みそ作りに使用した原料）

品名		単価	数量	金額
大豆	30kg 入	3,100	12　袋	37,200
塩	5kg 入	360	24　袋	8,640
白米（徳用上米）	10kg 入	2,290	27　袋	76,140[ママ]
種こうじ	70g 入	1,500	3　袋	4,500
合計				126,480

57 年度　仕込み量　1,334.02kg
　　　　　1kg 当たり約 95 円
市販味噌 1kg 278 円（町内生協にて）
（軽部晴文「醸造部」『ひとむれ』497、1983、p.49 より）

　味噌をつくる手順について、時間や温度、材料や作業について、具体的に報告している。そして、1,334.02kg の味噌を仕込むために使用した原料について、品名と単価、使用数量と合計使用費用をもとに、出来上がる味噌の 1kg 当たりの単価を算出している（**表 5-2**）[55]。

　谷は作業班学習発表会の講評で「とくに私が感心したこと」として「各部の報告で、細かい数字がきちんとよく整理されていた」と述べる。そして、それは「毎日毎日の作業の記録が、洩れることなく書き留められ」たためであり、「その記録の積み上げが、今日のこの周到な報告」になっているが、「こうした記録をとり続けることは容易なことではない」と「心づかいを尊い」と讃えた。谷は、自身が地質学の調査をしていた際に、「野帳」と呼ばれるフィールド・ノートをもち歩き、「その場で、分かったことはみんな書き留め」その記録をもとにして「事実」に基づく報告を行うことを紹介し、「各生産部でも、そうした野帳を持っていて、すべて細かく記録」していることを高く評価した。いかに生産性をあげたかよりは、作業を記録し整理し「周到な報告」に仕上げられていることを評価したのである（**図 5-6**）。

　額に汗を流すことによって物事の仕組みや働くことの意義や労、そしてその喜びを理解する「流汗悟道」という理念に関して、「悟道」という徳育的な側面だけで評価するのでなく、記録と分析による「作業の学習化」という点からも評価したのである。

図 5-6　記録する生徒達（作業班学習）
『ひとむれ』938 号、2005

　先生であっても、生徒であっても、「天候、人員、使用した材料、成績」等を記録し、「その集計が、年間の正しい報告になる」と述べ、仕事とは「繰返しも多い」がその「繰返しのうちに、一歩、一歩の前進」があり、「過去の経験を生かし、それを乗り越えていくもの」である。谷は、そのために記録する野帳が大切であると述べ、生徒たちに「家庭学校の生活で、身体を張って、手足を使って働く実力と、記録をつける習慣とを身につけてほしい」と願った。そして、「諸君の報告を聞きながら、諸君は大変いい勉強をしている。そう思って心から嬉しく、又、ありがたく感じた」[56]と述べた。

4　やすらぎと「我が家的安堵感」をめざした夫婦小舎制寮舎

　「生産第一主義」から「教育第一主義」へという方向性は、やすらぎと「我が家的安堵感」をもたせるとともに、「生徒の労力を大幅に軽減」することをめざした新しい寮舎建築にも具体化された。

　1963 年に楽山寮と桂林寮、1964 年に掬泉寮と平和寮が改築されていたが、他の寮舎は古いままであった。1974 年には創立 60 周年記念事業として体育館、石上館、洗心寮が改築され[57]、1977 年には鉄筋コンクリート造で柏葉寮が新築された（**図 5-7**）。

　新しい柏葉寮の建築に際して、寮長を中心とする建築委員会が設けられた。

委員会では、子どもが「やすらぎを覚え、そこに我が家的安堵感」があると同時に、「家庭的雰囲気のもとで、寮生活を主体とした教護活動」を推進しやすい居住性のある寮舎が追求された[58]。

　同時に、寮舎の職員居住空間に職員家族専用の流しや浴室が設けられるなど、職員の労働環境の改善も図られた。他施設の図面を収集・検討するとともに、「寮担当者の"現場"での経験を十二分に新寮舎内に反映」させ設計された。「間取りや使用材は勿論、窓枠の位置サイズに始まり、家具建具、引き出しの寸法、及び電灯配線図に至るすべて」が盛り込まれ、担当寮長は「手作り」の寮舎と自負していた[59]。

　滑り止めのある床面に1人4マスの靴箱、外には足洗い場のある玄関、野菜の凍結を防ぐための床下貯蔵庫（むろ）のある厨房、温風暖房機と薪で風呂を沸かすボイラーのある乾燥室、1回に4人で入る浴室、父母や卒業生等の面談や生徒との話し合いの場に使う応接室、生徒の私物や学校からの衣類等を収納する保管庫、父母や卒業生との電話連絡や校内通信・執務等を行うとともに職員自身の家族の炊事が行われる事務室兼職員居間等、周到に設計された（図5-8）。

　生徒室は、高さ40cmで、幅1.2 m、長さ2.3mの畳ベッドを部屋の両側に並べた18㎡の4人部屋である。ベッドとベッドの中間に各自専用の勉強机と蛍光スタンド、本棚とキャビネットを備え、ベッドの下には衣類を入れる引き出しが3個、壁にハンガー掛け3個を設置した。畳ベッドの上は、生徒にとっての自分の「城」ともいうべき生活空間となった。当時、多くの教護院において見られた和室に布団を敷くタイプの生徒室では、自身の私有物を飾ることが難しかったが、北海道家庭学校では「一人を慎む」場が寮舎内に早い時期から整えられたのである。また、ステレオ観賞用に18㎡の娯楽室が設置された。娯楽室の存在は、テレビやギター、レコードの音が同時に聞こえる「それまでの食堂の騒々しさ」の解消につながった。その結果、寮舎において「一人ひとりの趣味や年齢、性格等に応じた生活が出来るようになり、プライベートがある程度保てるようになった」という[60]。

　いくつかの教護院において、夫婦小舎制から交代制へと運営体制を変更しつつある時代に、このような寮舎を建てたことは北海道家庭学校が夫婦小舎制を

図5-7　柏葉寮正面
「北海道家庭学校絵葉書」

堅持する姿勢を示すものであった[61]。

　寮舎整備は、次のような2つの方針の下に進められた。

　第1に、「七つの寮の施設設備を、あまり格差のないものに整備」することである。1979年段階で7つの寮舎があったが、「建築の工法も、資材も、非常な変革をもたらした時期」にあたる15年間に建てられ、かつ、社会福祉施設の水準も「隔世の感を覚えるほどの進歩」があったため、寮舎の施設設備に「格差」があった。その解消がめざされた。

　第2に、「生産教育における作業量と各寮の日常生活における作業量とを総合的に調整」し、寮舎の「居住性を高め、多くの便益をとり入れて、日常生活面において児童生徒の労力を大幅に軽減」するということである[62]。

　「生産第一主義」から「教育第一主義」へという方向性は、このように寮舎の改築においても希求された。さらに、それは給食棟の建築にもつながっていく。

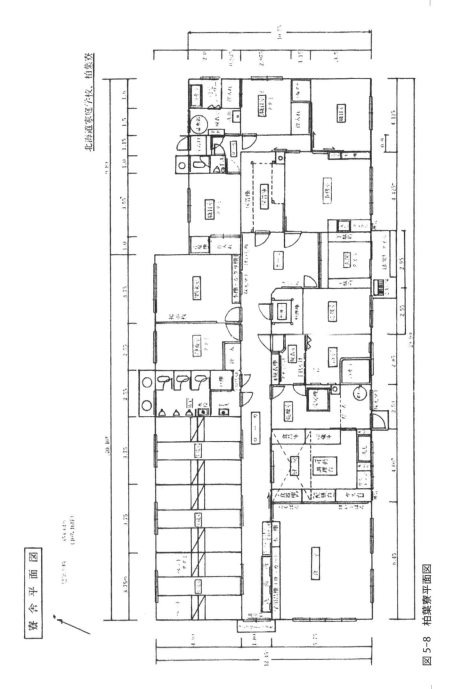

図5-8 柏葉寮平面図

5 給食棟と特別教室棟の建築

1974年、本館に新たに設けられた集会室で、全校生徒と職員および職員家族が一同に集まるクリスマス会食会が催された。そして、「今後は共同炊事施設を設けて、そうした機会を増やしてはどうかという話」が浮上した[63]。

北海道家庭学校では、寮舎ごとに炊事を行っていたが、これは「全国でも他に類例を見ない」特徴ある寮舎運営である。他方で「朝、昼、晩と毎日三回宛の食事の世話に要する炊事の時間が寮母の最大の負担」でもあった[64]。「小舎夫婦制、寮毎炊事」の北海道家庭学校では「寮母の仕事のほとんどがこの炊事に費やされ」ていた[65]。生徒と職員および職員一同が集まる会食会を増やすために計画された共同炊事施設は、同時に、「寮母の労働過重を軽減する[66]」ためにも有効であり、1979年、共同炊事施設（給食棟）が竣工された。

給食棟は、栄養士1名の下に、調理主任、副主任は一日交替、そこに7名の寮母と寮担当ではない教母が加わり、3名体制で生徒と職員のために毎食100名程度の昼食を準備するようになった。寮母の給食棟での炊事担当は週1回である。婦人部の部長であった寮母村上京子は、「寮母の出ている日の寮生は、今日はうちの奥さんだと張り切り、都合で変更になった時などは、気のせいか意気消沈の態」と述べている[67]。彼女によると、寮での炊事に慣れてきた寮母達は、50kgのガスボンベが6本も並び各器具や電気系統も多い給食棟に圧倒されながらも、「給食棟が出来て寮母の仕事は楽になったばかりでなく、一国一城の寮母として殻に閉じこもりがちの生活」から、「当番に出る事により、自分を見つめる良い機会」になったり、「自己流の調理法を反省したり、生活の知恵を教えられたりの毎日」であったと述べている。

そして、日曜日以外の昼食は、全校生徒と職員が揃って食するとともに、毎月1回開催される誕生会やクリスマス晩餐会等が給食棟でなされるようになった。給食棟は「給食業務の合理化省力化」と同時に、「職員と生徒との全校的な心の交流に大きな貢献」をするようになった[68]。

さらに、幸助没後50年にあたり北海道家庭学校創立70周年の1984年度の理事会では、学習指導の質を高めるため特別教室棟の増設が決定され、普通教室しかなかった本館に音楽室、理科室、美術室、書道室と女性用トイレが設け

られた(69)。

　また、牛舎の増築と集乳室とパイプラインの設備による作業の効率化を進め、雲梯、ジャングルジム、鉄棒、ブランコなど、野外の遊具を設置し、「童心の喜びを誘う施設」を整備し、かつ校内案内板やベンチなどを設置し、「自然公園のような風情を添えキャンパスとして一段と落着さをます」ことに努めた(70)。生産第一主義から教育第一主義を志向する営みであった。

第3節　1970年代以降の教護院を取り囲む状況と「森の学校」

1　学歴社会と北海道家庭学校

(1)　卒業生の進学希望

　1958年に53.7％であった全国の中学校卒業者の高校進学率が70％を超えた1960年代には、新規学卒就職者の中心は中学校卒業者から高校卒業者に移行する。中学校新卒者の就職先開拓は難しくなる一方、1970年代には全国の中学校卒業者の高校進学率は90％を超えた。

　このような時代に、北海道家庭学校卒業後、高校進学という選択肢は「皆無に近い」状況であった(71)。北海道家庭学校で毎月、開催される「卒業予定者の会議」では「向こう三、四ヶ月の間に、卒業（退所）することを適当とする生徒を、職員会で相談して決め」、それにしたがって「適職が議せられ、直ちに、職場の開拓に着手する」のが通常であった(72)。そのため1972年に北海道家庭学校を卒業したある生徒が記すように、多くの教護院出身者が中学校卒業で就労する厳しさを意識しながら社会に出た。以下は、その作文である。

　　僕は学歴社会に出て行こうとしている。自分では学歴社会に出るのはとても不安です。日本の学歴社会はとても厳しい。その中でやって行くには、ただ頑張るのではなく、目的を持って社会に出なければ高校大学を出た人に追いつく事が出来ない。今の社会は技術を持たなければ対抗出来ません。今の社会は本当に大変だ。学歴社会の中では僕は一番下です。だから信用

と努力を社会の人に認められなければ生きて行けないと思う。こんな学歴
社会に出て行くんだけども外の人で失敗した人が何人もいるのだから、自
分はその中に入らぬ様にしたいと思います。中学卒業で社会に出て行くと
初めはとても大変です。でも成功した人が何人もいる。だから自分もその
可能性に賭けて行きたいです[73]。

　しかし、その後、北海道家庭学校の卒業者にも高校進学を希望する者が少し
ずつ増えた。たとえば、1974年に北海道家庭学校から出身の中学校に戻った
ある卒業生は、家庭学校の生徒に「普通の学校生活よりも家庭学校での生活の
方がおもしろみがあります。みんなは自由でないかもしれません。僕もみんな
と同じように学校にいた時はそう思いましたが、いざ社会へもどってみると学
校にいた頃の良い思い出が一つ一つ思い出されます」と記しつつも、「全課目
がおくれている」ため「高校に行くという事はとてもむずかしい事」であり、
とくに英語の遅れは「大変こまります」と書いている[74]。
　働きながら夜間中学に通うある卒業生は、高校進学について相談する書簡を
元寮長に送っている。その書簡では、高校卒業後は「大学へ行きその間にもっ
と人間らしく生きられる仕事を見つけそれに従事したい[75]」と述べている。学
歴が生活に与える影響を卒業生は身をもって実感していた。

⑵　高校進学のハードルと教護院における学習指導
　高校進学へのハードルは高く、北海道家庭学校の授業を参観した作家高井有
一は、「義務教育の年齢の子に対しては、学習優先でなくてはならない」とい
う考え方が職員の間でも強くなりつつあると紹介しながらも、「学力の水準は
かなり低い」と述べている[76]。
　これに対して、森田芳雄は入校時の学歴、学力、IQなどを表に示し、「家庭
学校入校児童の多くは一般学校の授業についていけなかった児童達で学習遅進
児」である。そのため、授業は「児童が受容出来るところから進め」ており「可
成り程度の低いことを余儀なくされている」が「問題にされなければならない
のは現実に対象児童の学力が劣っている」状況に対して、「どれだけ理解させ
ることが出来るか」であると指摘している[77]。

『ひとむれ　教育特集号』には、北海道家庭学校の職員が生徒の学力と学習
指導のあり方について多角的に検討した報告が多数、掲載された[78]。また、「進
学を強く希望する」生徒や保護者の増加のなかで、「日常生活の時間割におい
ても、学習指導の内容についても、真剣な検討を必要」と捉えられ、1971年
度には週1時間の英語の授業が導入された。

文部省が1979年の学習指導要領改訂で「ゆとり」を重視するようになり「知
育偏重の教育に対する反省」を示したが[79]、教護院の職員は「子どもと起居
を共に」することを通して「生活感情」を「共有」し、「教師と生徒との感情
的な紐帯」を確実なものとし、「教師と生徒、人間と人間との濃密な、全人的
な触れ合いを大事と心得て」独自の学習指導を続けてきた[80]。そして、それ
らを通してみえてくるのは、子どもたちは「知育に偏重していると言われる学
校教育に破れ」て教護院に入所するという事実であった[81]。高校進学率が全
国で92％に達した時代に「教護院に子どもを入れると、進学の道が閉ざされ
ると一般に思われている」が、「進学のための学力の遅れを、教護院のみの責任」
とするのは「酷にすぎる」と谷は述べている[82]。

2　高校生寮の開設

⑴　高等学校への進学

1980年代になると、北海道家庭学校の在籍者のなかにも高校進学希望者が
さらに増え、高校進学に向けて新しい局面が開かれていく。1982年には3人
の卒業生が家庭復帰後、高校に進学した[83]。

また、小学5年生で入校後、母親の転居により「子どもとも音信不通となり、
入校以来、一度も一時帰省をすることができずにいた」生徒で[84]、北海道家
庭学校で「一途に高校進学を目指して勉強し続けて来た甲斐あってどの教科を
とっても合格充分の実力を身につけ」中学校3年を迎えた少年がいた。彼を「な
んとしても高校進学させたい」と、若い寮長軽部晴文が高校と実母、社会福祉
事務所と折衝し、北海道家庭学校卒業後、高校進学への道を開くために動いた
のである[85]。その後も、北海道家庭学校卒業後、「高校へ行ける子は高校へ進
学させる」ようになり、年に2〜4名の高校受験者がいたが、高校に入学した
ものの「中退又中退の繰り返し」が続くことが多かった[86]。

そのようななかで、1989年には「見事な成績で高校を卒業して就職」した卒業生が生まれ、さらに1990年には、高校卒業後、「学力は元より『人柄人格最良』の太鼓判を押されて」大学に合格する卒業生も現れ、『ひとむれ』の編者は「戦後の家庭学校史に新たな一頁を加えた」と喜びを伝えている[87]。

⑵　生徒たちの願いに後押しされた高校生寮の開設

　1989年4月、厚生省は「養護施設入所児童等の高等学校への進学の実施について」（児発第265号の6 各都道府県知事・各指定都市市長あて厚生省児童家庭局長通知）において、「養護施設入所児童等の高等学校への進学実施要領」を定め、同年4月1日から施行した。この実施要領は、「養護施設入所児童等が高等学校に進学することにより、豊かな教養と専門的技能を高め、社会的自立を促進し、児童の福祉の向上を図ることを目的とする」ものである。厚生省児童家庭局長は、「教護院入所児童の高等学校進学の取扱いについて」（児発第265号の7 平成元年4月10日）を発出し、教護院入所児童についても高等学校進学に要する費用（特別育成費）を支弁対象とすることを通知した。北海道でも特別育成費による高校進学が可能となった[88]。

　1989年4月段階で、全国12施設で38名が教護院から高校へ通学しており、北海道立教護院においても3名が教護院から高校へ通学していた[89]。北海道家庭学校では「高校進学のために退所」というのが慣例であったため、同校の教護渡辺伊佐雄は、1990年、他の教護院の事例を知り「ふところの広さに感心」したと報告している[90]。

　その後、北海道家庭学校でも生徒を普通寮（高校に通わない生徒が一緒に生活している寮）から高校に通わせたが、「生活の違いや問題行動などで」中退し、「普通寮からの通学は難しい」という結論にいたっていた。

　しかし、1994年頃に、在校期間が1年未満の者や「家庭に復帰して高校進学することが難しいと考えている」者なども含めて、複数の生徒が高校進学を希望し、「家庭学校からでもいいから高校に通わせて欲しい」という願いを職員に伝えるようになった[91]。

　そこで、北海道家庭学校では、高校通学児童と他の児童との生活形態やその処遇について検討した結果[92]、1995年度から洗心寮を高校通学者のみが在籍

する高校生寮とした。「生徒達の願いに後押しされ」て「高校進学希望に対して学習権を保障したいという学校の願い」が高校生寮開設につながったのである。

高等部寮を設けていた国府実修学校の事例はあったが、独立した高校生寮設置ははじめてであり、全国的には先進的な実践が田中正国・正子寮長寮母の下でスタートしたのである[93]。

3 「森の学校」北海道家庭学校の在籍児童数の変化

高校生寮は高校進学希望者の増加によって開設されたが、そのことは教護院在籍児童の減少の波が北海道家庭学校にも押し寄せつつあったことと無縁ではない。高校進学率が全国で90%を超えている時代に「教護院に子どもを入れると、進学の道が閉ざされると一般に思われ」[94]、それが教護院入所に対する保護者の理解が得られない一つの原因になっていた。

少し時代を遡ってみると、1964年に少年犯罪の検挙者数が戦後第2のピークに達した後、1960年代後半は少年の家出やシンナー乱用、不登校生徒の増加、少年非行の低年齢化、暴走族、対教師暴力を含む校内暴力や家庭内暴力の増加等、少年非行が社会問題となっていた時代であった。その一方で、全国の教護院の定員充足率は、1963年に90%を割り始め、その後、低下に歯止めがかからない状態になり、全国58教護院の平均充足率は1966年12月段階で72%であり、北海道の平均充足率は73%であった[95]。

谷が校長に就任する前年、留岡清男は職員会議において「『思わざるピンチ』要点」と題する資料を配布した[96]。そして、北海道庁、厚生省養護課長、きぬ川学院長石原登等から情報を収集した結果、全国の教護院の充足率低下とそれに付随する問題に関して、関係省庁等が教護院に対し批判的な見方を有していることがわかったと語った。

こうしたなかで、厚生省は措置支弁定員制を廃止し、定員格差是正措置へ転換する方針を打ち出した。措置支弁定員制は「過去一年間の収容人員の実績による平均実人員を算出し、それに一割を加えた人員を以て、措置費（人件費）の基礎にする」方針である。それを廃し、1968年度を準備期間として、「定員充足率80%以下の施設につき定員減少」を進める方針が新たに発表されたの

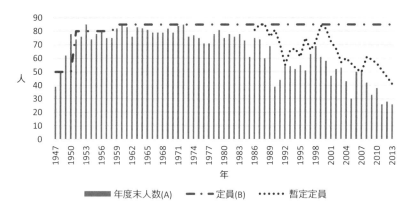

図 5-9　北海道家庭学校の定員（暫定定員）と年度末在籍者数の推移

である[(97)]。

　北海道家庭学校は、定員を 1951 年に 50 名から 80 名に、1959 年には 85 名に増やしている。北海道家庭学校の年度末在籍者数の定員充足率は、1964 年には一時的に 90% を下回ることがあったが、1960 年代、95% 前後で推移していた（図 5-9）。

　しかし、すでにこのとき、清男は危機意識を抱き、「校内対策」として以下の点を掲げた。

　第 1 に、北海道家庭学校の「縮少、廃止、統合」という最悪の場合に対し「些かの心配なきよう」準備すること、第 2 に、「家庭学校本来の基本目的を再確認し、ファイトを燃や」し、「実験学校の実を充実」させるというのである。具体的には、「最終的に『窃盗』矯正の教育技術を究明すること」と「『あき症』をなくし、『意欲』をかきたてる教育技術を発明すること」をめざすと述べた。第 3 に、万一、最悪の場合に校外から「家庭学校は存続充実させたい」と声が上がるように、「当面の工夫」として全員の「自然観察」に基づく「観察記録」のほかに、1、2 名の「特殊少年の『実験観察』を併行させること」を求めた[(98)]。

　清男の説明を受け、副校長横山義顕は、「家庭学校を永続せしめるには他から家庭学校は存続充実させろという声があるようにつとめなくてはならない」こと、そのためには他の教護院ではできないような成果をあげなくてはならない」のであり、「盗みとか、あき性とか、それにメスを入れ実験観察に力を入

れたい」と受け止めている[99]。

その後、1975年度に全国の教護院の平均定員充足率は52%となり、府県によっては「教護院の存在価値さえ問われはじめ[100]」た。他方でその頃、北海道家庭学校の指導力は、高く評価され充足率も高かった[101]。

当時、北海道家庭学校は1972年に北海道開発功労賞、1976年に朝日社会福祉賞等が授与されるなどその営みが注目され、さまざまなメディアでも取り上げられた。雑誌『暮しの手帖』の特集号[102]や、写真家川上重治による留岡清男と北海道家庭学校の写真集が刊行された[103]。テレビでは、校長谷昌恒と、タレントの坂本九と職員や卒業生との対談[104]、映画監督の山田洋二や北海道知事堂垣内尚弘との対談[105]、3組の夫婦職員との対談[106]などの番組が放映された[107]。

また、北海道放送制作の「森の学校[108]」「愛の学校[109]」など、北海道家庭学校を舞台としたテレビドラマが放映された。「愛の学校」の原作は、北海道家庭学校の教護藤田俊二(1979)が石上館の寮長としての日々を記した『もうひとつの少年期』である[110]。柏葉寮をはじめ北海道家庭学校内でロケが行われた。また、家庭学校での取材をもとに執筆された斎藤茂男の『父よ、母よ!』も映画化もされた[111]。留岡幸助に関しては、高瀬善夫が『毎日新聞』に「一路白頭ニ到ル──留岡幸助の生涯」を連載し、連載終了後、それを岩波新書として出版した[112]。

谷は、窃盗を矯正したり意欲をかきたてたりする教育技術の究明を希求することはしなかったが、『ひとむれ 北海道家庭学校の教育』[113]をはじめとする多くの著書を通して「森の学校」で展開される教育を語るなかで北海道家庭学校に対する多くの理解者を増やし、その存在価値を高めた。

1985年には全国教護院協議会が刊行した『教護院運営ハンドブック』は、北海道家庭学校は「低迷しがちな教護院の中で異彩を放っている」として谷昌恒の著書[114]を参考文献としてあげ、「学校教育や家庭教育の原点としても、世人の感動をよび教護や教育の不抜の精神的なバックボーン」と評されるにいたった[115]。

このような評価を得てきた北海道家庭学校であったが、**図5-9**に示すように、1985年度の定員充足率は77.2%となり、翌年度に初めて暫定定員が81名と定

められた。その後、1988年度の充足率70.15%を受け1989年度には暫定定員が76名、1992年度には55名まで落ち込み[116]、以後、定員を回復することができなくなった[117]。北海道家庭学校において高校生寮を開設した開設した1995年度は、このような状況のなかにあった。

すでに、1988年に全国教護院協議会では、教護院における定員と在籍児童の実数との差、すなわち「定員開差」の生ずる理由として、高校への進学可能性は重要な問題として認識されていた。児童相談所から教護院へ入所する場合、保護者の同意が必要であるが、自身の子が教護院入所することについて、教護院が「学校教育でない」こと、教護院からの「高校進学が期待できない」ことなどが、しばしば教護院入所に対する同意を阻害する要因となっていたのである[118]。北海道家庭学校への入校においても同様の問題が、1990年代に顕在化していたのである。

4 教護院の名称改正案としての「家庭学校」

1990年代、厚生労働省は児童福祉法改正に向けての検討を加速させた。1992年には全国教護院協議会が厚生省家庭児童局長に「公教育導入に関する要望書」を提出している。

このような動きに対して、谷は「現に教護院の行っている教育は立法に基づくもので、字義通り公教育と称すべきもの[119]」であると重要な指摘を行っている。「全教協の推進する運動の方向も相応の理解」を示しつつも、文部行政下における学校教育の現状に対する懐疑を抱く北海道家庭学校の職員は、児童福祉法改正の動きに否定的な見解を有していた[120]。

他方、厚生省家庭福祉課において児童福祉法改正準備は着々と進められ、1994年には、教護院の名称変更について全国教護院協議会に意見を求め、新しい施設名称案を募集するにいたっている。

各施設に対するアンケート調査の結果、最多の希望名は「家庭学校」であった。「教育と保護、家庭と学校を一体にした施設であり、イメージがぴったりして説明しやすいので理解が得やすい」という理由であった。全国教護院協議会はこれを厚生省に要望した[121]。「学校名称を使うことは極めて困難」という理由で採用されなかったが[122]、「家庭」であり「学校」であることを願い留岡

幸助が命名した「家庭学校」が固有名詞でなく、法の定める一般名詞の案とし
て浮上したことは興味深いことであった。

おわりに

戦後復興を経て児童福祉制度が充実した「成熟の時期」に校長に就任した谷
は、1984 年に作成した北海道家庭学校の絵葉書に『森の学校』というタイト
ルを付した[123]。留岡清男が用いた「教育農場」という表現ではなく、「森の学
校」と称したのはそれが谷の思いに合致するものであったからである。そして、
谷が作成した北海道家庭学校の要覧は「入校、生活、卒業」という小見出しが
付けられた。児童福祉法関係者が一般に使用する教護院への「入所」「退所」
という用語を用いず、留岡幸助が使用した「入校」「卒業」という用語を使用
したのである。北海道家庭学校が広義の「学校」であることを意識したためで
あった。

「マスタープラン」を作成し「授業の質を高めましょう」と語り、『ひとむれ
教育特集号』を発刊し、「教護院の行っている教育は立法に基づくもので、字
義通り公教育と称すべきもの[124]」と語った谷は、北海道家庭学校を「教育の
原点」として捉えたのである。

1997 年、児童福祉法が改正され、教護院長に在籍児童を文部省の所管する
学校に就学させることが義務付けられる。同年、社会福祉法人北海道家庭学校
理事会は、4 月から小田島好信を校長に就任させることとし、谷は校長職を退
任した。そして、その 1997 年末 12 月 26 日、網走教育局の主幹が網走支庁社
会福祉課主幹家村昭矩を伴い、北海道家庭学校を訪問し北海道における「公教
育導入」が動き出す。

社会福祉法人北海道家庭学校の下における教護院北海道家庭学校の時代
(1968-1997) は、教護院の営みが「教育の原点」として捉えられた「森の学校」
の時代であった。

註
(1)　谷昌恒「はじめに思うこと」『ひとむれ』317、1969 年 6 月 1 日、pp.1-3

(2) 社会福祉法人北海道家庭学校「北海道家庭学校庶務規程」1968 年 <No.2285>

(3) 北海道家庭学校「社会福祉法人北海道家庭学校組織規程」1969 年 <No.5131>

(4) 谷昌恒「私のなかの歴史　子供と歩む⑨」『北海道新聞』1992 年 7 月 22 日夕刊

(5) 谷昌恒「北海道家庭学校創立五十五周年記念式式辞」『ひとむれ』321、1979 年 10 月 1 日、p.1

(6) 社会福祉法人北海道家庭学校「理事会議事録」1 月 16 日『昭和 50 年度まで理事会議事録綴』1969 年

(7) 北海道家庭学校「職員名簿 No.1」「児童福祉法施行事務監査資料（監査）44 年度実施」<No.5132>

(8) 前掲註（7）「職員名簿 No.2」

(9) 留岡清男「亡父留岡幸助先生の手帳整理」『ひとむれ』333、1970 年 10 月 1 日、pp.5-7

(10) 山本克郎「編集をおえて」留岡幸助日記編集委員会『留岡幸助日記』第 5 巻、矯正協会、1979 年、p.722

(11) 留岡清男「序にかえて」留岡幸助日記編集委員会『留岡幸助日記』第 1 巻、矯正協会、1976 年、p.9

(12) 前掲註（10）、p.724

(13) 碑の建設費用として、家庭学校職員や留岡地域の住民と留岡幸助先生頌徳会メンバー、清男の知友や教えを受けた者など、380 名余りの個人と遠軽町をはじめとする団体から、900 万円余の寄付が寄せられた。石井孝一・谷昌恒「留岡清男先生記念碑建立報告」1978 年

(14) 前野良沢は「功」の字を用いていたが、清男の碑文にも幸助の葉書にも「効」の字が使われている。仁原正幹『新世紀「ひとむれ」』生活書院、2019 年

(15) 渡辺一夫「若い地質学者の変身」『中央公論』1951 年 2 月、pp.165-171

(16) 「私のなかの歴史　子供と歩む④⑤」『北海道新聞』1992 年 7 月 16-17 日夕刊

(17) 「私のなかの歴史　子供と歩む⑤」『北海道新聞』1992 年 7 月 17 日夕刊

(18) 前掲註（17）

(19) 斉藤茂男『父よ、母よ！（上）愛の飢餓のなかで』太郎次郎社、1979 年

(20) 社会福祉法人堀川愛生園「堀川愛生園 70 年のあゆみ」『ほりかわあいせいえん創立 70 周年記念特別号』2015 年、pp.2-3

(21) 1940 年、東京府立第一高等学校理科に入学した谷は、長田新『ペスタロッチ伝』やゲーテ、スピノザなどを読み、また寮副委員長として寮運営に携わり、「骨太な自由主義者だから、いつ憲兵に引っ張られていくか分からない」校長安倍能成を「守らなければならない」という「気構え」だったという。「私のなかの歴史　子供と歩む③」『北海道新聞』1992 年 7 月 15 日夕刊

(22) 谷昌恒『ひとむれ　北海道家庭学校の教育』評論社、1974 年、p.67

(23) 谷たみ・堀江優子編『わたしの戦後史』梨の木舎、2020 年、p.23

(24) 「私のなかの歴史　子供と歩む⑧」『北海道新聞』1992 年 7 月 21 日夕刊

(25) 谷昌恒「留岡清男宛書簡」1969 年 1 月 9 日。谷は東京大学総長南原繁や社会保障研究所長山田雄三に応援され「心勇んで」いると記している。

(26) 谷昌恒「私のなかの歴史　子供と歩む⑨」『北海道新聞』1992 年 7 月 22 日夕刊

(27) 「校長先生のお話」『ジュニアひとむれ』1969 年 12 月号、家庭学校一群会

(28) 前掲註（1）、pp.1-3

(29) 藤田俊二の司会で、谷と教務主任の加藤正志のほか、新任の花島政三郎、ふみ子夫妻、田中正国・正子夫妻、沢野成和、佐々木秀之が出席する座談会を開催し、新任職員の意見を聴取した。藤田俊二「座談会　新任の先生方を迎えて」『ひとむれ』341、1971 年 6 月 1 日、pp.3-9

(30) 谷昌恒「はじめに」『ひとむれ　教育特集号』353、1972 年 4 月 1 日、p.1。『ひとむれ　教育特集号』は、1972 年に第 1 集、1973 年に第 2 集が刊行され、創立 60 周年の記念行事等をはさみ、第 3 集から第 6 集が 1976 年、1979 年、1980 年、1981 年に刊行された。第 3 集には、谷昌恒「教護院の今日の問題」、加藤正志「本校に於ける能力別学級編成を考える――読む力・書く力から思考して」、花島政三郎「算数・数学よりみた本校生徒の学力と意識の実態」、藤田俊二「日誌抄――K のこと」、花島政三郎「北海道家庭学校六十年の歩みとその再検討」が掲載された。

(31) 花島政三郎「北海道家庭学校六十年の歩みとその再検討」『ひとむれ　教育特集号　第 3 集』411、1976 年。「教育第一主義」への移行において、花島の果たした役割は大きい。

(32) 花島政三郎「年間レクリエーションプログラム」『サナプチの子ら　北海道家庭学校の生活』評論社、1978 年

(33) 前掲註（31）、pp.112-114

(34) 「山廻り　走破距離十 K」『はくよう』66、北海道家庭学校柏葉寮、1974 年 3 月、p.6

(35) 平本良之「寮長参加について」『はくよう』70、北海道家庭学校柏葉寮、1974 年 7 月 5 日。なお、1984 年にサッカーを導入したおおいそ学園は、「サッカーはそのチャージの激しさなどから、当時の教護院や現在の児童自立支援施設でも、なかなか大きな理解が得られないままにきている」と述べるなど、身体接触の多いスポーツは他の教護院では忌避される傾向にあったが、北海道家庭学校ではサッカーやバスケットなどもなされている。「クラブ史」『創立一〇〇周年記念誌　国府の里』神奈川県立おおいそ学園、2003 年

(36) 花島政三郎「自然とレクリエーション」『ひとむれ　教育特集号』353、1972 年 4 月 1 日、pp.26-30

(37) 1981 年には校内スキー場に支援者から寄贈されたエンジンを用い、ミニリフトが設置された（森田芳雄「昭和五十六年の足跡」『ひとむれ』485、1982 年、p.6。平本良之「昭和五十五年度土木部作業表」『ひとむれ』472、1981 年、p.33。青山正男「祝辞」『ひとむれ』521、1984 年）

(38) 前掲註（36）、pp.26-30

(39)「職員会議題」『職員会打合資料』1971 年 7 月 24 日＜ No.5451 ＞。1962 年に全国 58 施設中、56 施設が定期的に生徒の一時帰省を行っていたが、北海道家庭学校では 1960 年に「生徒の帰省問題」を検討したときには「家庭環境、本人に問題がある所に、しかも遊ぶことが多い時に帰省させるのはよろしくない」という結論で一時帰省の実施にはいたらなかった（渡辺作次「校内研究」「生徒の帰省問題」『ひとむれ』204、1970 年 2 月 5 日）。1962 年から道立大沼学園で正月帰省が開始され、1967 年には道民生部長から「児童福祉施設収容児童の一時帰省及び在宅指導の実施について」が各施設長に通知され、1971 年度、北海道家庭学校では「入校後 3 ヶ月を経過」した者で、無断外出、シンナー、喫煙およびそれに準ずる行為のない者を一時帰省の該当者とした。なお、一時帰省の方法は、保護者が施設に子どもを迎えにきて、また送り届けるという「保護者送迎」方式が全国で約 6 割を占めていたが、北海道家庭学校では施設と保護者と児童相談所の三者が一体となって行うことを方針とした。家庭学校職員が担当児相まで子どもを送り、児相において保護者の手元に帰すという方法である。

(40) 花島政三郎「一時帰省をめぐる諸問題」『ひとむれ』353、1972 年 4 月 1 日、pp.37-44

(41) 前掲註（40）。一時帰省により、家庭に帰ることのできない生徒と生活する職員以外の職員が家族と長期休暇を取ることができるようになった。

(42) 前掲註（36）、pp.26-30

(43) 花島政三郎「一時帰省のあとにくるもの」『ひとむれ』344、1971 年 9 月 1 日

(44) 社会福祉法人北海道家庭学校「理事会議事録」『理事会議事録 57 年 3 月～元年 3 月』1982 年 3 月 15 日

(45) 前掲註（44）

(46) 前掲註（31）、pp.112-114

(47) 谷昌恒「生産各部の報告をきいて」『ひとむれ』458、1979 年、p.5、平本良之「昭和 54 年度土木部作業について」『ひとむれ』458、pp.23-24

(48) 谷昌恒「生産各部の報告をきいて」『ひとむれ』458、pp.5-6

(49) 平本良之「昭和 54 年度土木部作業について」『ひとむれ』458、pp.23-24

(50) 田中勉「工作部」『ひとむれ』497、1983 年 2 月 1 日、pp.41-45

(51)「土木部になって」『ひとむれ』485、1982 年 2 月 1 日、p.26

(52)「木工部に来て思うこと」『ひとむれ』497、1983 年 2 月 1 日、p.40

(53) 前掲註（50）

(54)「醸造部をやって」『ひとむれ収穫感謝特集号』497、1983 年 2 月 1 日、p59

(55) 軽部晴文「醸造部」『ひとむれ』497、1983 年 2 月 1 日、pp.48-49

(56) 谷昌恒「感謝のことば」『ひとむれ』497、1983 年 2 月 1 日、pp.2-7

(57) 平本良之「体育館・寮舎新築なる」『はくよう』北海道家庭学校柏葉寮、1975

年 1 月 1 日、p.10

(58) 平本良之「新寮舎紹介」『非行問題』178、全国教護院協議会、1979 年、pp.127-131

(59) 前掲註（58）

(60) 阿部祥子『もうひとつの子どもの家　教護院から児童自立支援施設へ』ドメス出版、2005 年、p.123

(61) 軽部晴文 2023 年 5 月証言

(62) 北海道家庭学校「昭和 50 年度事業報告書」1976 年

(63) 前掲註（31）

(64) 前掲註（31）

(65) 平本秋子「婦人会の現況」『ひとむれ』450、1979 年 8 月。寮母を含む女性職員は、「婦人職員相互の理解を深める」と共に研修を計り、家庭学校婦人会に所属し、日々の業務を担当していた。1978 年の記録によると、毎週木曜日に婦人会構成員の全員参加で「献立会、生徒指導を中心とした学習会、校長先生より講話及び聖書読解の指導、レクリエーション」を基本的な内容とする家庭学校婦人会例会が開催されている

(66) 前掲註（65）

(67) 村上京子「給食棟開始二年目に思う」『ひとむれ　教育特集号』479、1981 年 9 月 1 日、pp.50-51

(68) 北海道家庭学校「昭和 55 年度事業報告」1981 年 4 月 1 日

(69) 松田房枝「一三年間の変化」『ひとむれ　創立 90 周年記念誌』778、2004 年、pp.65-66。なお、中学校で技術家庭科の男女共修が制度化されるのは 1993 年であり、特別教室に家庭科室は設けられなかった。

(70) 北海道家庭学校「昭和 59 年度事業報告書」1986 年

(71) 北海道家庭学校「要覧」1972 年

(72) 谷昌恒「巣立ちゆく少年たち」『ひとむれ』339、1971 年 4 月 1 日

(73) 「学歴社会」『和良児』25、東北北海道教護院協議会、1972 年

(74) 「卒業生よりの手紙」『ひとむれ』379、1974 年 3 月 1 日、p.11

(75) 「卒業生の便り」『ひとむれ』381、1974 年 5 月 1 日、p.9

(76) 高井有一「ひとむれの野辺　北海道家庭学校の記」『世界』382、岩波書店、1977 年 9 月、pp.282-292

(77) 森田芳雄「『家庭学校探訪記』を読んで」『ひとむれ　教育特集号』450、1979 年

(78) 村上時夫「初めて学習を受け持って」、花島政三郎「漢字学習について」、藤田俊二「低学力学級からの報告」、加藤正志「本校に於ける能力別学級編成を考える　―読む力・書く力から思考して」、花島政三郎「算数・数学よりみた本校生徒の学力と意識の実態」『ひとむれ　教育特集号』353、1972 年 4 月 1 日

(79) 前掲註（77）

(80) 谷昌恒「教護院の今日の問題」『ひとむれ　教育特集号』411、1976年、p.6

(81) 前掲註（80）、pp.5-6

(82) 前掲註（80）、p.2

(83) 北海道家庭学校「昭和57年度事業報告書」1983年

(84) 軽部晴文「A.H君のこと」『ひとむれ』559、1987年11月1日、pp.8-10

(85) H「後記」『ひとむれ』552、1987年4月1日、p.12

(86) 前掲註（85）

(87) 前掲註（85）

(88) 北海道生活福祉部民生部長「教護院入所児童の高等学校進学の取扱について（児童第532号）」1989年7月15日

(89) 全国教護院協議会「措置継続（入院）中の高校進学状況調べ・総括（平成元年4月1日）」『1989年度全国教護院協議会第1回役員会資料』1989年6月。高校通学者は茨城学園9名、淡海学園7名、希望が丘学園6名、修徳学院・阿武山学園・精華学院各3名、成徳学校・向陽学院各2名、大沼学園・国分実修学校・富山学園・牧之原学校各1名

(90) 渡辺伊佐雄「武蔵野全国教護研修会に参加して」『ひとむれ』627、1990年4月1日、pp.6-8

(91) 渡辺伊佐雄「高校生寮と自立」『ひとむれ』733、2001年4月1日、p.4

(92) 前掲註（88）

(93) 谷昌恒「平成3年度事業報告書」北海道家庭学校、1996年

(94) 前掲註（80）、p.2

(95) 留岡清男「『思わざるピンチ』要点」北海道家庭学校職員会議1968年4月13日配布資料<No.8040>

(96) 前掲註（95）

(97) 児童家庭局長通達「措置費支弁台帳制度の実施について（児発第二二三号）」1968年4月18日

(98) 前掲註（95）

(99) 横山義顕『日記』1968年4月13日

(100) 社会福祉法人北海道家庭学校「理事会議事録」1976年6月29日（『昭和50年度まで理事会議事録綴』所収）

(101) 先崎民憲「北海道探訪（四）児童家庭課と中央児童相談所を訪ねて」（『非行問題』178、全国教護院協議会、1979年1月、p.62）には道による北海道家庭学校に対する評価が記されている。

(102)「特集　北海道家庭学校」『暮しの手帖』1971年

(103) 川上重治『家庭学校と留岡清男 川上重治写真集』1978年、北海道新聞社

(104) STV「サンデー九　働きつつ学ぶ日々」1977年6月12日放映。谷昌恒、平本良之、平本秋子出演。

(105) HBC「知事と語る　次世代を担う人づくり」1977年6月12日放映。北海道家

庭学校に開発功労賞を授与した北海道知事堂垣内尚弘は、道庁職員への年頭挨拶で留岡幸助の「一路到白頭」を紹介し、谷昌恒との対談でその意図を語っている。HBC「教育スペシャル　十五歳の周辺」1984年1月16日放映。山田洋次、谷昌恒出演。

(106) NHK「奥さんごいっしょに　親がわり寮長さん」NHK、1977年12月9日放映。谷昌恒、川口正夫、川口千代子、加藤正志、加藤和子、藤田俊二、藤田セツ子出演。

(107) この他、NHK「お母さんの勉強室　非行の背景」(1979年2月22日放映、谷昌恒出演)、「北海道テン　一路白頭に至る　留岡幸助と家庭学校」(1984年7月21日放映、谷昌恒、鈴木ケイ、留岡よし子出演)、NHK「女性手帳　ひと群の子らと」(1980年2月4〜7日放映、谷昌恒出演)、NHK「こころを育てる　わたしの人間教育論」(1981年9月23日、谷昌恒出演)、「こころの時代　心の扉は外から開かない」(1984年8月5日、谷昌恒出演)等がある。

(108) TBS「東芝日曜劇場　森の学校」1978年11月26日放映。

(109) TBS「東芝日曜劇場　愛の学校」1979年11月18日放映。

(110) 藤田俊二『もうひとつの少年期』晩聲社、1979年。同書は石山昭信監督により映画「もうひとつの少年期」として映画化された。

(111) 斎藤茂男『父よ、母よ！（上）愛の飢餓のなかで』太郎次郎社、1979年。斎藤茂男『父よ、母よ！（下）幸福の闇のなかで』太郎次郎社、1979年。木下恵介監督『父よ、母よ！』松竹株式会社、1980年

(112) 高瀬善夫「一路白頭ニ到ル──留岡幸助の生涯」『毎日新聞』、高瀬善夫『一路白頭ニ到ル──留岡幸助の生涯』岩波新書、1982年

(113) 谷昌恒『ひとむれ』第1〜4集、評論社、1974、1977、1981、1983年、谷昌恒『教育の理想　私たちの仕事』評論社、1984年

(114) 前掲註（113）

(115) 全国教護院協議会『教護院運営ハンドブック　非行克服の理念と実践』1985年、p.18、p.66

(116) 北海道家庭学校「平成元年度　事業報告」1993年

(117) 北海道家庭学校「平成三年度　事業報告」1995年

(118) 全国教護院協議会「〔全国教護院長会議・委員会資料〕昭和63年度」1988年 <No.12193>

(119) 谷昌恒「公教育導入は一合目」『北方教護』平成4年度第3、4合併号、1993年、東北・北海道地区教護院協議会、pp.1-3。谷は、教護院で行う教育は法の下で実施されている「公教育」であるにもかかわらず、「公教育」の概念が狭義に捉えられ、学校教育法第一条に基づく「学校教育」を「公教育」と呼び、教護院に対する「公教育導入」の議論を展開していることを問題視した。とくに、1991年に児童福祉法の解説において「法の解釈によって公教育を導入しようとする意図」に基づき、児童福祉法第48条の解釈が変えられたと指摘した。

(120)北海道家庭学校「『公教育導入』に関するアンケート集計」1995 年 11 月 26 日
(121)叶原土筆「北海道家庭学校に思いを寄せて」『ひとむれ　創立 90 周年記念誌』
　　　778、2004 年 9 月 24 日、p.16
(122)前掲註（121）
(123)北海道家庭学校「森の学校」絵葉書、1984 年
(124)前掲註（119）、pp.1-3

第 6 章

北海道家庭学校の現在

仁原正幹

北海道家庭学校　2023 年秋
ドローンによる撮影

はじめに

　本章では、前章までの北海道家庭学校創設以来の 83 年間の歴史と伝統を踏まえながら、1997（平成 9）年の児童福祉法改正を契機とした大きな変革の流れの中でその後どのように推移したか、2023（令和 5）年の今日までの 25 年余りの歩みを振り返りながら、北海道家庭学校の現在について記述することとする。また、その 25 年間の中で、2014（平成 26）年には「創立百年」という大きな節目があり、創立百年以降については「新世紀・北海道家庭学校」として総括し、記述することとしたい。

　北海道家庭学校においては、1914（大正 3）年の創設以来、「家庭の愛と学校の知にあふれた『家庭』であり『学校』でありたい」という校祖・留岡幸助の考えのもとに、「生活指導」「作業指導」「学習指導」の「子どもの指導の三本柱」が家庭学校内で一体的に行われ、完結することを重視し、特に「作業指導」に大きなウェートが置かれるなど独自の手法を確立し、長期にわたり継続してきたことから、1997（平成 9）年の児童福祉法改正による公教育導入は、大事な伝統が損なわれるのではないかという危惧を抱く職員も多く、非常にハードルの高いものであった。

　さらには、1997（平成 9）年という時期は、それまで 28 年の長きにわたりカリスマ性を発揮し、施設内においても、また全国的にも多大な影響をもたらした谷昌恒（第 5 代校長・1977-1999 年理事長）が校長職を勇退した時期にも重なり、北海道家庭学校の歴史においても大きな転換点となった。

　第 1 節「児童自立支援施設としての新たな歩み」では、教護院から転換して児童自立支援施設となった北海道家庭学校の状況について、特に公教育導入に向けての児童福祉サイドの準備や導入後の経過等を中心に記述している。また、各方面からの長年にわたる幅広い支援の状況についても、併せて記述している。

　第 2 節「北海道家庭学校創立百周年」では、創立百年という大きな節目を迎えた北海道家庭学校について、創立百周年記念事業に関することを中心に記述している。

　第 3 節「新世紀・北海道家庭学校の幕開け」では、北海道家庭学校の新たな百年に向けての新体制の構築や改革、社会への情報発信や関係機関との連携・

交流について記述している。

第4節「新世紀・北海道家庭学校の現況」では、今現在の北海道家庭学校の様子を記述している。

本章については、全般的に現理事長の仁原正幹（第9代校長）が執筆している。ただしその中で、第4節の5及び6については、第10代校長・清澤満と樹下庵診療所の参事（医療）・富田拓が執筆したものである。

● 第1節　児童自立支援施設としての新たな歩み

1　教護院からの転換と公教育導入の準備

1997（平成9）年、第5代校長・谷昌恒（1977年から理事長兼務）は、自身の後継者に小田島好信を指名して、28年の長きにわたり務めた校長職を退任した。齢75を数えていた。

小田島好信は、大阪府庁において児童福祉の専門職として長く勤務する中で、教護院や児童相談所での豊富な現場経験を重ねた人物であった。大阪府立修徳学院の院長を経た後、かつて自らも「附属教護事業職員養成所」で学んだ国立武蔵野学院に転じて院長を務め、ちょうど公務員を定年退職したところであった。北海道家庭学校の校長としては、就任前に長期にわたり本格的に教護・感化教育事業の実践に取り組んだ経歴を有する、初めての人材ということができる。

第6代校長・小田島は、児童福祉法改正による大きな変革の流れの中で、新時代の北海道家庭学校の舵取りを任せられることになった。校長としての12年間、終盤は理事長職も兼務しながらの延べ13年間、教護院から児童自立支援施設への大転換に対応しながら、同時に北海道家庭学校の歴史と伝統を護ることに力を尽くした。

児童自立支援施設への公教育導入については、1997（平成9）年の児童福祉法改正により条文上では規定されたものの、全国的に一気に進展し実現したわけではなかった。他の児童福祉施設同様に児童自立支援施設の施設長にも入所児童の就学義務が課せられたのであるが、そのことによりそれまで「準ずる教

育」として認められてきた教護院独自の学習指導の手法を抜本的に見直さざるを得なかったからである。

　児童養護施設等の場合は、一般的に施設所在地を校区とする小・中学校に児童を通学させるのであるが、児童自立支援施設の場合は、施設の敷地内に公教育が導入されることになった。このことは、1900（明治 33）年の感化法制定に始まり、施設種別の呼称が感化院、少年教護院、教護院と変遷する中で 100 年近く続けられてきた施設独自の学習指導ができなくなるということであり、その意味では教護院（児童自立支援施設）の存立基盤を揺るがす大きな変革であった。そのため、公教育導入に関しては、概念整理や分校開設準備等に多大な時間と労力を要し、さらには地域ごとの児童福祉サイド・学校教育サイド双方の事情も複雑に絡んで、なかなか進まなかったのである。

　そもそもが学校不適応、学校嫌い、教員嫌い等の傾向があり、不登校や授業妨害、校内暴力等の問題行動により入所措置に至る子どもが多い児童自立支援施設（教護院）であることから、せっかく環境を変えて児童自立支援施設に入所させても、その中にまた義務教育の小・中学校が存在して入所前と同じような学習指導が行われることについては、全国の児童自立支援施設や児童相談所などの児童福祉関係者、中でも児童自立支援施設で直接処遇に携わる職員の間には、大きな疑問や強い抵抗感があった。

　児童自立支援施設には、教護院時代から「子どもの指導の三本柱」としての「生活指導」「学習指導」「作業指導」が有機的、一体的に行われなければならないという「生活と教育の一体化（生教一致）」の大原則があったので、「学習指導」だけを切り離して他の機関に委ねることへの懸念や対応策の難しさなどから、全国でも北海道においても調整や準備に多くの時間と労力を要したのである。

　北海道においては、北海道家庭学校に加えて北海道立大沼学園と北海道立向陽学院の計 3 カ所の児童自立支援施設が存在するが、これら 3 施設とそれぞれの地元市町村、そして北海道庁（保健福祉部）と北海道教育委員会との間で長期にわたる検討・協議と準備が行われ、1997（平成 9）年の児童福祉法改正から実に 12 年もの経過を経て、2009（平成 21）年 4 月に、道内 3 施設一斉に公教育が導入された。

　小田島好信が校長に就任したのが児童福祉法改正により教護院から児童自立支援施設に転換されることが決まった1997（平成9）年であり、退任したのが道内の3施設に一斉に公教育が導入された2009（平成21）年4月直前の3月末ということで、校長在任期間の12年間がそのまま公教育導入の準備期間と重なっている。

　また、小田島校長時代には、理事会の運営体制や、役員・職員の構成など様々な面で大きな変動があった。前任の校長で長期にわたって理事長も務めた谷昌恒が急に理事長退任となったために、理事会構成員の中から役員歴の長い高齢の理事2人が順次それぞれ短期間理事長職をつなぐことになった。

　1人目は、1999（平成11）年4月から2002（平成14）年3月までの3年間理事長を務めた安藤鐵夫である。安藤は道内各地で公立学校の教員、小学校長などを務めた後、北海道教育委員会・委員長も務めた人物で、社会福祉法人北海道家庭学校の理事としては7年前の1992（平成4）年から務めていた。理事長就任時は88歳であった。

　2人目は、2002（平成14）年3月から2006（平成18）年3月までの4年間理事長を務めた木村謙二である。木村も長く教育界で仕事をする中で、北海道大学・助教授、北海道教育大学・教授、北星学園女子短期大学・学長などを歴任した人物で、社会福祉法人北海道家庭学校の理事としては24年前の1978（昭和53）年から務めていた。理事長就任時は90歳であった。

　そして、この2人の理事長が退任した後は、小田島好信が2006（平成18）年3月から2010（平成22）年5月までの4年間、理事長職を務めることになり（うち3年間は校長兼務）、延べ13年にわたり北海道家庭学校を牽引する中で、児童福祉法改正による対象児童の拡大や公教育導入なども含め、内外共に変動の激しい児童自立支援施設への大転換への対応と準備に奔走した。

　なお、谷昌恒校長・理事長時代の法人役員には札幌在住の全道的な著名人が名を連ねており、理事会も年間を通して札幌で開催されていたが、教護院特有の事件・事故も散発したことから、それらの対策の検討のためにも役員が現場の実態を熟知すべきとの指摘があったこともあり、小田島好信校長時代の途中からはオホーツク管内や遠軽町など地元からの役員登用が増え、理事会も次第に北海道家庭学校の中で開催されるようになっていった。

2 幅広い支援と後援会の誕生

　北海道家庭学校は大多数の児童自立支援施設が国公立であるのに対し、数少ない民間経営の施設ということもあって、資金的にも人手の面でも常に苦労してきた歴史がある。感化教育事業、児童自立支援事業の特性から、なかなか採算のとれるものではないからである。そうした中で、校祖・留岡幸助の時代から続く百年の歴史と伝統への理解や共感もあり、地元遠軽町はじめ全国の多くの個人や団体から、物心両面にわたっての大きな支援と協力が寄せられてきている。

　地元の支援者の中には、1977（昭和52）年から児童の理髪を一手に引き受けている「理容ボランティア月曜会（現代表・西塚恵一）」[1]や、1975（昭和50）年から毎冬のスキー指導を続けている自衛隊遠軽駐屯地の隊員[2]、1994（平成6）年から土曜日のクラブ活動で合気道指導を続けている「森の学校道場（代表・吉野政明）」[3]など、長年にわたり直接子ども達に接し、激励を続けるボランティアの存在がある。

　なお、スキー指導は敷地内の神社山で行われており、全長200mほどのゲレンデは職員と子ども達が木を切ったり、整地したりして造成したものである。冬になると敷設される簡易リフト（ロープリフト）は、1981（昭和56）年に遠軽町内のロックバレースキー場から譲り受けたもので、リフトを動かすエンジンを設置するために山頂近くまで子ども達がコンクリートをバケツリレーしたそうである[4]。敷地内に本格的なスキー場を持つ児童福祉施設は、全国でもおそらく北海道家庭学校くらいのものであろう。

　そのほかにも地元住民からは物心両面にわたる大きな支援が長年にわたり続けられてきている。運動会や園遊会、クリスマス晩餐会などの行事への参加、入所児童の実習生としての受け入れ、植樹の協力などを通じて、数多くの個人や企業や団体が北海道家庭学校と交流し、支援している。

　特に遠軽町は、施設等の整備の際に北海道家庭学校からの要請に応える形で資金援助するなど、地元自治体として強力にバックアップしている。

　2001（平成13）年には、「社会福祉法人北海道家庭学校の事業を後援助成して、児童及び職員の福祉増進を図ること」を目的として、「北海道家庭学校後援会」

が結成された[5]。後援会誕生の契機となったのは、1人の卒業生の発案と行動であった。この人は1930年代に東京から北海道家庭学校（当時の社名淵分校）に入所し、家庭学校の暮らしの中で大きく成長した人物であった。退所後も東京で勉学に励んで法学博士号を取得し、後年企業経営に成功した人物で、それまでも単独でロジャース・オルガン（デジタル式教会向けクラシックオルガン）等を含む高額寄付を重ねてきていたが、自身が高齢となったことから、「北海道家庭学校を継続的に後援する組織が必要」と考えるに至った。その考えに賛同した仲間や交流のあった研究者の二井仁美（当時は大阪教育大学・教授）等が発起人に加わり、地元遠軽町の有志にも働きかけて、個人会員、団体会員合わせて会員数200組ほどの「北海道家庭学校後援会」が発足したのである。団体会員の中には遠軽信用金庫のように社員の多くを個人会員としても登録している事例もある。

　初代の後援会長には遠藤利男（当時、遠軽商工会議所・会頭）が就任し、2代目の会長には吉川紘（当時、遠軽町社会福祉協議会・会長）が就任した。2人とも10年ずつ務めた後、現在は大西孝拡（遠軽青年会議所・元理事長）が3代目の会長に就き、「北海道家庭学校後援会」は今日まで20余年にわたる支援活動を力強く展開している。また、この間長期にわたり事務局長として組織をまとめ、実質的に事業を推進したのが坂本満（遠軽町・元助役）であり、坂本は同時に社会福祉法人北海道家庭学校の役員（監事、理事、評議員）としても長年にわたり貢献した人物である。

　「北海道家庭学校後援会」は、歴代会長や事務局長などの努力により徐々に規模が拡大し、個人会員、団体会員合わせての会員数も、当初200組ほどだったものが、現在では600組を超えるまでに増えている[6]。

3　望の岡分校との協働開始

　2009（平成21）年4月、第6代校長・小田島好信（2006年から理事長兼務）は第7代目の校長に加藤正男を指名して、12年間務めた校長職を退任した。

　加藤正男は、法務省矯正局の法務教官として全国各地の少年院や少年鑑別所での長い勤務歴と豊富な現場経験を有する人物であった。奈良少年院・院長を経て、最後は千歳市に所在する北海少年院・院長も務め、前年に国家公務員と

しての定年を迎えていた。

　北海道家庭学校の校長としては、少年司法分野からの参入は初めてであり、画期的なことであった。全国的に見ても、厚生労働省所管で都道府県立施設主体の児童自立支援施設の長に法務省所管の少年院の院長経験者が就任することは、教護院・児童自立支援施設の歴史の中でも異例のことであった。双方をよく見渡せる第7代校長・加藤正男が両者の架け橋としての役割を果たしたことは非常に意義深いものがある。

　もっとも、校祖・留岡幸助が北海道家庭学校創設前に国内の刑務所や欧米の感化監獄等との深い関わりを持っていたことなどを鑑みると、第7代校長・加藤正男は初代校長・留岡幸助以来2人目の少年司法関係者としても位置付けられる。なお、加藤の校長就任により、北海道家庭学校の歴史上7人目で初めてクリスチャンでない校長が誕生することになった。

　加藤が第7代校長に就任した2009（平成21）年は、道内3施設への公教育導入元年であり、4月に北海道家庭学校の本館内に遠軽町立小・中学校の望の岡分校が開設され、児童福祉と学校教育の協働がスタートしたときであった。加藤は着任早々、先代の小田島校長時代に検討・準備した公教育導入の方針を踏まえ、新たに施設内に開設された望の岡分校との連携・協力体制の構築と実際的な協働に、職員・教員と共に取り組んだ。

　道内3施設では、北海道庁や北海道教育委員会、地元市町村と共に12年もの長い年月をかけて入念に調整・準備をして一斉に公教育を導入したわけであるが、連携の実態は3施設ともそれぞれ異なるものであった。その中で北海道家庭学校においては、公教育導入により「学習指導」が格段に強化された後もなお「作業指導」に重きを置いた指導方針が堅持されている。望の岡分校としても北海道家庭学校の伝統に対する十分な理解を示し、週に3回、午後の学校日課の中で、児童と家庭学校職員と望の岡分校教員が三位一体の形で「作業班学習」に取り組んでおり、三者が共に本格的な作業に汗を流し、互いに連携・協力しながら大きな成果を上げている。公教育の教員が山林や酪農や蔬菜作りなどの現場で本格的な作業に取り組む、家庭学校と望の岡分校の「作業班学習」のスタイルは、全国的にも他に類を見ないものであろう。

　北海道家庭学校で四季折々に行われてきた数多くの行事についても、ほぼす

べての行事を共催の形で実施することとなり、その点でも北海道家庭学校の伝統は堅持されることになった。ただし、各種行事の中で、卒業証書授与式については例外的に望の岡分校主催の行事として新たに追加されたものである。望の岡分校開設前の北海道家庭学校では全員揃っての卒業式は行っておらず、原籍校の卒業証書が届く毎に個別に少人数で授与を行ってきた経過があった。

　スタート時点の教務室（職員室）は急ごしらえであったこともあり、非常に狭隘な部屋であったが、当時の家庭学校の渡辺伊佐雄・児童自立支援部長と望の岡分校の森田穰（みのる）・初代教頭が協議して、両方の職員・教員の日常的なコミュニケーションを図るために同じ空間に混在する形で机を並べるスタイルをとった。このことは、密接な連携・協力体制の構築に大変有効であった。手狭であったことから、職員・教員全員分の机を並べるスペースはなかったが、職員・教員全員による毎朝の打合せに際してもパイプ椅子などを活用して原則全員参加で行われ、意思疎通が図られた。

　このように望の岡分校開設時に非常に良いスタートが切れたのは、北海道家庭学校の創設以来95年に及ぶ地元住民との深い親交がベースにあったことも考えられる。北海道家庭学校側の努力もさることながら、地元遠軽町の学校教育サイドの格別の理解や協調姿勢も大きかったのである。河原英男・遠軽町教育長や望の岡分校長（遠軽町立遠軽中学校長と東小学校長）、そして何と言っても現場の望の岡分校教職員が積極的に北海道家庭学校に溶け込もうとしたことが、連携・協力に有効に作用したと考えられる。

　さらには、準備段階から北海道教育委員会網走教育局の指導主事として関わり、そのまま望の岡分校の現場のトップである初代教頭（小・中学校兼務）を務めた森田穰が、北海道家庭学校に長く勤めた森田芳雄・多惠子夫妻の子弟として生まれ育ち、長年敷地内で職員や入所児童と共に暮らした経験を有しており、両分野への深い理解と関心のもとに双方の架け橋的役割を担ったことが大いに幸いしたのである[7]。

第2節　北海道家庭学校創立百周年

1　創立百年の節目

　校長職を加藤正男・第7代校長に引き継いだ後も1年間妻と共に遠軽町内にとどまって理事長職に専念していた小田島好信は、齢74を数え、奈良県の自宅に戻るために、理事長後継者の人選に精力的に動いた。そうした中で、キリスト教の教会関係者の理事から、クリスチャンで北海道庁の福祉行政部門の幹部の経歴を有する女性、永井信を紹介された。理事会での合意を得て、2010（平成22）年6月、理事長職を引き継ぎ、小田島は13年余り過ごした北海道を離れた。北海道家庭学校が創立百周年の節目を迎える2014（平成26）年の、4年前のことであった。

　永井信は、北海道庁に長く勤める中で、支庁長職、部長職等の道庁幹部への女性登用第一号が話題となった人物で、福祉行政を統括する生活福祉部長の経歴が、社会福祉法人北海道家庭学校の役職員以外の外部からの理事長初登用の決め手となった。北海道家庭学校創設以来初の女性理事長誕生でもあった。

　北海道庁定年退職後の永井は、道内の学校法人や福祉団体等で多くの公職に就いていた。なお、永井は若い頃、北海道庁の文書課で史料編纂業務に従事していた際に、留岡清男等による『留岡幸助日記』の編纂業務にも編集委員として参画しており、その意味では北海道家庭学校との縁があった。

　永井は、理事長就任後ほどなくして同じく北海道庁の福祉行政部門の幹部（保健福祉部・子ども未来づくり推進室長、同・福祉局長）の経歴を有し、クリスチャンでもある熱田洋子を招いて、法人運営業務等を担う総務部長に登用した後、2012（平成24）年4月、第7代校長・加藤正男の後継の第8代目の校長に指名した。第8代校長・熱田洋子もまた、北海道家庭学校創設以来初の女性校長となった。

　永井と熱田は、創立百周年の記念事業の準備や、老朽化した寮舎等の建物の全面改築（施設整備）など、法人運営業務の推進やハード面の整備に力を注いだ。創立百周年記念事業を推進するために広く各方面に寄付を募るなどしたほか、札幌でチャリティーコンサートを開くなど、外部に向かって精力的に働きかけ、

「創立百周年記念事業基金」の造成に奔走した[8]。なお、札幌の前年に旭川でも、太田充子（理事兼医療顧問、旭川市内で精神科クリニック開業）が主体となってチャリティーコンサートが開催されている。

この時期に計画・実行された施設整備の内容としては、掬泉寮、楽山寮、石上館という近年一般寮として優先使用している3つの寮の老朽更新と、かつて校長住宅だった樹下庵の用途拡大のための全面改築、さらには博物館のリニューアル（移転改築）、職員住宅1棟・4戸の新築などがあり、また、新規事業としての自立援助ホーム「がんぼうホーム」の建設もあった[9]。

中でも3つの寮舎の建て替えに際しては、入所児童間の性的加害・被害の問題が頻出していたことへの対策から、風呂については一人ひとり個別に入浴させるために家庭用ユニットバスを3個並べて設置するなど、また、トイレについては廊下からある程度見通せるような仕組みにするなどの工夫を凝らし、従来の寮舎とは趣の異なる造りにした。天窓を備えるなど明るく暖かな近代的な建物に全面改築する中で、風呂については敢えて薪用のボイラーと大きな煙突を備え、従来の薪割り、風呂焚きの伝統的な夕作業が継続されるように配慮した。

これらの施設整備全般については、国・道の社会福祉施設等耐震化促進事業などが追い風となったこともあり、老朽建物の改築が一気に進んだ。

2　創立百周年記念事業

(1)　創立百周年記念式典

校祖・留岡幸助が東京に家庭学校を創設してから15年後の1914（大正3）年に、北海道に分校と農場として開設されたことが、現在の北海道家庭学校の起源となっており、百年目に到達した2014（平成26）年9月24日、本館の体育館に総勢370名（うち来客285名）が参集して、創立百周年記念式典が盛大に挙行された[10]。それまでの90周年、80周年などの周年記念式典は、新装のお披露目を兼ねて体育館で開催された70周年のときを除いてすべて礼拝堂を会場に催されてきたが、百周年記念式典は多くの参加人数が想定されたため、礼拝堂から本館・体育館に会場を移しての挙行となった。

式典の中では、永井理事長から、北海道家庭学校後援会や各種ボランティア

団体などの支援者、協力者および旧役職員など、総勢37組の団体・個人に感謝状が贈呈された。

⑵　博物館の移転・改装

　本館前の坂を下ってすぐの場所に位置する博物館建物の老朽化が進み、加えて展示物の整理や展示パネルの更新等が必要となっていたことから、創立百周年記念事業の一環として、かつて寮舎だった桂林寮の内部を全面改装する形で、2014（平成26）年9月24日の創立百周年記念式典当日、新博物館をリニューアル・オープンさせた⁽¹¹⁾。校祖・留岡幸助をはじめとする先達の偉業を紹介するとともに、北海道家庭学校の理念や伝統が形成されるプロセスを確かめ、次代に発展継承させていくことを企図して創られたものである。長年にわたり理事、評議員、学芸顧問として法人運営や文献調査・整理等に尽力してきた佐藤京子（新博物館・初代館長）が中心になって構想・整備されたものである。

　新博物館には歴史や自然を紹介するパネルが数多く展示されているほか、ビデオ上映機器も設置されており、16ミリフィルムで残された古い時代の児童や職員の生活を回想することができる。また、昔懐かしい道具類や、敷地内で発掘されたたくさんの石器・土器など、貴重な資料が所狭しと陳列されている。中には黒曜石でできた我が国最大級の尖頭器（鏃）など貴重な展示物もある⁽¹²⁾。因みに遠軽町白滝地区は世界有数の黒曜石産地として知られており、同種の黒曜石の石器類が、2023（令和5）年6月に重要文化財白滝遺跡群出土品として、国宝に指定されることになった⁽¹³⁾。

　さらには、日露戦争縁の「ステッセルのピアノ」という北海道家庭学校の大事な宝物として伝わるピアノがある⁽¹⁴⁾。留岡清男が教頭時代に東京本校から運ばせたもので、礼拝堂で日曜礼拝、演奏会、クリスマス会などで長年活用された後、近年は使われずに片隅に置かれていたものが、2015（平成27）年9月からは新博物館で保存・展示するようになり、見学者が手に触れ、弾くことも可能となっている。このピアノについては、乃木・ステッセル伝説に謳われる歴史的ピアノということで、1993（平成5）年に作家の五木寛之が取材に訪れ、同年刊行された『ステッセルのピアノ』という著書の中で当時の北海道家庭学校の様子が紹介されている⁽¹⁵⁾。ただし、2022年9月からは、JR遠軽駅前に新

装成った「遠軽町芸術文化交流プラザ（メトロプラザ）」の展示品として、多くの地域住民や旅行者の観覧に供するために、遠軽町からの要請に応える形で貸し出している[16]。

なお、旧博物館建物は現在も収蔵庫として活用されており、新博物館に収まりきらない道具類や石器・土器などが多数保存されている。

(3) 礼拝堂の北海道有形文化財指定

創立百周年記念事業を進める中で、当時の永井信理事長、佐藤京子理事等が中心となって、校祖・留岡幸助が望の岡に建立した礼拝堂の歴史的建造物としての価値について北海道教育庁と折衝を行った。その結果、2015（平成27）年3月31日、北海道有形文化財としての指定を受けた[17]。1919（大正8）年の建立から96年目のことであった。

なお、2014（平成26）年には、百周年を記念して礼拝堂の鐘楼にも鐘が復元されている。

⑷ 自立援助ホーム「がんぼうホーム」の開設

創立百周年記念事業の一環として造成された「創立百周年記念事業基金」を活用するなどして、創立103年目に当たる2017（平成29）年1月、遠軽町市街地に自立援助ホーム「がんぼうホーム」が開設された。第8代校長退任後の熱田洋子理事が中心となって開設準備が行われた。

（第4節2「自立援助ホーム「がんぼうホーム」の設置・運営」に詳述）

第3節　新世紀・北海道家庭学校の幕開け

1　新たな百年に向けての新体制の構築

⑴ 家村昭矩・理事兼参与の人事構想と人材確保

永井理事長・熱田校長の取組により百周年記念事業の実施や寮舎改築などハード面での整備が進んだが、その一方で近年児童の直接処遇に携わる幹部職員や寮担当職員などの離職が相次ぎ、北海道家庭学校としての活力の低下が否

めない状況になってきていた。そうした中で、永井理事長は、児童福祉の卓越した知見と豊富な現場経験を有する家村昭矩理事に助力を求め、参与就任を依頼し、家村理事兼参与の支援・協力のもとに有為な人材の確保に努めた。

　家村は、北海道庁入庁後、道内各地の児童相談所や教護院時代の日吉学院、大沼学園（共に夫婦小舎制の寮担当職員）、網走支庁社会福祉課などに勤務する中で、若い頃から北海道家庭学校に出入りし、谷昌恒・第5代校長をはじめ多くの職員との長年にわたる親交があった[18]。大沼学園長、中央児童相談所長などを歴任して道を早期退職した後は、市立名寄短期大学・教授（後に名寄市立大学・特命教授）に転じて児童福祉の研究と人材育成に力を注いでいた。小田島好信・第6代校長が理事長兼務となった2006（平成18）年3月、家村も請われて理事に就任しており、それ以来、北海道家庭学校を内側からもみることとなり、歴史と伝統を一層深く認識するに至った。さらには、中核となる幹部職員等の抜けた後の北海道家庭学校の窮状についても肌で感じて憂慮するとともに、道内の児童福祉全体への影響についても懸念していた。

　そこで家村は、北海道庁から人的支援を受けることを思い立ち、30余年にわたる親交があり、自身から4代後輩に当たる当時の北海道中央児童相談所長の仁原正幹に協力を求め、児童相談所と児童自立支援施設の現場経験者の中から人的支援で借り受ける候補者を絞り込み、道の人事当局に掛け合って、人事交流の了解を得た。そうした経過により、2012（平成24）年4月、退職する渡辺伊佐雄・児童自立支援部長の後任に、道との人事交流第1号として阿波加忠純を招聘し、2年間派遣を受けた。阿波加はかつて道立大沼学園で寮担当職員の勤務歴を有する人材だった。

　2年後、家村は再び北海道中央児童相談所長の仁原の協力を得て、道の人事当局に支援継続を要請して了解を得、人事交流第2号として泉親志を自立支援部長として招聘し、2年間派遣を受けた。泉は道立向陽学院で本館職員等の豊富な実践経験を有する人材で、1年前から中央児童相談所の筆頭係長職にあった。

　さらに家村は、辞任の申し出のあった第8代校長・熱田洋子の後任探しについても永井理事長から託された。北海道との人事交流とは全く別に、自らの意思で北海道中央児童相談所長在任中の仁原正幹本人を勧誘・説得の上、第9代

校長として迎え入れることとし、それを永井理事長に伝え、理事会で承認を得た。

　仁原は、北海道の岩見沢児童相談所長や中央児童相談所長として勤務する中で、北海道家庭学校には多くの児童を入所させ、自立支援・生活指導を託してきた経過があり、さらに、道立向陽学院長時代には、同じ児童自立支援施設の仲間としての親交もあって、北海道家庭学校については相応の知識を有していた。我が国の感化教育のフロントランナーとしての百年の歴史と豊かな伝統を誇る北海道家庭学校に対しては畏敬の念を抱いていたことから当初逡巡もあったが、家村の熱い思いに応えることを決意し、59歳で道を退職した翌日の2014（平成26）年4月1日、創立百周年を迎える年の春、雪の残る遠軽町留岡の地に単身赴任した。

　仁原は、家村との対話を重ねる中で当時の内部事情や窮状を知り、北海道全体の児童福祉増進のために全道9カ所の児童相談所から安定して児童を措置できる本来の北海道家庭学校に戻ってほしいとの強い思いから、校長受諾に至ったのであった。北海道家庭学校の校長としては、連携・協力して児童のケースワークを担う道内の児童相談所の職員が初めて就任したものであり、創立百年にして将に画期的なことであった。なお、第9代校長・仁原もまた第7代校長・加藤正男同様にノンクリスチャンで、それ以降の2人の校長についても、キリスト教徒以外の人材が続いている。

　家村は同時にまた、7年前に教務部長を退任して旭川に転出していた軽部晴文（かるべはるぶみ）を説得し、総務部長として呼び戻した。北海道家庭学校の生き字引ともいえる軽部のカムバックは、北海道家庭学校を外部からしかみたことがなかった第9代校長・仁原にとっては、非常に頼もしく力強い支えとなった。仁原は、軽部と泉の幹部3人で相談・協力しながら、北海道家庭学校復興のための改革と職員の指導・養成に力を尽くした。

　軽部晴文は、復帰2年後には副校長兼企画総務部長となり、法人理事にも就任した。2度目の北海道家庭学校での仕事に4年間全力を尽くし、2018（平成30）年3月、退任した。齢62を数えていた。

　さらに家村は、市立名寄短期大学の教え子なども含め多くの人材を北海道家庭学校の本館職員や寮職員として送り込み、校長の仁原と共に新体制の構築に

努めた。なお、北海道庁への人的支援要請については、新体制による改革と人材養成が一定程度進んだことから、道に感謝の意を伝え、2代・4年で終了した。2016（平成28）年4月、道に戻る泉親志の後任の自立支援部長には、掬泉寮長だった主幹・楠哲雄を内部登用した。

⑵ 仁原正幹・第9代校長の改革

　仁原は、校長就任後にいくつかの改革に着手した[19]。具体例を挙げると、まず、職種の通称を見直し、「寮長・寮母」等の寮担当職員以外についてそれまで「フリー職員」と呼ぶ習わしであったものを「本館職員」と呼ぶことにした。寮長・寮母（「寮職員」）の見習い期間中で責任が軽いというような印象を自他共に与えないためである。

　児童から職員への呼称についても、寮母に対してそれまで「奥さん」と呼ばせていたものを、「△△先生」と下の名前で呼ばせることにした。疑似家庭の母親役である寮母に対して、子どもが「お母さん」でなく「奥さん」と呼ぶのは妙によそよそしく古風な感じがするのと、「奥さん」の言葉の響きが単なる寮長夫人で正規の職員でないような印象を自他共に与えるおそれがあるからである。公教育導入により協働することになった望の岡分校教員にも誤解を与えないためでもあった。

　また、北海道家庭学校の因習により長年続いてきた報酬面での男女間格差を解消し、職務上の立場や責任、あるいは就労条件についての見直しを行い、組織・機構全体の再構築を図った。小舎夫婦制の寮運営の面で若干懸念もあったが、思い切って直接処遇職員全員の休日を4週4休から4週6休に増やした。そのことによって、輪休（輪番制の休日）が増え、本館職員が輪休寮対応する頻度が増したことから、本館職員の寮対応のウェートが以前より増した。月に3回、2泊2日で輪休寮に移動して過ごす子ども達の負担は1回分増えたことになるが、それも次第に慣れ、寮長・寮母はじめ多くの職員がリフレッシュでき、家族との時間が多く持てるようになった。

　また、児童の役割についても呼称を変えた。新入生の世話をする寮の先輩児童のことを「親」と呼び、世話される新入生のことを「子」と呼ぶ習わしだったが、小舎夫婦制の寮の中で、本来「親」の位置付けは寮長・寮母であるべき

との考えもあり、また、「親」と「子」の呼称が江戸時代から近代まで続いた鉱山労働者（坑夫）の組合制度による一種の身分制度である「友子制度」（親分子分の関係を持つ）の名残と推測され、現代のしかも児童福祉の枠組みには合わなくなってきているのではないかとの考えから、「親」を廃して「世話係」と呼ぶことにした。

　さらには、経験の少ない職員にも理解しやすいように「反省日課」を「特別日課」と呼称を変え、内容や実施方法も見直した。無断外出や他児への暴力などの重大な事件・事故を起こした子どもに対して、ペナルティーとしての「反省日課」を強いるのではなく、担当寮長をはじめとする関係職員と過ごす「特別に濃密で丁寧な指導・支援の日課」という整理である。懲戒権の濫用にならないよう、必ず会議にかけて機関決定することとし、保護者と児童相談所にはその都度連絡することとした。「特別日課」の開始・終了の際には、当該児童を校長室に呼んで、関係職員立ち会いのもとに本人の意思を確認した上で校長から申し渡すこととし、最長でも7日間を目安とした。学習権の保障の観点から、望の岡分校の授業は極力休ませず、休み時間や放課後の過ごし方に一定の制限を加えている。子どもの権利侵害にならないよう、監禁・拘束するようなことは一切していない。寮内でも出入り自由な個室で独り静かに過ごし、作文や日記を書きながら寮長と対話を重ねることになり、指導を深め、自己変革を促す絶好の機会となっている。

⑶　評議員会の設置と新しい組織体制

　2017（平成29）年4月、社会福祉法の改正により小規模な社会福祉法人にも評議員会の設置が義務付けられたことから、社会福祉法人北海道家庭学校でも、議決機関としての評議員会と執行機関としての理事会の2本立ての組織体制を整えることになった。それに合わせて、多くのベテラン理事が新設の評議員会の評議員として異動することとなり、それまで7年間理事長を務めた永井信は勇退した。そして、執行機関として新たにスタートした理事会で、家村昭矩が新理事長に選任された。

　2020（令和2）年3月、第9代校長・仁原正幹は、6年間の在任期間の中で北海道家庭学校の人材育成と経営安定化に一区切りを付け、後任の第10代校

長に清澤満を指名して校長を退任した。それと同時に家村昭矩は3年間務めた理事長を退任し、後任理事長に仁原を指名し、理事会で選任された。仁原・新理事長は、理事会に諮って理事長の相談・諮問の相手としての「特別顧問」を新設し、家村昭矩・特別顧問が誕生した。

　清澤満は、2年前に退任した軽部晴文の後任副校長として、仁原の誘いを受けて2018（平成30）年4月から北海道家庭学校の運営に参画していた。北海道庁に長年勤務する中で、帯広児童相談所長、中央児童相談所長等の経歴を有する人物で、道退職後は札幌で障害福祉関係の仕事に従事していた。清澤・第10代校長時代の2020（令和2）年には、北海道有形文化財に指定されていた礼拝堂の大規模修繕工事を行い、外壁の破損部分を修復し、屋根や壁を塗り直し、床を張り替えるなどの化粧直しを施して、かつての美しい姿に甦らせている[20]。

　清澤が校長を務めた3年間は、すべての期間がコロナ禍に重なることになり、入所児童の感染防止のために各種行事の遂行や来客対応などにも配慮や工夫が欠かせない状況であった。さらには、職員の退職・採用等の出入りも多かったことから、人材育成の面で苦心するなど、運営面では大変な苦労があった。2021（令和3）年開催の東京オリンピックの際には、北海道家庭学校の展示林から伐採された木材で作られた大きな五輪マークが開会式で使われるなど、明るい話題も提供した[21]。

2　社会への情報発信と関係機関との連携強化

　仁原は、校長時代とその後の理事長時代を通じて、広く社会への情報発信に努めるとともに、道内の児童相談所をはじめ児童養護施設などの児童福祉関係機関、さらには、少年司法関係機関などとの連携に力を注いだ。

⑴　児童相談所への提言と要請

　特に児童相談所に対しては、自らが児童相談所と児童自立支援施設の両方での実践の中から体得した知見や理念を踏まえ、日頃から機関誌『ひとむれ』や各種出版物を通じて児童福祉についての持論を述べた[22]。また、実際の入所ケースの処遇方針を検討・協議する中でも、口頭や文書で踏み込んだ提言を重ね、時には強い要請も行った。北海道家庭学校への理解を深めるために、また、

究極の目的である児童の権利擁護のために、精力的に児童相談所の所長や職員に対する啓発活動を展開した。

「社会的養護のケースに対応する際には、児童相談所と児童福祉施設とは車の両輪となって緊密な連携・協力の下に業務を遂行することが肝要であるが、近年の児童相談所が増加の一途を辿る児童虐待通告への対応に忙殺されているためなのか、連携・協力が十分になされていない」との危惧の念を繰り返し述べている。その上で両者の連携・協力体制の一層の拡充・強化を図るための方策として、「（入所前の）一時保護期間等における動機付けの徹底」や、「（入所中の）再判定、再動機付け等を目的とする一時保護の迅速な対応」について、全道の児童相談所に対して強く要請した[23]。

さらに、一部の児童相談所に対しては、子どもの人権問題にも深く関わることとして、「一時保護所における『拘禁部屋』の解消」について、長期にわたって折衝・協議する中で具体的な提言を続け、改善に導いた[24]。

(2) 児童福祉関係機関との情報共有・意思疎通

北海道家庭学校に入所する児童の中には、保護者のもとから直接やって来るケースもあるが、入所前まで児童養護施設、児童心理治療施設、里親宅等で過ごしてきたケースも多い。また、退所後には、これらの施設・里親宅に加えて自立援助ホーム等に居を移して、引き続き社会自立に向けての支援を受けながら、近年では高校に進学するケースも多い。社会的養護の受け皿の中で、児童自立支援施設の場合はとりわけ対応が難しくなった児童の最後の砦のような存在となっているが、一方通行ではなく、家庭復帰が望めない場合にはまた元の施設に戻れるよう、施設間の緊密な連携が必要であるとの考えから、具体のケース展開の中でも情報共有に努めるとともに、毎月送付する機関誌『ひとむれ』、『朗読会』を通じて、さらには、研修会や講演会、見学対応の場面などを通じて、民生委員児童委員なども含めた児童福祉関係機関との情報共有・意思疎通に努めている[25]。

(3) 少年司法関係機関との交流

北海道家庭学校は、校祖・留岡幸助が教科書にも掲載される歴史上の人物で

あり、校祖の時代以降も今日に至るまで多年にわたり数多くの出版物などで広く紹介されてきたことから、日常的に視察・見学・研修・実習等を目的とする来客が多い施設である。社会的養護に対応する児童福祉施設ということから、来客の中心は全国の児童福祉関係者（研究者・学生等も含む）ではあるが、同時に少年司法関係者も多く、家庭裁判所の裁判官や調査官、少年院や少年鑑別所の職員、保護司会や更生保護女性会の会員等が年間を通して相当数訪れている。さらには、留岡幸助が家庭学校創設前に教誨師をしていた縁もあってか、刑務所の職員、教誨師会の会員等との交流もあり、歴代校長もそういった団体からの要請に応じて講演に出向くなど、児童福祉施設としては異例なことと想われるが、司法分野との関わりが深い。

　対象児童への対応が児童福祉と少年司法の両分野に跨がるケースも多い隣接分野であるにもかかわらず、一般的には厚生労働省と法務省の縦割り行政のためか関係機関同士でお互いがよく見えず、濃やかな連携が図りにくい面もある中で、北海道家庭学校の場合は、司法関係機関との日常的な交流が続けられている。現在も網走刑務所の支援・協力のもとに刑務所職員による性教育や薬物濫用防止教育などで、家庭学校の児童が直接指導を受けている。

　また、2019（令和元）年度からは、北海道家庭学校の第3番目の社会福祉事業（公益事業）として、敷地内に「樹下庵診療所」を設置・運営しているが、その際にも児童精神科・心療内科の医師として従事する富田拓が、網走刑務所の矯正医官と兼務することなどについて、札幌矯正管区をはじめ司法関係機関の格別な理解と協力を得ている。富田は、少年司法関係者からの求めに応じて講演・研修等にも随時対応するなど、児童福祉と少年司法の両者の架け橋としての役割を果たしており、双方の交流が一層深まっている。

⑷　社会への情報発信と啓発──出版物の刊行
　北海道家庭学校としては20余年振りに2種類の出版物を刊行し、社会への情報発信と啓発に努めている。
① 『新世紀「ひとむれ」──北海道家庭学校の子ども達』
（仁原正幹著、生活書院、2019.12）
　創立百年の節目の年から第9代校長を務めた著者が、今日の児童自立支援施

設としての北海道家庭学校の様子を紹介するとともに、現代の児童虐待や発達障害などの問題を背景とする社会的養護への対応などについて記述した機関誌「ひとむれ」の巻頭言をまとめたもの。

　北海道家庭学校の百年の歴史と伝統を踏まえた上で、次の百年に向けて新世紀の児童自立支援施設のあり方を模索する日々の中から、子ども達への願い、職員や多くの関係者への想い、児童福祉のこれからについての思索の内容などを記述している。

② 『「家庭」であり「学校」であること──北海道家庭学校の暮らしと教育』
　　　　　　　（仁原正幹・二井仁美共同編集・家村昭矩監修、生活書院、2020.12）

　「家庭学校」という名称には「家庭の愛と学校の知にあふれた家庭であり学校でありたい」という校祖・留岡幸助の願いが込められている。留岡は『「家庭」であり「学校」であること』が課題を抱えた子ども達に最もふさわしい生活環境であることを、120年以上前の明治の時代から確信しており、まず東京に「家庭学校」を創設し、その後北海道に感化事業の拠点を移した。児童福祉の観点、学校教育の観点、児童精神科医による非行臨床の観点、歴史研究者による感化教育史の観点からの記述など、盛り沢山の内容の「ガイドブック」として作成されたもの。

　サブタイトルに「北海道家庭学校の暮らしと教育」とあるように、家庭学校と望の岡分校の活動内容と、日々の暮らしの中で子ども達が自己を変革しながら成長していく様子を紹介することを企図して編集されている。現場で日々実践を重ねる職員・教員の文章も数多く掲載され、児童福祉と学校教育の協働による目覚ましい相乗効果を伝えるなど、北海道家庭学校の今の姿を紹介している。

第4節　新世紀・北海道家庭学校の現況

1　望の岡分校との協働の状況

　2009（平成21）年4月に道内の3つの児童自立支援施設に一斉に公教育が導入されて以来14年が経過した。1997（平成9）年の児童福祉法改正以来全国の

施設でそれぞれ長い検討・準備期間などの経過を経て、今日ではほとんどの児童自立支援施設に公教育が導入されている。ただし、導入はされたものの、児童福祉と学校教育の文化の違いなどから、なかなか共同歩調がとれずに苦悩しているところもあるようである。

　北海道家庭学校と望の岡分校の協働については、14年前に非常に良いスタートが切れたことが幸いして、その後も順調に推移している。望の岡分校の現場のトップの教頭職も、初代の森田穣から、里見貴史、神谷博之、吉村憲彦、河端信吾と5人が交替しているが、これらの教頭の指揮の下に、望の岡分校の教職員が北海道家庭学校に溶け込み、両者の共同歩調がとれている。

　スタート時点で教務室（職員室）を合同にして、両方の職員・教員が同じ空間に混在する形で机を並べるスタイルをとったことも、密接な連携・協力体制の構築に大変有効であったと考えられる。ただし、急ごしらえであったために非常に狭隘な部屋であったことから、職員・教員全員分の机を並べるスペースがなく、毎朝の打合せなどの際にも窮屈で不便な状況が続いていた。

　校長就任以来1年間、こうした状況を見てきた仁原は、教務室の隣の中1教室との間の壁を打ち抜くことを思い立ち、2015（平成27）年の春休みの間に、思い切って教務室拡張のための突貫工事を行った。そのことによりやっと家庭学校の直接処遇職員と分校の教職員の全員が机を並べられるようになり、また拡張した教務室の一画には、女性教員からの要望を受けて、それまで未設置で不便だった女性教員用の更衣室を新設することができた。

　ただし、教室を1つ潰してしまったので、分校の円滑な授業に支障を来すことになり、今度は夏休みの間に、本館裏の土手を削って小さめの教室を2室増築し、渡り廊下でつないだ。全体の児童数が減少しているとはいえ、望の岡分校では特別支援教育も行われており、また、学年別と並行して教科によっては習熟度別のクラス編成も取り入れながら濃やかな学習指導が行われているので、一つ一つのクラスの人数は少なくても、教室の数は多ければ多いほど良いのであった。このように子ども達が快適な学習環境で集中力を切らさずに授業に臨むことができ、学習の遅れを取り戻しやすくなるよう、体制整備に努めた[26]。

2 自立援助ホーム「がんぼうホーム」の設置・運営

創立103年目に当たる2017（平成29）年1月、遠軽町市街地に新たに土地を求め、自立援助ホーム「がんぼうホーム」を開設した。社会福祉法人北海道家庭学校としては2つ目の社会福祉事業（児童自立生活援助事業）の展開である。第8代校長退任後の熱田洋子理事の構想により進められたもので、熱田は初代ホーム長に就任した。「がんぼうホーム」の名称は、遠軽町のシンボルでもある景勝地「瞰望岩」から付けられている。

自立援助ホームは、義務教育修了後、様々な理由により家庭で暮らせない児童や青少年（原則として15～20歳）が社会的自立を目指して共同生活を営む場所で、一つ屋根の下でホームの職員が寄り添い励ましながら、日常生活上の援助、生活指導、就業支援などが行われている。入居者の中には児童自立支援施設や児童養護施設を退所した児童も多く含まれている。

2016（平成28）年12月末に、北海道家庭学校の向陽寮（高校生寮）在籍児童と担当職員が、道立遠軽高校の隣接地に新装成った「がんぼうホーム」に引っ越しをして、約20年間続いた高校生寮を発展的に解消する形でスタートを切った。定員は男子のみの6名で、北海道内の自立援助ホームとしては10番目の開設となった。その後も自立援助ホームは徐々に増え、2023（令和5）年6月現在、全道で20カ所が設置・運営されている。

2020（令和2）年3月、初代ホーム長の熱田は退任し、清水真人が2代目のホーム長に就任した。清水は佐呂間町農業協同組合の総務部長から北海道家庭学校に転身したクリスチャンで、ホーム開設時から妻の清水律子と共に熱田ホーム長を支えながら、道北・オホーツク地域初の自立援助ホームの基礎を築いた[27]。

2022（令和4）年12月までの6年間に総勢17名が入居し、濃やかで手厚い支援のもとで各人が成長し、それぞれの道に向かって巣立っている。

3 「北の里山」登録

北海道家庭学校の広大で豊かな森が北海道庁から「北の里山」としての指定を受け、2016（平成28）年1月5日付けで登録された。登録番号は76番、登録名称は『森の学校』となっている[28]。

「北の里山」への指定・登録については、遠軽町役場や地域の森林ボランティアの助言・協力により実現したもので、北海道家庭学校が開設当初から敷地内の豊かな自然の森を、誰でもいつでも出入り自由にしているために、里山の散策、野の花や野鳥の観察、山菜・キノコ採り、幼児のドングリ拾い、小学生の遠足等々の目的で地域住民から親しまれていることが、「北の里山」指定・登録の発端となっている。

　北海道家庭学校の敷地の総面積430haの中で、指定を受けた山林面積は366haにも及ぶ広大なもので、山林内には林道も張り巡らされており、日頃から山林班の児童と家庭学校職員と望の岡分校教員による作業班学習の活動を中心に手入れされてきている。近年は定期的に全校作業によるカラマツや桜等の植林も行われている。

　市街地から近く、アクセスも良好な北海道家庭学校の深く豊かな森を、多くの人に気軽に触れていただき、身近な学びの場として楽しんでいただくことを考えており、地域に根ざした息の長い里山づくりを継続している。

　　「北の里山づくり」
　　　北海道では、「北海道森林づくり基本計画」において、道民が森林とふれあい親しむ場を創出するため、身近にあって地域に密着した里山林等の整備・保全を進めることとしており、「北海道らしい里山林」を「北の里山」として登録する制度を創設しています。

（北海道庁HPから転載）

4　バター・チーズの本格製造・販売

　酪農班では、蒦本賢治・広美夫妻が中心となって、常時40頭ほどの乳牛を放牧飼養する北海道家庭学校独自のスタイルの酪農を継続している。かねてより牛乳を出荷するとともに、内部消費用の牛乳、バター、アイスクリーム、ヨーグルトなども製造して、給食棟や各寮で子ども達に提供してきた。

　そうした中で、2020（令和2）年度に、元の平和寮の内部を全面改装して、保健所の認可も得た設備の整った「バター・チーズ工房」を新設し、発酵バターや各種チーズ等の本格的な製造・販売を開始している[29]。家庭学校で直接販売、

ネット販売しているほか、近隣町村の道の駅等の各種店舗でも販売されるとともに、遠軽町の「ふるさと納税返礼品」としての指定も受けるなど、高乳量を追求する酪農とは一線を画した放牧牛特有の牛乳の味がするチーズとして需要も高まり、徐々に販路を広げている[30]。

　2022（令和 4）年度には、国産ナチュラルチーズの全国品評会「ジャパンチーズアワード 2022」において、ストリングチーズ部門で「家庭学校の薪」が金賞、ウォッシュチーズ部門で「トメオカ」が銅賞を受賞するなど、高い評価を受けている[31]。

5　樹下庵診療所の開設　　　〔この項は、清澤満・富田拓が執筆〕

⑴　診療所の開設準備と地域貢献　〔清澤〕

　児童自立支援施設に入所してくる児童の多くが児童精神科領域の医療を必要としており、近年その傾向は顕著である。北海道家庭学校はこうした児童の医療を遠軽厚生病院や六条医院（太田充子理事の旭川の精神科クリニック）などに依頼し対応してきたが、2019（令和元）年度、心理療法室等を備えていた樹下庵を一部改修の上、自ら診療所を開設した。

　樹下庵を活用した診療所の開設に当たっては、当時の家村理事長、仁原校長、清澤副校長が北海道庁の子ども未来推進局やオホーツク総合振興局に出向き、相談・協議を重ねて了解を得た。

　また、診療所の医師については、その前段で国立武蔵野学院の医療課長から網走刑務所の矯正医官に転じていた富田拓医師が兼務する形で診療に当たることで話を進めた。富田は、1995（平成 7）年 4 月から 2000（平成 12）年 3 月まで北海道家庭学校で勤務し、医師でありながら掬泉寮の寮長も務めた人物であった。網走刑務所との兼業の件は仁原校長と富田医師本人が札幌矯正管区に出向くなどして調整を重ね、了解を得た。さらには、指導医として、太田充子理事の協力を得た。

　なお、児童自立支援施設に対する措置費との関係で疑義のあった診療報酬の算定については、清澤副校長が北海道厚生局に折衝・協議し、北海道家庭学校入所児童に対して行う診療についても、一般外来診療と同様に算定できる旨の回答を得た。

このようにして、「樹下庵診療所」は、2019（平成31）年4月24日付けで北海道紋別保健所から開設を許可され、また、2019（令和元）年6月1日付けで北海道厚生局から保険医療機関としての指定を受けた。

　「樹下庵診療所」の開設は、発達障害を有する入所児童の迅速かつ的確な医療の確保はもとより、児童相談所や市町村教育委員会、学校等から紹介を受けた地域の児童に対する外来診療により、児童や保護者、関係機関等への支援を行うなど、社会福祉法人としての地域貢献活動としても位置付けられるものである。

(2)　樹下庵診療所の実情と医師の思い〔富田〕

　樹下庵診療所は、オホーツク圏唯一の児童精神科専門クリニックとして、2019（令和元）年6月に開所して以来、2022（令和4）年12月までに3年6カ月が経過した。その間の受診者数、及びその診断内訳は**表6-1、6-2**のとおりである。樹下庵診療所の診療圏はかなり広く、中には泊りがけで受診する患者もいる。基本的に週に2日間のみの診療であり、昼間は児童精神科一般外来診療を行い、夜に家庭学校在籍児童の診療を行っている。診療所を外来受診していた児童が、児童相談所を通じて家庭学校に入所する事例もあり、また、家庭学校内で診療を行っていた児童が、退所後にアフターフォローとして診療所に通院してくる場合もある。新患の診療時間は原則1時間、再来患者の場合は20分と比較的ゆっくり話を聴けるようにしているが、その一方でそもそも診療日が少ないこともあって、新規患者の受け入れが十分にできなくなっていることが最近の大きな問題である。

　施設内に診療所があるメリットは、何と言っても子どもの生活の様子を医師が間近に見ることができること、24時間生活を共にしている寮長・寮母と医師とのコミュニケーションが取りやすいことである。診療日の夜は基本的に寮で食事を摂ることにしており、このときに子ども達の様子などを見ることができるのだが、新型コロナ感染症の影響で最近は子どもたちと一緒に食事を摂ることが難しいのは残念である。

　一昔前までと異なり、家庭学校入所児童にいわゆる非行少年は少なくなり、家庭や地域、他の施設での生活が困難になった発達障害を持つ児童、親子関係

表6-1　北海道家庭学校樹下庵診療所　受診者数

	2019/6/1- 2020/5/31	2020/6/1- 2021/5/31	2021/6/1- 2022/5/31	2022/6/1- 2022/12/31	合計
初診患者数	77	85	96	32	290
全患者数（のべ）	637	1,132	1,466	911	4,146

表6-2　診断の内訳

診断名	注意欠如多動症	自閉スペクトラム症	うつ病／抑うつ状態	軽度知的障害	不安障害	その他	計
人数	145	99	27	17	6		290
割合	50%	34%	9%	6%	3%	0%	

＊診断の重複は非常に多い。

の不調を抱えた児童が大部分を占めるようになっている（第Ⅱ部調査研究1参照）。入所児童のほとんどが、入所前に既に発達障害の診断を受けているのである。

　どの子どもも、家庭学校に来たくて来ているわけではない。しかしそれでも子ども達は、子どもならではの環境への適応能力の高さもあって、それほど時を経ずに家庭学校での集団生活を楽しげに過ごすようになる。一つには家庭学校が、その恵まれた自然環境のおかげでその子達が地元にいたときよりもある面では非常に豊かな生活体験を提供できるからでもあろう。また、同世代の子数名と一緒に暮らす小集団での生活は、窮屈で、プライバシーが十分に守られないきらいがある反面、まるでキャンプをしているかのような楽しみもあるようだ。対人関係やコミュニケーションに大きな問題を抱えた子どもが多いが、彼らは小集団の中で多くの時間を楽しげに、また時には他児と揉めながら、濃厚な時間を過ごしていく。その時間が、彼らの弱点であった対人関係の力、コミュニケーションの力を高めているのである。

　また、医師や心理士と密に情報交換をすることによって、子ども達の特性を十分に理解した上で24時間寄り添う寮長・寮母の支えがある。寮に出かけて子ども達の様子を見ていると、子ども達一人ひとりが日々大きく成長していくのを感じられる。非行の有無にかかわらず、逆境的な環境に育った子どもや、発達の問題を抱えた子どもにとって、大自然の中で夫婦小舎制によって営まれる家庭学校の環境は極めて成長促進的である。

　それに加え、樹下庵診療所の開設により、必要に応じた医療的支援が十分に

できるようになった。この環境を、生きづらさを抱えた子ども達に対して、さらに広く提供できたらと考えている。

6　展示林と東京五輪　　　　　　　　　〔この項は、清澤が執筆〕

⑴　北海道家庭学校「展示林」

　北海道家庭学校の広大な森の中には 1964（昭和 39）年に開催された前回の東京オリンピックゆかりの「緑のレガシー」がある。その経緯が 1968（昭和 43）年 6 月発行の『ひとむれ』305 号と 2018（平成 30）年 9 月発行の『ひとむれ』955 号に記載されているので、一部抜粋して引用する。

　「展示林樹苗を受く」

　　東京オリンピックの際、各国選手が国の代表的林木の種子をはるばる持参、それを育苗中であることは世間一般にはあまり知られていない。四月二五日道庁の馬渕氏が来訪された時、北海道として、「この記念樹をどこへ植えたら各国選手の好意を顕示できるか」苦慮しているとの話があった。博物館には林木の見本、展示林には十種類が植樹され、造林への関心の高いことに感銘を受けたと感想を述べられた。あらゆる部門から参観者のあることが知られて、ここの土地に適するものを十種類いただき一部は展示林に一部は育畑に移植した。

記

ダグラスファー	カナダ産
シトカトーヒ	同
ヨーロッパトーヒ	ブルガリヤ産
ヨーロッパ赤松	フィンランド産
同	スエーデン産
ロッチボールパイン	アイルランド産
ルーベントーヒ	同
メタセコイヤ	同
コルシカ松	同
モンタナ松	同

「サナプチ日記（五月）」

　一・曇、早朝秋葉、横山先生はトラックにて出発。野幌の農林省林木育種
　場、光珠内の北海道林業試験場におもむき、東京オリンピックの際外国選
　手の持ち来たった種子より育苗せる樹種一〇種類を受取る。

(2)　「展示林活用検討会議」への参画

　北海道家庭学校の展示林については、2013（平成25）年7月発行の雑誌『ス
ポーツゴジラ』（発行：特定非営利活動法人スポーツネットワークジャパン）の中
でも紹介されている。1964（昭和39）年の東京オリンピックの際に各国選手団
が自国の代表的な樹木の種子を持ち寄ったものが、「北海道家庭学校の展示林」
と「東京代々木公園の樹木見本林」の2つの場所で樹木がしっかり根を下ろし
て立派に育っているという内容で、スポーツ写真家として国際的に活躍してい
る岸本健の談話として掲載されていた。岸本健は北海道家庭学校に長く勤めた
岸本種次・斐夫妻の子弟として生まれ育ち、長年敷地内で暮らした経験を有す
る人物であった。

　岸本の記事や『ひとむれ』の文章[32]を目にした遠軽町の関係者がオリンピッ
クゆかりの展示林の存在を知ることとなり、2017（平成29）年1月、遠軽町主
宰の「1964東京オリンピック遠軽町展示林活用検討会議」が設置され、2020
東京五輪における展示林の活用が検討・協議されることとなった。検討会議は、
遠軽町（町長部局、教育委員会）、北海道家庭学校、オホーツク総合振興局、
網走西部森林管理署などで構成された。

　検討会議設置前の12月には展示林（75林班4小班）の外国樹種全木調査が
実施され、樹木本数162本、平均樹高24 m、平均胸高直径34cm、立木幹材
積計189㎥であることがわかった。この時点では樹種の特定は困難であったも
のの、トウヒ類やパイン類が列状に成育していることが確認された。

　検討会議では、機関誌『ひとむれ』などの資料及び全木調査の結果から、オ
リンピックゆかりの木が成育している展示林の存在について確認するとともに、
展示林活用の方向性について協議された。

⑶ 「緑の遺産」継承の取組

　2017（平成29）年9月14日、北海道家庭学校の子ども達の手によって展示林からの種子採取が行われている。また、同月30日には遠軽町内の小学生による種子採取も行われた。これらの種子採取は2020年のオリンピックイヤーにこの種子から育った苗木を再び展示林に植樹することを計画しての取組であった。採取した種子は2018（平成30）年5月、町内の小学生によって、社会福祉法人北海道家庭学校の評議員・佐々木雅昭が経営する佐々木産業の圃場に播かれた（播種体験会）。

　検討会議では、日本オリンピックミュージアム建設の際に展示林材を天井材として活用することが決定された。また、そのミュージアムのウェルカムボードに飾る五輪オブジェ（展示林木使用）の製作イベントが、2019（平成31）年3月に北海道家庭学校で開催され、入所児童がJOC関係者など講師陣の手解きを受けながら、様々な意味や願いを込めた五輪マークのオブジェ5つを完成させた。このイベントは遠軽町の福祉センターと、ミュージアムが建設される新宿区でも開催され、地域の子ども達がオブジェ作りに参加した。2019（令和元）年9月に完成した日本オリンピックミュージアムのエントランスホールにあるウェルカムボードには子ども達によって製作された約70個の五輪オブジェが飾られている。

　なお、展示林材を活用した日本オリンピックミュージアムの天井や椅子・テーブルなどのデザインが、「ウッドデザイン賞2020」の優秀賞（林野庁長官賞）を受賞（作品名：1964東京オリンピックゆかりの木プロジェクト）し、北海道家庭学校は北海道や遠軽町、日本オリンピック委員会などとともに受賞団体に名を連ねた。

　また、2018（平成30）年10月には、平成30年度北海道社会貢献賞（森を守り緑に親しむ功労者）も受賞した。展示林をはじめとする森の緑を大切にしてきた北海道家庭学校の取組が高く評価されたものである。同賞は9団体1個人に贈られ、12月に札幌で行われた表彰式には家村昭矩理事長（当時）が出席している。

⑷　オリンピックイヤー

　新型コロナウイルス感染症の影響により、2021（令和3）年が1年遅れのオリンピックイヤーとなった。

　2021（令和3）年7月23日の「2020東京五輪」の開会式において、北海道家庭学校の展示林材を使用して作られた五輪マークの巨大な木製オブジェが登場した。開会式のテレビ放送の中では詳細の説明はなかったが、『産経新聞』は「前回東京五輪ゆかりの木材でパフォーマンス　開会式」との見出しで「北海道遠軽町の児童自立支援施設『北海道家庭学校』の敷地に植えられて育った木材の間伐材で、前回大会からの『レガシー』の継承を表現した」と報じ、また『読売新聞』は「二つの東京五輪つなぐシンボル、木製の五輪マーク登場」と題し、「木材は、北海道遠軽町にある児童自立支援施設の敷地内から調達した。1964年の前回東京オリンピックで各国選手団が持ち寄った種から育った約160本のトーヒ類などが立ち並ぶ林で、展示林と呼ばれている」と報じた。

　2021（令和3）年9月16日、4年前の9月に展示林から採取した種子から育った苗木約350本（トウヒ、ロッジボールパイン）が佐々木産業から届けられた。この日の作業班学習では、全校作業として、子ども達と職員、分校の教員によって展示林への植樹が行われた。

　オリンピックイヤーの翌年も展示林材を使用した施設のオープンや遠軽町有地への植樹などの活動が続いている。2022（令和4）年8月にオープンした遠軽町芸術文化交流プラザ（愛称「メトロプラザ」）の開館記念式典では、大ホールの観客席側左右の壁に本校の展示林材が使用されていることが披露された。また、北海道家庭学校には展示林材で製作された2種類のアームチェアが寄贈され、玄関ホールに展示されている。

7　北海道家庭学校の豊かな伝統の継承と現在の姿

⑴　小舎夫婦制の寮による愛着形成

　特定の大人が信頼感の下に子どもと共に暮らす「小舎夫婦制」のシステムは、創設当初から「家庭であり学校であること」を目指してきた北海道家庭学校が嚆矢となっており、かつては全国の教護院の大多数がこのシステムを採用していた。ところが、適時に適材が得られないことなどから、時代の変遷とともに

「交替制」への転換が進み、現在では全国的には「小舎夫婦制」が維持・継続されている施設は3割にも満たない状況となっている[33]。道内の他の2つの道立児童自立支援施設についても、長年にわたる北海道庁主催の「在り方検討会議」で議論され、校長時代の仁原が毎回必ずオブザーバー出席し、「小舎夫婦制」のメリットを説明・強調し、道立施設での維持・継続を求め続けたが、道としては結局維持を断念して原則「小舎交替制」に転換した経緯がある。

児童自立支援施設の場合、入所児童の大半が発達障害や愛着障害を有していることから、寄り添い励ましながら注意深く見守ることが肝要であり、疑似家庭のような小舎夫婦制の寮の中で、特定の大人（寮長・寮母）との間で愛着関係が修復・形成され、濃やかに育ち直りを支えられることが、心身の成長に大変重要と考えることから、今の時代に寮担当職員の適材を見つけることには苦労が伴うものの、北海道家庭学校としては何とか「小舎夫婦制」を堅持したいと努力している[34]。

(2) 完全な開放処遇の堅持

また、完全な開放処遇も堅持しており、塀も柵も鉄格子も監視カメラも外からかける鍵もなく、よほどのことがない限り夜間寝ずの番を置くこともしていない。すでに1950年代（昭和30年代）から、寮の居室は4人部屋を基本としており、部屋の四隅に机やベッドを配置して独立した空間を作り、敢えて死角が多い構造にしてプライバシーの保護に努めている。子どもの人権への配慮とともに、信頼関係の構築こそが最も重要と考えているからである[35]。

無断外出事故も起こり得るが、あくまでも未然防止に努め、起きてしまったときには、大多数の職員が敷地内に居住していることから職員全員で捜索活動に当たり、短時間で発見・保護できるよう努めている。遠軽警察署や地域住民から協力いただくこともある[36]。

無断外出や他児への暴力などの重大な事件・事故を起こした子どもに対しても、「特別日課（特別に濃密で丁寧な指導・支援を行う日課）」を課すが、懲戒権の濫用、子どもの権利侵害にならないよう、いかなる場合でも監禁・拘束するようなことは一切していない[37]。

⑶　作業班活動

　北海道家庭学校の歴史と伝統の中でも、豊かな自然と広大な敷地を背景とした「作業班活動」は特筆に値するものであり、今日においても感化教育、児童自立支援の取組の根幹をなすものとなっている。

　2009（平成21）年4月に望の岡分校が開設されてからは、児童と家庭学校職員と望の岡分校教員が三位一体となって月曜・火曜・木曜の午後の学校日課の中で「作業班学習」が展開されている。各人が蔬菜班、園芸班、山林班、校内管理班、酪農班の5つの班のいずれかに所属して本格的な作業を行っている。「流汗悟道」と「with の精神」を基本とする「生教一致（生活と教育の一体化）」を体現しながら、児童福祉と学校教育の連携による相乗効果で大きな成果を上げている[38]。

　時には「全校作業」として、植林、牧草の刈り取りや梱包、広い敷地内全体の草刈り、さらには礼拝堂や生活道路の清掃・補修などの環境整備にも取り組んでいる。

　毎年11月下旬の勤労感謝の日の前後に1年間の収穫を感謝して、また「作業班学習」を総まとめする意味で「作業班学習発表会」を開催している。生徒全員、一人ひとりが個々のテーマで、実践してきた自らの作業を振り返っての発表をしている。作業の意味や成果、自分の役割などを改めてしっかりと考えることになり、それぞれが達成感や自己肯定感を高めている。「作業班学習発表会」は最も重要な意味を持つ行事として捉えており、近年は児童相談所や原籍校などにも案内し、多くの先生方に子ども達の成長振りを見ていただいている[39]。

⑷　平和山記念碑参拝登山

　北海道家庭学校の広大な敷地のほぼ中央に位置する平和山に、校祖・留岡幸助の月命日である毎月5日の早朝、登り25分、下り20分ほどの軽トレッキングを行っている。山頂にある校祖の辞世の句が刻まれた記念碑の前に子ども達全員が整列し、校歌（曲が賛美歌380番のメロディー）を歌い、自身の1カ月間の生活を顧みながら黙想するとともに、校長から校祖の思いや家庭学校の伝統について話して聞かせ、子どもも大人も皆が気持ちを新たにする参拝登山を毎

月行っている[40]。

　その日の夕食は校祖の好物だったお汁粉とお茶漬けと漬け物という定番メニューを続けているが、今の子ども達も特にお汁粉は喜んで食べているようである。栄養に偏りが出ないよう、前後の日程の献立でバランスを取っている。

　クリスチャンの法人役員から、月命日の参拝登山や夏の慰霊祭についてはキリスト教精神に合わないとの苦言が呈されたこともあったが、敬虔なクリスチャンであった第4代・留岡清男校長、第5代・谷昌恒校長の時代から長年にわたり実施されてきた、子どもの指導上意味のある大事な行事であり、安易に変えるべきものではない旨伝え、継続して実施している。

(5)　朗読会

　1966（昭和41）年度に始まった朗読会は、57年の星霜を経た今日でも毎月1回実施されている。

　発表者には入所後3カ月以上が経過し、比較的安定した生活を送っている児童が各寮長から1名ずつ指名される習わしとなっており、子ども達は指名されたことを名誉に思い、寮長の指導の下に苦心しながら作文を書き、それを壇上に立って読み上げ、皆の前で張り切って決意を述べている。自らを深く省み、自己変革の決意を多くの人に伝えるという得難い経験を積むことにより自尊感情を高め、一層の成長に繋がっている。

　50年間日曜礼拝のときに礼拝堂で実施してきたが、2016（平成28）年6月からは、日曜礼拝から切り離して平日の学校日課の中で行うようにしている。公立学校の教員（望の岡分校教員）が日曜日の宗教的色彩を帯びた行事に参加することが難しいことや、寮母が日曜日の午前中は昼食準備のために参加できないことなどもあったことから、なるべく多くの大人が子ども達に深く関われるようにするために、原則水曜日の7時限目の時間帯に、児童全員と家庭学校職員、望の岡分校教員が本館音楽室に集い、フロアから教職員が感想を延べ、最後に校長が登壇して講評を述べるスタイルで行っている[41]。

　児童の発表原稿と校長の講評の概要をまとめた『朗読会』誌については、機関誌『ひとむれ』とセットにして各方面に送付しているほか、発表児童から保護者にも手紙を添えて送るようにしている。

⑹　機関誌『ひとむれ』

『ひとむれ』は、1930（昭和 5）年の創刊以来、93 年もの歴史があり、北海道家庭学校の精神的支柱ともいえる大事な機関誌である。戦時中の休刊を経て、戦後の 1948（昭和 23）年に「再刊」という形で復活したが、その際に通巻号数がリセットされ、再刊第 1 号が現在の通巻号数の起点となっている。爾来 75 年間連綿と発行され続けており、2022（令和 4）年 1 月には、大きな節目となる 1000 号に到達したことから、「再刊 1000 号記念特集号」が刊行された⁽⁴²⁾。

『ひとむれ』には毎月 1 日発行の「月刊号」のほかに「収穫感謝特集号」「周年記念号」「通巻号数記念号」「教育特集号」があり、それらのすべてに通巻号数が付けられている。「通巻号数記念号」としては、「500 号記念特集号」が 1983（昭和 58）年に刊行されており、「再刊 1000 号記念特集号」は 39 年振り 2 度目の大きな節目となる刊行であった。北海道家庭学校の長い歴史と豊かな伝統、ユニークな活動内容等について、現在の役職員が再認識するとともに、広く全国の関係者や、視察・見学・研修・実習等の来訪者にも提供し、理解と関心を一層深めていただくための資料として作成したものである。

「再刊 1000 号記念特集号」には、家庭学校の新旧の役職員や全国の熱心な読者、そして 13 年前から協働して業務を進めている望の岡分校の新旧の教職員など、総勢 79 名の文章と 1 名の装画が掲載されている。その中には留岡清男・第 4 代校長時代から谷昌恒・第 5 代校長時代にかけて基幹職員として活躍し、今日の基礎を築いた、川口正夫、森田芳雄、齋藤益晴、村上時夫、平本良之の、80 代後半から 90 代の 5 人の先達の文章と装画も含まれており、現役世代に貴重な教訓を伝えるとともに、記念号に彩りを添えている⁽⁴³⁾。

「再刊 1000 号記念特集号」は、普段の月刊号などより多い 2000 部ほど印刷・発行し、通常の送付先のほかにも、北海道内のすべての大学図書館や、望の岡分校にも関係の深いオホーツク管内のすべての教育機関（オホーツク教育局・市町村教育委員会・小学校・中学校・義務教育学校・市町村立図書館）にも送付した。

近年の月刊号は毎月 500 部余りを手作りし、その内 450 部ほどを全国の関係機関や個人にも送付している。発行の目的は、第一は家庭学校と望の岡分校の現役の教職員の研鑽のためであり、次に関係機関への情報提供と啓発のためである。全国の児童自立支援施設や国や道の関係部署、道内の児童相談所のほか、

仁原が校長になってからは、道内すべての児童養護施設、児童心理治療施設、乳児院、自立援助ホームなどにも送付先を広げている。さらには、道内の家庭裁判所や少年院、少年鑑別所など少年司法の関係機関にも送付している。これらは家庭学校の子ども達が入所前、退所後に関わる可能性がある機関や施設であり、北海道家庭学校の児童自立支援、感化教育の考え方や現状について情報提供し、一層の連携・協力体制を構築することを企図している。

そのほかに、研修や視察に訪れる学生や研究者、児童福祉関係者、その他広く一般の方々にも資料として提供しており、求めに応じて毎月の発送もしている。また、公式ホームページ「家庭学校へようこそ」にも文章の一部を転載している。

仁原が校長に就任した時点では、月刊号についてはまだ手書きスタイルのままであったが、2014（平成26）年9月24日の創立百周年記念式典後に発行した10月号（905号）から、思い切って活字に切り替えている。愛読者の中には熱烈な手書きファンもおり、84年間堅持されてきた手書きの伝統を途絶えさせることに躊躇いはあったものの、効率的な事務遂行と誌面の一層の充実を企図して決断したものであった[44]。

他の多くの施設の広報誌などでは、記事の中心が行事や運動競技の対戦結果などの短信報告であって、明るく楽しい話題満載で、特に近頃では絵や写真がふんだんに盛り込まれているものをよく見かけるが、『ひとむれ』については、発行目的にも鑑み、昔ながらの文章のみの構成という伝統的なスタイルを堅持している。

⑺　夏季・冬季一時帰省

北海道家庭学校には、昭和の時代から続く夏・冬の一時帰省の独特の方法がある。入所児童を児童相談所毎に編制して、職員がそれぞれ分担して各児童相談所までの送迎を行うもので、他の施設には見られない独自の一時帰省のスタイルである。児童相談所において家庭学校職員が児相職員と面談し、迎えに来た保護者に子どもを引き渡すもので、また、一時帰省終了時にも家庭学校職員が迎えに行くというもので、児童相談所にとっても担当児童福祉司をはじめ、所長、課長、一時保護所の担当者など多くの職員が子どもの表情や所作、親子

間の様子などに直に触れることができ、半年毎に子どもの成長度合を実感するとともに、激励の言葉かけなどもでき、非常にメリットの多いシステムである[45]。

　現在も望の岡分校の夏休み期間と冬休み期間の中で、それぞれ2週間程度の一時帰省を実施しており、送迎は昔からの手法で行っている。異なる点といえば、かつては国鉄列車などの公共交通機関を使っていたが、近年はＪＲの路線廃止や特急列車の便の縮小などで不便になっていること、一方で高速道路網が拡充され、遠軽〜札幌間なども全線開通して便利になったことから、夏季一時帰省については、職員が公用車及びレンタカーを運転して送迎している。ただし、冬季一時帰省については、悪天候や凍結路面による貰い事故などの恐れもあることから、近接する北見児童相談所以外は、多少不便ではあるが、安全面を考慮して原則公共交通機関を利用するようにしている。

　一時帰省の対象となるのは、入所当初の過剰適応の時期を過ぎて本来の姿が確認できるようになった入所後3カ月以上を経過した児童で、帰省前の3カ月間に無断外出や暴力事件等の問題を起こさなかった児童としている。なお、入所時期からの日数の関係で冬季一時帰省の対象から漏れた児童については、短期間ではあるが別途春季の一時帰省について配慮する場合もある。

　一時帰省については、送迎の手間や、子どもが地元で事件・事故を起こすリスク、さらには、不安定になって家庭学校に戻るのを渋ったりする懸念もあるが、積極的に実施することにしている。子どもの成長振りを保護者や児童相談所、原籍校など地元の人に実感してもらうためと、子どもが北海道家庭学校の敷地内での護られ過ぎている環境から離れてどの程度自分を律して行動できるか見定めるため、また一方で、家庭の環境にどのような変化があるか、虐待傾向が改善しているか、退所後の居場所があるか、家から高校に通学できるかなどの見極めを子ども自身にさせるためにも、一時帰省は大変重要な意味があるからである。

　中には保護者の都合など諸事情が絡んで家には帰れないケースもあるが、そうした場合は児童相談所の一時保護所を活用する形で短期間であっても地元に戻し、親子を対面させたり、原籍校の教員との面談の機会を設けたりするよう、近年は児童相談所に強く要請して、場合によっては多少時期をずらしてでも、

受け容れてもらうことにしている。

⑻　食育の重視と給食棟の新装改築

　食事と食育には特に力を入れており、子ども達は量ばかりでなく質的にも「能く食べ」ている。厨房は給食棟にも各寮にも完備されており、季節毎の野菜や果物、山菜、牛乳やバター、チーズなど、家庭学校の敷地内で収穫される新鮮な食材をふんだんに使って、すべての食事を職員が手作りしている[46]。

　1979（昭和52）年に、第5代・谷昌恒校長の発案で初代の給食棟が建てられ、それまで朝昼晩の食事がすべて寮毎に摂られていたものが、平日の昼食会と、月に一度の誕生会が、子ども達と家庭学校職員が一堂に会して（公教育導入後は望の岡分校教職員も参加して）、和気藹々の中で楽しく行われるようになった。クリスマス晩餐会や創立記念日の昼食会などには多くのお客様や法人役員などの参加も得て盛大に行われるなど、大変大事な場所となっている。

　40年間愛用され、大事に使われてきた給食棟であったが、老朽化が進み、厨房設備の更新も必要になったことから、2019（令和元）年12月に全面改築した[47]。その年のクリスマス晩餐会は地元の支援者など大勢のお客様の参加も得て、盛大に行われた。ただし、その後はコロナ禍が続き、3年間お客様を

表6-3　おもな年間行事

5月	校長杯球技大会　潮干狩り　花見の会　春季マラソン大会
6月	運動会
7月	相撲大会　釣り遠足　済美館（白滝）の環境整備
8月	慰霊祭　夏季一時帰省
9月	創立記念日　秋季マラソン大会　研修旅行
10月	園遊会
11月	作業班学習発表会
12月	木彫展 音楽発表会 クリスマス礼拝・晩餐会　冬季一時帰省
1月	スキー学習　スキー大会
2月	スキー大会　雪像展　クロスカントリースキー大会参加
3月	卒業証書授与式（望の岡分校主催）　春季一時帰省
毎月	平和山記念碑参拝登山　誕生会　朗読会
毎週	日曜礼拝（日曜日）　クラブ活動（土曜日）

招待できない若干寂しい晩餐会、食事会となっている。

⑼　四季折々の行事

　北海道家庭学校では年間を通してたくさんの行事がほぼ毎月行われており、子ども達はその一つ一つを経験する度に心身共に一歩一歩着実に成長している。そのほとんどが歴史と伝統から生まれ、長年続けられてきた行事であり、子どもの成長にとって意味のあるふさわしい行事が今の時代に引き継がれていることが実感される。近年ではほとんどの行事が望の岡分校との共催の形で実施されている[48]。

⑽　入所児童数の減少

　児童自立支援施設の入所児童数の減少については、少子化が進み児童数総体が縮小していることも要因としてあるが、それにも増していわゆる「非行少年」の減少が近年顕著なものとなっており、そのことも大きく影響していると考えられる。

　特にここ数年、北海道家庭学校においては、年間を通して非常に少ない入所児童数で推移しており、全体で 10 数名から年度の後半の多いときでも 20 名を若干超える程度で、109 年の歴史の中で最も少ない状況になっている。小舎夫婦制の寮を担う夫婦職員がコンスタントに採用できない状況なども影響している。

　ただし、児童相談所からの入所照会に対して受け入れ側の事情で入所時期を若干遅らせてもらうことはあっても、入所自体を特段断っているわけではなく、そもそも児童相談所からの入所照会が減少している状況である。この現象は北海道家庭学校に限ったことではなく、近年全道的に児童自立支援施設への入所照会が減少傾向にあり、入所児童数については、道内の他の 2 施設、道立大沼学園（北海道家庭学校と同じ男子児童対応施設）でも道立向陽学院（道内唯一の女子児童対応施設）でも、皆一様に非常に少なくなっている[49]（**表 6-4**）。

　全道 9 カ所の児童相談所が、増え続ける児童虐待通告への初期対応に追われている状況は伝わってきている。児童相談所が取り扱うケースの中で、児童自立支援施設を対象とするケースは特に困難事例が多く、社会調査や行動観察、

表 6-4　道内各児童自立支援施設在籍児童数　　　　　　　　　　（2023.3.1 現在）

施設＼児相	中　央	旭　川	函　館	帯　広	釧　路	北　見	岩見沢	室　蘭	札幌市	計
家庭学校	2	9	0	8	0	2	1	2	0	24
大沼学園	1	1	4	1	0	0	3	5	0	15
向陽学院	2	2	3	4	2	0	0	0	0	13
合　計	5	12	7	13	2	2	4	7	0	52

※児童自立支援施設においては、一般に年度末の 3 月初日在籍数が最多となる場合が多い。
出典：道内 3 児童自立支援施設の業務統計より

心理判定等のために、さらには、本人の自己決定を促すための動機付けや、保護者の同意を得るために、多大な時間と労力を要することから、昨今、児童相談所によっては十分に手が尽くせていないのではないかとの懸念を抱いている。

　なお、施設の収入源となる国の措置費については、現在は暫定定員数（前年度の各月初日の在籍児童数の 1 カ月の平均数値）を基礎として算定されているので、定員数そのものを動かす必要はない。北海道家庭学校の定員数は昭和の時代に 7 寮がフル稼働していた当時の 85 のままであるが、近年の暫定定員数は 20 から 30 程度で推移しており、かつて声高に議論された「定員階差」問題については、最近は話題に上ることはない。

　また、児童自立支援施設における児童対応の困難性の理解も進み、国の制度における職員の配置基準についても時代とともに徐々に手厚いものに変わってきており、北海道家庭学校が他の多くの国公立施設とは異なる民間経営の施設という立場ではあるが、入所児童数の減少による経営危機が目前に迫っているというわけではない。

　本体の児童自立支援事業経費の不足分を補填するために、山林業務（木材の生産・販売）、酪農業務（牛乳の出荷、バター・チーズ等の本格製造・販売）の一層の拡充・発展に努めている[(50)]。

⑾　「三能主義」プラスワンの「四能主義」

　校祖・留岡幸助が大正時代に唱えた大事な教えの一つに「能く働き・能く食べ・能く眠る」という三つの「能く」をまとめた「三能主義」があり、校祖これを称して「感化教育の真諦」と述べている。北海道家庭学校においては、

子ども達が日々の暮らしの中で規則正しく健康的で勤勉な生活態度を身につけるという意味で大変重要な指導指針となっており、今もなお確たる伝統としてしっかりと受け継がれている。

　近年の北海道家庭学校では、入所児童の大半が「発達障害」か「愛着障害」、場合によっては両方を有しており、コミュニケーションの面で困難を抱えていることから、周囲の人との間でトラブルに発展することが多く、そうした子ども達の特性を理解し、その子どもの言動を一緒に振り返りながら、どうしたら人の気持ちがわかるようになり、周りの人と仲良くできるか、子ども自身が「能く考える」ことができるよう、個別の支援に努めている。

　心的外傷体験（トラウマ）や逆境的小児期体験から人との関わり方を知らなかったり自他の気持ちがわからない状態の子どもに対して、人の気持ちがわかることを求めるのは難しいことではあるが、そのために1年半も2年もの長い間、親許から引き離し、世間から遠ざけ、濃密に関わるのが児童自立支援施設なのであり、北海道家庭学校では小舎夫婦制を堅持しながら、子どもの心に向き合う専門家として、覚悟と気迫を持ってハードルの高い仕事に立ち向かっている。

　新世紀の北海道家庭学校では、「三能主義」に「能く考える」をプラスした指導・支援を展開しており、この「四能主義」こそが現代における「児童福祉の真諦」であると考えている[(51)]。

⑿　109 年目の現況

　2023（令和 5）年 3 月 30 日、仁原理事長の要請を受け、理事の軽部晴文（はるぶみ）が 5 年振り 3 度目の北海道家庭学校への復帰を決断し、第 11 代校長に就任した。軽部は若くして北海道家庭学校の職員となり、寮長、教務部長、企画総務部長、副校長などの要職を歴任し、途中私事都合による 2 度の離脱はあったものの、在任中は常に児童自立支援業務の中核を担った人材であった。北海道家庭学校の校長職に、109 年目、第 11 代目にして初めて生え抜きの職員が就任することとなり、まさに画期的なことであった[(52)]。

　創立 109 年目を迎えた歴史と伝統を誇る北海道家庭学校ではあるが、小舎夫婦制を担う職員や、山林班や蔬菜班などの作業に高い技術を有する職員、さら

には、近年増加傾向にある発達障害や愛着障害を有する児童に適確に対応できる職員など、マンパワーの一層の充実が求められていることから、伝統の継承や専門性の高い職員の養成が、継続的かつ喫緊の課題となっている。

そのようなことから、仁原理事長の発案で、2023（令和5）年度当初に大規模な組織機構改革を行い、組織全体の風通しを良くするために、長年続けてきた2部制（古くは総務部と教務部、近年は企画総務部と自立支援部）を廃し、新進気鋭の参事職を多数配置する形での集団指導体制に切り替えている。そのまとめ役として、がんぼうホーム長だった清水真人が副校長に就任し、軽部晴文校長と共に北海道家庭学校の新体制の牽引役を担っている[53]。

新世紀・北海道家庭学校は、百年余りの長い歴史と豊かな伝統を踏まえながら、次の百年に向けて確かな歩みを進めている。

註
(1) 西塚恵一「三十七年分の感謝」『ひとむれ　創立100周年記念誌』2014年、pp.25-27
(2) 松本政和「家庭学校との20年」『ひとむれ　創立100周年記念誌』2014年、p.30
(3) 吉野政明「合気道　森の学校道場」『ひとむれ　創立100周年記念誌』2014年、pp.28-29
(4) 仁原正幹「家庭学校冬本番」『新世紀「ひとむれ」――北海道家庭学校の子ども達』生活書院、2019年、pp.32-34
(5) 北海道家庭学校後援会「北海道家庭学校後援会会則」2001年
(6) 北海道家庭学校後援会「会員名簿」2022年
(7) 家村昭矩「あとがき」『「家庭」であり「学校」であること――北海道家庭学校の暮らしと教育』生活書院、2020年、pp203-204。河原英男・森田穣「望の岡分校の教育」『同』pp58-81。森田穣「開校2年目を迎えて」・小椋直樹「これこそ本物の体験学習だ」・松田房枝「酪農部に入ったからこそ……」・山田道哉「7年間を振り返って」・丸尾恵「感謝とお礼」・吉村憲彦「家庭学校での7年」・茂木大地「共に感じる喜び」・高田雪江「5年間を振り返って」・大野忠宏「家庭学校の子ども達と美術」・槇正美「音楽の力」・戸松恵子「望の岡分校で学んだこと」・河端信吾「山から畑へ、今年は牛舎へ」・神谷博之「子ども達の表情もまた学力である」『同』、pp174-198
(8) 社会福祉法人北海道家庭学校「北海道家庭学校創立百周年記念募金趣意書」2010年2月21日
(9) 社会福祉法人北海道家庭学校「児童自立生活援助事業（自立援助ホーム）がん

ぼうホーム運営規程」2016 年

(10) 社会福祉法人北海道家庭学校『家庭学校創立百周年記念事業実行委員会綴』
　　　2014 年

(11) 佐藤京子「新博物館報告」『ひとむれ 創立 100 周年記念誌』2014 年、pp93-94

(12) 湧別川流域史研究会「北海道家庭学校博物館資料台帳　石器編」（北海道家庭
　　　学校博物館「資料台帳　アイヌ民具・石器」）2003 年

(13) 「官報号外第 134 号・告示」2023 年 6 月 27 日

(14) 谷昌恒「古くて新しいものを」『ひとむれ 創立 80 周年記念誌』1994 年、pp.3-4

(15) 五木寛之「遠軽の雪の学校にて」『ステッセルのピアノ』文芸春秋、1993 年、
　　　pp.5-65。仁原正幹「ステッセルのピアノ」『新世紀「ひとむれ」——北海道家
　　　庭学校の子ども達』生活書院、2019 年、pp.187-195

(16) 仁原正幹「理事長時々通信⑧」『ひとむれ』1018、2022 年 11 月

(17) 北海道教育委員会「道指定有形文化財指定書」2015 年 3 月 31 日

(18) 家村昭矩「私の中の『家庭学校』」『ひとむれ 創立 90 周年記念誌』1994 年、
　　　pp.6-7。家村昭矩「私が最初に複写した『ひとむれ』」『ひとむれ再刊 1000 号記
　　　念特集号』2022 年 1 月、pp.7-10

(19) 仁原正幹「伝統の継承と変革（一）～（四）」『新世紀「ひとむれ」——北海道
　　　家庭学校の子ども達』生活書院、2019 年、pp.50-58

(20) 仁原正幹「百五年目の創立記念日」『ひとむれ』970、2019 年 10 月。清澤満「望
　　　の岡の礼拝堂」『ひとむれ』981、2020 年 8 月

(21) 清澤満「応援」『ひとむれ』994、2021 年 8 月

(22) 仁原正幹「『社会的養護』の一翼を担って」『新世紀「ひとむれ」——北海道家
　　　庭学校の子ども達』生活書院、2019 年、pp.74-75。「児童の権利擁護」『同』、
　　　pp.86-90。「子権侵害・親義務違反」『同』、pp.113-117。「児童虐待について思う
　　　こと」『同』、pp.195-203。「小舎夫婦制について」『同』、pp.247-249。「児童自立
　　　支援施設について」『同』、pp.249-253。「環境療法」『同』、pp.253-257。仁原正
　　　幹「序に代えて」『ひとむれ再刊 1000 号記念特集号』2022 年 1 月、pp.1-5

(23) 仁原正幹「児童相談所との連携について」『ひとむれ』969、2019 年 9 月。「児
　　　童相談所との連携について（二）」『ひとむれ』974、2020 年 2 月。「理事長時々
　　　通信⑨」『ひとむれ』1018、2023 年 5 月

(24) 仁原正幹「児童福祉の誇りと覚悟」『ひとむれ』975、2020 年 4 月。「理事長時々
　　　通信②」『ひとむれ』987、2021 年 2 月。「理事長時々通信③」『ひとむれ』990、
　　　2021 年 4 月。「理事長時々通信④」『ひとむれ』998、2021 年 12 月。「理事長時々
　　　通信⑤」『ひとむれ』1001、2022 年 2 月

(25) 仁原正幹「序に代えて～児童福祉の真諦」『ひとむれ再刊 1000 号記念特集号』
　　　2022 年 1 月、pp.1-5

(26) 仁原正幹「伝統の継承と変革（四）」『新世紀「ひとむれ」——北海道家庭学校
　　　の子ども達』生活書院、2019 年、pp.57-58

(27) 清水真人「大きな耳・小さな口・優しい目」・清水律子「がんぼうホームから」『ひとむれ再刊 1000 号記念特集号』2022 年 1 月、pp.98-100

(28) 仁原正幹「『冬の嵐』と『北の里山』」『新世紀「ひとむれ」——北海道家庭学校の子ども達』生活書院、2019 年、pp.70-73

(29) 仁原正幹「生産活動」『「家庭」であり『学校』であること——北海道家庭学校の暮らしと教育』生活書院、2020 年、pp.53-54。蒆本賢治「オホーツク発酵食品フェスタ 2020 に参加して」『ひとむれ』985、2020 年 12 月

(30) 蒆本賢治「チーズの熟成」『ひとむれ』991、2021 年 5 月

(31) 北海道新聞「家庭学校のチーズ全国表彰」(オホーツク版) 2022 年 11 月 2 日、北海道新聞「今日の話題：放牧牛のチーズ」(全道版・夕刊)』2022 年 11 月 10 日

(32) 仁原正幹「東京五輪『展示林』」『新世紀「ひとむれ」——北海道家庭学校の子ども達』生活書院、2019 年、pp.257-265

(33) 仁原正幹「『小舎夫婦制』について」『新世紀「ひとむれ」——北海道家庭学校の子ども達』生活書院、2019 年、pp.247-249。仁原正幹「小舎夫婦制の寮による愛着形成」『「家庭」であり『学校』であること——北海道家庭学校の暮らしと教育』生活書院、2020 年、pp.43-45

(34) 藤原美香「寮母 1 年目として感じること」・藤原浩「生徒とともに成長する」・千葉正義「積み重ね」「『「家庭」であり『学校』であること——北海道家庭学校の暮らしと教育』生活書院、2020 年、pp.162-169

(35) 仁原正幹「完全な開放処遇・死角の多い児童居室」『「家庭」であり『学校』であること——北海道家庭学校の暮らしと教育』生活書院、2020 年、p.48

(36) 仁原正幹「無断外出事故への備え」『「家庭」であり『学校』であること——北海道家庭学校の暮らしと教育』生活書院、2020 年、pp.48-49。仁原正幹「児童の権利擁護」『新世紀「ひとむれ」——北海道家庭学校の子ども達』生活書院、2019 年、pp.86-90

(37) 仁原正幹「特別日課」『「家庭」であり『学校』であること——北海道家庭学校の暮らしと教育』生活書院、2020 年、p.49。仁原正幹「伝統の継承と変革（三）」『新世紀「ひとむれ」——北海道家庭学校の子ども達』生活書院、2019 年、pp.55-56

(38) 仁原正幹「作業指導」『「家庭」であり『学校』であること——北海道家庭学校の暮らしと教育』生活書院、2020 年、pp.49-52。仁原正幹「ライ麦畑の捕手」『新世紀「ひとむれ」——北海道家庭学校の子ども達』生活書院、2019 年、pp.36-38。「北海道家庭学校の神髄」『同』pp.76-78

(39) 仁原正幹「作業班学習発表会」『「家庭」であり「学校」であること——北海道家庭学校の暮らしと教育』生活書院、2020 年、pp.52-53。仁原正幹「作業班学習発表会」『新世紀「ひとむれ」——北海道家庭学校の子ども達』生活書院、2019 年、pp.281-283。「作業班学習発表の講評」『同』pp.136-146。「作業班学習

発表の講評」『同』pp.222-232。「作業班学習発表の講評」『同』pp.293-305。仁原正幹「自立と依存」『ひとむれ』972、2019 年 12 月。北海道家庭学校『「ひとむれ」収穫感謝特集号』（各年度版）

(40) 仁原正幹「平和山山頂の記念碑」『新世紀「ひとむれ」——北海道家庭学校の子ども達』生活書院、2019 年、pp.82-86。「家庭学校・冬の暮らし」『同』pp.218-222。仁原正幹「平和山登山」『「家庭」であり「学校」であること——北海道家庭学校の暮らしと教育』生活書院、2020 年、pp.29-30

(41) 森田芳雄「朗読会」『ひとむれ』291、1967 年 4 月。仁原正幹「『朗読会』について」『新世紀「ひとむれ」——北海道家庭学校の子ども達』生活書院、2019 年、pp.90-94。仁原正幹「朗読会」『「家庭」であり「学校」であること——北海道家庭学校の暮らしと教育』生活書院、2020 年、pp.28-29

(42) 仁原正幹「序に代えて〜児童福祉の真諦」『ひとむれ再刊 1000 号記念特集号』2022 年 1 月、pp.1-5。仁原正幹「機関誌『ひとむれ』」『「家庭」であり「学校」であること——北海道家庭学校の暮らしと教育』生活書院、2020 年、pp.26-28

(43) 川口正夫「酪農部について」・森田芳雄「『ひとむれ』1000 号に思う」・齋藤益晴「北海道家庭学校で働く事になって」・村上時夫「『ひとむれ』1000 号おめでとう」・平本良之「装画：柏葉寮」『ひとむれ　再刊 1000 号記念特集号』2022 年 1 月、pp.16-22・口絵。仁原正幹「理事長時々通信⑤」『ひとむれ』1001、2022 年 2 月・「理事長時々通信⑦」『ひとむれ』1009、2022 年 9 月

(44) 仁原正幹「機関誌『ひとむれ』について（一）・（二）」『新世紀「ひとむれ」——北海道家庭学校の子ども達』生活書院、2019 年、pp.22-25

(45) 谷昌恒「正月の一時帰省」『ひとむれ—— 北海道家庭学校の教育』評論社、1974 年、pp.179-181。仁原正幹「心で見る」『新世紀「ひとむれ」——北海道家庭学校の子ども達』生活書院、2019 年、pp.175-181。小山和利「私にとっての『ひとむれ』」『ひとむれ再刊 1000 号記念特集号』2022 年 1 月、pp.60-61。

(46) 仁原正幹「豊かな食事と食育指導」『「家庭」であり「学校」であること——北海道家庭学校の暮らしと教育』生活書院、2020 年、pp.45-47。千葉珠季「家庭学校での食事と生活」・伊東睦子「家庭学校の食事と収穫感謝発表」『同』、pp.169-172。伊東睦子「食事のマナーを考える（抄）」『新世紀「ひとむれ」——北海道家庭学校の子ども達』生活書院、2019 年、pp.130-131

(47) 仁原正幹「百五年目の創立記念日」『ひとむれ』970、2019 年 10 月

(48) 「四季折々の行事」『「家庭」であり「学校」であること——北海道家庭学校の暮らしと教育』生活書院、2020 年、pp.37-43

(49) 仁原正幹「理事長時々通信⑨ 家庭学校新体制」『ひとむれ』1018、2023 年 5 月

(50) 前掲註（49）

(51) 仁原正幹「能く考える」『新世紀「ひとむれ」——北海道家庭学校の子ども達』生活書院、2019 年、pp.132-135。「四能主義」『同』、pp.148-153。留岡幸助「三能主義」『人道』123、1915 年。仁原正幹「四能主義——能く働き、能く食べ、

能く眠り、よく考える」『「家庭」であり「学校」であること——北海道家庭学校の暮らしと教育』生活書院、2020 年、pp.22-23。仁原正幹「序に代えて～児童福祉の真諦」『ひとむれ再刊 1000 号記念特集号』2022 年 1 月、pp.1-5。仁原正幹「理事長時々通信⑥」『ひとむれ』1007、2022 年 7 月

（52）前掲註（49）
（53）前掲註（49）

遠軽町立遠軽中学校・東小学校 「望の岡分校」の開設

河原英男・森田 穣

北海道家庭学校本館にある望の岡分校

1　国内と北海道の状況

　北海道家庭学校に学校教育として遠軽町立遠軽中学校・東小学校「望の岡分校」が開設されたのは2009（平成21）年4月である。それまで国内の児童自立支援施設における公教育の状況はどのようになっていたのであろうか。

　児童自立支援施設への公教育の実施については、入所児童の学習権を保障する観点から教護院と呼ばれていた時代以降様々な動きがあり、始まりは1954（昭和29）年の福岡学園（福岡県）とされている。教護院では、従来から施設職員による「生活指導」「学習指導」「作業指導」を有機的に結び付けた「生活と教育の一体化」（生教一致）という大原則が脈々と受け継がれてきていたため、学習のみを取り出して教員が指導する公教育の実施には多くの地区で不安と戸惑いがあった。このため、1997年の児童福祉法一部改正で、「教護院」から「児童自立支援施設」へと名称が変わり、施設長に入所児童への就学義務が課せられる以前に学校教育を導入したのは、全国58施設のうち10施設にとどまった[1]。

　しかし、法改正以降、他の都府県で学校教育導入の動きが活発になるとともに、国立の「きぬ川学院」と「武蔵野学院」で学校教育が開始され、国としても都道府県に対して各施設への導入を進言できる環境が整った[2]。これにより、北海道も、法改正から10年近くが経過しており、福祉部局と教育部局が連携し、道内3施設（「大沼学園」「向陽学院」「北海道家庭学校」）における2009年からの学校教育導入をめざすことになった。

2　遠軽地区の学校教育導入への動き

　北海道家庭学校への公教育導入の動きについて、家庭学校や遠軽町はどのように考えていたのだろうか。

　家庭学校は、他県施設の公教育導入の状況について教護院時代から情報を得ており、1979年の養護学校義務化の際に話題になったこともあった。しかし、当時から国内で数少ない法人施設であり、教育理念として「流汗悟道」を掲げ、豊かな自然の中で四季折々に行われる作業とスポーツ、行事を重視してきた家

庭学校は、他の地区に比べて学校教育導入には難しさがあると考えていた。

　公的な働きかけとしては、1997年に網走支庁社会福祉課と網走教育局の主幹などが家庭学校を訪れ、児童福祉法一部改正に伴う事務打ち合わせを行っている。支庁側は、「学校法人の設置による私立学校化」など学校教育を実施する場合の例を示しながら家庭学校の意向を確認した。それに対し、家庭学校は、「今までの教育内容にも自負を持って」おり、「今後も今までの教育内容を生かす形で進めていきたい」と希望を述べた。加えて、過去に学校教育を実施した7施設では、「分校・分教室側の理解（教職員の意識）の差により、教護院との連携が円滑にいったり困難になったりする状況があると聞いている」とともに、施設が「単なる下宿的な位置づけになるのを懸念」しており、「24時間教護に携われるのが望ましい」と述べている[3]。

　遠軽町には、1998年に道保健福祉部の課長補佐などが訪れ法改正について説明[4]し、また、2000年には道庁で他県施設の状況に関する情報提供を受けている[5]。「児童生徒の学籍の扱い」に関する道教育庁の見解や「分校・分教室の違いと市町村立学校の設置基準」など、少しずつ具体的な話が出るようになった[6]。2003年の道保健福祉部と道教育庁の来町では、「地方交付税措置額」「本校・分校・分教室の場合の教職員定数」「健康診断や学校給食」などに関する説明を受けた。町からは、「教職員の基準は分かるが、あの学校はそんな基準でやれる生徒ではない」「首長からは、家庭学校が何の意思表示もしない中、先走ってではなく、向こうから要請があってからそのようにするのがいいのではないかと言われている」などの話が出た。この時点では、他の道立施設においても目途が立っておらず、今後も継続して情報共有を図っていくこととなった[7]。

　遠軽町の北川健司町長は、4年後、家庭学校が学校教育導入の意思表示をした後も、「公教育になればこれまでの家庭学校の指導が変質してしまうのではないか。具体的な内容等も検討した上で判断していきたい」旨の発言を通してなお慎重な姿勢を見せている[8]。大正時代以降、家庭学校の教育活動を見守り、地域社会創出の協働者として共に手を携えてきた遠軽町のスタンスを表す言葉であった。

3　他の2地区とともに2009年開校へ

　北海道では、2007年、教育と福祉に精通する林秀樹が教育庁から保健福祉部へ異動し、公教育導入に向けた指導・助言が精力的に開始された。7月の遠軽町来町では、「道立の大沼学園、向陽学院は平成21年度の導入に向けて協議を行っている。北海道家庭学校についても学校教育を導入したい」「道立の導入より難しいと考えられるが、前向きな協議をしてもらいたい。北海道が間に入り、道立と同じ時期に導入したい」と要請を行った[9]。この時の様子について、河原英男教育長は、「担当部署の働きかけは熱意に満ちたもの」であったと回想している。関係者は10月にも2回来町している。当時の遠軽町は、「4町村が合併して新しい歴史を刻み出して日も浅く、既存の14校に及ぶ小学校と中学校の適切な運営と学校教育の整備に全てのエネルギーを費やしている時期で、新設校を立ち上げるのに等しく、この状況には二の足を踏んだ」。また、民間の施設である家庭学校に「学校教育が公的に加わることによって、家庭学校における『生教一致』という根幹が崩れはしないか」と懸念を述べている。しかし、「道内3つの児童自立支援施設同時に学校教育を導入したいという度重なる熱心な働きかけ」を受けた遠軽町は、「むずかしい幾多の困難を乗り越える覚悟のもと」導入へ舵を切ることになった[10]。

　また、家庭学校も、道内3地区で1施設のみ残された場合、生徒・保護者が高校進学における不安から入所をためらう可能性があり、導入しなければ運営上困難をきたすと考えた。そして、北海道と遠軽町の全面的な支援と協力の姿勢も示されたことから、10月に「2009年度からの学校教育を導入したい」と意思表示を行ったのである。

4　その後の動き

　学校の設置者となる遠軽町は、関係諸機関との協議を進め、家庭学校とともに家庭学校本館の改修工事に取りかかった。新しく校舎を建設するのではなく、施設をそのまま学校の校舎として使用する代わりに費用の大部分を国と自治体が負担しようとするものだった。費用負担の割合は、国が2分の1、道が4分の1、自己負担が4分の1（遠軽町と北海道家庭学校が折半）であった。大規模

修繕工事は 2008 年 1 月末に着工し、3 月末に終了した[11]。工事と並行して、町教委では近年に児童自立支援施設に学校教育を導入した他県の教育委員会に関係資料の送付を依頼し、基本方針などのたたき台を作成した。依頼先は千秋学園、ぐんま学園、虹の松原学園、おおいそ学園、新潟学園、埼玉学園、武蔵野学院が所在する教育委員会である。

　学校開設に関わる道レベルでの動きでは、2008 年 5 月に教育庁、保健福祉部、3 地区の市町村教委及び施設関係者による 1 回目の「道内児童自立支援施設の学校教育実施に係る連携会議」が札幌で開かれ、学校教育実施に向け整理すべき事項、今後のスケジュールなどを確認した[12]。9 月の連携会議では、基本方針案、学籍、卒業認定及び高校入試の扱いなどの検討状況が報告された[13]。これに前後して、道による各地区のヒヤリング（7 月）や関係者による他県施設視察（5 月）が行われ、遠軽地区は武蔵野学院と埼玉学園の視察に参加した。望の岡分校の教育計画作成においては、施設内学校の学習指導のあり方、学校と施設の連携など、この視察を一部参考としている。

　また、3 つの地区では「教育課程検討部会」が複数回開かれ、その都度、各地区準備員（導入担当指導主事）による連絡調整と情報共有が行われた。学校運営に関わる事務作業の多くは、この部会を中心として進められたのである。その結果、基本方針と協定書は 3 地区ともほぼ同内容のものとなった。一方、実際の教育課程など細部において、遠軽地区は他の 2 地区と多少異なるものになっていった。

　その後、12 月の遠軽町議会第 4 回定例会で「遠軽町学校設置条例の一部改正」が承認され、遠軽町立東小学校望の岡分校・遠軽町立遠軽中学校望の岡分校の設置を決定した。2009 年 3 月には、「協定書」「基本方針」が関係機関により確認・締結され、4 月からの開校に至ったのである[14]。

5　教職員の確保

　一般的に、児童自立支援施設の児童生徒数は 4 月が最も少なく、年度途中で入所があり 3 月に向け最大となる。このため、年度当初の児童生徒数で教員を配置しても必ず不足が生じるとともに、年度途中の教員補充は極めて困難な状況がある。例として、分校開校 2 年目の 2010 年度は、4 月の在籍数が小・中

合わせて 13 人だったが、3 月には 33 人まで増加し学校運営上厳しい年となった[15]。こうした状況は予め想定されていたため、開校前年 9 月、道の連携会議において、「学級編制については、標準法に沿った道の基準による」ものの、「中学校の学級編制については、生徒の実態や施設の特性を踏まえた各地区からの要望を考慮し、学級編制の弾力化の協議に応じる」「生徒の特性などを勘案し、国の児童生徒加配を検討する」との道教委の見解があり、年度当初の児童生徒在籍予測数から導き出される教職員数に加えて 1 〜 2 名の加配を得る方向性が示されていた[16]。これにより開校時に必要とされる教職員は小・中合わせて 10 数名となったが、新設校であるため教職員のすべてを新たに配置しなければならなかったのである。

　さらに、道内各地から指導に困難性のある児童生徒が入校し、加えて施設との連携が欠かせない学校であるという特性から、専門性と意欲、様々な状況に柔軟に対応できる精神力や忍耐力、体力などを兼ね揃えた教員の確保が重要だった。このため、道教委は 3 つの分校の開設に合わせて簡単なパンフレットを作成し、全道の教育委員会に配布した[17]。このパンフレットによる応募者はいなかったが、そもそも児童自立支援施設の存在さえ知らない教員も多かったのである。

　遠軽地区では、網走教育局の人事担当者や遠軽町教委などの情報をもとに関係学校の校長、開校準備を担った準備員らが適任と思われる教員に声をかけていった。彼らのなかには実際に家庭学校の本館や校内敷地を見学して分校勤務を決意した教員も少なくなかった。教員にとって大自然のなかで行われる家庭学校の教育活動はユニークかつ新鮮であり、予想される苦労や困難以上に新たな学びと示唆が得られる可能性を感じていたのである。

第2節　望の岡分校の教育

1　基本的な考え方

　家庭学校の建学の精神をできるだけ薄めることなく、公教育として整合性をもたせていく点が望の岡分校の最大の課題であった。しかし、学習指導要領に

示された内容や年間標準授業時数を確保しながら、家庭学校の教育活動の特色である作業班学習や体育活動、行事を従来どおり継続するのは不可能だった。

このため、「週4回行われていた作業班学習を開校後は3回とする」「雨天などで作業班学習が行えない場合は本館で授業を行う」「分校の長期休業の期間を短縮して授業日数を増やす」などして授業時数の確保に努めた。また、作業班学習の一部を理科や技術家庭と関連付け、レクリエーションとして行われていた活動の回数と内容を変更し体育の一部としてカウントするなどの工夫を行った。

さらに、行事については内容を精査したうえで分校主催・家庭学校主催・共催の3つに分類した。分校行事は「中間・期末テスト」、家庭学校行事は長期休業中に行われる「海水浴」や宗教に関わる「クリスマス礼拝」など限定的なものとし、ほとんどを共催行事と位置付けた。そして、共催行事においても分校主担当・家庭学校主担当・共催の3つに区分し、「運動会」「作業班学習発表会」など多くの行事を分校と家庭学校の担当者が協議して計画し、全職員が連携・協力して実施するようにした[18]。これにより、特別活動としてカウントできる時間も生まれた。

しかし、このような工夫を行ってもなお年間授業時数の確保は容易ではなかった。他の教科と同じように理科・技術家庭・体育も学年ごとの履修内容が学習指導要領で定められており、作業班学習や体育活動を通して教科としてカウント可能な時間はそのうちの一部にすぎない。また、そもそも行事は学校教育法施行規則で規定されている授業時数には含まれていない(このため、近年、運動会や文化祭などの行事を縮小・削減する学校が増加している)。ただ、家庭学校に在籍する児童生徒にとって、作業班学習・体育活動・行事が欠かすことのできない教育活動であることはこれまでの歴史からも明らかであった。結果として、望の岡分校は一般の学校に比べて年間総授業時数を予めかなり増やした教育計画を作成することにより、学校の授業と家庭学校の教育活動の両立を図ろうと考えたのである。

これらの基本的な考え方は、家庭学校の山田清光、渡辺伊佐雄の歴代児童自立支援部長と森田穣準備員(のちに教頭)の協議をもとにたたき台が作られ、「教育課程検討部会」および開校後の分校、家庭学校それぞれの職員会議で協議・

確認された。学校と施設の連携が強く意識されているところに特色がある。

　望の岡分校『学校経営要綱』の、「教育課程編成の基本方針」および「留意事項」には、その考え方が端的にまとめられているので以下に示す。

　　①　教育課程編成の基本的方針

　・本校の教育課程は、家庭学校という児童自立支援施設に入所している児童生徒に対する適切な学校教育が行えるように編成する。

　・特に、編成にあたっては、児童生徒の実態把握に基づき、児童生徒の心身の発達段階や特性等に十分配慮し、創意工夫を生かした特色ある教育活動を展開する。また、施設の教育理念との関連を十分に図りながら適切に編成する。

　　②　授業時数の決定に関する留意事項

　・学習指導要領に示されている教科（道徳を含む）、特別活動及び総合的な学習の時間における『目標』や『内容』を十分にふまえて具体化する。

　・施設が行ってきた汗を流す活動を通して自己を見つめ、他と協調し自立への基礎を養う教育活動との調和を十分配慮する。

　・学習指導要領に示された年間授業時数を下回ることがないよう、年間指導計画を作成する。

　・児童生徒の精神的な安定を図り、安全に教育活動が展開できるよう施設職員との連携が図られるよう留意する。

　・1単位時間は施設全体の生活リズムと児童生徒の実態を考慮し、小学校・中学校とも45分とする[19]。

2　学籍の扱いと進路指導

　学校設置によって児童生徒の学籍の扱いと進路指導がどのように変わったのだろうか。

　分校開設以前は、通常、児童生徒全員の住民票を遠軽に移動し、学籍は前籍校に残していた。しかし、開校により自ずと学籍が分校に移ることになったため、学籍の扱いは、原則、住民票を前籍地に残したまま、分校への「区域外就学」または「指定校変更」となった。開校前と開校後では学籍と住民票を置く場所がそれぞれ逆になったのである。

　住民票を保護者の住所地に残しておくのは、学籍と住民票の両方を移すことで生じるかもしれない児童生徒の不利益を避けるためである。教育は子どもが生まれ育った家庭と学校および地域が担うものであり、地元に住民票を残しておくことは子ども・家庭と学校・地域とのつながりを維持する役割を果たす。実際、進学の際には地元からの受験を希望する生徒・保護者が大半である。そのため、小学校・中学校卒業まで家庭学校に在校する場合であっても、分校から学籍を戻して卒業認定および証書作成は前籍校が行うことにしている。

　次に、進路指導は、従前そのほとんどを家庭学校が行わざるをえなかったが、学校開設は大きな変化をもたらした。進路指導のノウハウをもつ分校が実務面を担うことにより、指導・手続きが円滑に行えるようになったのである。

　具体的手順は、受験生本人や保護者の希望や意向、児童相談所の意見を家庭学校が調整して分校に伝え、分校は進路先に関する情報提供や進路指導を行うとともに進路先や前籍校との連携を図る。前籍校との関係では、受験対象の中学3年生は、12月1日付で家庭学校在校のまま学籍を前籍校に移動するとともに受験にかかわる指導と願書作成は分校が行い、前籍校に送付する。また、個人調査書も分校が作成してそのデータを送付し、出願は前籍校から行う。そして、受験の際、該当生徒は家庭学校から許可外出し、地元に戻って受験するのである。受験しない中学3年生と小学6年生は3月1日付で学籍を前籍校に移動し、卒業認定は前籍校の校長が行うこととしている。小学校・中学校合同の卒業式を春分の日に家庭学校体育館で行い、全道各地から前籍校の校長が来て卒業証書を渡している[20]。

　分校が開設される前、施設側でつけたいわゆる「内申点」に関わる数値について、前籍校から疑義が寄せられることがあった。開設後は、少人数指導の中で急に成績が伸びた場合などに確認の連絡が入る場合があるが、その数は大きく減少した。

1　習熟度別学習

まず、学校教育導入前の家庭学校の学習指導について触れておく。

家庭学校においては、様々な課題を抱え、学年に応じた学力および学習に向かう基本的な意欲や姿勢が身に付いていない児童生徒が大半を占めている。また、前籍校にほとんど登校していなかった児童生徒もいる。そのような状況を踏まえ、学力別の学級編制を行ってきた。

具体的には、小学生から中学生の内容を大まかに網羅したテストを行い、学力に応じた学級編制を行う。国語の学力をベースとした学級（英語や社会、理科などの他教科も基本的にこの学級で学習）と算数・数学の学力をベースとした2通りの学級編制を行い、学力の向上が見られた生徒は順次上の段階の教室に移っていくというものであった。学齢には関係なく、例えば、中学1年生と2年生、3年生が同じ教室で学習するという場合もあった[21]。なお、指導は家庭学校職員および非常勤講師が分担して行った。

開校後、分校では以前と同様、中学生は国語、数学、英語について「お迎えテスト」を行い、個に応じた学習を重視する観点からこの3教科において習熟度別学習を行っている。そのクラス分けは**表6補-1**のとおりである。

分校では習熟度別学習を、「少人数のきめ細やかな指導をもとに、生徒の学力向上を図る」「生徒のつまずいている部分の復習や過去に学習できなかった分野の学習を補う」の2点を目的として行っている。

表6補-1　国語・数学・英語の習熟度別学習のクラス編制

教科	三年			二年		一年	
国　語	三年	三年基礎 （特別支援）		二年	二年基礎 （特別支援）	一年	一年基礎 （特別支援）
数　学	三年	三年中級	三年基礎 （特別支援）	二年	二年基礎 （特別支援）	一年	一年基礎 （特別支援）
英　語	三年	三年中級	三年基礎 （特別支援）	二年	二年基礎 （特別支援）	一年	一年基礎 （特別支援）

出典：令和2年度　望の岡分校「学校経営要項」教務 -9

　また、具体的な方針は、「当該学年以外の学習を行っている生徒については、学習の定着状況により、当該学年の学習ができるよう指導を行う」「個別指導に重点を置き、生徒が達成感や自信が持てるような授業を心がけ、学習意欲を育てる」「各クラスでの進度や生徒の状況、授業の進め方等については教科間で日常的に交流を図る」「特別支援学級在籍以外の生徒でも、授業に集中することが困難な生徒については特別支援の体制をとり、短期的に個別で学習するなど柔軟に対応する」の4点である。

　このように、生徒が「わかる」「できる」と感じることのできる内容から学習を始めて自信や自己肯定感を高めることや、「落ち着いて学習できない」などの生徒の状況に対応できる体制をとるようにしているのである。

　次に、クラス分けとクラスの移動については、「在校生については前年度の学習状況、新入生についてはお迎えテストの結果から、教科担任で相談し決定する」「クラスが確定した後、教科担任は学習状況の観察・会話などからクラスへの適応を把握する。変更の必要があれば教科部会で検討し、変更する」「その生徒に適したクラスで学習をすることが必要であるため、途中で移動することを可能とする。その際は学力、意欲、進路希望などを総合的に判断するものとする」としている。

　習熟度別学習は、学力や学習意欲、生徒の状況など一人ひとりに応じた学習を行うことができる点でメリットがある一方、評価や評定の面で難しさがある。成績のつけ方については、「通知票では学習した内容に対する評価をする。ただし、基礎クラスで学習した生徒については、学年末時は学齢内容に対する評価も併記し、指導要録には後者を記入する」「特別支援のクラスや基礎クラスで学習している生徒については、通知票の評定と指導要録の評定が異なることを予め説明するとともに保護者にも文書にて周知を図る」としている[22]。

　このように、望の岡分校の習熟度別学習は、家庭学校で行われていた「入校時の学力把握テスト」「年度途中でのクラス変更を可能とする」など一部を踏襲しながら、生徒の実態に応じた学習内容、授業形態および授業体制、デメリット面への対応など、さらに充実を図ったものとなっている。学校教育導入を機に、一人ひとりの教育的なニーズや進学希望に応える点で大きく前進したといえよう。

2 作業班学習

　家庭学校の「流汗悟道」の教育理念を生かし、分校開校後も学校教育の立場からねらいを明確にして月・火・木曜日の午後、継続して作業班学習を行っている。

　教育課程上の位置づけは、おもに「総合的な学習の時間」として行い、「自然環境とそこで暮らす人々とのかかわりについての教科横断的・探求的な体験学習を、児童生徒とともに多くの人たちが一体となって取り組むことにより、自己有用感を高めながら、他者と協力して問題を解決することの大切さを体得し、未来に向け望ましい職業観・生活観をもち『生きる力』を育成することを目的」としている[23]。

　具体的には、児童生徒が園芸班、蔬菜班、校内管理班、酪農班、山林班の5班に分かれ、花や野菜づくり、校内外および山林の環境管理、乳牛の世話、みそづくりなどの作業を行う。また、指導にあたっては、各班に家庭学校職員と分校教員が複数入り、ともに汗を流しながら自分たちの暮らしを支える作業を体験し、生活に根ざした確かな学びと心身の健全育成を図っている。普段はなかなかみせない姿と表情に新たな発見をする教員も多く、子ども理解に役立つ貴重な場となっている。

● 第4節　望の岡分校の状況

1 開校後の状況

　開校直後は分校も家庭学校も相手への遠慮があり、手探り状態でスタートした。異なる組織が同居する職場環境のもと、互いに他組織の目を意識し、緊張感をもちながらの業務だった。開校前の計画では学校・施設間の連携を円滑に進めるため合同会議を予定していたが、組織単独の職員会議に加えて別会議をもつことは現実的ではなく、見送らざるをえなかった。しかし、合同で綿密な朝の打ち合わせを行い、また、教務室（職員室）の机が施設職員と教員が隣接するよう配置されていた効果は大きく、日常的に情報共有が図られ、子どもを

話題とした会話が頻繁に行われるようになっていったのである。当初、教頭と児童自立支援部長が相談した案件を各職員会議に下ろしていたが、双方の担当者が協議したのち上司の確認を経て提案する本来の形への移行も進んだ。

　開校して間もなくの頃、児童生徒のなかから選出していた3賞（「学業賞」「作業賞」「努力賞」）のうち、「学業賞」を分校で選んでほしい旨、児童自立支援部長から提案がなされた。分校の立場を尊重した提案だった。教頭が持ち帰って協議したところ、「3賞は家庭学校が子どもたちを総合的に評価して決定してきたものであり、分校は判断材料の提供に留めるべき」と結論が出た。分校も家庭学校の伝統を重んじたのである。

　しばらく入所がない状況もあり、施設全体が安定し落ち着いた授業が行われるなど、上々の滑り出しだった。やがて、夏休み前から入所が急増するとともに生徒指導上の問題事案が頻発した。家庭学校では珍しくないことだが、これによって教員から一時笑顔が消えた。一人ひとりの子どもの抱える課題の大きさと生徒指導の手法の違いに戸惑い、疲弊する教員が徐々に増えていった。しかし、分校と家庭学校の職員間で支え合う体制が構築されていたため、教員もありのままの状態を受け止めるとともに冷静に対応することができた。こうして、問題事案の多くは時間の経過とともに解消へと向かったのである。だが、困難性の高い生徒を同時に担当した教員や連続して担任をもった教員などのなかには、異動基準年数前に転勤せざるを得ない状況に追い込まれるケースもあった。

　分校は、生徒指導上の問題の内容、校内の状況などを町教委にその都度報告した。かなりの児童生徒が医療面のケアを受けている事実も含め、町教委をとおして教育局も施設内学校の状況を次第に把握し、改めて険しい現実を認識した。公立の新設校ということもあり、当初、一般の学校と同様の学校運営を求めていた教育行政側であったが、実情をふまえた柔軟な対応や運用にも徐々に理解を示すようになっていったのである。

2　現在の状況

　分校開設から10年以上が過ぎている。他県の施設内学校では開設から数年経過して当時のメンバーが入れ替わると、分校・施設がそれぞれのペースで物

事を進めようとし、連携がうまくいかなくなるケースもあると聞く。しかし、遠軽では現在までのところそのようなことはない。理由としていくつかの要因があげられる。

　まず、地域のバックアップ体制が安定している点がある。大正以降、地域社会づくりでともに手を携えてきたことは前に触れたが、開校後も町・町教委・町民が家庭学校に対して様々な側面から支援と協力を行っている。このことは、はじめて分校に勤務する教職員に新鮮な驚きと大きな安心をもたらしている。また、町教委では、道および道教委の幹部などが来町した際、家庭学校・分校の子どもたちの姿を見てもらうよう努めている。分校の学校運営にとって、教育行政側が施設内学校の現状を理解し課題を共有していることは重要なのである。

　加えて、開校から時間が経過するなか、その存在と特色がオホーツク管内の教育関係者に徐々に知られるようになった点も関係している。これにより、自ら分校勤務を希望する教員や校長などに勧められて異動する教員が増え、伝統の継承がスムーズに進んでいる。

　そして、もっとも大きな要因は、分校職員と施設職員が多くの場で多様な活動を共に行うことにより、理念を共有するとともに互いの立場を理解し尊重している点である。他の施設内学校では、作業指導に教員が参加する形態はあまり聞かない。しかし、家庭学校の作業班学習は、キャリア教育・環境教育や異年齢集団によるグループ活動の視点、作業活動を総合的に振り返る「作業班学習発表会」など、その内容が学校教育としても十分に耐えうる活動であったため、分校が積極的に関与できたのである。また、年間を通して様々な行事を2つの組織が連携して行っていることも着目しなければならない。教員の中には、連携行事以外の5月連休に行われる「校長杯球技大会」、毎月の「誕生会」など、家庭学校が独自に行う活動にも参加し、学校生活以外の姿から子ども理解を深める者もいる。

　双方の職員とも「すべては子どもたちのために」の目的意識を共有し、異なる立脚地点からそれぞれのアプローチで教育活動に努めているのである。教育公務員と社会福祉法人職員、違う立場であるゆえに互いを理解・尊重し、支え合おうとする必然性が生じたとも考えられる。

　分校で勤務した教員の声が『ひとむれ』に掲載されている。そこには、「子

どもたちが成長するのと同じくらい、僕自身も成長させてもらいました⁽²⁴⁾」「『先生、そのやり方では俺はよくならないよ』と態度で教えてくれました。教えるつもりが教えられていました⁽²⁵⁾」「行事ごとに活躍する生徒が変わり、そのたびに自信をつけ、次への意欲を高めていく子どもたちの様子を見ることができました⁽²⁶⁾」「これ以上ない本物の体験と山の空気が子どもたちの中から何かを引っ張り出す。私達に教室で見せる顔と違う一面をそこで見ることができる⁽²⁷⁾」など、一般の学校勤務では容易に得られない体験を通して成長する教師の姿をみることができる。

　家庭学校への学校教育導入は、「入所している子どもたちの学習権保障」というかねてからの社会的要請を受けて、1997年の児童福祉法一部改正をきっかけとして行われた。家庭学校のユニークな教育から新たな学びと示唆が得られる可能性を信じ、唯一無二の新しい学校をつくり上げる意欲にあふれる教職員、それを支援する家庭学校職員のもと、望の岡分校の教育実践が現在も進められている。教育と福祉の協働による新たな教育活動の展開がみられているのである。

註
(1)　河原英男・森田穣「望の岡分校の教育　すべては子どもたちのために」北海道家庭学校編『「家庭」であり「学校」であること　北海道家庭学校の暮らしと教育』生活書院、2020年、p.59
(2)　森田穣「現在の学校教育の実施状況　北海道家庭学校」小林英義編『もうひとつの学校』生活書院、2013年、pp.83-84
(3)　「児童福祉法改正に伴う北海道家庭学校との事務打合わせ（教護院での学校教育実施の問題について）」遠軽町教育委員会『望の岡分校開校関係綴』1997年
(4)　「北海道家庭学校における学校教育導入に向けた協議経過」前掲註（3）、1998年
(5)　「児童自立支援施設における教育導入における打合せ会議」前掲註（3）、2000年7月
(6)　「児童自立支援施設における教育導入に向けた打合せ会議」前掲註（3）、2000年11月
(7)　「北海道家庭学校に係る道保健福祉部・教育庁調査顛末」前掲註（3）、2003年
(8)　「児童自立支援施設・北海道家庭学校における学校教育の実施について」前掲註（3）、2007年

（9）「北海道家庭学校に係る道保健福祉部訪問顚末」前掲註（3）2007 年
（10）前掲註（1）、pp.60-61
（11）「工事完成検査調書」前掲註（3）、2008 年
（12）「道内児童自立支援施設の学校教育実施に係る連携会議」遠軽町教育委員会『北海道家庭学校資料　vol.1』2008 年
（13）「道内児童自立支援施設の学校教育実施に係る連携会議」遠軽町教育委員会『北海道家庭学校資料　vol.2』2008 年
（14）「児童自立支援施設北海道家庭学校に設置される学校の管理運営及び就学に関する基本方針」「児童自立支援施設北海道家庭学校における学校教育実施に関する協定書」前掲註（13）、2009 年
（15）前掲註（2）、p.89
（16）「道内児童自立支援施設の学校教育実施に係る連携会議 協議内容の概要」前掲註（13）、2008 年。「平成 21 年度公立小・中学校児童生徒支援のため特別に教員を加配する学校の状況」前掲註（3）、2008 年
（17）「児童自立支援施設の学校教育の実施について（総務政策局教職員課長通知）」前掲註（13）、2008 年
（18）「児童自立支援施設北海道家庭学校に設置される学校の管理運営及び就学に関する基本方針（別表1）」前掲註（3）、2009 年 3 月
（19）中学校の 1 単位時間は 50 分であるため、授業時数の算出時には 0.9 を乗じて計算し、報告も後者で行っている。
（20）森田穣「開校 2 年目を迎えて」『ひとむれ』855、2010 年 10 月、p.5
（21）前掲註（1）、pp.63-64
（22）前掲註（1）、pp.64-66
（23）前掲註（1）、p.66
（24）吉村憲彦「家庭学校での 7 年」『ひとむれ』925、2016 年 4 月、p.4
（25）山田道哉「7 年間を振り返って」『ひとむれ』925、2016 年 4 月、p.7
（26）丸尾恵「感謝とお礼」『ひとむれ』925、2016 年 4 月、p.5
（27）小椋直樹「これこそ本物の体験学習だ」『ひとむれ（平成 25 年度収穫感謝特集号）』906、2014 年 11 月、p.32

第Ⅱ部
児童票調査と予後調査からみる
家庭学校卒業生の自立

クリスマスの礼拝堂　2007 年

調査研究 1

児童票調査

富田 拓

北海道家庭学校校門　1984 年頃
絵葉書「森の学校　社会福祉法人北海道家庭学校」より

第1節　調査方法

1　調査対象

　家庭学校には創立以来の生徒の記録が個人ごとに保存されており、これを児童票と呼んでいる。創立当初の児童票にはごく簡単な記録しかなく、また入所記録はあるものの児童票が欠落している者もいるが、徐々に記録は充実していき、その数は令和5年1月1日現在2589件に及ぶ。今回、創立100年を契機として、その内容のデータベース化を進めた。2022（令和4）年3月現在、創立以来現在までの入所日、当該児童の入所日、生年月日等の基礎的なデータについては全入所者分の入力が終了している。また、2110件について、児童票の詳細な内容のデータベース化が完了している。今回はそのデータベースを用いて、基礎的な集計についてはその入力済みのデータ1,923名を、また予後調査を含む詳細については、1972（昭和47）年から2011（平成23）年までに予後調査の対象となった者615名を対象として、その分析を行った。近年、家庭学校創立以来の入所者を広く見渡しての調査・分析は十分にはなされていなかったが、今回取り上げた家庭学校百余年の入所児童及びそれを取り巻く環境の変遷の歴史は、日本における非行少年処遇の歴史と重なるものである[1]。

2　調査時期の区分

　分析にあたって、児童に関連する法律制度、戦争などの社会情勢、家庭学校の体制の変遷等に基づいて、表1のような11の時期区分を行い、時期区分ごとの特徴と、その変遷をみていくこととした。この時期区分は、二井仁美によるものである。

　ほぼ10年ごとの区分となっているが、第4期（1945-48）、つまり終戦直後の時期と、第11期（2008-14）、つまり最近年は、期間が短いことを以下の各分析において注意願いたい[2]。

表 1　本分析で使用した家庭学校の時代区分

時期区分	開始	終了	子どもに関連する社会的出来事
第 1 期（1914-22）	1914/1/1	1922/12/31	1900 年：感化法公布　1908 年：感化法改正
第 2 期（1923-34）	1923/1/1	1934/10/9	1922 年：少年法・矯正院法公布
第 3 期（1934-45）	1934/10/10	1945/8/14	1934 年：少年教護法施行
第 4 期（1945-48）	1945/8/15	1948/3/31	1947 年：児童福祉法公布　1948 年：児童福祉法施行
第 5 期（1948-58）	1948/4/1	1958/3/31	1951 年:少年非行第 1 の波「生活型非行」検挙少年数ピーク 10 万 6433 人　少年院入院者数ピーク 11,333 人 1951 年：留岡清男校長就任
第 6 期（1958-68）	1958/4/1	1968/3/31	1962 年：教護院入院者数ピーク 5,536 人 1964 年:少年非行第 2 の波「反抗型非行」ピーク 23 万 8,830 人
第 7 期（1968-78）	1968/4/1	1978/3/31	1968 年：北海道家庭学校分離独立 1969 年：谷昌恒校長就任
第 8 期（1978-88）	1978/4/1	1988/3/31	1980 年代：校内暴力・家庭内暴力・いじめ・不登校の問題深刻化 1983 年:少年非行第 3 の波「遊び型非行」ピーク（31 万 7,000 人）
第 9 期（1988-98）	1988/4/1	1998/3/31	1990 年：厚労省による虐待調査開始
第 10 期（1998-2008）	1998/4/1	2008/3/31	1998 年：改正児童福祉法施行、教護院から児童自立支援施設へ名称変更・施設長就学保障義務 2000 年：児童虐待防止法成立 2000 年：平成における少年院入院者数ピーク (6,052 人) 2003 年：少年非行最後のピーク、以後一貫して減少が続く 2007 年：少年法改正（入所年齢が「おおむね 12 歳以上」に）
第 11 期（2008-14）	2008/4/1	2014/12/31	2012 年：非行少年戦後最少、以後最少記録更新続く

注：時代区分 4 が 40 年代後半であるという点を除けば、各時代区分の数値は、おおざっぱにいって第 5 期（1948-58）→ 1950 年代、第 6 期（1958-68）→ 1960 年代、第 11 期（2008-14）→ 2010 年代というように考えていただければよいかと思われる。

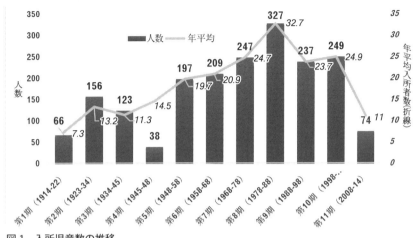

図1　入所児童数の推移

● 第2節　家庭学校入所児童の特性とその変遷

1　入所人数

　それぞれの時代区分における入所児童数を示す。ただし、**図1**のとおり各時代区分は年数が一定ではない。

　第8期（1978-88）、つまり昭和の最後の10年間がもっとも入所数が多い。これはいわゆる少年非行の第3の波の時期とも合致する（**図2**参照）[3]。その一方、全体としてみれば第5期（1948-58）から第10期（1998-2008）までの60年間にわたって、それほど大きな変動はなかったこともみてとれる。

　第4期（1945-48）、つまり終戦直後の時期は年数が2年半ほどと他の時代区分の4分の1ほどのため、直接的な比較はできないが、少なくとも戦争孤児が多数入所して人数が急増する、といった状況ではなかったようである。これは、たとえば国立武蔵野学院が1946年に前年比で3倍近い児童を受け入れることになったのとはかなり様相が異なるようだ[4]。

　一方、第11期（2008-14）、つまり最近の時代区分では、期間が7年弱と短いことを考慮しても入所児童数が激減していることがわかる。このあいだに2003年を最後の小さなピークとして以後警察に検挙・補導される少年の人数

i)　刑法犯・危険運転致死傷・過失運転致死傷等

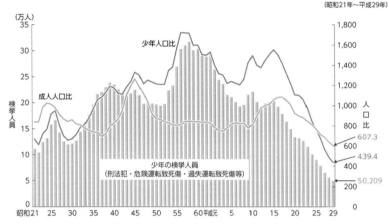

図2　少年による刑法犯等検挙人員・人口比の推移（令和3年版犯罪白書）

が一貫して激減していることが影響しているものと思われる。また、情緒障害
児短期治療施設（現児童心理治療施設）など対象となる児童が重なる他の社会
的養護の施設への入所数の増加も関係しているだろう。

2　入所児童の年齢分布

　過去の入所児童全体の入所年齢分布を**図3**に示す。13、14歳を中心として、
ほぼ左右対称なグラフとなっている。最少年齢は6歳であり、18歳以上は極
端に少なくなるものの、過去（児童福祉法成立以前）には20歳を超えた入所も
散見される（成人の入所者については**第3章**参照）。

　社名淵分校創設期から終戦にかけて（第1期〜第3期）は、入所平均年齢が
高い一方、低年齢の子、あるいは20歳を超える入所があるなど、入所年齢の
幅が非常に広い。終戦後（第4期〜）は18歳以上の入所はまったくみられなく
なる。これは対象年齢を18歳未満とした児童福祉法施行によるところが大き
いだろう。また、終戦直後に入所平均年齢が大きく下がるが、その後は一貫し
て13歳台である。一方、とくに第7期（1968-78）〜第9期（1988-98）の30
年間（1968-98、谷校長時代）は9歳未満での入所がまったくなくなるなど、入
所年齢層の集中化が顕著である。この一つの要因として、留岡清男および谷に

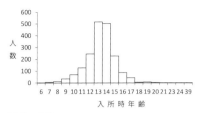

図3 全体

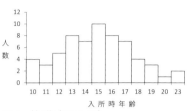

図4 第1期（1914-22）

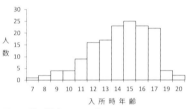

図5 第2期（1923-34）

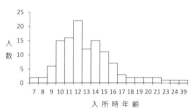

図6 第3期（1934-45）

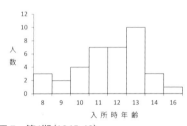

図7 第4期（1945-48）

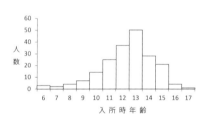

図8 第5期（1948-58）

よる盛んな広報活動により、家庭学校の特徴としての作業重視が広く認識された結果として、作業に耐えられない可能性のある低年齢層の児童の家庭学校への入所を避けようという措置機関による配慮が働いたことも考えられるのではないか。近年、発達障害をもつ児童の入所が増加している傾向を考えると、今後は低年齢層の入所が増加していくことも予想される。

時期区分ごとの入所年齢分布

　時期区分ごとの年齢分布をみる（年齢・人数ともに分布が広いため、各図ごと

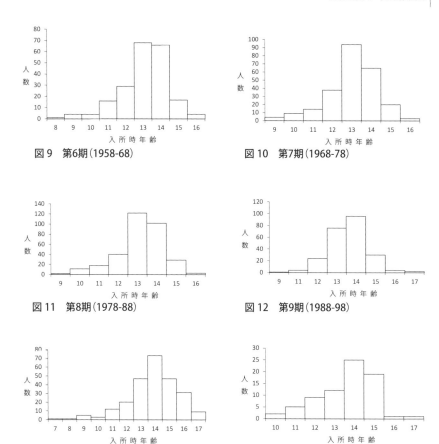

図 9　第6期(1958-68)

図 10　第7期(1968-78)

図 11　第8期(1978-88)

図 12　第9期(1988-98)

図 13　第10期(1998-2008)

図 14　第11期(2008-14)

に縦軸、横軸の範囲がそれぞれ異なっているに注意されたい)。

　第 1 期 (1914-22) では 10 歳未満の入所児童はいない。15 歳以上の入所が半数以上を占めるなど、全体に高い年齢での入所が多い。

　第 2 期 (1923-34) では、10 歳未満の入所がみられるようになり、かなり入所対象が広がっている。ただし、14 歳から 17 歳の比較的高齢の子が多いことは変わらない。

　第 3 期 (1934-45) では、20 歳を超える入所も少なくないものの、全体としての年齢層は大きく低下している。創立後終戦までの 30 年間に、入所対象者が時期ごとに大きく変遷していることは明らかである。これほどの入所対象者

表 2　時代区分ごとの入所時年齢の平均と分布

時代区分	平均値	度数	標準偏差	中央値	最年少	最年長
第 1 期（1914-22）	15.00	62	2.869	15.00	10	23
第 2 期（1923-34）	14.24	152	2.482	15.00	7	20
第 3 期（1934-45）	13.02	130	3.879	12.00	7	39
第 4 期（1945-48）	11.65	37	1.844	12.00	8	16
第 5 期（1948-58）	12.37	196	1.999	13.00	6	17
第 6 期（1958-68）	13.06	209	1.373	13.00	8	16
第 7 期（1968-78）	12.99	247	1.317	13.00	9	16
第 8 期（1978-88）	13.16	327	1.200	13.00	9	16
第 9 期（1988-98）	13.60	237	1.039	14.00	9	17
第 10 期（1998-2008）	13.84	249	1.738	14.00	7	17
第 11 期（2008-14）	13.61	74	1.412	14.00	10	17
合計	13.31	1920	1.971	13.00	6	39

年齢の変遷は、施設の性格そのものを大きく変えたはずである。とくに 20 歳を超える者の入所については、白滝農場の存在によるところが多いものと考えられ、詳細は二井による第 3 章を参照されたい。

　第 4 期（1945-48）は、前述のとおり終戦直後期で期間が 2 年半ほどであり、実数が少ない。児童福祉法施行前ではあるが、白滝の「済美館」と呼ばれる年長者を受け入れていた施設が閉鎖されたために、年長者の入所はなくなっている。

　第 5 期（1948-58）は、戦後児童福祉法が施行された後の 10 年間である。はじめて 6 歳児の入所があるなど、「児童」福祉施設としての性格が定着した時期といえる。

　第 6 期（1958-68）から第 9 期（1988-98）の時期、つまり 1958 年から 1998 年までの 40 年間、入所児童の年齢構成は基本的に変わっていない。この時期は少年非行の第 2、第 3 の波を含み、戦後日本において少年非行がもっとも多かった時期に相当する。13、14 歳の入所が突出して多いのが特徴で、これはこの時代の少年非行が 15、16 歳をピークとした、アメリカの犯罪学者モフィットが青年期限定型と呼ぶ、思春期の反抗の暴発を中心とした非行が最盛期であったことと関連するかもしれない。検挙・補導される非行少年の人数として

は、15、16 歳が多いのであるが、14 歳以上の場合、非行内容等により少年院に送られる場合も多く、結果的に家庭学校入所児童は 13、14 歳が突出することになっていた可能性が高い。

第 10 期（1998-2008）、つまり平成 10 年代は児童福祉法が改正された後の時代である。少年非行が減少を始めた時期でもある。14 歳が最多であることは変わらないが、これ以前の時期と比べると 13、14 歳の突出が目立たない。少年非行の低年齢化が言われるようになった時期であり。それと符合するように 12 歳以下の入所の増加がみられる。その一方、これ以前の 40 年間では比較的稀であった 16、17 歳の入所が比較的多くなっている。これは 1995 年に高校生寮が設置されたことが影響している。

第 11 期（2008-14）は、入所人数が大きく減少した時期である。また、少年法が改正されて少年院への入所が 14 歳以上から「おおむね 12 歳以上」に引き下げられた時期でもある。ただし、この引き下げの対象となるのはおもに重大事件を起こした児童であり、その対象数もきわめて少ないため、家庭学校ではその影響はみられないようである。14 歳の入所が最多であることはやはり変わらないが、相対的に 12 歳以下での入所が稀ではなくなっている。一方で、16 歳以上の入所は再び稀となった。これは、あるいは望の岡分校が設置されたことにより、家庭学校のおもな対象が分校に入校できる中学生であると認識されるようになった結果であるかもしれない。これは、1997 年の児童福祉法改正による児童自立支援施設へのいわゆる公教育導入以降の全国の入所児童の動きとも軌を一にしている。

3　入所児童の在籍月数の変化

図 15 にこれまでの入所児童全体の在籍月数の分布を、図 16 に時期区分ごとの在籍月数の平均の変遷を示す。全時代の平均は約 26 カ月（2 年 2 カ月）であり、第 6 期つまり留岡清男校長時代（1960 年代頃まで）までは 27 カ月から 29 カ月とほぼ一定であったが、その後時代を追うごとに少しずつ短期化していることがわかる。

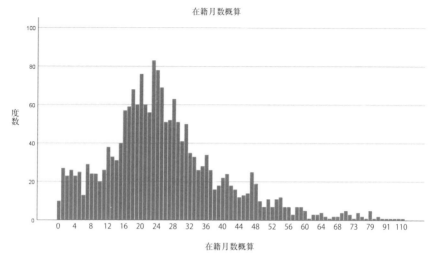

図15　全入所児童の在籍月数の分布

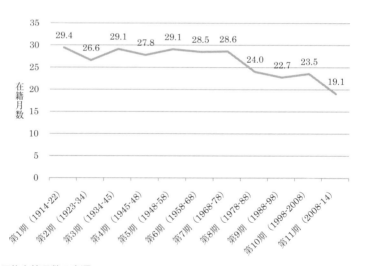

図16　平均在籍月数の変遷

4　入所経路の変遷

　時期区分ごとの入所経路の変遷を**図17**に示す。ここでは児童福祉法制定後の児童相談所による措置・家庭裁判所による送致、感化法・少年教護法による

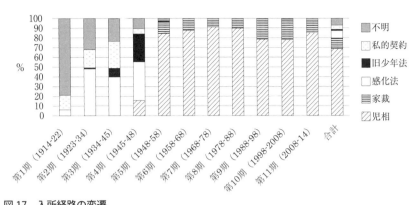

図17　入所経路の変遷

入所、旧少年法の少年審判所による入所、私的契約による入所、の5つに分け
ている。

　戦前は私的契約による入所が一定の割合を占めている。また戦時期にかけて、
少年法に基づいて少年保護団体の指定を受けることにより、少年法による入所
が増加している。児童福祉法施行期以降は児童相談所による措置が8割5分か
ら9割を占める時期が40年間にわたり続いていたが、1990年代から2000年
代にかけては家庭裁判所の審判を経た入所が急増し、2割を超えている。2010
年代には、再び児童相談所による措置の割合が増えている。

5　入所児童の非行特性

⑴　初発非行年齢

　初発非行年齢を10歳未満とそれ以上で分けた場合、その時代区分ごとの変
化をみたのが次の**図18**である。入所年齢が高い第1期、第2期では10歳以
降の非行初発が多いが、戦後は4割から6割が10歳以前に非行を初発している。
これに対し、少年院在院少年の非行初発平均年齢は羽間による調査（2015-16）
によれば14.3歳である[5]。入所年齢が違うため、初発非行年齢の違いは当然で
はあるが、初発非行年齢の違いは、非行の様態やその予後に大きな違いをもた
らすとされており[6]、北海道家庭学校入所児童と少年院入院児童とでは、その
特性が大きく違うことが考えられる。初発非行年齢が10歳未満の児童は予後
が悪いとされているが、入所児童の約半数を占めるその子たちに対して、家庭

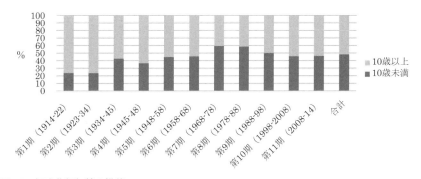

図18　初発非行年齢の推移

学校の働きかけがどのように影響を与えているかは注目すべきところであり、この点に関しては第2部・予後調査において分析を示す。

(2)　非行の類型－非行特性の時代ごとの変遷

　非行の特性を大きく7つ、つまり窃盗・万引きその他の非行、重大事件（ここでは殺人、強盗、強姦、放火（ただし放火のみの非行を除く）の4非行）、暴力事件（ただし、殺人、強盗、強姦を除く）、性的問題行動（強姦を除く）、薬物のみ（薬物乱用以外の非行を行っていないもの）、放火のみ（同前）、家庭内限局型（非行内容にかかわらず、家庭内に限局した非行の場合、家庭内限局型に分類）に分け、時代区分ごとにみる（表3、図19）。

　全入所生をとおしてみると、非行主訴としては窃盗などの非行が7割を占め、暴力的な事件が1割超、性的な問題行動が1割弱となっている。重大事件での入所が第11期で0となっているのは、2007年の少年法の改正により、少年院送致の対象年齢がおおむね12歳以上となった結果、重大事件を起こした児童が少年院に送られることが多くなったことが関係している可能性もある。

　時代による変遷として明らかにみてとれるのは、第9期（1988-1998）に、暴力的な非行の割合が特異的にきわめて大きくなっている（23.7%）こと、その後急速に割合が低下し、第11期（2008-14）にはごく少数（1.4%）になっていることである。この時期は、少年非行の第3の波のピークを過ぎた時期に当たるほか、校内暴力が問題となった時期が1980年代前半であることを考えると、

表 3　入所児童の非行特性

時代区分	窃盗・万引き・その他	重大事件	暴力事件	性的問題行動	薬物のみ	放火のみ	家庭内限局型	合計
第 1 期（1914-22）	98.44	1.56	0.00	0.00	0.00	0.00	0.00	100
第 2 期（1923-34）	92.95	3.21	2.56	1.28	0.00	0.00	0.00	100
第 3 期（1934-45）	90.16	6.56	0.00	0.00	0.82	0.00	2.46	100
第 4 期（1945-48）	89.19	2.70	0.00	2.70	0.00	0.00	5.41	100
第 5 期（1948-58）	80.10	3.14	10.47	2.62	0.00	1.05	2.62	100
第 6 期（1958-68）	72.86	2.01	14.57	7.04	0.00	1.51	2.01	100
第 7 期（1968-78）	72.77	3.40	11.49	9.36	0.00	0.43	2.55	100
第 8 期（1978-88）	64.80	3.29	14.14	10.86	0.00	0.99	5.92	100
第 9 期（1988-98）	50.23	4.19	23.72	13.49	0.00	1.86	6.51	100
第 10 期（1998-2008）	63.52	5.74	10.25	15.98	0.00	0.41	4.10	100
第 11 期（2008-14）	68.49	0.00	1.37	23.29	0.00	1.37	5.48	100
合計	72.28	3.59	10.87	8.80	0.05	0.82	3.59	100

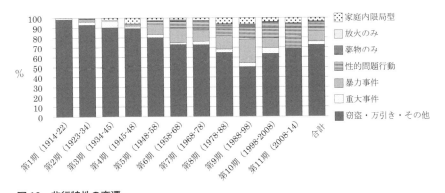

図 19　非行特性の変遷

家庭学校の入所生のなかでの暴力非行の割合がこの時期にとくに多いことがどのような要因によるものかは慎重な検討を要する。

　一つには、全国の少年非行の動向に比べ、北海道の動向に遅れ、あるいは差があるかどうかを検討すると、**図 20** のようである[7]。いわゆる少年非行の第３の波のピークは同じく 1983 年であり、その後の小さなピークも同じく 1998 年である。つまり、刑法犯の検挙・補導件数でみる限り、北海道の少年非行の動向と全国のそれとは、時期的にもほぼ重なるものである。

　また、家庭学校の入所児童の中心である中学生の暴力的な行為と密接にかか

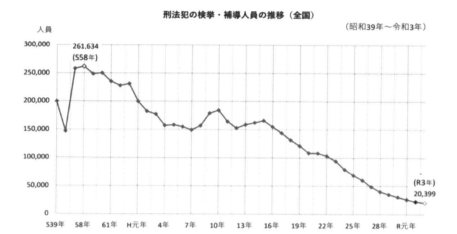

図20　全国と北海道の少年刑法犯の検挙・補導人員の推移の比較

わる校内暴力について、警察庁の統計では「校内暴力事件の事件数及び検挙・補導人員は、事件数では1983年に2,125件を、検挙・補導人員では1981年に1万468人を、それぞれ記録した後は大きく減少」し[8]、1996年には検挙数では897件とピーク時の10分の1以下となっている。それに対し、文部科学省による「生徒指導上の諸問題の現状について」の概要によれば[9]、1983年から行われている中学校での校内暴力の調査において1983年の3,547件から

1986 年にかけていったん件数が減少するものの、その後増加に転じ、1996 年には 8,169 件と大きく増加、調査方法が変更された 1997 年からは 1 万 8,209 件となっており、警察庁統計とは動向そのものが極端に異なっている。この大幅な変遷は、90 年代において、一般中学校における校内暴力に対する対応が変化したことをうかがわせる。また、先の「4　入所経路の変遷」で示したとおり、1990 年代には家庭裁判所経由での入所が大きく増加している。このことからは家庭裁判所における少年事件の取り扱いが変化したことが推察される。これらが家庭学校における暴力事件少年の割合の急増と関連しているのではないかとも思われるが、現在のところ直接的な証拠はない。

　一方、近年の暴力非行の減少と逆行するように、性的非行の割合が第 9 期の 13.5％から第 11 期の 23.3％へと大きく拡大している。これらは、暴力的な児童が減少し、性的問題を抱えた児童の入所が増えているという、最近の職員の実感を裏付けている。性的非行も多くの場合暴力性を伴うが、ここで認められる変化は、暴力の特性や方向性の変化を示しているとも思われる。今後の変遷を見守るべきであろう。

　また、家庭内暴力や家庭の金銭もち出しといった家庭内に限局した非行は、時代による変遷が少なく、2 ないし 6％前後と一定の割合で常に存在することもわかる。

⑶　薬物非行の変遷

　前項で明らかになったとおり、多くの非行は時代ごとに変化していくが、そのなかでも、時代に特異的に影響を受けたと思われる非行が薬物非行である。薬物非行を行った（他の非行も重複している者を含む）児童数の変遷を**図 21** に示す。

　戦前には薬物の取り締まりがなされていないため当然だが、第 4 期（1945-48）までは薬物非行による入所児童は存在せず、第 5 期（1948-58）、第 6 期（1958-68）でもごく少数であった薬物非行が、第 7 期から第 9 期（1968-98）つまり少年非行の第 3 の波の消長とともに、急激に増加し、また減少していくことがみてとれる。この場合の薬物は、ほぼ有機溶剤であると思われ、1960 年代後半から始まり 1982 年にピークを迎え、その後 1992 年頃から急減した全国の非行少

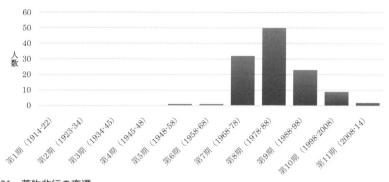

図21 薬物非行の変遷

年における有機溶剤乱用の流行の消長[10]と軌を一にしている。時代ごとの流行や法制度の変遷によって変化する非行の典型といえる。

6 入所児童の家庭環境

(1) 家族構成（措置時点における）

これまでの入所児童全体の家族構成を**表4、図22**に示す。家庭学校入所児童では、いわゆる「たらい回し」的な養育者の変転が起こっている事例も少なくないが、ここでは措置時点での家族構成をみる。実父実母のいる家庭が27.5％でもっとも多いものの、これは、時代を通じて入所児童の実に4人のうち3人が、実父実母のいずれかがいない家庭で養育されていた、ということである。ただし、ステップファミリー（再婚・事実婚により、血縁のない親子関係・兄弟関係を含む家族形態のこと）・養父養母を含め、男女ペアの保護者がいる家庭は全体のほぼ半数である。母子家庭は全体の23.9％、父子家庭は13.6％を占める。

時期区分ごとの入所児童の家族の世帯構成をみると、**図23**のようである。これは全体の4分の3の子どもにとっては、養育においてもっとも重要な家族のあり方が、夫婦の不仲あるいは死別などによりいったん破綻したのち、その子どもがどのような形で養育されていたのかをも示している。そのあり方は、時代によって大きく変遷している。

第1期から第8期まで、つまり家庭学校創成期から昭和の終わり頃までは、

表4　世帯構成の内訳（全体）

世帯種別	実父実母	実父ステップ	実母ステップ	養父養母	父子家庭	母子家庭	親族他	保護者なし	不明	合計
世帯数	529	219	189	60	261	459	133	30	43	1923
比率（%）	27.5	11.4	9.8	3.1	13.6	23.9	6.9	1.6	2.2	100

＊ステップ実父、ステップ実母はそれぞれ実父によるステップファミリー、実母によるステップファミリーを示す。

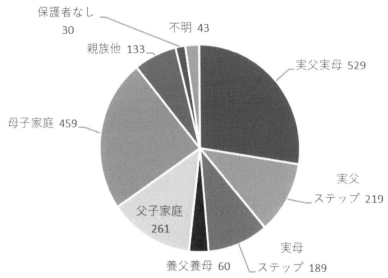

図22　世帯構成の内訳

実父母家族がもっとも多いが、第7期（1968-78）以降、1970年前後から増えてきた母子家庭が、第9期（1988-98）以降つまり平成に入ったころから、突出して多くなっており、第11期（2008-14）、2010年前後には全体の半数を超えている。これに伴い、実父実母がともにいる家庭が全体に占める割合は第10期、第11期ではそれぞれ、16％、9％に過ぎなくなっている。これは近年の離婚の増加と、ひとり親世帯の87％が母子家庭であること[11]を反映しているものと思われる。逆にいえば、1970年代以前では、母子家庭は意外に多くない、ということでもある。第6期（1958-68）以前では、母子家庭よりも父子家庭のほうが多い時代も少なくない。これ以外に大きな変化をみせているのは、祖父母や叔父叔母といった親族による養育である。第5期（1948-58）以前、

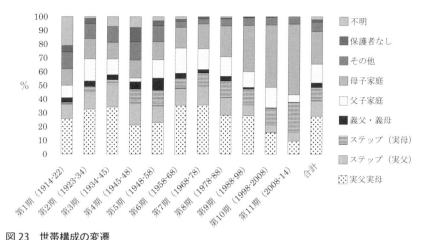

凡例（右側、上から下）:
不明
保護者なし
その他
母子家庭
父子家庭
義父・義母
ステップ（実母）
ステップ（実父）
実父実母

横軸: 第1期（1914-22） 第2期（1923-34） 第3期（1934-45） 第4期（1945-48） 第5期（1948-58） 第6期（1958-68） 第7期（1968-78） 第8期（1978-88） 第9期（1988-98） 第10期（1998-2008） 第11期（2008-14） 合計

図23　世帯構成の変遷

つまり 1950 年代以前は父子家庭や母子家庭と同じくらいの割合を占めていた
ものが、それ以降は大きく減少している。これは、親による養育ができなくなっ
たときに親戚が引き取る、といったやり方が 1960 年代以降はあまりみられな
くなったことを示しているものと思われる。このような場合、児童福祉施設に
預けることが一般的になった、ということかもしれない。

(2)　虐待の有無

　児童票から、身体的虐待、ネグレクト、性的虐待、心理的虐待を拾い、虐待
の有無を検証した。ただし、判断できるだけの情報がない場合も多く、これら
が確認できないケースの場合は「虐待なし、あるいは判断不能」とした。図
24 をみると時代を追うごとに急激に虐待が増えているようにみえるが、「虐待」
という概念がなかった時代の児童票から関連する情報を拾うことは難しいため、
その当時「虐待がなかった」ということにどのくらい信用が置けるかは疑問で
ある。むしろ注目すべきは第 5 期（1948-58）、つまり児童福祉法の施行された
1950 年前後から、「虐待あり」の比率は 5 割に近く、その後も常に非常に高い、
ということである。つまり、近年、虐待と非行の関連が注目を集めるようにな
る以前から、家庭学校入所児童がその養育において常に虐待的な環境にさらさ
れていたことは明らかである。

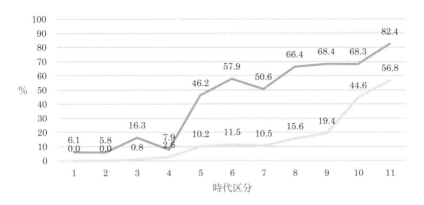

図24　虐待「あり」の割合の変遷

　虐待の内容について、身体的、ネグレクト、心理的の3つについて時代ごとの変遷があるか確認してみた（性的虐待は事例数が極端に少ないため略）が、**図25** のとおり、それらの動きはいずれも虐待全体の増減の動きとほとんど同じであった。家庭学校に入所する児童の場合、とくに重度かつ長期にわたる虐待が多いと思われ、その場合、これらの虐待は重複することが多くなる。そのため、いずれのカテゴリーにおいても、その動きは虐待全体の増減の波と同じようなものになるものと思われた。ただし、近年ではもっとも多いのは身体的虐待であるが、第4期、つまり終戦後から70年代にいたるまでは、むしろネグレクトのほうが多い。児相の判断による虐待の変遷をみても、第4期はネグレクトが多い。これは、身体的虐待が当時としては許される範囲のしつけとしてとらえられていた可能性と、終戦後の生活苦などにも影響された養育放棄としてのネグレクトの存在を示唆しているのかもしれない。なお、児童相談所による判断と、家庭学校による判断にずれがあり、どの時期においても家庭学校判断のほうが率が高くなるのは、家庭学校入所前の児童相談所による調査では明らかでなかった虐待が、寮長寮母などとの関係のなかで明らかになる場合が少なくないためであると思われる。

（3）　家庭の経済状態
　時代区分ごとの親の経済状態をみると次のようである（**図26**）。ただし、経

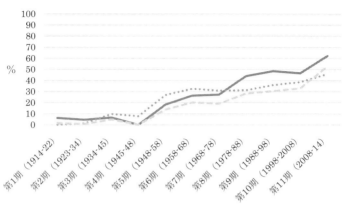

図 25-1　虐待内容の変遷（家庭学校判断）

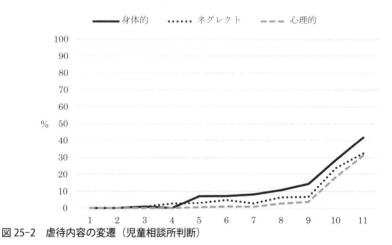

図 25-2　虐待内容の変遷（児童相談所判断）

済状態の判断は明確な基準が設けられておらず、時代ごとの社会全体の経済的
背景も異なる点には留意願いたい。

　近年を除いて「不明」データが多いため、断定的なことはいえないが、創立
期〜戦前（第 1 期〜第 3 期）では、「富裕」が一定数みられ、不明を除くと半数
以上が「富裕」または「普通」であるのに対し、戦後は、「富裕」はごく少数
となり、「普通」も 2 割前後と戦前よりもずっと少数となっている。つまり、
入所児童の家庭環境は戦前期と戦後では相当異なっていたことが推測される。

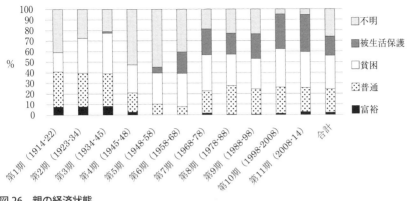

図 26　親の経済状態

戦前の私的契約による入所児童と児童福祉法の措置による入所児童の、家族特
性の違いが反映しているであろう。このことは当然ながら入所児童の特性にも
影響を与えていたものと思われる。これは、戦前に私的契約によって入所者を
受け入れていた家庭学校ならではの現象といえる。また、もっとも確実な把握
が可能な被生活保護家庭に関しては、第 6 期以降（1958 ～）第 9 期まで（～
1998）は全入所児童の 20％前後であったのに対し、第 10 期、11 期（1998 から）
では 30％を超えている。この傾向が今後も続くのか、注意が必要であろう。

7　入所児童の精神医学的特性

(1)　知能指数

　全対象者の知能指数の分布をみると、次のようである（図 27）。ただし、時
代ごとに、あるいは児童ごとに使用されている知能テストの種類は異なり、厳
密には同じように扱うことはできないが、ここでは単純に IQ 値そのものを使
用して集計した）。平均 IQ は 88 であり、全体に一般よりやや低いところに分
布していることがわかる。これは、非行少年に境界知能の者が多いという。古
くからいわれていたことと一致しているが、その一方、それほど低いわけでは
ないこともわかる。
　時期区分ごとの IQ の平均値の変遷をみると、次のようである。一方、知能
指数の平均値の変遷をみると、第 4 期（1945-48）つまり終戦直後が極端に低く、

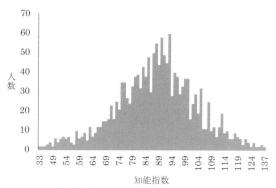

図27　全入所児童の知能指数の分布

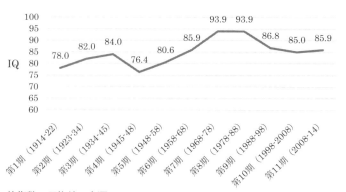

図28　知能指数の平均値の変遷

　その後上昇して、第7期、第8期（1968-1988）頃がもっとも高くなり、その後また低下している。いずれの時期も知能検査の実施率は十分に高く、また使用されている知能検査の種類の割合もこの前後でほとんど変化はないから、この変化は入所児童の変化の実態を反映しているものと思われる。知能指数の平均値が高い時期は、いわゆる少年非行の第3の波前後に相当し、少年非行の一般化がいわれていた時期である。つまり知的な面からみても、この時期は平均的知能の非行少年が増加していた時期であったとも考えられる。その後再びIQの平均値が低下していることから、第3の波の時期とその前後の時期とでは、入所少年の精神医学的特性が異なっている可能性も考えられる。
　ここで、入所児童の知能検査がどのように実施されていたかをみてみると**表**

表5　知能指数検査の実施状況

	入所者数	知能検査の実施件数	IQ 検査の実施率
第 1 期（1914-22）	66	1	1.5%
第 2 期（1923-34）	156	2	1.3%
第 3 期（1934-45）	123	41	33.3%
第 4 期（1945-48）	38	20	52.6%
第 5 期（1948-58）	197	159	80.7%
第 6 期（1958-68）	209	194	92.8%
第 7 期（1968-78）	247	241	97.6%
第 8 期（1978-88）	327	318	97.2%
第 9 期（1988-98）	237	230	97.0%
第 10 期（1998-2008）	249	245	98.4%
第 11 期（2008-14）	74	74	100.0%
合計	1,923	1,525	79.3%

5 のようであった。少年教護法施行期（1934 年以降）には知能検査が 3 分の 1 の入所児童に実施されるようになり、戦後期には既に知能検査の実施率は 5 割を超えている。児童福祉法施行以降（1948 年以降）は 8 割を超えている。非行少年の特性を数値としてとらえることのできる心理学的指標として、知能指数が比較的早期から重視され、施行されていったことがみてとれる。

(2)　精神医学的診断の変遷

　日本の精神医学の黎明期に当たる明治期、つまり北海道家庭学校の創立以前にはすでに、精神医学者は非行少年に精神医学的な問題をもつ者が多くいることを指摘していた。一方、留岡幸助ら、日本の児童福祉の黎明期を支えていた人たちは、家庭環境・生育環境などの環境因を重視する傾向が強かった。また、アメリカ合衆国の児童福祉運動と心理学の隆盛の影響を強く受けた戦後の日本の児童福祉でも、生育環境の影響を重視する傾向が強かったと思われる。戦前はもちろんのこと、第 8 期にいたるまで精神医学的診断の割合がきわめて低いのは、そのような傾向が影響しているとも考えられる。しかし、入所児童の精神医学的診断の傾向は近年大きく変化している（**図 29**、**表 6**）。以前には、知的障害以外の診断は、神経症など生育歴・心理的要因によるとされるもの以外

では、統合失調症やてんかんなどの比較的稀な疾患の診断がなされていたにとどまっていた。しかし、第9期（1988-98）、ほぼ1990年代に入ってからは精神医学的診断が急増している。内容的には、グラフからみてとれるように注意欠如多動症、自閉スペクトラム症、学習障害の診断を受ける児童の急増によるものである。これが実質的な変化なのか、発見される率の変化を示すのかは議論が分かれるところであるが、そもそも注意欠如多動症などの発達障害の疾患概念が日本において広まったのが、アメリカ精神医学会の診断基準 DSM-III-R の日本語版が1988年に出版されて以降であることを考えると、後者の影響が大きいことは当然ではある。しかしその一方、近年入所児童の特性が大きく変化したことは児童自立支援施設職員の多くが認めるところであり、子どもの特性の実質的な変化があることも否定できない。先の項で示した、知能の平均値の変遷とも合わせ、興味深い点である。この「近年入所児童の特性が大きく変化した」という職員の印象は、少年非行の第3の波の頃の非行少年との比較である可能性が高く、これは先の項で示したとおり、非行少年の知的能力がむしろ特異的に高かった時期、つまり普通の少年が非行に走りやすかった時期ともいえる。さらにそれ以前の時期の非行少年が、精神医学的にどのような特性をもっていたのかは、精査が必要なところである。平均知能の変化からみると、たとえば第3の波の時期の非行少年よりも、全体として現在の非行少年の特性に近かった可能性も考えられなくはない。もちろん、現在と比較して、診断概念のみならず、教育体制や社会環境、精神医療の体制も大きく異なるため、比較が容易ではないことは確かである。たとえば、1960年から1970年代の比較的詳細な記録が残っている事例に当たると、精神医学的診断はなされていないものの、現在の診断基準に照らせばまず間違いなく注意欠如多動症にあたると思われる事例、あるいは自閉スペクトラム症にあたると思われる事例が散見される。資料の量や質には大きなばらつきがあるため、それらを量的に集計することは事実上不可能ではあるが、看過すべきでない事象である。

8　無断外出数の変化

　児童自立支援施設は施設に施錠しない開放施設であるが、児童が無断で施設外に出ることは最も重大なルール違反の一つと位置付けられている。無断外出

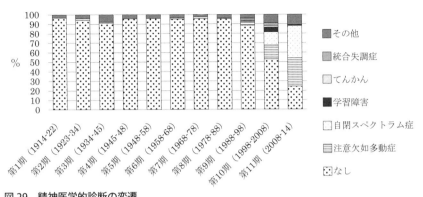

図29　精神医学的診断の変遷

表6　精神医学的診断の内訳

	なし	注意欠如多動症	自閉スペクトラム症	学習障害	てんかん	統合失調症	その他
第1期（1914-22）	96.7	0.0	0.0	0.0	0.0	0.0	3.3
第2期（1923-34）	94.2	0.0	0.0	0.0	1.9	0.0	3.9
第3期（1934-45）	91.2	0.0	0.0	0.0	1.1	0.0	7.7
第4期（1945-48）	95.7	0.0	0.0	0.0	0.0	0.0	4.3
第5期（1948-58）	95.9	0.0	0.0	0.0	0.0	0.0	4.1
第6期（1958-68）	95.2	0.0	0.0	0.0	1.4	0.0	3.3
第7期（1968-78）	95.5	0.0	0.0	0.0	2.0	0.0	2.4
第8期（1978-88）	95.4	0.0	0.0	0.0	0.9	0.0	3.7
第9期（1988-98）	88.6	3.5	0.9	0.4	1.3	1.3	3.9
第10期（1998-2008）	52.8	14.6	13.8	4.9	2.0	2.8	8.9
第11期（2008-14）	24.3	29.7	33.8	1.4	0.0	0.0	10.8
合計	85.85	3.57	3.30	0.76	1.24	0.54	4.75

はその児童の事故や再非行につながりやすく、また施設内の生活の安定を大き
く損なうからである。歴史的に見ても、無断外出は児童自立支援施設にとって
非常に大きな課題であり続けた。ここでは、無断外出数の変遷をみてみる。

　図30に無断外出数の変遷を示す。無断外出の回数がわからないものは、こ
こでは便宜上「あり」との記載は1回、「複数回」との記載は2回、「数回」と
の記載は3回として集計している。第6期（1958-68）つまり、1960年代頃は
入所中に無断外出をしなかった子は全体の3分の1ほどでしかなく、5回以上
無断外出を繰り返す子が2割以上いたのだが、以後一貫して無断外出は減り続

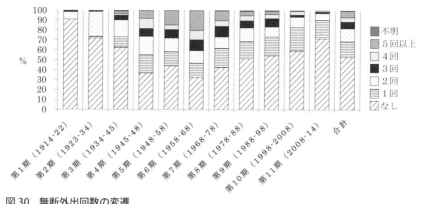

図 30　無断外出回数の変遷

け、2010 年代頃には 7 割の子が無断外出をしなくなっている。1980 年代など、少年非行の第 2・第 3 の波の時期も含めて、一貫した減少を示していることは興味深い。この傾向はその後も続いており、本調査対象の時期以降の近年では無断外出が 1 件もない年も珍しくなくなっている。この変化は、入所児童の特性の変化を反映していると思われる。児童自立支援施設の職員からは、「最近の入所児童は大人しくなった」といった話を聞くことがあるが、その一端が示されているといっていいだろう。

考察

　以上、本章においては、今回データベース化された児童票の情報に基づいて、北海道家庭学校 100 年の歴史を俯瞰してきた。

　北海道家庭学校もこの 100 年間に変化してきている。入所者の年齢構成は、初期の 20 歳を超える者もいた時代から、戦後には児童福祉法の制定もあって入所が 18 歳未満に限定されたあと、少年非行第 2、第 3 の波の時代には入所年齢層が 13、14 歳に集中し 9 歳未満の入所がみられなくなった。その後近年は入所児童の低年齢化が進んでいる。家族の経済状態の変遷からは、家庭学校の初期の時代とそれ以降では入所児童の生育環境が大きく異なっていることが推察される。また、精神医学的診断を受ける児童の近年の激増からは、入所児

童の特性もまた変化していることが明らかである。少年非行の第2・第3の波の時期は、特異的に入所児童の知能指数が高いことが認められ、この時期の非行少年が、少年人口に占める割合の増加もあってか、精神医学的な特性についてはより普通の子どもに近づいていたことをうかがわせ、興味深い。つまり、第2・第3の波以前および以降の、非行少年が特殊な集団である時期は、非行少年の精神医学的特性は一般少年のそれとは異なる傾向が強く、非行少年が少年人口に占める割合が大きい時期には、より一般少年の特性に近づく、といういわば当然のことが起こっているわけである。同様に、平成時代を通じて非行少年が激減した結果として、非行少年のなかに占める精神医学的な特性、とくに発達障害を持つ児童の割合は大きく増加した。精神医学的な特性に影響を受けて非行を犯す児童は、そうでない児童に比べ、社会の変動の影響を受けにくいと考えられるから、非行少年全体が減少すると、精神医学的な特性を持つ非行少年の割合は増大すると考えられる。さらに近年では従来の非行の範疇には入らないもののやはり家庭や地域での養育が困難な問題を抱えた児童の入所が増加しているが、これらの子どもたちも虐待の問題と発達の問題の双方を抱えた者が多い。これらの要因による家庭学校への入所児童の低年齢化と精神医学的問題を抱えた児童が占める割合の増加は、今後も続くものと思われる。このような入所児童の変遷は、家庭学校の施設としてのあり方にも当然影響を与えてきたであろう。

　また、児童の在籍期間の平均は、1960年代までは約2年半でほぼ一定であったが、その後徐々に短期化する傾向にあり、近年では約1年半となっている。これは、入所児童年齢の変化とも密接に関係しており、中学卒業時の退所が増加していることとの関連が深い。一方、今後小学生の入所の増加によっても影響を受けると思われる。また、家庭学校職員の児童在籍期間についての考え方にも当然影響を受けるが、逆に平均在籍期間の変化が、家庭学校職員の在籍期間に対する考え方に影響を与えることも考えられる。家庭学校が、生活を通じ時間をかけて子どもたちの成長を図ろうとする施設である以上、今後さらに在籍期間が短期化していくのか否かはその処遇の本質にかかわり、注目すべき点である。

　その一方、変わらないものもある。被虐待経験の有無をみると、1950年前

後からすでに、その割合は5割近くに及び、その後も一貫して高く、7割前後から8割超に及ぶ。「虐待」に対しての注目度が今よりもずっと低い時代は、当然その把握率も低かったであろうことを考えると、入所児童の置かれていた生育環境が、常に極めて劣悪なものであったことが推察される。そもそも留岡幸助は「少年子弟が悪化する原因素より一にして足らずと雖、其の十中八九までは、家庭悪しきか、然らざれば全然家庭を有せざるに在るや明らかなる事実なり。彼等をして斯の如くならしめたるの原因果して此の点にありとせば、彼等を善良なる市民に改善せんと欲するも、亦家庭的空気の中に於て教育するの大切なるは言を俟たず」と述べている[12]。今の言葉で言えば、非行の原因のほとんどは子どもの置かれた虐待的環境によるものであり、その改善のためには「家庭的空気の中に於て教育する」必要があると考えたのである。つまり、北海道家庭学校はその当初から極めて意識的に逆境的環境に対する治療構造として作られている。まさに慧眼であった。

　また、非行初発年齢が10歳未満の児童が約半数を占める点は、大きな変動がみられない。犯罪学者モフィット（Moffitt, Terri Edith）は長期的な追跡研究の結果に基づいて非行少年をその初発非行年齢によって2分し、非行が10歳未満で初発している群を「生涯持続型」、10歳以降に初発した群を「青年期限定型」と命名した（Moffitt, 2001）。前者の生涯予後が明らかに悪いからであった。少年院における非行初発年齢の平均が14歳を超えていることを考えると、家庭学校が（他の児童自立支援施設も同様だが）いかに処遇が困難な児童を抱えてきたかがわかる。

　家庭学校が、18〜19世紀のスイスの教育者であるペスタロッチ（Pestalozzi, Johann Heinrich）の言葉である「生活が陶冶する」[13]ことを旨とした夫婦小舎制によるあり方を続けていく以上は、変わるべきものとともに、変わるべきでないものもあるはずだ。次章では、児童票調査と予後調査のそれぞれの情報を合わせて解析することにより、そのあるべき姿を探っていくこととしたい。

註
(1)　女子入所児童の除外について　今回の入力の対象となった女子児童は9名であった。いずれも1940年から1945年5月までに入所した児童である。入所年

齢は 7 歳 1 名、9 歳 2 名、10 歳 1 名、12 歳 2 名、13 歳 2 名、15 歳 1 名と比較的低年齢での入所が多い。初発非行年齢は 10 歳未満が 5 名、10 歳以上が 1 名、不明 3 名。在籍期間は最短 2 カ月、最長 4 年 7 カ月、平均 1 年 11 カ月である。退所時進路は家庭復帰 4 名、施設変更 1 名、自立就職 1 名、不明 3 名であり、うち少なくとも 4 名は 1946 年の女子部閉鎖に伴い退所あるいは他施設へ移ったものと思われる（第 3 章参照）。なお、これら 9 名は男子の諸特性と異なると考えられるため、今回の全体集計からは除外している。

(2)　時代区分 4 が 40 年代後半であるという点を除けば、各時代区分の数値は、おおざっぱにいって第 5 期（1948-58）→ 1950 年代、第 6 期（1958-68）→ 1960 年代、第 11 期（2008-14）→ 2010 年代というように考えていただければよいかと思われる。

(3)　法務省法務総合研究所「少年による刑法犯等　検挙人員・人口比の推移」『令和 3 年版犯罪白書』2021 年、p.104

(4)　国立武蔵野学院『国立武蔵野学院在籍児童統計』2023 年

(5)　羽間京子「少年院在院者の被虐待体験等の被害体験に関する調査について」『刑政』128 巻 4 号、2017 年 4 月、pp.14-23

(6)　Moffitt T.E. Caspi A. : Childhood predictors differentiate life-course persistent and adolescence-limited antisocial pathways among males and females. *Development and Psychopathology.* Published online by Cambridge University Press: 16 May 2001 DOI:10.1017/S0954579401002097

(7)　「少年非行の現況（令和 3 年）」北海道警察本部生活安全部少年課　2022 年 8 月 https://www.police.pref.hokkaido.lg.jp/statis/boy-hikou/syounen-hikou-genkyou.html

(8)　法務省法務総合研究所「校内暴力」『令和 2 年版 犯罪白書』p.106

(9)　文部科学省『生徒指導上の諸問題の現状について』2004 年

(10)　法務省法務総合研究所「シンナー等有機溶剤濫用事犯」『昭和 60 年版犯罪白書』、法務省法務総合研究所「少年の薬物犯罪の動向」『平成 7 年版犯罪白書』、法務省法務総合研究所「薬物事犯」『平成 12 年版犯罪白書』

(11)　内閣府男女共同参画局『男女共同参画白書　令和 2 年版』内閣府男女共同参画局

(12)　留岡幸助『家庭学校〔第 1 編〕』警醒社，1901 年、p.98

(13)　Pestalozzi, Johann Heinrich Schwanengesang（1825）　ペスタロッチ──「白鳥の歌」『ペスタロッチ──全集』第 12 巻、佐藤正夫訳、平凡社、1959 年

調査研究 2

予後調査

富田 拓

北海道家庭学校本館廊下　2007 年 9 月

第1節　家庭学校における予後調査の歴史

　これまで、家庭学校においては何度か予後調査が試みられている。その代表的なものを挙げると、奥田三郎による 1960 年代の調査、平本良之による 80 年代の調査、花島政三郎による 90 年代の調査がある。それぞれが異なったやり方をとっており、特徴があるので以下に簡単に紹介する。

1　『教育農場五十年』における奥田三郎による予後調査

　1964（昭和 39）年に出版された『教育農場五十年』において、校医であった奥田三郎が行った卒業生の予後調査の分析の結果がまとめられている[1]。この調査は、「満十九歳以上になって、社会的にも一人前として働くべき段階に達したと思われる卒業生につき、事例的に追跡調査を行い、その実態を明らかにしようとしたもの」である。この際、卒業生のうち、「満十九歳に達しないもの、及び卒業後三年を経過していないもの」は調査の対象から除外している。これは「当人が社会に一員として職場に入り、自主独立的な生産的生活を営むにいたったときに、はじめて教育の効果が明らかになるのであって、年齢が若くてまだ扶養されていたり、卒業後、なお日が浅くて職業見習い中のものは、まだ予後が固まっていないので、将来を予測することが困難だから」としている。これは、真の社会的予後を検討するにあたってまったく正しい見解である。結果的に、調査対象者のうち、26 歳以上の者が 63％を占めていた。ただし、この時行われたような、退所後長期を経過した退所生全員に手紙等で連絡を取って現在の状況を確認するという手法は、現在では現実的でないだけでなく、プライバシー保護の観点からむしろ許されないと考えられる。また、この奥田調査は、「改善卒業」した者のみを対象としている。つまり、措置変更や無断外出後そのまま卒業となったような事故による退所は、その対象に含まれていないことに注意すべきである。これは、奥田調査の限界であるといえる。なお、この調査では、予後の結果を優秀群・成功群・良好群・未安定群・失敗群の 5 群に分けて考察しており、少年院入所率といった形での言及はないが、「文字通り社会生活上の落伍者で、なんらかの形で生活上の破綻を示し、周囲の者や社会に損害を与えた者^{ママ}」とする失敗群は予後が明らかだった 295 名中 62 名、

21.0％としている。

2　花島政三郎による予後調査

　掬泉寮の寮長を務めた花島は、明記されていないものの 1970 年代のある 1 年間の入所児童 46 名について詳細な調査を行い、著書『10 代施設ケア体験者の自立への試練』(1996) にまとめている[2]。その特徴は、個々の事例に関して入所にいたる経緯、入所中の指導経過、退所後 20 歳にいたるまでのアフターケア状況を調査した事例集となっていることである。また、把握できる範囲でではあるが、満 20 歳までの補導および少年院入所状況を調査し、少年院入所率は卒業後 1 年未満が 6.7％、2 年未満累積で 13.3％、3 年未満が同 33.3％、4 年未満が 40.0％、4 年以上では新規入所者は確認されず同じく 40.0％であったとしている。また、補導状況については 1 年未満がもっとも多く、「退校後 2 ～ 3 年後を一つの境界として新たに補導されるものの数は激減して」いるとする。これらに対し、花島は「失業したら即対応するという即時的方策をまず考える必要がある」とし、就職後 3 カ月以内の離職者の多さと、その離職者の補導率および少年院入所率の高さを指摘し、この時期のアフターケアの重要性を指摘しているほか、年齢的には補導が 18 歳未満に集中していることから、退所後満 18 歳までのなんらかの援助、指導体制の必要性を訴えている。

3　平本良之による予後調査

　家庭学校柏葉寮の寮長であった平本良之は、1980 年度から 1982 年度の 3 年間に卒業した児童、計 116 名の予後資料を各寮長から集めて分析する形で予後を考察し、その結果を 1984 年に発行された『ひとむれ創立 70 周年記念誌』にまとめている[3]。事故退所を除く 112 名中、少年院収容実数は 22 名、20％となっている。児童の行動特性を「リーダーボス型」「追従型」「孤独・一匹狼型」「普通型」に 4 分類し、それぞれの再非行の有無を検討し、「リーダーボス型」は再非行率 52％、「追従型」は同 55％、「孤独・一匹狼型」は 26％、「普通型」は 22％となっているのは興味深い。このことから平本は「誰からも好かれ、特定のグループ的友達関係に深入りせず、自分の意見をもち、かたくななまでの行動特徴を持っている者が、社会適応につながっているように思える。スポー

ツや作業が出来ることより、誰からも愛され思いやりのある豊かな人間性の涵養と、個性を尊重した指導を大切に考えなければならない」としている。

第2節　『ひとむれ』による予後調査

　『教育農場五十年』に触れられているように、「家庭学校には伝統的に、職員が出張した機会を利用して、できるだけ多くの卒業生の安否をたずね、必要に応じて相談にのり、指導もしてくる美風があったのである」が、その後も1972年から2011年にいたる39年間にわたって、子どもの夏冬の帰省の送迎などの機会を利用しつつ、職員がその地域の退所生をできる範囲で訪ね、その状況を確認することが続けられており、面会した各職員によってその際の様子が北海道家庭学校の機関誌である『ひとむれ』において記述されていた。ただし、この記述においては退所生のプライバシーを守るため、姓名は書かれておらず、イニシャルだけが書かれている。そこで、この期間の『ひとむれ』その他の記録を家庭学校職員であった軽部晴文が照合・精査することで可能な限り個人を特定し、データとしてまとめた。長年子どもたちに接し、熟知していた軽部のみが成し得たこの働きがなければ、本予後調査は全く成立しなかった。この調査を以後「ひとむれ調査」と呼ぶこととする。この調査の対象人数は延べ872人、児童の実数で615人に及ぶ。これほど長期間にわたって、施設退所児童の予後を直接的に調査した事例は、世界的にみても少ないものと思われる。このデータを用いて、児童票調査で得られた各種データと照合し、予後調査結果の良否と児童票調査で得られるさまざまな因子との関連をみたのが本分析である。先行する各調査に比べると個々の事例に関する情報量には格段の差があるが、今後、個人情報の保護の問題などを考えれば先行する調査と同様の調査を行うことはほぼ不可能であろう（それだけに先行する各調査はきわめて貴重である）。それに対し、本調査は長期にわたる多数の退所生が対象であるために、統計学的な検討を行える点が強みであり、ここではその点をできるだけ生かすことを心掛けた。

第3節　「ひとむれ調査」の捕捉率

　各児童の退所時期はバラバラであるため、退所後予後調査までの追跡期間は一定でない。また、その機会に職員が会うことができた児童を対象としているため、追跡できた回数も児童ごとに異なる。また居所が不明となった児童については、当然その時点で追跡が終わっている。その制約のうえで調査の捕捉率をみると、本調査実施期間中の入所者数1,354名中、追跡調査実施実人数615名であり、捕捉率は45.4％となる。追跡調査実施回数は1回目615名、2回216名（追跡調査実施児童のうちの35.1％、入所児童の16.0％）、3回目36名（同5.9％および2.7％）、4回目4名、5回目1名であった。

第4節　卒業児童の予後

1　調査時点での卒業生の生活

1972年から2011年にわたる各退所児童への調査訪問時点での退所生の状況を**表1・図1**に示す。

　教護院から進学・復学する子が少なかった時代的背景もあり、調査時点で「就労中」がずば抜けて多く、延べ調査人数中の約5割を占める。次いで「無職」「通学中」「不登校・退学等」「鑑別所・少年院等」と続く。「その他」には、暴力団に加入した者5名、引きこもり4名、病気療養中6名などを含む。

2　予後の判定方法について

　退所後に子どもが再非行する場合、その程度にはさまざまな軽重がある。たとえば、警察等がかかわらない程度の非行、警察がかかわるが警察での指導にとどまるもの、さらに家庭裁判所に係属するもののなかでも少年鑑別所に入所するもの、審判不開始になるもの、保護観察となるもの、少年院に入院することになるもの、等である。予後の判定にも、さまざまな観点がありうるが、ここではもっとも正確な情報がつかみやすく判断が明確にできる、「家庭学校退所後に少年院に入院することになった事例」を予後判定の基準とした。このよ

表1　訪問時の退所生の状況

		件数	比率
通学中		55	6.3%
	中学校	7	0.8%
	高校	15	1.7%
	定時制	5	0.6%
	職業訓練校	6	0.7%
不登校・怠学・退学		42	4.8%
就労中		344	39.4%
	福祉的就労	2	0.2%
	アルバイト	8	0.9%
	家業手伝い	3	0.3%
	臨時採用	1	0.1%
	転職	101	11.6%
	復職	2	0.2%
暴力団		5	0.6%
退職・無職・失業中		168	19.3%
引きこもり		4	0.5%
病気療養中		6	0.7%
鑑別所入所中		15	1.7%
保護観察・試験観察		18	2.1%
少年院入院中		83	9.5%
訪問時本人に会えず		5	0.6%

件数はその状況に一度でもあったものをカウント。
複数回調査を受けた者はそれぞれの状態を別々にカウントしている。
比率は延べ調査人数872人を分母として算出したもの。

うに基準を設定することは、少年院の予後調査として犯罪白書に記載されている再入院率（刑務所入所を含む）との大まかな比較（さまざまな条件が異なるため、直接的な比較はできない）が可能である、という利点もある。ここで注意しなければならないのは、予後調査が実施できた事例とできなかった事例の状況が必ずしも同様でない可能性が高いことである。予後調査が可能だった事例は、その時点での居所が明確であった事例であり、それが少年院である事例もあるから、調査可能だった事例が調査不能だった事例よりも状況が良好であるとば

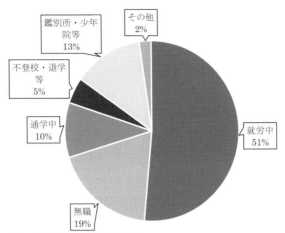

図1　訪問時の退所生の状況

かりは限らないが、居所不明例が全体としては居所が判明している例よりも不安定な生活をしている蓋然性は高い。また、追跡調査が実施できた事例であっても、あくまで調査時点での少年院入院の有無をみており、その時点では入院していないものの、その前あるいは後で入院している可能性は否定できず、この点でも入院率を実際よりも相当低く見積もってしまうおそれがある。

　一方、少年院に入ったとしても、そこで更生し、その後社会人として立派に暮らしていく例は少なくないはずであり、その子の人生において、家庭学校卒業後に少年院に入院したことが必ずしもマイナスであったとは限らない。実際、奥田が行った調査においても、そのような事例が存在する。この点は十分認識しておくべきである。

　これらのいくつもの限界を前提としたうえで、予後調査全体での少年院入院率をみてみることとする。

3　予後調査全体での少年院入院率

　調査対象615名中、少年院に入所したことが確認された児童)は、82名（13.3％）であった（**表2**）。

表2　退所後の期間ごとの少年院入院者数

	0	3カ月	4－6カ月	7－9カ月	10－12カ月	12－18カ月	19－24カ月	2年－3年	3年－4年	4年－5年	総計
人数	0		6	11	5	9	19	15	10	7	82
％	0.0%		1.0%	1.8%	0.8%	1.5%	3.1%	2.4%	1.6%	1.1%	13.3%

表3　退所後の少年院入院者数（累積）

	0	3カ月	4－6カ月	7－9カ月	10－12カ月	12－18カ月	19－24カ月	2年－3年	3年－4年	4年－5年
人数	0		6	17	22	31	50	65	75	82
％	0.0%		1.0%	2.8%	3.6%	5.0%	8.1%	10.6%	12.2%	13.3%

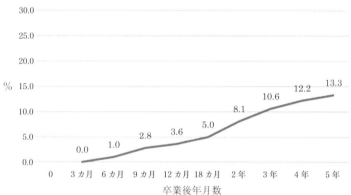

図2　退所後の少年院入院者の割合（累積）

(1)　退所からの期間ごとの少年院入所者数

1回の少年院入所で複数回の追跡調査が行われている場合もある（たとえば、4－6カ月後に少年院入所し、と7－9カ月後にも少年院に在籍している）ため、ここではそれを入所回数1回として扱っている。また、家庭学校卒業後、複数回少年院に入所している場合、その初回を計上している。

(2)　少年院入院に至った者の累積数

本調査では、退所2年後の時点での累積少年院入院者の割合が8.1%、5年後の時点で13.3%となった（表3、図2）。

これを先にあげた先行する3つの調査と比較してみる。奥田の調査の場合は、行われた時期が異なるほか、追跡期間が大きく異なり退所生がほぼ成人に達してからの状況をみていること、予後の判定方法が大きく異なることなどから、

直接的な比較はできないが、奥田が失敗群としたものの割合は 21.0％であった。また、平本の調査では追跡期間が 1 年から 3 年と幅があるものの全体での入院率は 20.0％、花島の調査では 20 歳までの入院率は 40.0％となっている。本調査で得られた入院率は、それらに比べて相当に低い。とくに平本、花島の調査は全例を追えているわけではないものの、事例ごとに寮長が少年院入所の有無を確認しており、その信頼性は高いと考えられる。本調査における入院率がこれら 2 つの調査の結果と大きく乖離している理由としては、先に述べたようないくつかの要因が考えられ、実際の少年院入院率よりもかなり低い値が出ている可能性が考えられる。そのため、ここでの数値をそのまま家庭学校の予後の成績と考えることは危険であろう。これは、本調査の方法に起因する大きな限界である。

　また、退所後の少年院入所者累積数のグラフが、ほぼ直線状に伸びていること、つまり家庭学校退所後、ある程度期間が過ぎてからも、退所直後と比べて明確な減少傾向をみせないことは気になる点である。花島は、退所後 2 〜 3 年後を一つの境界として新たに補導されるものの数は激減するとしており、傾向が明らかに異なる。また、筆者が国立の児童自立支援施設である国立武蔵野学院での予後調査結果を検討した際には、退所後半年間の少年院入院者数がもっとも多く、その後急速に減少する傾向にあり、退所後半年間のアフターフォローが特に重要であると結論づけた[4]。家庭学校の退所生の場合、武蔵野学院でみられた減少カーブと大きく異なっているのである。その要因としては、まず武蔵野学院の調査の場合、その対象がいったんは武蔵野学院から退院した子どもを対象としていて、措置変更によって少年院に入所した子については対象から除外されていたのに対し、本調査ではそのような子を除外していないことがあげられる。また、入所時点での非行の重症度も異なること、入所年齢も家庭学校のほうがやや低いこと、卒業後長期になるほど追跡できる子どもの数が減少する一方で少年院入院者についてはその時点で入所履歴等の問い合わせがあるために比較的確実に把握できること（本調査の場合、再非行率の分母は卒業生の数ではなく、追跡調査ができた子の人数である）、などが考えられる。もちろん処遇内容との関連なども考慮されるべきではあるが、少なくとも本調査においてはその点は明らかにできなかった。ただし、再非行の絶対数は小さいものの、

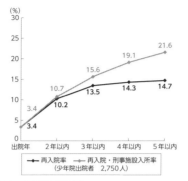

注　1　矯正統計年報及び法務省大臣官房司法法制部の資料による。
　　2　「再入院率」は、平成28年の少年院出院者の人員に占める、同年から令和2年までの各年の年末までに、新たな少年院送致の決定により再入院した者の人員の比率をいう。
　　3　「再入院・刑事施設入所率」は、平成28年の少年院出院者の人員に占める、同年から令和2年までの各年の年末までに、新たな少年院送致の決定により再入院した者又は受刑のため刑事施設に初めて入所した者の人員の比率をいう。なお、同一の出院者について、出院後、複数回再入院した場合又は再入院した後に刑事施設への入所がある場合には、その最初の再入院を計上している。

図3　少年院出院者　5年以内の再入院率と刑事施設入所率『令和3年度犯罪白書』[5]

　退所後長期にわたるフォローアップの必要性が示される結果となった。少年院に比べ、寮長寮母と卒業した子どもおよびその家族との個人的つながりによるフォローアップが比較的行いやすいのが児童自立支援施設の、またなかでも夫婦制の強みでもあり、今後もその強みをより生かすことが求められる。

第5節　何が予後に影響を与えるのか

1　分析方法

　次に、児童票調査の情報と照合し、さまざまな要因が予後にどのような影響を与えているかを分析した。ここでは、本調査のように事例ごとに追跡期間が異なっている場合でもその情報を十分に生かしつつ解析が可能な「生存分析」と呼ばれる統計手法（カプラン・マイヤー法）を用い、統計的に意味のある差があるかどうかの確認（有意差検定）には、ログ・ランク検定を用いた。また、IQや初発非行年齢、入所年齢、無断外出回数など、変数が連続数である場合は、予後良好群と不良群との比較はWelchのt検定を用いた。解析には、松浦直己三重大学教授にご協力いただいた。

2　解析に用いた項目

⑴　予後の判定に用いた変数（＝目的変数）

退所後、少年院入所にいたるまでの期間。ただし、退所後 5 年までのデータを用い、そこまでの間に少年院入所にいたらなかった場合、入所なしとした。

⑵　予後に影響を与えることが仮定される因子（＝説明変数）

以下の各項目ごとに、その有無によって予後に違いがあるかどうかを解析した。

　①生育環境

　　　①−1　家庭の貧困の有無

　　　①−2　実父母の有無

　　　①−3　被虐待経験の有無

　　　①−3−2　身体的虐待の有無（虐待のうち、もっとも認知されやすいと考えられるため、下位項目として）

　　　①−4　被いじめ経験の有無

　　　①−5　施設経験の有無（乳児院、児童養護施設、児童自立支援施設（教護院）入所経験の有無）

　②非行特性

　　　②−1　非行初発年齢の高低

　　　ここでは非行初発が 10 歳未満か否かで切り分けている。これは犯罪学者であるモフィットの分類に従っている。

　③非行種別

　　　③−1　窃盗の有無

　　　③−2　非行内容の暴力性の有無（殺人、強盗、傷害、恐喝等）

　　　③−3　性的非行の有無

　　　③−4　放火の有無

　　　③−5　薬物乱用の有無

　　　③−6　重大事件の有無（重大事件としては、一般に用いられる殺人、強盗、放火、強姦の 4 種とした）

④精神医学的特性

    ④-1 精神医学的診断の有無

    ④-2 知能指数（この項目については連続数のため t 検定を行った）

⑤退所時の選択（就学、就労、その他）

⑥寮長による子どもの状態の総合評価（全15項目）

    家庭学校では、時代ごとに項目は多少変わるものの、寮長による子どものさまざまな特性の評価を行っていた。ここではもっとも長く使われていた、次の15項目を5段階評価（5が最良）したものをデータとして使用した。基本的生活習慣、情緒の安定、正直、明朗・幸福感、安定感、判断力・反省、自主性、持久力、勤勉、積極性、規範性、協力性、指導性、理想性、責任感

    ⑥-1 入所時

    ⑥-2 退所時

⑦その他の属性

    ⑦-1 入所時年齢

    ⑦-2 退所時年齢

    ⑦-3 初発非行から入所までの年数

    ⑦-4 在籍期間

    ⑦-5 無断外出回数

これらはいずれも連続変数であることから、t 検定を行った。

3　結果

  以下に結果を示す（**表4**）。生存分析により有意差が認められた項目については、その生存曲線も示した。

(1)　予後に有意な影響を与えた項目

今回の解析において、予後に有意な影響を与えた項目は、以下のとおりであった。

      ③-2 非行内容の暴力性の有無

⑤　　退所時の選択（就労）

⑥－2 寮長による子どもの状態の総合評価、退所時

⑦－5 無断外出回数

表4　生存分析の結果

項目	χ（カイ）2乗値	有意確率	有意差あり：＊
①生育環境			
①－1 家庭の貧困の有無	0.565	0.452	
①－2 実父母の有無	5.71	0.017	
①－3 被虐待経験の有無	1.379	0.240	
身体的被虐待経験の有無	1.989	0.158	
①－4 被いじめ経験の有無	0.203	0.653	
①－5 施設経験の有無			
乳児院	1.13	0.288	
児童養護施設	2.649	0.104	
児童自立支援施設（教護院）	1.769	0.183	
里親	0.065	0.799	
②非行特性			
②－1 初発非行が10歳未満	0.122	0.727	
③非行種別			
③－1 窃盗	2.683	0.101	
③－2 暴力的非行	26.283	0.000	＊
③－3 性的非行	0.098	0.754	
③－4 放火	0.716	0.398	
③－5 薬物乱用	0.056	0.812	
③－6 重大事件	0.048	0.826	
④精神医学的特性			
④－1 精神医学的診断の有無	0.264	0.607	
④－2 知能指数の高低			
⑤退所時の選択			
⑤－1 就学の有無	2.6	0.107	
⑤－2 就労の有無	27.683	0	

327

表 4　生存分析の結果（その 2）

項目	χ（カイ）2乗値	有意確率	有意差あり：＊
⑥寮長による状態の評価			
⑥－1 入所時の評価			
基本的生活習慣	4.239	0.375	
情緒の安定	36.874	0	＊
正直	4.716	0.318	
明朗・幸福感	5.232	0.264	
安定感	4.772	0.189	
判断力・反省	5.233	0.156	
自主性	6.364	0.174	
持久力	2.974	0.562	
勤勉	4.601	0.331	
積極性	2.139	0.544	
規範性	5.11	0.164	
協力性	6.07	0.194	
指導性	4.078	0.253	
理想性	2.194	0.533	
責任感	2.355	0.502	
⑥－2 退所時の評価			
基本的生活習慣	69.87	0	＊
情緒の安定	93.389	0	＊
正直	133.564	0	＊
明朗・幸福感	103.991	0	＊
安定感	106.531	0	＊
判断力・反省	150.786	0	＊
自主性	63.605	0	＊
持久力	67.211	0	＊
勤勉	91.572	0	＊
積極性	54.911	0	＊
規範性	137.546	0	＊
協力性	101.932	0	＊
指導性	63.97	0	＊
理想性	98.951	0	＊
責任感	82.411	0	＊

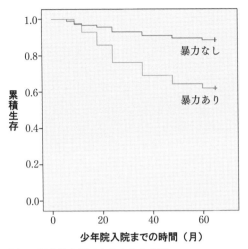

図 4　暴力的非行の有無と生存曲線

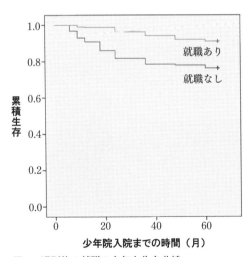

図 5　退所後の就職の有無と生存曲線

　図 4 〜 6 のグラフに示す生存曲線は、横軸が退所後の月数、縦軸が少年院に入所していない退所生の割合を示している。つまり、退所生が少年院に入所するごとに、曲線が下降していくことになる。図 4 を例にとると、今回の分析において追跡を終了した 60 カ月後の時点で、家庭学校入所時の非行種別が

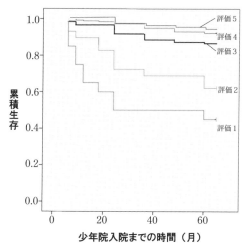

図6　退所時の寮長の評価（責任感について）と生存曲線

＊退所時の寮長による評価による予後の違いの一例（責任感）
を示す。5段階評価で5が最良。評価が高いほど予後が良い
ことが示されている。他の項目もほぼ同様の結果であった。

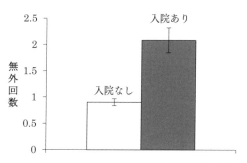

図7　入所中の無断外出の回数と少年院入院の有無

「暴力」であった子の場合、約62％が少年院に入所していない（＝約38％が少
年院に入所した）のに対し、非行種別が暴力以外の子の場合、約89％が少年院
に入所していない（＝約11％が少年院に入所した）ということになる。

　家庭学校卒業後、少年院に入所していない者と入所した者の在校時の無断外
出数の平均値は、それぞれ0.902回、2.085回と2倍以上の差があり、有意であっ

た（Welch の t 検定による、p=.000）。無断外出の回数は、当該児童の施設内での落ち着きの度合を端的に反映するから、この結果は当然ともいえる。

⑵　予後に有意な影響を与えなかった項目

一方、従来の知見（Sampson 1994[6], Murray 2010,[7] Goodman 1995,[8] Caspi 2002[9]）等から非行の予後に影響を与える可能性があると仮定していた以下の項目は、予後に有意な影響を与えていなかった。

①生育上の要因

①－1　家庭の貧困

①－2　実父母の有無

①－3　被虐待経験の有無

①－5　被いじめ経験の有無

①－6　施設経験の有無

②非行特性

②－1　非行初発年齢が 10 歳未満か否か

また、この分析とは別に、

②－2　少年院非入所群、入所群の初発非行年齢の平均の差

家庭学校卒業後、少年院に入所していない者と入所した者の非行初発年齢の平均値の差の検定を行った。平均値はそれぞれ 9.2 歳、9.1 歳であり、両者に有意の差はなかった（Welch の t 検定による、p=.768。なお、前者で非行初発年齢不明の者 5 名、後者で 1 名を除外）。

③非行種別

③－1　窃盗の有無

③－3　性的非行の有無

③－4　放火の有無

③－5　薬物乱用の有無

③－6　重大事件の有無

④精神医学的特性

④－1　精神医学的診断の有無

また知能指数について、

表5　少年院入院の有無と知能指数の分布

		知能指数					
		～49	50～69	70～89	90～109	110～	合計
少年院入院の有無	非入院群（人）	3	18	171	154	29	375
	％	0.80	4.80	45.60	41.07	7.73	100
	入院群	0	3	29	25	8	65
	％	0.00	4.62	44.62	38.46	12.31	100
	合計（人）	3	21	200	179	37	440

　　　　④－2 少年院非入所群、入所群の知能指数の平均の差の検定
を行った。家庭学校卒業後、少年院に入所していない者と入所した者の知能指
数の平均値は、それぞれ IQ91.2、91.6 であり、両者に有意の差はなかった（Welch
の t 検定による、p=.807）。なお、前者で IQ 値不明の者 8 名、後者で 1 名を除外）。
なお、施行された知能検査は各種あり、時代ごとの変遷もあるが、ここでは施
行された検査の種類は考慮せずに IQ 値を扱った。また、少年院入院の有無ご
との知能指数の分布を**表5**に示す。両群に顕著な差はみられなかった。
　　⑥寮長による子どもの状態の総合評価
　　⑥－1 入所時
　退所時（⑥－2）と異なり、入所時の寮長による評価は「情緒の安定」1 項
目を除き、全て予後との有意な関連はなかった（**表4**）。
　また、以下の各属性について、家庭学校卒業後、少年院に入所していない者
と入所した者の平均値を比較した（Welch の t 検定による）が、いずれも有意
の差はみられなかった（**表6**）。つまり、入所時の年齢、退所時の年齢、初発
非行から入所までの年数、家庭学校での在籍期間の長短は、その平均値をみる
限りでは予後に影響しないという結果であった。
　　⑦その他の属性
　　　⑦－1 入所時年齢
　　　⑦－2 退所時年齢
　　　⑦－3 初発非行から入所までの年数
　　　⑦－4 在籍期間

第6節　考察

　今回の結果の解釈において十分に注意しなければならないのは、ここで行っている比較は、非行を犯したことによって家庭学校に入所し退所した者を、少年院入所歴の有無によって2群に分けてそのそれぞれの特性を比較したものだ、ということである。ここで取り上げた、非行と関連が深いと思われる諸特性は、先行する非行研究に基づいて選んだものであるが、先行研究のほとんどは、非行群と非行のない一般群とを比較することによってこれらの非行と関連の深い諸特性を抽出している。よって、ここで有意差が見られなかった項目は、非行との関連における重要性が減ずるものではない。ここで有意差がないということは、それらの非行と関連する重要な諸特性による影響を、家庭学校の教育・支援が補い、打ち消すことができている可能性を示唆するものである、と解するのが妥当であろう。

　まず大づかみにいえば、一般に予後に影響を与える可能性があるとされる多くの項目において、家庭学校退所生の予後が左右されていないことが極めて重要である。家庭環境、つまり家庭の貧困・被虐待経験の有無・実父母の有無は、予後に有意な影響を与えていない。また、家庭以外の生育環境、つまり施設経

表6　種々の属性と少年院入院の有無

⑦-1 入所時年齢	少年院入所	平均値	人数	p値
	なし	13.135	533	.925
	あり	13.122	82	

⑦-2 退所時年齢	少年院入所	平均値	人数	p値
	なし	15.283	533	0.34
	あり	15.049	82	

⑦-3 初発非行から入所までの年数	少年院入所	平均値	人数	p値
	なし	3.964	533	.795
	あり	4.037	82	

⑦-4 家庭学校在籍期間	少年院入所	平均値	人数	p値
	なし	26.308	533	.147
	あり	23.988	82	

P値はいずれも Welch の検定による

験の有無・被いじめ経験の有無も予後には影響を与えていない。さらに、子どもの生物学的な特性、つまり精神障害の有無および知能指数の高低は予後に影響を与えていない。加えて、前述のように全体として低い再非行率のなかでも、一般に再非行が多いとされる性的非行、放火、薬物乱用の非行種別においても、その他の非行と比べて再非行が多くはなかった。とくに殺人・強盗・放火・性的非行を含む重大事件の有無が予後に影響を与えていない点は重要である。つまりこれは、重大事件を犯した子が、再び非行を犯す蓋然性が高いわけではない、ということを示している。

　また、児童自立支援施設は予後が悪いとされる10歳未満で非行を初発した子ども[10]を多く扱っているのだが、そのなかでも非行初発が10歳未満の群と10歳以上の群の間に、有意な再非行率の差はなかった。また、少年院入院群と非入院群の初発非行年齢の平均値にも有意差はなかった。これらの所見は、いずれも特筆に値する。

　その一方で、入所時点での寮長による児童の総合評価はそのほとんどが予後と関連しないが、退所時の評価はそのすべての項目が予後と関連があることが示された。図7をみると、評価が高いほど予後が良く低いほど予後が悪いという、非常にきれいな関連があることがわかる。つまり、退所時に寮長が種々の特性を高く評価した子は、やはり再非行にいたることが非常に少ない、ということである。花島は、その予後調査において退所時点での寮長の「上・中・下」の3段階評価と安定度の5段階評価との関係を見て、その結果から「寮長による評価の的確さをよく表している」としているが[11]、これは本調査の結果と一致している。寮長によるこれらの評価は、いずれも客観的な評価基準などは設けられておらず、もっぱら寮長の主観的評価によるものといってよい。しかし、それが予後と統計的に有意な、見事な相関を示すということは、これらの、客観的には把握することが困難な、いわゆる非認知的能力の評価がいかに的を射ているかを示している。あるいはこのような非認知的機能の評価は、長い期間一緒に生活した寮長による主観的な評価こそが正しいと言えるのかもしれない。

　以上の結果は、家庭学校による支援が、これらのさまざまな要因による不利

を補償する役割を果たしている可能性を示唆する。

　もちろん、家庭学校での働きかけだけが予後に影響を与えるわけではない。退所後の期間が長くなるほど、退所後の環境が予後に与える影響は大きくなる。退所時就労の有無が予後に影響を与えるのはその点においても当然である（図5）。就労が再非行防止のもっとも重要なキーの一つであることは、従来の知見のとおりである。しかしたとえば、犯罪学において広く受け入れられ、アメリカの精神医学会の診断基準である DSM-5 にも取り入れられているモフィットによる少年非行の分類において、予後を大きく左右するとされている非行初発年齢が、予後に影響を与えていないことの意味は小さくない。

　また、生物学的な要因については、今回の解析は、発達障害の診断を受けた子どもが増え始めた頃までの期間が対象であり、その大部分は現在の観点での精神科的診断を受けておらず、精神医学的診断を受ける子どもが大幅に増加した近年のデータを含んでいない。今後、これらの影響を注視していくべきである。

　一方、暴力的非行を行ってきた児童は、そうでない子に比べて予後が不良であるという結果は、これまでも指摘されてきたところではある[12]が、家庭学校の退所生においても同様の傾向があることが示された。暴力を引き起こす衝動性は、遺伝的な要素が考えられる一方、成育歴上の暴力的な環境にも強く影響される可能性がある。従来の犯罪学の知見において予後に影響を及ぼすと考えられていた諸要因の多くが、家庭学校の退所生においては有意な予後の差を生まないなかで、暴力的非行の有無が予後に影響を及ぼすことには、十分な注意を払う必要があると思われる。

　ただし経験上、暴力事件を主な入所理由として児童自立支援施設に入所した児童であっても、施設内でも暴力をふるい続ける子どもは実は相当まれである。暴力行為は、本人の特性と周囲の環境との相互作用によってはじめて出現するものであり、施設内の環境が子どもに対して受容的で穏やかなものであって子どもに自己を侵害されないと感じさせることができれば、たとえその子が特性として衝動性の高さを持っていたとしても、暴力は発現しない。その結果、施設内ではその子の暴力性は目立つことがなく、問題視もされにくい。これは、いわゆる仮面適応とは異なる現象である。本人が意図的に暴力を封じ込めてい

るわけではなく、自然と暴力が発現しなくなっている状態だからである。もちろん、施設内でも暴力が問題になる子もいて、結果的に施設での処遇が困難になる事例も存在するが、例外的である。しかし、「ひとむれ調査」の結果からみると施設内で暴力がみられないとしても、暴力を主訴として入所してきた子の場合は、アンガーマネジメント等の暴力のコントロールへの対応が必ず考慮されるべきであることが明確に示されたといえる。たとえ1年以上にわたって施設内で暴力がみられないとしても（それがむしろ普通であるが）、そのことによって衝動性が改善されたと安易に考えるべきではなく、衝動性をコントロールする方法を模索しなければならない。これは、子ども個人の心理的側面のみでなく、退所後環境等の社会的な面の調整、さらに服薬等の生物学的な側面も含むものとなるだろう。実際のところ、これは容易なことではない。相当長期にわたって暴力をふるっていない子どもに対して、社会内に戻った際にまた暴力をふるってしまう可能性を自覚させ、それに備えさせようとする試みとなるからである。おそらく、これらは家庭学校だけの問題ではなく、すべての非行少年にかかわる施設・機関が取り組むべき課題であろう。ただし、暴力性のある非行を犯した児童の予後が悪いのは、あくまで暴力以外の非行を入所理由とする場合との比較においてであり、本調査においては、暴力的な非行を犯して家庭学校に入所した子の場合でも6割以上は退所後少年院に入所することはなかった、ということは銘記すべきであろう。暴力的な子は家庭学校では改善しない、というわけでは決してないのである。

　以上、全体をまとめれば、次のようになるだろう。
・家庭学校の教育が、成育歴上あるいは遺伝上の様々な困難の多くを補い、あるいは解消できていることは明らかである。
・その一方、暴力の問題は、家庭学校の教育をもってしても十分な改善は容易ではなく、より一層の働きかけが求められる。
・就労の有無が予後に強い影響を与えることは従来の知見の通りであるが、近年退所時の進学・復学が増加していることを合わせて考えると、退所後のしっかりした支援体制が重要であることが改めて示されている、と考えられる。
・「ひとむれ調査」では知能指数の高低が予後に関連していなかった。このこ

とからは、認知スキルがそれほど予後に影響しない可能性が示唆された。

・退所時の寮長の評価が、その得点の高低も含めて予後と関連することから、責任感、対人スキル、粘り強さ、積極性といった非認知的スキルは、予後に相当強く影響することがわかった。また、これら非認知的スキルに対する寮長の評価はきわめて正確であるといえる。

奥田調査の結果との比較

　前述したとおり、『教育農場五十年』における奥田による予後調査と、「ひとむれ調査」は対象、手法ともに大きく異なっており、直接比較できるようなものではない。ただし、奥田がその調査の「概括」で述べた以下の5項目について、検討する意味はあるだろう。

奥田による5項目の概括

一、出身家庭の経済状況は、あまり予後に影響しない

　　→本調査においても同様の結果であった。

二、知能の程度が高い方が、よりよい予後成績をあげる傾向が認められる

　　→本調査では、知能指数による予後の違いは認められなかった。

三、情意の特徴の一つとして、積極性を示すもののほうが、予後成績は良好の可能性が高い

　　→本調査でも「積極性」の評価が高い方が予後が良い傾向があるが、その他の評価項目でも評価が高いほど予後が良い同じ傾向が認められるため、同列には論じられない。

四、純環境的に、すなわち家庭外環境がわるくて不良化したとおもわれるものの予後は非常によく、教護教育は成功している。これに反し、本人の素質が問題となるものでは予後成績が良くない傾向がある

　　→本調査では、同様の観点の調査は行っていない。

五、卒業時の支持条件が十分であるほど、予後成績の向上が期待され、支持条件不良の場合には、予後成績が低下する傾向のあることが、明白に認められる

　　→本調査では、退所時に就労した者が予後が良い傾向がみられ、就労先が未定である場合などに比べると「支持条件が良い」といえるが、奥田調査の場合は同じ就労のなかでも支持条件の良し悪しを比較するなど、より細

かい調査を行っているため、同列に論じることはできない。

●結語──「ひとむれ調査」からみる家庭学校の あり方と今後の課題

　留岡幸助は1901（明治34）年に著した『家庭学校』において、「若し人あり、強いて本校の成績を問ふものあらば、今より十年の将来に於いて之に答へんと欲す」と述べている[13]。奥田の調査は北海道家庭学校創立50年目にして、それに見事に応えるものであったといえる。それに比べると「百年の将来に於いて之に答えん」とした本「ひとむれ調査」は、予後調査としては、はるかに不完全なものである。今回の調査・分析は、奥田が行った家庭学校退所後年余を経ておおむね一人立ちした時点での予後調査とは大きく質が異なっており、直接的な比較は困難であり、また真の社会的予後を示すものとはいえないとも考えられる。そもそも家庭学校における教育の効果を真に検証するためには、本来であれば、たとえば同じような非行を犯したが家庭学校には入所しなかった子の群の予後との比較を行うべきである。しかし、そのような対照群はとり得ない。そこに「家庭学校の教育・支援の効果」の検証の難しさの本質がある。さらに、家庭学校がとっている生活療法というあり方は、その性質上も評価がきわめて難しい。生活というものの豊かさ・多様さゆえに、「何が効いたのか」を検証することが難しいのである。

　これまでも述べてきたとおり、本予後調査の結果は、必ずしも家庭学校の教育の効果のみを反映しているものではない。家庭学校入所以前の養育環境や働きかけ、また退所後の環境も当然影響する。また、「ひとむれ調査」では少年院入院を予後判定の基準としたが、少年院入所にはいたらない再非行はそれよりもずっと多いはずである。さらに、奥田調査の結果を考えると、「ひとむれ調査」で「予後不良」とした少年院入院者も、その後改善して安定した生活を送るものも少なくないと考えられる。実際、「ひとむれ調査」でも、一旦少年院に入院したが、その後の追跡調査において問題のない生活を送っていたことが確認されている事例も存在する。またその逆に、今回予後良好とした者の中にも、その後再び非行・犯罪に走った子もいるであろう。少年院入院という、

一つの評価基準のみを使って予後評価を行った本研究の大きな限界がそこに存在する。少年院入院は人生において一つの通過点であり、少年院入院がその子の将来を大きく改善する可能性があることを忘れてはならない。

　これらの限界をふまえたうえでいえば、今回児童票調査から得られた要因と予後調査のデータを統計的に解析することにより、どのような要因が予後に有意に影響を及ぼすのかを示すことができた点では、家庭学校の教育・支援が子どもたちに何をもたらしているかを新たな形で提示し得たものと考える。少なくとも日本において、非行少年の追跡調査を 39 年間という長期にわたって継続して行った例はきわめて稀であると思われる。また、今回の「ひとむれ調査」のように施設退所後の 5 年間に及ぶ長期予後とそれに関連する因子を統計学的に明らかにした例は非常に少なく、貴重な資料であると考えられる。

　本調査では、家庭学校の歩んできた歴史を俯瞰しつつ、家庭学校が児童に与えてきたものを明らかにしてきた。児童を成長させ、再非行を予防するという観点からいえば、さまざまな困難を抱えた児童に対して、家庭学校の教育・支援がそれらを補償することができていることが明らかになったといえよう。その一方、課題も明らかになった。暴力的非行を犯した児童の予後を改善するための働きかけがより一層必要であることが示された。その改善のためには、これまで以上の心理的・社会的、医療的な働きかけが求められるであろう。また、これまでもいわれ続けてきたことだが退所時点での条件を整えることの重要性と、その後の長期にわたるフォローアップの重要性も示された。さらに本調査でも示されたが、1997 年の児童福祉法の改正による児童自立支援施設入所対象児童の拡大と、2000 年の児童虐待防止法施行による児童相談所における被虐待児童の扱いの急増にも影響を受けたと思われる平成 20 年代以降の対象児童の低年齢化と、精神医学的の診断特に発達障害をもつ児童の増加は今後とも続くと予想される。すでに、本「ひとむれ調査」の対象者と近年入所している児童とはその特性が大きく異なっている。家庭学校が非行少年のための施設であるという認識は、すでに過去のものとなったといってよい。その変化への対応が求められている。これらは家庭学校の次の百年に向けた課題である。

　今後は家庭学校の夫婦小舎制という治療的構造が子どもにもたらすものをより明らかにし、児童への働きかけをさらに有効なものとしていくために、退所

後の子どもの QOL の確認、また入所前後の変化を心理テスト等の客観的指標を用いて捉えるなど、より実証的な検証を行っていくことも求められるであろう。

註

(1) 留岡清男『教育農場五十年』岩波書店、1964 年

(2) 花島政三郎『10 代施設ケア体験者の自立への試練――教護院・20 歳までの軌跡』法政出版、1996 年

(3) 平本良之「過去 3 年間の予後状況」『ひとむれ　創立 70 周年記念』北海道家庭学校、1984 年、pp.25-31

(4) 富田拓、津富宏「児童自立支援施設に措置された行為障害例の予後と関連する因子について」『厚生労働科学研究費補助金こころの健康科学研究事業　平成 16 年度 -18 年度「児童思春期精神医療・保健・福祉の介入対象としての行為障害の診断及び治療・援助に関する研究」（主任研究者：斎藤万比古）分担研究報告書』国立精神・神経センター国府台病院児童精神科、2007 年

(5) 法務省法務総合研究所「少年院出院者の再入院等の状況」『令和 3 年版犯罪白書』p.257

(6) Sampson R.J., Laub J.H. :Urban Poverty and the Family Context of Delinquency: A New Look at Structure and Process in a Classic Study, *Child Development.* Vol. 65, No. 2（1994）, pp. 523-540

(7) Murray J., Farrington D. P. ： Risk factors for conduct disorder and delinquency: key findings from longitudinal studies. *Can J Psychiatry.* 2010 Oct;55（10）:633-42. doi: 10.1177/070674371005501003.

(8) Goodman R. Simonoff E. Stevenson J. : The Impact of Child IQ, Parent IQ and Sibling IQ on Child Behavioural Deviance Scores（1995）https://doi.org/10.1111/j.1469-7610.1995.tb01299.x

(9) Caspi, A et al. : Role of Genotype in the Cycle of Violence in Maltreated Children Science, New Series, Vol. 297, No. 5582 pp. 851-854（2002）

(10) Moffitt T.E. Caspi A. : Childhood predictors differentiate life-course persistent and adolescence-limited antisocial pathways among males and females. *Development and Psychopathology.* Published online by Cambridge University Press: 16 May 2001 DOI:10.1017/S0954579401002097

(11) 前掲註（2）

(12) Farrington, D. P. :Childhood aggression and adult violence: Early precursors and by DEBRA J. Pepler D. J. and Rubin K. H. Lawrence Erlbaum Associates（1991）

(13) 留岡幸助『家庭学校〔第 1 編〕』警醒社、1901 年、p.98

調査研究補論

北海道家庭学校退所者への アフターケア

椿 百合子

北海道家庭学校礼拝堂 内部正面
右奥：卒業生の寄贈したデジタル式教会向けクラシック・オルガン、2021 年撮影

● はじめに

北海道家庭学校創立 100 年を迎えるにあたり、退所者の予後について、統計的に分析しようとする研究が企画され、筆者は戦後の一定期間に係る統計データ作成に協力させていただいた。その際、データ抽出のもととなる資料のなかに目を惹かれるものがあった。そこには、当時の職員の方々の退所者に向ける温かい思いがあふれているように感じられた。そして、その内容を北海道家庭学校にかかわる方々にぜひお伝えすべきではないかという思いにかられた。また、退所者の予後を追った記録は貴重であり、時代を超えて共通する学びがあり、今後の児童自立支援施設におけるアフターケアや少年院における再非行防止方策などを検討するうえで、意義ある指針を示しえると考えた。その意味で、今般、寄稿の機会をいただいたことを大変幸いに感じる。

本章では、児童福祉法施行（1948 年）から 10 年余りの間に北海道家庭学校に入所した者について、その退所後のアフターケアに係る取組を紹介し、あわせて戦後の児童福祉をめぐる変化に伴う取り組みの変遷にも触れる。

なお、紹介する事例等は、個人を特定しないため、その本質的理解を妨げない範囲で事実関係を変更し、あるいは曖昧化し、類型化している。また、筆者の意見や考察にあたる部分も含むが、これは、筆者の少年院等での勤務経験に基づく理解において記載したものである。

● 第 1 節　退所後の成り行きに関する情報蒐集

1964（昭和 39）年、北海道家庭学校創立 50 年を記念する行事の一つとして、生徒の退所後の状況を追跡調査した報告書がまとめられた。その調査結果は、『教育農場五十年』において「卒業生のゆくえ」と題して紹介されている[1]。

精神科医で北海道家庭学校理事でもあった奥田三郎博士に委嘱して実施されたこの調査は、同博士の専門的知見に基づいて調査事項の選択および分析が行われたが、対象とする生徒の退所後に係る情報は容易に入手できるものではなく、北海道家庭学校職員（以下、職員）の尽力があったからこそ実を結んだ。このことについて、『教育農場五十年』では、「校長留岡清男の発意により、全

校職員が一致協力して長年月にわたって蒐集し、記録しておいた資料を基礎として」「この協同研究の骨組みとなった資料は、ことに、その全生涯を家庭学校に捧げ尽くした、鈴木良吉、横山義顕、寺崎好、大泉栄一郎、岸本種次の諸先生方の力により得られたこと、その蔭に各夫人方の忍苦の長年月があったことも、銘記しておきたい」と記されている。

　北海道家庭学校が創立された1914（大正3）年から創立50年目の年度末1964年3月31日までに退所した生徒は905名であるが、追跡調査の目的が教育効果の検証にあったことから、分析上、一定の条件のもとで事例が整理され、結果的に調査分析の対象となったのは510名であった。他方、職員による情報収集は、調査分析の対象か否かにかかわらず、当該期間の全退所者について地道かつ継続的に行われた。収集した情報は、生徒ごとに編綴され、その内容は、退所時の進路調整に関する連絡の記録、就職先や家族または関係者等から連絡を受けて対応した記録、職員が退所者の家庭や職場を訪問した記録、退所者が来校したときの記録、退所者から手紙や電話により連絡を受け対応した記録、退所者に関する新聞記事などであり、入手可能なあらゆる情報を追跡調査のための資料としてまとめ、残そうとする情熱がうかがわれる。これらの記録は、必ずしも整然と記されたものではなく、走り書きのようなメモも混じるが、そのメモの文面や筆跡をみても、多忙な業務のなかにありながら、追跡情報を得る機会があれば、それを逃すことなく記録しようとしていた姿が浮かび上がる。

　このような情報収集は、創立50年記念事業の後も、先述の同調査に協力した職員が健在な限り続いている。退所後長期間にわたる経過が記録され、なかには退所後20年以上を辿る事例もある。情報収集にかかる職員の情熱はすこぶる高いものであったが、その原動力は何であったか。まずは、教育効果の検証という組織目標への高い意識と達成に向けた職員の一体感があり、創立以来50年の総括として教育効果を対外的に示すとともに、北海道家庭学校における教護教育の改善・充実に活用する意義が十分認識されていたものと思われる。さらに、とりわけ、調査に協力した各職員が直接指導した生徒に係る情報収集について、筆者は別の側面からの意義を見出す。それは、追跡調査の付随的効果でもあり、教護教育に携わる職員に対する本質的な問いかけでもあった。その意義を次の2つに整理する。

その1は、追跡情報をリアルタイムに共有することにより、組織的なアフター
ケアをより効果的に推進し得たこと。実際、退所者の追跡記録は、同時に、職
員たちが連携して行ったアフターケアの経過記録にもなっている。また、職員
が積極的な状況把握に努めたことは、退所者やその関係者との交流を促し、ア
フターケアを充実させる方向に作用したとも考えられる。たとえば、留岡清男
校長（以下、清男校長）は、退所者と会う機会があると、家庭学校あてに退所
後の経過を知らせて欲しい旨を告げていたようで、これに応えて、多くの退所
者が、思い思いの方法で職歴や生活歴を知らせてきている。その際に家庭学校
を訪問すれば職員との会話がはずみ、手紙であればそれに職員が返信して文通
交流が深まる。退所後の事情を伝えていれば、困ったときに相談しやすく、職
員も退所者の特性や生活環境をふまえた対応ができる。自身の経過だけでなく、
他の退所者について知りえた状況を付記してくる者も多く、その情報を得て職
員は連絡が途絶えていた退所者の職場を訪問するなどし、積極的なアフターケ
アにつなげている。
　その2は、追跡情報を収集する過程そのものが、職員にとってケース研究と
なりえたこと。そして、個々の生徒に対する教護教育を振り返り、検証する積
み重ねが、職員の専門性を高め、職務意欲を一層向上させたのではないだろう
か。また、職員は、新聞紙面に退所者らしき氏名を認めると、その年齢や居住
地域と照合したうえで、たとえ小さな記事であってもこれを切り抜き地道に
ファイリングしている。筆者はそこに、不良事例から学ぼうとする姿勢をみる。
退所後長い年月を経た者の事件の記事もあり、その場合、北海道家庭学校にお
ける教育との関連は薄くなり、退所後の経験が多分に影響していると思われる
ものの、記事を収集する職員の気持ちを想像するなら、当該退所者の幼い顔を
思い浮かべ、在所中の教育経過を振り返り、もっとできることはなかったかと
悔やみ、今後同様の事例を出さないために最善を尽くさなければならないとい
う使命感を新たにしたのではないだろうか。これは、筆者がかつて少年院に勤
務し、施設内処遇に携わる者として共通に有する心情を理解し、推察するもの
である。退所者が数年ぶりに北海道家庭学校を訪問した際の記録に、職員の気
持ちがメモされていた。退所者の近況を聞きつつ校内を歩くなかで、退所者が
紅葉の樹々の間から見える礼拝堂に目を向け、「家庭学校はいつ来てもいい

なぁ」としみじみと話しかけた。その様子に、職員は胸が詰まる思いがする。厳しい労働と身寄りのない寂しい境遇にあるこの退所者に、「何もしてやれない」切なさを感じ、未来に一筋の光あれと願う。追跡調査は、一人ひとりの退所者の生きざまに職員の心を添わせる営みだったとも言えよう。

次節では、上記その1の視点から、退所後のアフターケアの実相を追う。

● 第2節　アフターケアの実際

ここでは、1948年1月から1960年3月までの入所者に係る退所時の進路調整とアフターケアについて、類型的に整理して紹介する。当時の北海道家庭学校の取り組みの実際と、戦後の社会状況の変遷に伴うアフターケアの変化もみていくこととする（以下、「当時」と記載する場合は、上記対象者に関する進路調整やアフターケアが実施された期間を指す）。

なお、上記期間は、児童福祉法施行年に始まり、奥田博士が調査分析の対象とした退所者の最終入所年度を区切りとするものである。また、清男校長の在任期間に重なる。時代としては、第二次世界大戦後の混乱、復興、成長の各期を横断する。

まず、この間の入所者について概観する。執筆時の暫定集計であるが、入所者数は延べ419人、入所時年齢の平均はおおむね13歳、退所時年齢の平均はおおむね15歳、在籍期間の平均はおおむね2年3カ月であった。なお、この集計には入所後短期間で退所に至った者も含むため、相応期間の教護教育を受けた者のみを対象とすれば、退所時年齢はもう少し高く、在籍期間も長くなると思われる。多くの場合、中学校卒業後に退所し、就職しているが、家庭引き取りの事情や自立就職先の確保が難航した場合、あるいは、低年齢で入所し、措置解除相当と判断されるまでに時間を要した場合などに在籍期間が3〜4年に及ぶことも少なくなく、なかには6年以上の事例もある。

さて、児童福祉法は1948年から施行されたが、施行直後は実務面で移行過程にあったようで、同年年末頃までは、入所時の手続きについて、同法施行前と同様に鑑別機関を「家庭学校児童相談所」、入院命令通知書は「民生部長」としているものが散見される。しかし、退所の時点では、きわめて短期間で退

所にいたるケースを除き、道立の児童相談所の取扱いになっていく。そして、1949年の入所者からは、入所・退所いずれの事務も道立の児童相談所が担うようになった。当初は、中央、旭川、帯広、釧路の4カ所であり、広域を管轄する難しさもあったと思われるが、その後、道立児童相談所の拡充整備に伴い、生徒の住所地を管轄する児童相談所がケースを担当していくことになる。1953年頃の退所者から、函館、北見、岩見沢、その後、室蘭の各児童相談所が退所の事務を取り扱っている。このような、児童相談所の拡充整備やその機能の充実は、北海道家庭学校におけるアフターケアにも変化をもたらしていく。

1　自立就職とアフターケア

　当時の退所後の進路としては、中学校卒業後に保護者に引き取られ、就職している場合が多く、学校に復学する例は少ない。また、家庭復帰せず、退所と同時に北海道家庭学校が受け入れを依頼した雇用主のもとに就職する事例も多かった。退所者は、戦中または終戦直後に出生したものであり、戦災による両親の死亡、出征した父との死別、樺太引揚時の家族の離散、戦中戦後の厳しい生活の中での親の病死などを経験し、退所後の受け入れ環境が十分に整わない場合も少なくなかったと思われる。家庭復帰せず、住み込み就職の形で自立就職する場合の事前調整とアフターケアは次のように行われた。

　自立就職先は、おもに農業や酪農、木工業、鉄工業、塗装業、精米業などであった。住み込み就職により、住居と仕事が確保されることになるが、自立就職に先立ち、退所前から、生活の安定と職場定着を図るための入念な準備が行われた。具体的には、退所前の一定期間、外泊実習の形で雇用主に委託し、業務見習いをさせ、その結果、生徒が適応でき、雇用主も受け入れ可能と判断した場合に、自立就職先として確定し、児童相談所に措置解除申請を行っていた。

　見習実習の結果、自立就職先を見直す場合もあったが、多くは雇用主に受け入れられた。そこには、職員による丁寧な事前調整があった。雇用主に対し、理解と協力を求める依頼を行っていたと思われ、雇用主は退所者を従業員として受け入れるだけでなく、いまだ低年齢である教護院退所者を、自立した社会人へと育成する意欲を有していた。理解ある就職先を開拓することは、自立支援のための重要な業務であったのではないかと推察する。実際に生徒を委託す

る際には、就職先の業種、受け入れ体制等をふまえて適応し得る生徒を選定、雇用主はあらかじめ受け入れる生徒の属性を了解している。また、生徒に関しては、職種に対する本人の希望を尊重し、あるいは、本人の適性を見極めて指導方針を立て、就労に役立つ技能を伸長させるような実科に編入させる。たとえば、手先が器用な者を木工部に編入させたうえで、木工業に自立就職させる。養鶏を好む者を養鶏部に編入、養鶏農家に自立就職させるなどである。実科における技能の習得は、自立就職への動機づけを高め、退所後の職場適応に資するうえ、雇用主にとっても求める人材を得ることになる。

　自立就職に向けた一連の流れは、施設内教育から社会的自立への移行を円滑に行う配慮が尽くされているといえる。就職受け入れの依頼・承諾、見習実習の実施など、生徒が退所する前から雇用主と職員は綿密に連絡を取り合っている、そして、そこから連続性をもち、退所後のアフターケアも職員と雇用主の連携により実施された。

事例類型1　自立就職先と連携した事例

> 　家庭引き取りが困難であったため、職員が自立就職先を調整。退所後、雇用主は随時、就労状況を職員に報告。問題行動への対処等を相談。退所者も別途、悩みを職員に相談。職員は両者の相談に対応しつつ、雇用主を支援・助言し、退所者には気持ちを受け止めつつ指導している。幾度かの危機を乗り越えながら1年程度は就労継続できたが、結果的に職場離脱。しかし、その後は別の業種において安定就労し、独立開業にまで至っている。自立就職先を退職した後も、職員と退所者の交流は続き、退所者が元の雇用主に連絡することもあり、元の雇用主も職員と連絡をとりつつ、長期にわたり支援者となっていた。

　雇用主が退所者の指導において困難や疑問を感じる場合、退所者本人をよく知る職員に相談できる体制は雇用主にとって心強いものであり、このような体制こそが、職場適応に向けた根気強い指導を可能にしたと思われる。さらに、その経験を通じ、雇用主は退所者指導のノウハウを蓄積し、意欲を高め、継続的に退所者を受け入れる協力者になっていく。また、職員が間に入って関与することにより、退所者と雇用主の関係が深まり、雇用主は退所者が離職した後

も支援を続ける存在になり得ている。

　退所者本人にとっては、退所後の危機場面に際し、就職先の事情を知る職員に相談することで克服の力を得ており、結果的に離職にいたったとしても、それまでの雇用主および職員からの働きかけ、これを受けた本人の努力は、その後の人生を切り開く礎となり、貴重な訓練の機会になったとみることができよう。とりわけ、家族による支援が難しいケースにおいて、自立就職にかかわる職員および雇用主はかけがえのない拠り所である。

　多くの場合、退所時の自立就職先での就業は一時的である。しかし、それは自立就職先を否定するものではなく、転職や独立を経てそれなりに生活が安定していく経過をみると、退所者の社会的自立の出発点において、一連の自立就職支援の枠組みがもつ意義は大きかったと考えられる。他方で、雇用主が、退所者受け入れにおいて労働力の確保に重きを置き、職員との連携も希薄な場合には、この自立就職支援の枠組みは十分に成果をあげず、退所者が挫折感を抱いたまま離職に至る事例もみられ、理解ある雇用主の確保は重要な課題であったと思われる。

事例類型2　特性を踏まえて対応した事例

> 　身寄りがないため、自立就職を調整。知的能力に劣るが、単純作業は忍耐強く取り組めることから、その特性を活かすことのできる実科に編入、本人の資質と適性に理解を示す雇用主のもとで見習実習をさせる。しかし、雇用主方で盗みを働き、見習実習は中止される。その後約1年の家庭学校での生活を経て、同じ雇用主が再度の受入れを了承し、同就職先で就労を継続した。その後首都圏の企業に転職。転職先での経過は良好で、勤務先で人手を求めているとして、北海道家庭学校退所者の就職受け入れを申し出るまでに至る。

　家庭環境に恵まれず、かつ能力・資質面から自活した生活に困難が予想される生徒に対しては、とくに丁寧できめ細かい自立就職の調整が行われていた。教護教育において、本人の「強み」を見出すことに意を注ぎ、その伸長を図る指導に配意し、雇用主の選定も最適である。雇用主と職員が協働して支援し、雇用主のもとを離れても長期にわたり見守りを続けている事例も少なくない。

　なお、自立就職先は基本的に道内だが、本事例のように、転職の際に首都圏に職を求める者が少なからず認められる。そして、職員が、首都圏で働く退所者の職場等を訪問している記録も多くみられる。職員は、文通による交流を継続しつつ、上京の機会には複数の退所者の職場や家庭を訪問し、退所者本人あるいは家族、職場の上司等と面談している。なかには、退所時点から自立就職先が首都圏の場合もある。これは、とくに必要性を認めた者について、清男校長の人脈を通じて就職先を確保したもので、雇用主は北海道家庭学校の取り組みを理解し、評価する人物であり、遠距離になるが、手紙等を通じて、職員と雇用主、職員と退所者の連絡が密に行われている。

事例類型3　職員、雇用主、保護者が連携した事例

> 　生徒本人に就きたい職種があるが、保護者は希望に合う就職先を見つけることができなかったため、最終的に職員が希望職種で自立就職先を確保。理解ある雇用主のもとでの見習実習を経て自立就職。退所後半年で再非行があったが、雇用主は監督強化を約束して再度引き取る。保護者に監護意欲があり、職員と雇用主と保護者が相談しながら対応し、その結果、再非行後に持ち直し、軌道修正を図ることができた。

　本人が特定の職種を強く希望し、それが適性にも合うと認めた場合、職員は、本人の希望を最大限に尊重し、願いを叶えるべく尽力する。職員のそのような熱意が、雇用主と保護者にも共有され、強いサポート体制が築かれている。このように、職員には、本人に前向きな意欲があれば、その実現に向けて協力を惜しまない姿勢があり、手を差し伸べられた生徒は、現実の厳しさに直面しながらも、逃避的にならず、職員や支援してくれる人が自分を大切に思う気持ちに応えるべく取り組み、成長している。

　なかには、保護者と協議しつつ話を進めた自立就職について、本人が意を決して、本意ではない家に帰りたいと打ち明ける場合もあるが、職員は、その真剣な思いを受け止め、保護者や雇用主、出身地の福祉関係者等と再協議して、本人が希望する家庭復帰実現に向けて尽力している。職員たちは、支援に際し、「本人が幸せになる道を選ぶ」ことを判断の基準におき、生徒が自分自身の人

生を前向きに選び取り、納得性をもって主体的に生きることを応援している。

2　自立就職後の転職

　自立就職した者は、退所時の就職先において一定期間就業すると、転職を考えるようになる。なぜ転職するのか、どのように転職するのか、ここではその事例をみていくこととする。

事例類型4　向上心ある転職の事例

　本人の希望する職種で見習実習し、実習先へ自立就職。就職先で着実に技能を身につけ、より技能を向上させたいとして、同業種他店への転職を希望。転職意思を雇用主に説明するとともに、自立就職を図ってくれた職員にも相談し、関係者の理解を得て転職。その後、何度か失敗を経験しつつも、乗り越え、独立開業する。自身と同様の境遇にある者を支援すべく、北海道家庭学校の退所者を雇用するようになり、雇用主として職員と連携していく。

　退所時の自立就職先は、家族経営や比較的規模の小さい事業所が中心であり、将来性に限界を感じる者は多い。心のうちには、教護院退所者という立場を引きずることへの抵抗感もあるかもしれない。また、自立就職先は、職員が選定した職場であり、数あるなかから自ら選び取ったものではない。誰かに与えられた環境に甘んじることなく、自らの力でステップアップを図りたいと向上心をもつのは成長の証と考えられる。転職を具体化しようとするときは、事前に職員に相談し、あるいは転職後に報告している。「相談」や「報告」をしながら前に進む姿勢を身につけたことは、教護教育の大きな成果であり、職員が相談等される存在であり続けること自体がアフターケアともいえるだろう。

事例類型5　安易な転職を認めない事例

　退所者受け入れ経験豊富な雇用主のもとへ自立就職。本人は、資格取得したいなど、様々な理由をつけて離職を計画する。ただし、その理由は思いつきレベルのものであることを雇用主が見抜き、職員に状況報告しつつ軌道修正を図り、結果的に5年以上就労を継続。雇用主と職員が話し合った上で、本人の転

職先を確保し、新たな職場での心掛けを覚書にまとめて誓約させたうえで、転
職を認めている。

　軽率な考えで行動することがないよう、雇用主と職員が適切にコントロール
しているが、それを可能にしているのは、前事例同様、周囲に「相談」してか
ら行動する姿勢が身についているからだといえる。本人が職場不適応を感じた
場合に、安易に自己判断で行動せず、雇用主や職員、家族等に相談している事
例は多く、それによって問題を克服させ、あるいは大きく道をそれることを防
いでいる。相談を受けた際に、支援にかかわる者たちが情報を共有し、連携す
る体制にあることも、より的確な支援・指導につながっていたと思われる。

事例類型6　転職を支援した事例

　　自立就職を前提とした見習実習で問題行動があり、実習中止となったが、そ
　の後、本当にやりたい仕事、継続できる仕事は何かを本人とともに考え、希望
　する職種で就職先を再調整し、自立就職させた。就労状況は安定し、問題なく
　経過。しばらくして、清男校長の配慮により「将来性を考えて」転職先を紹介。
　首都圏の企業に転職し、雇用主と職員の支援を受けながら職場定着。長く勤務
　して、責任ある役職にも就いた。

　頼れる親族等がいないケースでは、職員が親代わりとなり、とくに親身に退
所者の人生にかかわっていた。職員は、将来展望において本人の動機づけを図っ
たうえで、受け入れ意欲の高い雇用主に委ね、雇用主と連携をとりながら成長
を支えている。生活経験のない首都圏への転職でありながら、職員あるいは職
員夫婦はしっかりと本人を支援し続け、結婚に際し手助けし、本人の妻子とも
親族のように交流を続けている。親族と縁の薄い退所者にとって、北海道家庭
学校の職員あるいは職員夫婦は、人生においてなくてはならない存在になって
いる。

3　進路調整における変化

　北海道家庭学校が主体となって進めていた自立就職の調整は、時代とともに

形を変えざるをえなくなる。戦後の労働環境や経済状況の変化、進学率の向上などの社会的変化のほか、進路決定において保護者の役割を従前以上に重視するようにもなった。また、1960年頃には、雇用条件に関心を向け、労働搾取されていないか疑問をもつ保護者、低年齢の者を働かせると労働基本法に抵触しないか懸念する雇用主、中学卒業後に就職するのではなく、高校進学を強く希望する保護者の事例もみられた。

　当時の北海道家庭学校が理想としたのは、退所前に就職先が決定していることである。しかし、家庭引き取りの場合、職員が帰住先付近の事業主と直接交渉するわけにはいかないため、基本的に、保護者に就職先の確保を求めることになる。保護者や親族が自営業をしている場合、当面、その手伝いをさせる方策があるが、そのような資源がない場合、保護者限りで就職先を確保するのはそう容易なことではないと思われる。しかし、職員は保護者としての責任を強調して、繰り返し就職先決定を求めている。また、保護者が確保した就職先が、本人の資質や適性に照らし望ましくない場合は、就職先変更を求めることもあった。

　1952年には道内の児童相談所が6カ所となり、児童相談所の整備が進むに従い、就職先決定に児童相談所の関与が期待されていく。しかし、設立間もない児童相談所においては、北海道家庭学校の要請に十分応えるだけの機能は整っておらず、退所時期が迫っても就職先が決定しないことに、北海道家庭学校の職員が苛立ちを感じることもあったようだ。1956年頃には、児童相談所の職員が、就職決定が難航している理由について、「愚連隊の横行から、雇用主は前歴がある者の採用を嫌う、家庭学校在所者であることは隠せない」旨を説明している例もみられる。

　児童相談所が家庭復帰後の就職決定もやむをえないとするのに対し、北海道家庭学校があくまでも事前決定が望ましいと主張し、児童相談所を頼らずに就職先を確保した事例も少なくなかった。なかには、「就職支度資金」を申請して就職を有利にしたうえで、清男校長が首都圏の企業に協力を求めた例もある。また、保護者が自立就職を望むものの、出身地の児童相談所に依頼してもみつからないため、北海道家庭学校が児童相談所の管轄を越えて広域調整し、協力者を介して自立就職先を確保した例もある。

　児童相談所の業務が軌道に乗り始めると、児童相談所経由で就職が決定するようになるが、その場合でも、職員は、本人の適性に合う就職先を積極的に提案している。また、児童相談所を介した自立就職の場合、従来、雇用主と職員が、退所前から連携して進めていたような密度の濃いアフターケアは行いにくくなっていく。

　さて、中学校復学や高校進学についてみると、当時の職員は消極的である。中学校卒業前に退所した場合は、「就学猶予」の形で家事手伝いに従事させるのが望ましいと考えている。退所者のなかには、就職後、雇用主の信用を得られるまでに安定し、中学再入学を希望した者もいるが、「折角鍛錬した勤労の精神が跡形もなく消え去ることになる」などと反対意見を伝えたこともある。また、戦後、高校進学率が上昇するなかで、将来のために子どもを進学させたいと希望する保護者が現れるが、その際、職員は、生徒は就職希望が強く、学習への興味が薄いとして、大いに懸念を示す。そのようななか、良い意味で職員の予想を裏切った例もあった。能力レベルからみて、就学猶予、その後植木職人等が適職との意見を付して退所させた者が、復学して無事中学校卒業を迎え、その後、学校関係者が感心するほどの努力を重ねて希望校合格、進学後も熱心に学び、希望職種で就職、周囲の予想を上回る努力で技能を向上させ、雇用主をして「人間として並み以上」と評価されるまでになった。この事実を知った職員は、関係者から聞き及んだ内容を退所後の追跡調査結果として詳細に記録している。おそらく、他の職員にも情報共有され、進路指導を考えるうえで学びの多い事例と捉えられたのではないだろうか。

4　児童相談所等との連携

　児童相談所の業務が安定するに従い、アフターケアにおける連携も円滑に行われるようになる。入所に係る児童相談所の機能の充実は、退所時の進路調整や受け入れ環境の調整にも寄与しているように思われる。北海道家庭学校の職員と児童相談所職員が、共通のケース理解のもとで、検討を重ねる機会が増えていく。また、児童相談所が把握した退所者状況のフィードバックもなされている。教護教育を実施した機関が中心となってアフターケアを行うのではなく、退所後の生活の身近にいる、児童相談所職員や児童委員、児童福祉司[(2)]等が地

域の資源も有効に活用しつつ支援し、そのことと、北海道家庭学校の職員による関与が重層的に展開し、アフターケアを充実させている。

事例類型7　児童相談所が転職調整した事例

> 北海道家庭学校職員が依頼した雇用主のもとで見習実習し、自立就職した退所者について、まずは雇用主と職員の連携、退所者と職員の交流が続けられる。しばらく就労継続できたものの、職場離脱に至ってしまうが、その後、児童相談所職員が新たな就職先を調整し、軌道修正を図る。以後、児童相談所職員と北海道家庭学校職員が連絡をとりながら、退所者を見守る。身寄りのいない退所者は、児童相談所職員を姉のように、北海家庭学校職員を兄のように慕い、何かあれば相談し、長きにわたって交流を続けている。

児童相談所職員の関与は、退所後の問題行動などを契機とする場合もあれば、退所者のほうから、児童相談所を頼る場合もみられる。退所者が児童相談所を訪れたことは、北海道家庭学校職員にフィードバックされ、あるいは、退所者自身が北海道家庭学校職員に報告している。自立就職先が嫌になって飛び出した退所者が、帰宅後、毎日職安に通い、児童相談所にも就職先紹介を依頼しに来る様子をみて、その入所時を知る児童相談所職員が、「予想以上に社会的判断力がついている」と驚くこともあった。また、頻繁に児童相談所を訪れる退所者に理由を問うと、北海道家庭学校職員に、「退屈したら児童相談所に話に行くように」と言われたという。家族が留守がちで、児童相談所による継続的な指導を必要とするため、このような助言をしたものと思われる。その他、仕事が嫌になった、不良交友に悩んでいるなど、退所後に困難に直面したときに、問題を乗り越えるべく児童相談所に足を運んでいる例があり、これは、北海道家庭学校の職員が、繰り返し「困ったら相談しなさい」と指導してきた成果と考えられ、また、児童相談所が退所者にとって相談しやすい場所になっていたともいえる。

事例類型8　児童福祉司が関与した事例

> 入所時に「教護対象として相当困難」とみられていた者が、入所後3年目に

は「本児をして最大の努力」が見られるようになる。それでも、能力・資質面の問題は残り、就職先の確保に苦慮するが、出身地の児童福祉司が熱心に就職先を探し、事情を理解した雇用主のもとへ自立就職させる。その際に、児童福祉司が職員と相談しながら雇用条件を整えるなどし、職員、雇用主、児童福祉司は連携して退所者を見守り、支援していく。児童福祉司は、退所者の家族とも連絡をとって意向確認や助言を行い、家族にとっても頼れる存在になっている。

　熱心な児童福祉司の存在は、北海道家庭学校の職員の力だけでは及ばない支援を可能にしている。就職支援だけでなく、復学の場合でも、児童福祉司が、本人退所前から、北海道家庭学校、中学校、家族と連絡をとって復学体制を整え、無事中学卒業を迎えると、就職先の確保にも尽力していた。自立就職先から家庭に戻りたいと切望する退所者がいる場合でも、本人、雇用主、家庭学校職員、親、兄姉、児童福祉司が話し合って、円満に家庭復帰させている。「本人の気持ちと将来を一番に考えた」児童福祉司が、関係者をとりまとめており、退所者のアフターケアにおいて重要な存在になっている。

5　退所者へのかかわり方

　当時の職員たちは、退所者にどのようにかかわっていたのか。退所者との面談記録をみると、職員は決して指導的ではなく、基本的に退所者の話に耳を傾ける姿勢である。退所者の家庭や職場に立ち寄ったときは、ただ近況を聞く。退所者が訪ねてくれば、懐かしく親しい気持ちで接し、時にその内容が疑わしく、虚勢を張ったものだとしても、咎めず受け止め、退所者がいつでも、どんなことでも話すことができるよう、相談しやすい関係をつくっている。

　第1節で触れたように、退所者が自分の経歴を積極的に伝えてくるのはなぜだろうか。清男校長の呼びかけに応じたこともあろうが、自分のそれまでの道のりを職員あるいは職員夫婦に知ってもらいたいと思い、伝えることで、その後の人生をより力強く歩んでいけるような気持ちになっているのかもしれない。

　転職を繰り返していた退所者が、あるとき、「このままでいいのだろうか」という思いに駆られた。今後の一生の仕事になるようなことをしたいと考え、北海道家庭学校に足を運ぶ。職員は、本人の相談に応じ、本人の適性に合うと

思われる仕事を提案し、雇用主に紹介する。それ以降、仕事の様子や結婚、子どものことなど、折に触れて近況を報告し、妻子を伴って北海道家庭学校を訪れるようになり、長きにわたって交流していく。

　このような長期間の交流が可能なのは、夫婦小舎制と職員の転退職が少ないためで、退所者にしてみれば、お世話になった職員あるいは職員夫婦がいつでも北海道家庭学校にいる安心感がある。なかには退職後も変わらず交流を続けた職員もいるが、その場合、追跡調査に資する情報があれば、北海道家庭学校に情報提供し、ときには、退所者の問題にどう対処すべきかを職員に相談し、相互に連携して支える体制をとっている。

　自己の失敗が原因で深刻な問題を抱えた退所者が職員を頼ってきた時は、破滅的な選択をさせないよう留意しながら、甘えさせず、責任を自覚して自らの力で解決するよう促している。職員が、家族、職場関係者等と連絡を取り合い、対応方針を一致させて、それぞれの立場から問題解決に向けた助言を行い、見守り、乗り越えさせている。

　退所後の生活において、不安感や危機感を抱いたとき、北海道家庭学校を訪問し、あるいは、手紙で気持ちを伝える者は多い。それは、何か答えや援助を求めるわけではなく、気持ちを吐露することによって、自暴自棄にならないように自分自身に言い聞かせるような様子である。何かあったときは北海道家庭学校のことを思い出し、気持ちを受け止めてもらい、拠り所となっていることが、問題行動の歯止めになっていたのではないかと考えられる。

　素行不良と噂される者が来訪しても、職員あるいは職員夫婦は温かく迎え入れ、食事をともにし、宿泊もさせる。その際、職員を欺く行為をした例もいくつかあるが、職員たちはその者を拒絶しない。問題を起こしても、本人が求めるなら、見放さない姿勢を貫いている。

　少年院送致や受刑にいたった者も、気持ちや決意を伝えてくる。その内容から、失敗した行動があったとしても、「自省する力」が醸成されており、「困難を乗り越えようとする意志」を感じる。このような力は、北海道家庭学校の生活により培われたものではないか。自分をみつめなおし、立ち直りたいという気持ちを伝えられる存在がいることは重要である。受刑を繰り返したとしても、職員の態度は変わらず、つながりが途切れないことは、人生をやり直す意欲を

支えている。

　教育効果検証のための追跡調査では、家庭裁判所係属、少年院送致、受刑などがあれば「失敗群」に分類される。短期的には失敗であろうが、人生をあきらめない気持ちを持ち続ける者について、教育効果がなかったといえるのだろうか。アフターケアにおける職員の姿勢や、第3節で紹介する北海道家庭学校に寄せる退所者の思いを知るにつけ、北海道家庭学校の及ぼした教育効果は、人生の長い期間にわたる影響がどうであるかという観点で考えてみてもよいのではないかと思う。

第3節　心のふるさととしての北海道家庭学校

　北海道家庭学校は、退所者たちの「心のふるさと」になっているのではないか。生まれ育った場所が本来のふるさとなら、北海道家庭学校は第2のふるさとと言ってもいいかもしれないが、退所者の「心が帰っていく場所」としての「心のふるさと」という呼び方がふさわしいように思える。

　退所者の気持ちは、たとえば次のように表現される。

　　「家庭学校のことは忘れられない」

　　「家庭学校で一生暮らしたい」

　　「本当の心のふるさとが家庭学校にあった」

　　「一日たりとも先生方のことを忘れた日はありません」

　　「先生方のことを思うと、言い表すことのできない感慨を抱く」

　　「この学校、この大地で育ったことを誇りに思う」

　　「平和山の碑の言葉を繰り返し思い出す」

　　「家庭学校に戻りたい」

　　（雇用主から）「先生方との交流が、心の支えになっているようだ」

　　（急な事故死の知らせで）「兄はいつも家庭学校の話をしていました」

　　（70歳代に至り）「病床にあって、家庭学校のことを思い出した」

　　（死の間際にあって）「家庭学校の先生に会いたい」

　北海道家庭学校の記憶が鮮やかによみがえったと伝えてくる者は多い。その

きっかけは、「人生の危機にあり追い詰められた気持ちになった時」、あるいは
その逆で「人生の幸福をしみじみと感じた時」であると言う。思い出されるの
は、養鶏、精米、土木作業など汗を流した共同作業、平和山登山をしたこと、
いつも歩いた寮から続く道、礼拝堂など敷地内の様々な風景が、目の前に広が
るという者が多い。職員あるいは職員夫婦とのかかわりに加え、北海道家庭学
校における日々の生活とその美しい環境が、生徒の心を育て、自らの人生を生
き抜く精神基盤をつくっているように思われる。

　また、夫婦小舎制の特徴であろうが、退所後も職員夫婦の子どもたちのこと
を気にしている者も多い。「○○ちゃんはもう中学卒業ですね」「○○ちゃんの
受験合格を心から応援しています」「○○ちゃんに負けないように、私もがん
ばりたい」など、その成長を兄や親族のように喜び、守るべき存在として見て
いる様子は微笑ましく、興味深い。

　退所者たちが北海道家庭学校を「心のふるさと」と感じるのはなぜなのか。「心
のふるさと」があることが、退所者たちの人生をどう支えているかについて考
察していくことは、今後の意義ある課題と考える。

第4節　再非行防止の取り組みと共通すること

　筆者が勤務してきた少年院は、教護院（児童自立支援施設）とは収容対象が
異なるが、一部年齢的に重なる層がいる。ほとんどが仮退院し、その後、保護
観察所や帰住地近隣の保護司が中心となって保護観察が実施される。これは、
児童相談所や当時の児童福祉司の役割と類似するところがある。施設内処遇か
ら社会内処遇への円滑な引き継ぎは地域社会において自立するために重要な過
程である。他方で、2014年に旧少年院法が改正され、少年院法に、「退院者等
からの相談」に関する規定が設けられた。同法第146条は、「少年院の長は、
退院し、若しくは仮退院した者又はその保護者その他相当と認める者から、退
院し、又は仮退院した者の交友関係、進路選択その他健全な社会生活を営む上
での各般の問題について相談を求められた場合において、相当と認めるときは、
少年院の職員にその相談に応じさせることができる」としている。かつて、少
年院では、退院又は仮退院した者（以下、出院者）と職員との交流について抑

制的であった。私的交流による弊害を回避する考えに基づくものだが、実務上は、出院者からの手紙や電話、来訪などを受けることが少なからずあり、出院者あるいは保護者等の関係者が、地域社会に援助者を得ながらも少年院の職員とのかかわりに拠り所を求めようとしているのを感じてきた。これに正面から応じる体制が、平成時代の後期に、再犯・再非行防止の観点から、ようやく整えられたわけだが、出院者等のニーズに対応するという点では、北海道家庭学校の当時の取り組みに重なり、時代や組織を越えて少年の立ち直り支援のあり方において共通するものがあると思える。

　退所者または出院者にとって、長期間にわたり生活した施設の職員は、一定の距離を置いて見守る社会内の援助者とは異なる特別な関係性をもつのではないか。施設生活を通じて、自身の長所も短所も知り尽くし、非行のあった過去から、健全な社会の一員へと成長する過程での葛藤、努力、苦しみ、喜びを間近にみて導いてくれた存在は、とくに少年期であるからこそ忘れがたいものに違いない。その点において、施設の職員がアフターケアを行う意義や効果は大きく、地域社会の援助者と連携し、あるいは役割分担しながら支援を充実させる体制が望ましいと思われる。

　次に、筆者は北海道家庭学校が「相談すること」を基本方針としている点に着目し、社会的自立に向けて重要なキーワードであると考える。この方針は現在も引き継がれているようであるし、児童福祉においては当然のことかもしれないが、退所者のアフターケアの記録をみると、正にこの「相談する」姿勢こそが、社会的自立を助けていることに気づかされる。筆者は、少年院の在院者および成人の受刑者が、非行や犯罪にいたった経緯を説明するなかで、「誰かに相談していればよかった」と語る言葉を多く聞いてきた。「相談すること」は、年齢を問わず、人生に迷ったとき、危機場面を迎えたとき、人生をあきらめずに生きていくうえで重要なキーワードである。北海道家庭学校における当時のアフターケアは、時代状況の異なる現在において、そのままの形で取り入れられるものではないが、非行や犯罪の抑止及びそこからの立ち直りのために、相談機能を充実させる必要性を提言しているように思える。

　最後に、就労支援について触れたい。政府は、再犯・再非行防止対策の柱の一つに就労支援を掲げている。具体的には、2006 年、再犯者に無職が多いこ

とをふまえ、円滑な社会復帰に向けて就労支援が重要であるとの観点から、法務省と厚生労働省が連携した「刑務所出所者等総合的就労支援対策」が実施されている。さらに、2014年度には、保護観察所が就労支援に関するノウハウや企業ネットワーク等を有する民間の事業者に委託して行う「更生保護就労支援事業」が開始された。当時の北海道家庭学校が退所前の就労先決定をめざしていたのと同様に、矯正施設（少年院、刑務所等）では、収容中から就労先の確保を図るようになり、就労に役立つ職業訓練も充実させた。保護観察所等では、就労先として、再犯・再非行防止に理解を示す事業者の確保に尽力している。雇用するだけでなく、再び罪を犯さぬよう「職の親」となり自立更生を推進する「職親プロジェクト」など、民間の発案で開始された就労支援もある。そして、それらの取り組みを続けるなかで、課題もみえてきた。そのうちの一つが、出院者や出所者を雇用した企業が、対象者の指導に困難を感じた場合の支援をどうするかという問題である。様々な対応が試みられているところであるが、当時の北海道家庭学校の自立就職にかかる取り組みは、現在の再犯・再非行防止対策における就労支援と重なる部分も多く、そのあり方を考えるうえで、時代や組織を越え示唆に富むと考える。

註

(1) 留岡清男『教育農場五十年』岩波書店、1964年、pp.200-239
(2) 1952年7月の児童福祉法第7次改正で、児童福祉司が児童相談所機構のなかに位置づけられた。

あ と が き

　本書の刊行は、北海道家庭学校創立百周年記念事業の内容を検討する中で「百年史」編纂が俎上に載ったことが端緒となっている。創立百周年の年が2014(平成26) 年であるから、爾来既に10年もの星霜が流れており、その間に書籍の構想や書式、執筆者等も変転を重ね、タイトルに表示する年数も当初の目論見の100年から110年になってしまったが、このほどようやく日の目を見ることになった。10年の間、折々に「鶴首して待つ」と叱咤激励をいただいてきた先達諸氏に、大変遅まきながらではあるがお目通しいただけることになり、法人の現理事長としては少しく安堵しているところである。

　これまで編纂業務に携わられた多くの新旧編集委員、執筆者の方々には、各人皆それぞれにご多用の中、長きにわたり調査研究、執筆、編集等大変骨の折れる作業にご尽力いただいたことに、心より感謝申し上げる次第である。

　校祖・留岡幸助が、1914 (大正3) 年に現在の北海道家庭学校の基礎を築いてから今日までの110年の間に、総勢2,600名もの児童が、この広大な北の大地で共に暮らし、共に学び、共に汗しながら、皆それぞれに自己を変革し、大きく成長して、元気に巣立っていった歴史がある。それらの児童の周りには、常にWithの精神で寄り添い励ましながら指導・支援に邁進してきた多くの職員がおり、側面から支えてきた多くの役員がおり、そして地元遠軽をはじめ全国の数多くの支援者・協力者の存在がある。

　さらに、14年前の2009 (平成21) 年からは、公教育を担う「望の岡分校」の教職員がその輪に加わり、家庭学校の職員との緊密な連携の下に、課題を抱えた子ども達への手厚く力強い指導・支援が行われている。児童福祉と学校教育の協働による目覚ましい相乗効果が現れていることを、私自身の校長6年、理事長4年の10年の歳月の中で実感しており、大変心強く思っている。

　そして私は、この10年の実体験の中で、「感化の力」の大切さを強く意識し、実感するようになっている。「感化」とは「人に影響を与えて心を変えさせること」をいうが、児童自立支援施設の日常はこの「感化」の連続であり、発達障害、愛着障害の子ども達が大半を占める児童自立支援施設における教育は、将に真の意味での「感化教育」ではないかと考えている。

児童自立支援施設では少年院のような「矯正教育」は行わず、「環境療法」的な手法により子ども達を指導・支援している。家庭学校での日々の暮らしを見ていると、子ども達はそれぞれの集団のグループダイナミックスによって大きく変化し、成長していくことがよくわかる。新入生は家庭学校の豊かな環境に少し長く暮らしている先輩の所作・物言いを真似ながら、知らぬ間に感化され、成長していくのである。もちろん指導者たる大人が子どもを指導・支援する感化の力は大きいのであるが、子どもが子どもに感化する力はそれに匹敵するほど大きく、有効であると感じている。

　「家庭学校」という名称には「家庭の愛と学校の知にあふれた家庭であり学校でありたい」という校祖・留岡幸助の願いが込められている。留岡幸助は「家庭であり学校であること」こそが課題を抱えた子ども達に最も相応しい生活環境であることを、120年以上も前の明治の時代に確信して、「天然の感化力」と「理想的な家庭生活」による人間形成の重要性に着目して、広大な北の大地で純粋な意味での「感化教育」を始めたのだと、私自身の実体験の中で気付き、本書の編纂業務の中でより一層の確信を深めるに至った。

　本書の刊行が予定よりも大幅に遅れたことで、メリットもあったと、私は考えている。110年の歴史と豊かな伝統を踏まえた上での今日の家庭学校の状況を分析・詳述するとともに、新世紀・北海道家庭学校の未来を展望する機会に恵まれたことは、誠にもって幸甚であった。

　本書が児童の自立支援、感化教育に深く関わり、社会的養護の真のあり方を模索されている方々の思索の一助となれば幸いである。さらには、広く多くの皆様に児童福祉と学校教育への関心と理解を深めていただくとともに、次代を担う若い方々に児童福祉、学校教育、あるいは少年司法への道を志していただくきっかけになれば、監修者兼編著者として、望外の喜びである。

　2023（令和5）年12月

　　　　　　　　　　　社会福祉法人北海道家庭学校 理事長　仁原正幹

北海道家庭学校略年表

	北海道家庭学校関係	社会および地域の状況	運営
1899 (明治32)	留岡幸助、東京に家庭学校を開設（初代校長就任）		
1900		感化法公布　小学校令改正	
1901	家庭学校慈善事業師範学校を附設		
1904		日露戦争勃発	
1905	人道社を設立　雑誌『人道』発刊		
1906	財団法人家庭学校設立 留岡幸助、初代理事長就任（校長兼任）		財団法人家庭学校
1907	日露戦争ゆかりの「ステッセルのピアノ」陸軍省から東京本校へ寄贈		
1908		新刑法施行　感化法改正	
1911	家庭学校々歌発表（同志社教授三輪源造作詞）		
1913 (大正2)	留岡幸助、田中敬造・古川専太郎らと、払下予定地の調査	冷害大凶作	
1914	家庭学校北海道農場・社名淵分校開設 【北海道家庭学校創立】　生命の泉を発見 恵の谷、望の岡などを命名　日曜学校開校	第一次世界大戦勃発	
1915	ホルスタイン種乳牛を導入（畜産部の初め） 下社名淵部落青年会、学校事務所で夜学会を開く	湧別軽便鉄道、北見から社名淵まで延長	
1916	家庭学校北海道第二農場（白滝農場）開設 冬期（夜）学校開設　市街地への牛乳配達開始	工場法施行	
1917	望の岡に野外礼拝場整備	国立感化院令公布	
1919	望の岡に礼拝堂建立 分家（小作人）の「一羊会」誕生	国立武蔵野学院開設 上湧別村から遠軽村分村	
1920	留岡幸助、理事國澤新兵衛と石北線予定地を踏査 鉄道敷設運動を支援　掬泉寮内に博物室設置 流行性感冒が流行し寮生1名死亡 遠軽尋常高等小学校附属下社名淵特別教授場開設	1918〜1920年、全世界で流行性感冒（スペイン風邪）大流行	
1921	水田試作に成功		
1922	徳富蘇峰来校を記念し蘇峰林植樹（校内記念林の初め）	少年法・矯正院法公布 感化法改正	
1923	北海道庁代用感化院に指定　家庭学校茅ヶ崎分校開設　博物館と簡易図書館開設 サイロ建設（札幌軟石製）　平和鶏卵貯金組合結成	関東大震災	
1924	バター製造開始		
1926		青年訓練所令公布	
1927 (昭和2)	季節託児所「木陰の家」開設 家庭学校農場冬期学校開校　平和飼牛組合結成		

年	家庭学校関連	社会事項	
1929	留岡清男（幸助四男）、社名淵分校教頭就任（掬泉寮長兼務）	鉄道石北線遠軽から白滝まで延伸	財団法人家庭学校
1930	社名淵産業組合結成 一群会発足　機関誌『一群』発刊		
1931	ハーモニカバンド結成	満州事変勃発	
1932	第一農場に自作農を創設（農地の開放） 「ステッセルのピアノ」を本校から移設	鉄道石北線全線開通 名寄本線遠軽駅まで延伸	
1933	牧野虎次、第2代理事長就任 牧野虎次、第2代校長就任（兼任）	少年教護法、児童虐待防止法公布	
1934	留岡幸助死去　留岡幸助君古稀記念文庫落成（閲覧室に幸助胸像設置）　平和山山頂に留岡幸助記念碑建立　道庁認可少年教護院となる	少年教護法施行 遠軽町制施行	
1935	白滝第二農場事務所改築、「済美館」（農民道場）として活用　電灯架設 家庭学校（東京本校）高井戸に移転	青年学校令公布	
1936	綿羊飼育開始　京都帝国大学花山天文台観測基地、校内に設置（皆既日食観測）	皆既日食	
1937	寄贈された16ミリ撮影機で校内の生活を撮影	日中戦争勃発	
1938	『ひとむれ』休刊　校内電話架設	国家総動員法公布	
1939	國澤新兵衛、第3代理事長就任 今井新太郎、第3代校長就任 校旗・帽章制定　『社名淵分校二十五年史』刊行	第二次世界大戦勃発 大政翼賛会発足	
1940	社名淵分校に女子部設置（1946年廃止） 教育科学研究会北見大会を校内で開催	義務教育費国庫負担法制定	
1941	畜産部飼牛廃止　留岡幸助先生頌徳碑建立 生命の泉記念碑設置	太平洋戦争勃発 国民学校令公布	
1942	白滝第二農場に自作農を創設　大町桂月歌碑建立		
1943	司法省の少年保護団体に指定		
1944	白滝農場自作農開設記念頌徳碑建立		
1945	軍用供出物資の割当　疎開者の受入 留岡清男、上野他七郎夫妻移住	戦時教育令公布 ポツダム宣言受諾　終戦	
1946	奥田三郎、社名淵分校顧問兼校医に就任　畜産部飼牛再開　製塩事業開始　家庭学校同志会を結成	日本国憲法公布 生活保護法（旧）公布	
1947	ララ物資の援助を受ける（1952年まで） 家庭学校児童相談所設置 生活保護法による生活保護施設に指定	児童福祉法公布　教育基本法、学校教育法公布　財団法人北方民生協会結成	
1948	社名淵分校は教護院、本校は養護施設となる 『ひとむれ』再刊	児童福祉法施行　世界人権宣言	
1949	「復興五カ年計画」作成 産業部は独立採算制とする		
1950	北海道家庭学校後援会（旧）結成 中規模寮舎「柏葉寮」新築	朝鮮戦争勃発	

年			
1951	社会福祉法人家庭学校設立　留岡清男、理事就任 博物館落成　精米工場新築　漁業部設置	児童憲章制定 少年非行戦後第1のピーク	社会福祉法人家庭学校
1952	社名淵分校を「北海道家庭学校」と改称 留岡清男、第4代校長就任	全国高校進学率、47.6%	
1953	生江孝之、第4代理事長就任		
1954	体育館新築　創立40周年記念式挙行	神武景気	
1955	鶏卵貯金組合結成（卵映画会開始） 精米製粉工場開設　『北海道家庭学校四十年』刊行		
1956	校内通信設備で毎夕打合せ開始　果樹園造成		
1957	原泰一、第5代理事長就任　木工教室竣工		
1959	本館新築（田上義也設計）　バター製造再開	国連、児童権利宣言を採択	
1960	学校林十周年で知事特別表彰		
1961	各寮に白黒テレビ設置 留岡幸助胸像、本館前に移設	地名「下社名淵」を「留岡」 に変更	
1963	土木部、全校簡易水道工事に着手 全校鼓笛隊結成　家庭学校労働賛歌発表会（村井 武雄氏指導・作詞作曲）		
1964	野鳥保護で農林大臣表彰　北海道特別鳥獣保護区 に指定　礼拝堂にチャイム設置 留岡清男『教育農場五十年』刊行　トラクター導入 本館壁画完成（村井武雄氏指導、児童85名参加） 創立50周年記念式挙行	少年非行戦後第2のピーク 東京オリンピック 母子福祉法公布	
1965	校内湧水利用の簡易水道完成		
1966	朗読会開始　鼓笛隊遠軽市街パレードに参加 展示林設定　職員の輪番休制開始 留岡幸助頌徳碑移設		
1968	社会福祉法人北海道家庭学校として独立 留岡清男、第6代理事長就任 「展示林」に東京五輪ゆかりの苗を植樹		社会福祉法人北海道家庭学校
1969	谷昌恒、第5代校長就任 長老職員は法人職員となる	全国高校進学率、79.4%	
1970	生産部内の独立採算制に終止符		
1971	軍手部設置　一時帰省制度開始		
1972	北海道開発功労賞受賞 職員の「輪休」一泊二日制となる	沖縄返還・日中国交正常化	
1973	無断外出の児童3名、水死事故		
1974	体育館改築　創立60周年記念式挙行 谷昌恒『ひとむれ　北海道家庭学校の教育』刊行	全国高校進学率、90%を超 す	
1975	自衛隊遠軽駐屯地隊員、神社山でスキー指導開始		
1976	朝日社会福祉賞受賞	ロッキード事件	
1977	留岡清男死去　谷昌恒、第7代理事長就任　理容 ボランティア「月曜会」活動開始　白滝出土の黒 曜石大型石器（尖頭器）を、京都国立博物館に貸 与（1994年返還）		

1978	平和山山頂に留岡清男記念碑建立　同志社大学人文科学研究所『留岡幸助著作集』刊行	
1979	給食棟新築　『留岡幸助日記』刊行	養護学校、義務制実施 第二次オイルショック
1981	北海道新聞社会文化賞受賞　神社山スキー場にロープリフト設置	母子及び寡婦福祉法公布
1983	『ひとむれ』再刊 500 号に到達	少年非行戦後第 3 のピーク
1984	校内案内看板設置　創立 70 周年記念式挙行	
1985	朝日森林文化賞受賞	警視庁『いじめ白書』発表
1989 (平成 1)	山林内で遺骨発見（2005 年の再鑑定の結果、1979 年の行方不明児童と特定）	
1992	第 1 回石井十次賞受賞	
1993	三百間道路（町道）舗装工事完了 第 2 回ペスタロッチ教育賞受賞（校長谷昌恒）	北海道南西沖地震
1994	合気道ボランティア「森の道場」指導開始 創立 80 周年記念式挙行 「ステッセルのピアノ」遠軽町民等の支援により修復　特別教室棟増築	子どもの権利条約批准
1995	高校生寮（洗心寮）開始	阪神・淡路大震災
1997	小田島好信、第 6 代校長就任	児童福祉法改正（児童自立支援施設、公教育導入）
1998	児童自立支援施設に呼称変更 礼拝堂に音響設備、ロジャースオルガン設置（卒業生からの寄贈）	改正児童福祉法施行
1999	安藤鐵夫、第 8 代理事長就任	
2000	新高校生寮（向陽寮）新築	児童虐待の防止等に関する法律公布
2001	北海道家庭学校後援会（新）結成	配偶者暴力防止法公布
2002	木村謙二、第 9 代理事長就任	
2004	創立 90 周年記念式挙行	
2005	無断外出中の児童 1 名凍死	発達障害者支援法施行
2006	小田島好信、第 10 代理事長就任	
2009	加藤正男、第 7 代校長就任 遠軽町立東小学校と遠軽町立遠軽中学校の「望の岡分校」開設	北海道立向陽学院、北海道立大沼学園でも分校開設
2010	永井信、第 11 代理事長就任 公式ウェブサイト「家庭学校へようこそ」開設	
2011		東日本大震災
2012	熱田洋子、第 8 代校長就任	子ども・子育て支援法公布
2013		いじめ防止対策推進法公布

2014	仁原正幹、第9代校長就任 「ひとむれ」月刊号活字化（905号〜）創立100周年記念式挙行 記念事業として旧桂林寮に新博物館開設	子どもの貧困対策法施行	社会福祉法人北海道家庭学校
2015	礼拝堂、北海道有形文化財に指定	矯正医官特例法公布	
2016	北海道庁、敷地内の森を「北の里山」として指定	社会福祉法改正（評議員会義務設置）	
2017	家村昭矩、第12代理事長就任 評議員会新設 ドローン空撮開始 自立援助ホーム「がんぼうホーム」開設 熱田洋子、初代ホーム長就任		
2018	北海道社会貢献賞（森を守り緑に親しむ功労者）受賞		
2019 (令和1)	樹下庵診療所開設 バター・チーズ工房開設（本格製造・販売開始） 給食棟全面改築		
2020	仁原正幹、第13代理事長就任 清澤満、第10代校長就任 礼拝堂大規模修繕 『「家庭」であり「学校」であること―北海道家庭学校の暮らしと教育』刊行	新型コロナウイルス感染症世界中に蔓延	
2021	東京オリンピック開会式に展示林材から作製された五輪マーク登場	2回目の東京オリンピック	
2022	『ひとむれ』再刊1000号に到達 「ステッセルのピアノ」を遠軽町芸術文化交流プラザに貸与（2023年返還）		
2023	軽部晴文、第11代校長就任 本館までの幹線道路舗装整備	遠軽町「白滝遺跡群出土品」国宝に指定	
2024	『北海道家庭学校110年 北の大地の暮らしと教育』刊行		

参考資料一覧

　本書で引用あるいは参考に用いた資料を中心に掲げた。全体を邦文文献と欧文文献、映像資料に大別した。書籍あるいは簿冊の表題を『　』、本文中の章節あるいは事項、件名等の表題を「　」に記した。ただし、単著は書名のみ、同一単行本から同一著者による複数の引用あるいは参照箇所がある場合は当該章の表題を記載することを基本とした。邦文については編著者あるいは作成者の五十音順に配列した。北海道家庭学校所蔵資料で現時点での整理で資料番号が付与されている文書については、〈No.〉に資料番号を記載した。

　執筆者のうち、家庭学校・北海道家庭学校の校長、社名淵分校あるいは北海道家庭学校に勤務経験のある職員（元職員を含む）には、初出時に氏名にアスタリスク（校長**、職員*）を付している。

Ⅰ．邦文文献

相田良雄（1935）「愛慕の念更に新なり」『人道』復刊21

青木紀（1992）「感化教育事業実践と新農村建設——北海道家庭学校の小作制農場」『北海道大学教育学部紀要』58号

赤澤史朗（1988）「太平洋戦争期の青少年不良化問題」『立命館法学』201、202（北村嘉恵・白取道博編『戦争と教育』）

赤司友徳（2020）『監獄の近代——行政機構の確立と明治社会』九州大学出版会

秋葉末光*（1965）「校内通信　雪像コンクール」『ひとむれ』267

吾田富士子（2010）「戦後の北海道における保育者養成と実践教育——奥田三郎・稲垣是成・留目金治の実践と羊丘藤保育園設立の経緯から」『藤女子大学紀要』47

阿部祥子（2005）『もうひとつの子どもの家　教護院から児童自立支援施設へ』ドメス出版

家村昭矩（1994）「私の中の『家庭学校』」『ひとむれ　創立90周年記念誌』778

———（2020a）『北海道家庭学校・夫婦小舎制職員の語り（1）——留岡清男時代から谷昌恒時代へ繋いだ寮舎の人々』函館短期大学家村研究室

———（2020b）「あとがき」『「家庭」であり「学校」であること——北海道家庭学校の暮らしと教育』生活書院

———（2021）『北海道家庭学校・夫婦小舎制職員の語り（2）——谷昌恒時代の寮舎等を担った人々（夫婦職員）』私家版

———（2022）「私が最初に複写した『ひとむれ』」『ひとむれ　再刊1000号記念特集号』

井川裕覚（2022）「明治後期の福祉領域における宗教の公共的機能：巣鴨監獄教誨師事件とその後の展開」『宗教と社会貢献』12-1

石井良則（2010）「岡崎喜一郎と小笠原姉島家庭塾」『小笠原研究年報』33

市澤豊（2011）『奥田三郎──シリーズ福祉に生きる60』大空社

五木寛之（1993）「遠軽の雪の学校にて」『ステッセルのピアノ』文芸春秋

一色哲（1994）「キリスト教と自由民権運動の連携・試論──岡山と高梁を事例に」『キリスト教社会問題研究』43

伊東睦子＊（2019）「食事のマナーを考える（抄）」『新世紀「ひとむれ」──北海道家庭学校の子ども達』生活書院

─────（2020）「家庭学校の食事と収穫感謝発表」『「家庭」であり「学校」であること──北海道家庭学校の暮らしと教育』生活書院

稲垣是成（1986）「私の中の歴史④」『北海道新聞』10月28日

稲垣是成先生「北海道開発功労賞」受賞記念誌刊行会（1984）『夢を追う定時制校長さん─稲垣是成先生の歩み─』道立社会福祉総合センター

稲坂久子＊（1933）「サナプチのお食事」『人道』復刊3

井上勝也（1975）「留岡幸助　人と思想（一）」『キリスト教社会問題研究』23

─────（1976）「留岡幸助　人と思想（二）」『人文学』129

井上肇＊（1954-56）「オホーツクの見える丘」『児童』13-15

─────（1982）『少年教護の人間像』川島書店

今井新太郎＊＊（1939a）「家庭学校長就任の辞」『人道』復刊68

─────（1939b）「鈴木良吉及分校諸教師宛書簡」3月30日『昭和十四年度　本校往復文書綴』〈No.2456〉

─────（1939c）「噫岡弘毅君」『人道』復刊76

─────（1939d）『家庭学校四十年略史』家庭学校

─────（1940a）「二六〇〇年記念事業について」『人道』復刊86

─────（1940b）「鈴木良吉、岸本種次宛書簡」7月24日『昭和十五年度本校往復文書綴』〈No.2463〉

─────（1940c）「第二校舎新築経過報告」『人道』復刊91

─────（1941a）「鈴木良吉宛書簡」7月20日『昭和十六年本校往復文書綴』〈No.2473〉

─────（1941b）「常任委員会決議の件」8月6日『昭和十六年本校往復文書綴』〈No.2473〉

─────（1942a）「釧路検事正殿への回答原案」1月7日『昭和十七年度本校往復文書綴』〈No.2480〉

─────（1942b）「昭和十七年度本校の新計画」『人道』復刊107

─────（1943）『少年の父　留岡幸助先生』教文館

─────（1949）『家庭学校五拾年小史』家庭学校

─────（1950）『そこなえる子等　不良化防止と教育治療』大日本雄弁会講談社

今井譲（2001）「社会福祉法人北海道家庭学校創設の経緯」『創立百周年記念誌』東京家庭学校

────（2014）「社会福祉法人北海道家庭学校創設の経緯」『ひとむれ　創立100周年記念誌』904

井馬煌一（1992）『常歩無限──井馬煌一名誉村長十二年の足跡』北海道立福祉村

井村謙二（1990）『種蒔き人』鈴木淳一刊、北海道家庭学校所蔵

遠軽町（1957）『遠軽町史』

────（1977）『遠軽町史』

────（1998）『遠軽町百年史』

遠軽町教育委員会（1997）『望の岡分校開校関係綴』

────（2008a）『北海道家庭学校資料　vol.1』

────（2008b）『北海道家庭学校資料　vol.2』

遠軽町長（1945）通牒「軍特殊糧食としてイタヤカエデ樹液供出方割当」3月20日付〈No.2495〉

遠藤興一（1981）「巣鴨監獄教誨師事件とその周辺」『日本キリスト教社会福祉学研究』14

大泉栄一郎＊（1951a）「兎を飼いましょう」『ひとむれ』94

────（1951b）「養兎部だより」『ひとむれ』100

────（1952a）「兎だより」『ひとむれ』109

────（1952b）「研究　養兎部作業についての座談会」『ひとむれ』123

────（1958）「植物標本作り」『ひとむれ』187

────（1959）「果樹部」『ひとむれ　北海道家庭学校創立45周年紀念特集』200

大泉溥（2004）『先史時代への憧憬と情熱』北海道家庭学校

────（2007）『日本の子ども研究　第7巻　留岡清男の子ども研究と生活教育論』クレス出版

────（2009）『日本の子ども研究　第8巻　奥田三郎の子ども研究と治療教育方法論』クレス出版

────（2014）「ある平凡な職員の非凡さについて」『ひとむれ　創立100周年記念誌』904

────（2018）「北海道家庭学校における中規模寮舎への挑戦──戦後復興のための『放胆な教育実験について』」日本福祉大学社会福祉学会『福祉研究』113

────（2019-20）「北海道家庭学校の戦後復興にみる留岡清男「生活教育論」の展開（上・下）」『日本福祉大学社会福祉論集』141、142

大久保利武（1938）「牧野校長を送るの書簡」『人道』復刊63

大谷松太郎＊（1920年代）「組合の生れる今日まで」家庭学校農場〈No.3676〉

大沼学院（1955）『北海道立大沼学院三十年の歩み』大沼学院

大沼学園（1983）「大沼学院旧職員名簿」『湖畔　開園70周年記念』大沼学園

大野忠宏（2020）「家庭学校の子ども達と美術」『「家庭」であり「学校」であること
　　　　──北海道家庭学校の暮らしと教育』生活書院

大場利夫（1957）「遠軽の古代史」『遠軽町史』遠軽町

────（1977）「遠軽の古代史」『遠軽町史』遠軽町

大矢一人（2021）「学校記念誌にみる北海道の学校視察」『北海道史への扉』2、道史
　　　　編さん室

岡崎喜一郎（1937）「小笠原姉島家庭塾」『人道』復刊 45

小川政浩*・横山義顕*（1946）『製塩日記』〈No.2218〉

奥田三郎*（1960）「人の力」『ひとむれ』205

────（1964）「留岡君と家庭学校」『世界』226

────（1966）「北海道家庭学校を独立法人化についての意見」『法人設立関係綴』

────（1973）「家庭学校に学ぶ」北海道知事室秘書課編『北海道開発功労賞受賞
　　　　に輝く人々（昭和四十七年）』北海道

小椋直樹（2014）「これこそ本物の体験学習だ」『ひとむれ　平成 25 年度収穫感謝特
　　　　集号』906

小塩高恒（1933）『茅ヶ崎十年の生活』小塩高恒刊

────（1935）「留岡翁丹波に居りし頃」『人道』復刊 23

忍博次（1984）「稲垣是成先生の開発功労賞受賞に思う」『北海道開発功労賞受賞に輝
　　　　く人々』北海道

家庭学校（1909）『家庭学校回顧十年』

────（1914a）「感化農場先発隊」『人道』110

────（1914b）「留岡校長の北行」『人道』112

────（1932-35）『自昭和七年至全十年理事会委員会摘録』東京家庭学校所蔵

────（1932a）「家庭学校委員会摘録」12 月 17 日『自昭和七年至全十年理事会委
　　　　員会摘録』

────（1932b）「昭和七年十二月十七日委員会議事項目」『自昭和七年至全十年理
　　　　事会委員会摘録』

────（1933a）「理事会摘録」3 月 13 日『自昭和七年至全十年理事会委員会摘録』

────（1933b）「家庭学校委員会摘録」7 月 1 日『自昭和七年至全十年理事会委員
　　　　会摘録』

────（1933c）「家庭学校理事会摘録」9 月 20 日『自昭和七年至全十年理事会委
　　　　員会摘録』

────（1933d）「委員会報告及協議事項」11 月 17 日『自昭和七年至全十年理事会
　　　　委員会摘録』

────（1934a）「家庭学校委員会摘録」1 月 25 日『自昭和七年至全十年理事会委
　　　　員会摘録』

────（1934b）「昭和九年度収支予算表（本校及社名淵分校）」東京家庭学校所蔵

─────（1935）「家庭学校少年寮報告 昭和八年十二月九年十一月間」『自昭和七年至全十年理事会委員会摘録』

─────（1936）「自昭和十年一月至同年十二月一ヶ年間家庭学校少年寮報告」北海道家庭学校所蔵

─────（1938）「常任委員会摘録」1938年8月5日『昭和十三年度本分校往復文書綴』〈No.2447〉

─────（1939a）「懇談会摘録」2月7日『文書綴』東京家庭学校所蔵

─────（1939b）「理事会決議録」3月25日『昭和十四年度本校往復文書綴』〈No.2456〉

─────（1939c）「家庭学校一覧」『人道（特輯）』復刊70

─────（1939d）「理事会報告並に議案要項」6月17日『昭和十四年度理事会決議録』東京家庭学校所蔵

─────（1939e）「分校女子部設置承認ノ件（理事会報告並に議案要項）」6月17日『昭和十四年度理事会決議録』

─────（1939f）「加盟団体一覧ノ件（昭和十四年十月四日）」『文書綴』

─────（1940）「教科研北見大会」8月15、16日〈No.821〉

─────（1942）「昭和十六年度事業報告」『人道』復刊109

─────（1943a）『自昭和八年度至昭和十七年度生徒ニ関スル調査』

─────（1943b）「常任理事会決議録」11月1日『昭和十八年本分校往復文書綴』〈No.2485〉

〔家庭学校〕（1944）「昭和十八年度の教育回顧」『人道』復刊131

─────（1946）「戦災孤児及浮浪児収容所並に診療所新設に関する願い」『雑文書』〈No.2508〉

─────（1947-48）「ララ物資」〈No.2501〉

─────（1948）「ララ救援物資（各寮舎別配分表）」〈No.2502〉

─────（1949）「ララ物資」〈No.2503〉

─────（1950-52）「ユニセフ物資関係書類」〈No.2500〉

─────（1950a）「ララ物資受払い簿」〈No.2506〉

─────（1950b）「家庭学校後援会書類」〈No.1140〉

─────（1951a）「ララ謝恩会」『雑文書　昭和二六年』〈No.2548〉

─────（1951b）「ララ物資関係書類」〈No.2504〉

─────（1952a）「ララ物資書類」〈No.2505〉

─────（1952b）「財団法人家庭学校　社会福祉法人家庭学校　理事会議事録」1月18日

─────（1952c）「社会福祉法人家庭学校えの組織変更認可申請書」3月〈No.0956〉

─────（1955-56）「昭和三十年、三十一年、奨学金関係」〈No.1394〉

─────（1955a）「部落婦人会の卵映画会準備会」『ひとむれ』150

─────（1955b）「最初の卵映画会」『ひとむれ』153

───────（1956）「玉子映画会綴」〈No.1355〉

───────（1961）「卵映画会の最後」『ひとむれ』223

家庭学校社名淵農場（1916）『大正五年一月起　日誌』〈No.438〉

家庭学校社名淵分校（1935）「北海道庁社会課宛当校状況調査報告ノ件」12月19日
　　　　　『一、本校往復文書（自昭和八年度一至同十一年度、一、雑文書、一、社会
　　　　　事業関係書類（昭和九、十、十一年度）昭和十二年二月四日綴』〈No.2517〉

───────（1936）「少年保護団体事業成績報告ニ関スル件」〈No.2517〉

───────（1937-1949）「職員会議事録」〈No.2437〉

───────（1940）『昭和十三年度生徒及其教育ニ関スル調査　附創立以来の統計』

───────（1945）「認可少年教護院々生収容状況報告書」『昭和二十年公文書』
　　　　　〈No.2493〉

───────（1945-46）「社名淵分校日誌」〈No.3020〉

───────（1945-48）「家庭学校分校庶務規定・浮浪児対応等」〈No.0893〉

───────（1946-49）『東京本校ニ対スル文書類』〈No.2507〉

───────（1946a）『社名淵分校日誌　昭和21年度』〈No.3019〉

───────（1946b）道教育民生部長宛6月26日付「生徒ニ関スル調査報告」〈No.7436〉

───────（1946c）「昭和二十一年十月始院生異動報告」〈No.1094〉

───────（1947-48）「ララ救援物資」〈No.2516〉

───────（1947a）「職員会議摘録」〈No.1098〉

───────（1947b）「ララ物資受け払台帳」〈No.1147〉

───────（1947c）「進駐軍の保護団体視察の件」家庭学校社名淵分校『昭和二十二年
　　　　　度公文書綴』〈No.2514〉

───────（1947d）「公文書 昭和22年」〈No.2514〉

───────（1947e）理事宛「訴状」『東京本校ニ対スル文書類』〈No.2507〉

───────（1947f）『製塩事業報告書』〈No.12762〉

───────（1948a）「児童相談所現況調査について」家庭学校社名淵分校『児童相談所
　　　　　関係書類』〈No.2204〉

───────（1948b）「児童相談所設置について」家庭学校社名淵分校『昭和二十三年
　　　　　公文書綴』〈No.2520〉

───────（1948c）『児童相談所関係書類』所収〈No.2204〉

───────（1949a）「昭和24年度事業計画書」〈No.12882〉

───────（1949b）「新改築計画・後援会の関係（昭和24年）書類袋」

───────（1950）「家庭学校日誌」〈No.1149〉

家庭学校社名淵分校長（1947）「北海道軍政本部法政課宛、北海道庁社会課宛　昭
　　　　　和二十二年十月二十二日付文書」家庭学校社名淵分校『昭和二十二年度公文
　　　　　書綴』〈No.2514〉

家庭学校社名淵分校一群会（1935 ～ 1940）『一群』

――――（1947）「陳情書」9月15日『東京本校ニ対スル文書類』〈No.2507〉

家庭学校同志会（1946）「家庭学校同志会会則」「宣言」〈No.12760〉

家庭学校農場（1914a）『大正三年六月以降至十一月初日誌及発信簿』〈No.435〉

――――（1914b）『大正三年十一月以降日誌及発信簿』〈No.436〉

――――（1915）『日誌』〈No.437〉

――――（1927）『第三　農場開墾　農場事情　植林事業　農場反別　小作現在調　証書　小作関係　造田事業』〈No.823〉

家庭学校一群会（1937）『一群　大雪山温根湯旅行記特輯号』

家庭学校北海道分校（1940）「昭和十四年度生徒及其教育ニ関スル報告書」『昭和十五年度始事業計画及事業報告書』〈No.2461〉

家庭学校酪農部（1952）「酪農部経営方針」〈No.1349〉

加藤和子*（1980）「身辺の一こま」『ひとむれ　教育特集号　第4集』466

加藤歓一郎・藤原道夫（1983）『奥出雲の地の塩――雲南キリスト教史物語』松江今井書店

加藤普佐次郎（1925）「精神病者ニ対スル作業治療並ビニ開放治療ノ精神病院ニ於ケル之レガ実施ノ意義及ビ方法」『神経学雑誌』25-7

加藤正志*（1959）「二十年後を夢見て」『ひとむれ　北海道家庭学校創立45周年記念特集』200

――――（1961）「教護児童の学習進度について――特に安定との関係について」『ひとむれ』226

――――（1963）「生活指導の一翼――北海道家庭学校一群会（自治会）の状況」〈No.8024〉

――――（1964）「林業改良研究大会に参加して」『ひとむれ』253

――――（1972）「朗読会に見られる児童の内面」『ひとむれ』361

――――（1976）「本校に於ける能力別学級編成を考える――読む力・書く力から思考して」『ひとむれ　教育特集号』411

――――（1980）「朗読会」『ひとむれ　教育特集号　第4集』466

叶原土筆（2004）「北海道家庭学校に思いを寄せて」『ひとむれ　創立90周年記念誌』778

神谷博之（2020）「子ども達の表情もまた学力である」『「家庭」であり「学校」であること――北海道家庭学校の暮らしと教育』生活書院

軽部晴文*（1980）「家庭学校の新入生（学力テストより）」『ひとむれ　教育特集号　第4集』466

――――（1983）「醸造部」『ひとむれ』497

――――（1987）「A.H君のこと」『ひとむれ』559

川上重治（1978）『家庭学校と留岡清男　川上重治写真集』北海道新聞社

川口正夫*（1959）「四十五周年記念にあたりて」『ひとむれ　北海道家庭学校創立45

周年紀念特集』200
──── （1980）「一卒業生の就職に思う」『ひとむれ　教育特集号　第4集』466

──── （1982）「酪農部の歩み（7）」『ひとむれ』493

──── （2022）「酪農部について」『ひとむれ　再刊1000号記念特集号』

川崎二三彦編（2013）『児童相談所のあり方に関する研究──児童相談所に関する歴史年表』子どもの虹情報研修センター

河端信吾（2020）「山から畑へ、今年は牛舎へ」『「家庭」であり「学校」であること──北海道家庭学校の暮らしと教育』生活書院

河原英男・森田穣（2020）「望の岡分校の教育」『「家庭」であり「学校」であること──北海道家庭学校の暮らしと教育』生活書院

菅修（1979）「日本の精神医学100年を築いた人々（8）加藤普佐次郎」『臨床精神医学』8（6）

カント著、留岡清男**訳（1925）「教育学」『新訳世界教育名著叢書　理想国 教育学 哲学概説』文教書院

菊池俊諦（1923）『感化教育』感化教育会

岸本健（2014）「飽食の時代に思う」『ひとむれ　創立100周年記念誌』904

岸本種次*（1939）「事変二周年記念に際し家庭学校生徒の勤労奉仕作業」『児童保護』9-8、日本少年教護協会

──── （1954）「工事経過報告」『ひとむれ』144

岸本康夫（2004）「留岡清男先生時代の録音テープ　北海道家庭学校・MDリスト」『ひとむれ　創立90周年記念誌』778

城戸幡太郎（1931）『岩波講座教育科学』岩波書店

矯正協会（1984）『少年矯正の近代的展開』矯正協会

清澤満**（2020）「望の岡の礼拝堂」『ひとむれ』981

──── （2021）「応援」『ひとむれ』994

──── （2022）「歴史を伝える『ひとむれ』」『ひとむれ　再刊1000号記念特集号』

国沢新兵衛（1938）「家庭学校長の更迭に際して」『人道』復刊62

──── （1939）「新校長今井新太郎氏を迎ふ」『人道』復刊68

向陽学院（1987）『創立三十五周年記念誌』向陽学院、27

国立武蔵野学院（2023）「国立武蔵野学院在籍児童統計」国立武蔵野学院所蔵

国立武蔵野学院附属教護事業職員養成所（1951）『昭和二十六年度職員養成関係綴』国立武蔵野学院所蔵

駒崎道（2017）『GHQ「児童福祉総合施策構想」と児童福祉法──児童福祉政策における行政間連携の歴史的課題』明石書店

小山和利（2022）「私にとっての『ひとむれ』」『ひとむれ　再刊1000号記念特集号』

M. L. ゴルドン（2004）「留岡幸助と今治教会」『創立九十年記念誌』今治教会

財団法人北方民生協会（1947）「財団法人北方民生協会趣意書」

斎藤茂男（1979a）『父よ母よ！（上）愛の飢餓のなかで』太郎次郎社

――――（1979b）『父よ母よ！（下）幸福の闇のなかで』太郎次郎社

齋藤益晴*（1954）「躍進、精米部」『ひとむれ　北海道家庭学校創立45周年紀念特集』ママ
200

――――（1955）「精米工場と部落農家」『北海道家庭学校四十年』

――――（1961）「職業指導について」『ひとむれ』226

――――（1973）「生産教育について考えていること」『ひとむれ　教育特集号　第2
集』368

――――（1983）「農産加工部」『一群 収穫感謝特集』147

――――（2022）「北海道家庭学校で働く事になって」『ひとむれ　再刊1000号記念
特集号』

先崎民憲（1979）「北海道探訪（四）児童家庭課と中央児童相談所を訪ねて」『非行問
題』178

佐竹道盛（2006）「通説編　第四巻第六編第一章第五節」『函館市史』函館市、224-
259

佐藤京子（2004）「九〇周年を出発点に」『ひとむれ　創立90周年記念誌』778

――――（2013）『博物館たより』2、北海道家庭学校創立100周年記念事業展示班

――――（2014）「新博物館報告」『ひとむれ　創立100周年記念誌』904

佐藤達男（1965）「教護院と留岡校長に求むるもの」『教護』133

佐藤貞司（2004）「図書館蔵書発掘レポート」『ひとむれ　創立90周年記念誌』778

社名淵家庭学校（1939）「雪から花へ 北海道だより」『人道』復刊71

社名淵家庭学校後援会（1949）「社名淵家庭学校後援会趣意書」〈No.0456〉

社名淵信用購買販売組合（1929）「昭和四年秋始社名淵分校内社名淵産業組合設立ニ
関スル書類」〈No.740〉

社名淵分校（1932）『昭和七年度本校往復文書綴』〈No.450〉

社名淵分校漁業部（1950-53）「漁業部」〈No.2529〉

重松一義（1975）『少年懲戒教育史』第一法規

児童自立支援施設運営ハンドブック編集委員会（2014）『児童自立支援施設運営ハン
ドブック』厚生労働省雇用均等・児童家庭局家庭福祉課

児童福祉法研究会（1978）『児童福祉法成立資料集成上・下』ドメス出版

品川義介*（1918）「サナプチ平野の春を俟ちて」『人道』154

――――（1929）『我羊独語』白雲山荘

――――（1930）『野人の叫び』野人の叫び社

――――（1934）『野人野語』平凡社

篠崎篤三*（1934）「留岡名誉校長有馬理事校葬記事」『人道』復刊9

司法省保護局（1942）『司法保護団体名鑑』司法保護研究所

清水小十（1983）「酪農部の思い出断々」『ひとむれ　500号記念特集号』503

清水真人*（2022）「大きな耳・小さな口・優しい目」『ひとむれ再刊 1000 号記念特集号』

清水律子*（2022）「がんぼうホームから」『ひとむれ　再刊 1000 号記念特集号』

下社名淵小学校（1962）『昭和 37 年度学校経営概要』第 9 回北見地方放送教育研究大会資料

――――（1984）『閉校記念誌　風雪に耐え 64 年』下社名淵小学校閉校記念協賛会

下社名淵小中学校（1952）「運動会プログラム」（下社名淵小学校と合同）〈No.13010〉

下社名淵部落世話人会（1949）「記事録」1 月 25 日〈No.2884〉

下社名淵分教場（1920）「下社名淵分教場建築書類」〈No.289〉

社会福祉法人家庭学校（1965）『社会福祉法人家庭学校理事会議事録』

社会福祉法人北海道家庭学校（1976）『昭和 50 年度まで理事会議事録綴』

社会福祉法人北海道家庭学校理事会（1982）『理事会議事録 57 年 3 月～元年 3 月』

社会福祉法人北海道家庭学校設立発起人会（1967）「社会福祉法人北海道家庭学校設立発起人会議事録」〈No.2344〉

鈴木春治（1940）「岸本種次宛書簡」11 月 9 日、北海道家庭学校所蔵

鈴木良吉*（1921a）「留岡幸助宛書簡」12 月 3 日〈No.50406〉

――――（1921b）「留岡幸助宛書簡」12 月 31 日〈No.51897〉

――――（1922）「大谷松太郎宛書簡」8 月 10 日〈No.55438〉

――――（1924a）「留岡幸助宛書簡」1 月 1 日〈No.52044〉

――――（1924b）「家庭学校第二農場成功付与方法ヲ論ズ」〈No.52036〉

――――（1934）「農場開設の当時を偲ふ」『人道』復刊 16

――――（1938a）「国沢新兵衛宛書簡」5 月 17 日、北海道家庭学校所蔵

――――（1938b）「国沢新兵衛・生江孝之宛書簡」11 月 20 日、北海道家庭学校所蔵

――――（1939）「時局とわが分校の教育」『人道』復刊 73

――――（1940a）「保姆研究会に出席して」『人道』復刊 87

――――（1940b）「教育科学研究会北見大会」『人道』復刊 88

――――（1940c）「今井新太郎宛書簡」11 月 3 日『昭和十五年本校往復文書綴』〈No.2463〉

――――（1941）「今井校長宛書簡」12 月 31 日『昭和十六年本校往復書綴』〈No.2473〉

――――（1942a）「今井新太郎宛書簡」1 月 6 日『昭和十七年本校往復書簡』〈No.2480〉

――――（1942b）「今井校長宛書簡」1 月 10 日『昭和十七年本校往復文書綴』〈No.2480〉

――――（1942c）「今井校長宛書簡」11 月 3 日『昭和十七年本校往復文書綴』〈No.2480〉

――――（1945a）「国澤新兵衛宛 1945 年 7 月 28 日付書簡」〈No.13087〉

――――（1945b）今井新太郎宛書簡「分校職員窮迫状況善処方他」12 月 14 日〈No.13127〉

――――（1948）「稲垣是成宛 1948 年 12 月 2 日付書簡控」

――――（1955）「四十年を回顧して」『北海道家庭学校四十年』北海道家庭学校

鈴木良吉、横山義顕*、大泉栄一郎、寺崎好*、小島正*、稲坂久子、横山せつ*（1933）「小塩高恒宛書簡」2月10日『昭和七年度本校往復文書綴』〈No.450〉

角名巽*（1941）「教化余滴」『人道』復刊102

――――（1943a）「少年保護と東京本校とを思ふ」『人道』復刊117

――――（1943b）「鈴木良吉宛書簡」11月23日、北海道家庭学校所蔵

――――（1943c）「鈴木良吉宛書状」11月27日、北海道家庭学校所蔵

全国教護院協議会（1964）『教護事業六十年』

――――（1985）『教護院運営ハンドブック　非行克服の理念と実践』

――――（1988）「〔全国教護院長会議・役員会資料〕昭和63年度」〈No.12193〉

――――（1989）「措置継続（入院）中の高校進学状況調べ・総括（平成元年4月1日）」1989年度全国教護院協議会第1回役員会資料

全国児童自立支援施設協議会（2000）『児童自立支援施設100年記念誌　百代に花開く』

副島公子*（1980）「寮に入って」『ひとむれ　教育特集号　第4集』466

高井有一（1977）「ひとむれの野辺　北海道家庭学校の記」『世界』岩波書店、9月

高倉新一郎（1947）『北海道拓殖史』柏葉書院

高瀬善夫（1982）『一路白頭ニ到ル――留岡幸助の生涯』岩波新書

高田雪江（2020）「5年間を振り返って」『「家庭」であり「学校」であること――北海道家庭学校の暮らしと教育』生活書院

高梁基督教会120年史編さん委員会（2002）『高梁教会百二十年史』日本基督教団高梁教会

田中きく代（1996）「『孤児列車』にみる19世紀中葉の民間児童福祉の展開について：ニューヨーク児童援助協会による貧窮児童の西方移住政策を中心に」『人文論究』46-3、関西学院大学

――――（2003）「19世紀後半における孤児列車の人口動態分析」『人文論究』53-3、関西学院大学

田中誠一*（1952）「スキー大会のできるまで」「スキー大会」『一群』106

田中勉*（1983）「工作部」『ひとむれ　収穫感謝特集号』497

田中利宗・田中康子（2010）「雑誌『北海道児童福祉』について」『道北福祉』1、道北福祉研究会

田中正国*（1973）「輸送部」『ひとむれ　昭和48年度収穫感謝特集号』377

――――（1984）「タモリ」『ひとむれ　創立70周年記念誌』521

田中まさ子*（1973a）「理容」『ひとむれ　昭和48年度収穫感謝特集号』377

――――（1973b）「かいま見る少年達の心」『ひとむれ　教育特集号　第2集』368

――――（1984）「創立七十周年記念式典に思う」『ひとむれ　創立70周年記念誌』521

谷たみ（2020）『わたしの戦後史　95歳、大正生れ、草の根の女のオーラルヒストリー　戦争の「痛み」を知る世代が求め続けたもの』堀江優子編著、梨の木舎

谷昌恒** (1969a)「留岡清男宛書簡」1月9日、北海道家庭学校所蔵

———— (1969b)「はじめに思うこと」『ひとむれ』317

———— (1969c)「校長先生のお話」『ジュニアひとむれ』家庭学校一群会

———— (1971)「巣立ちゆく少年たち」『ひとむれ』339

———— (1972)「生活のしくみ」『ひとむれ　教育特集号　第1集』353

———— (1974)『ひとむれ　北海道家庭学校の教育』=『ひとむれ』第1集、評論社

———— (1976)「教護院の今日の問題」『ひとむれ　教育特集号』411

———— (1977)『ひとむれ』第2集、評論社

———— (1978)「留岡清男先生記念碑建立報告」〈No.5634〉

———— (1979a)「北海道家庭学校創立五十五周年記念式式辞」『ひとむれ』321

———— (1979b)「生産各部の報告をきいて」『ひとむれ』458

———— (1981)『ひとむれ』第3集、評論社

———— (1983a)「感謝のことば」『ひとむれ』497

———— (1983b)『ひとむれ』第4集、評論社

———— (1983c)『森のチャペルに集う子ら——北海道家庭学校のこと』日本基督教団出版局

———— (1984)『教育の理想　私たちの仕事』評論社

———— (1985)『いま教育に欠けているもの——私の道徳教育論』岩波書店

———— (1987)『ひとむれ』第5集、評論社

———— (1990)『少年たちと生きる』日本基督教団出版局

———— (1991a)『ひとむれ』第6集、評論社

———— (1991b)『教育の心を問いつづけて——北海道家庭学校の実践』岩波書店

———— (1992)「私のなかの歴史　子供と歩む①〜⑨」『北海道新聞』7月16〜22日夕刊

———— (1993a)「感謝のことば」『ひとむれ　収穫感謝特集号』639

———— (1993b)「公教育導入は一合目」『北方教護』平成4年度第3、4合併号、東北・北海道地区教護院協議会

———— (1994a)『ひとむれ』第7集、評論社

———— (1994b)『ひとむれ』第8集、評論社

———— (1994c)「古くて新しいものを」『ひとむれ　創立80周年記念誌』

———— (1996)『教育力の原点：家庭学校と少年たち』岩波書店

———— (1998)『ひとむれ』第9集、評論社

千葉珠季* (2020)「家庭学校での食事と生活」『「家庭」であり「学校」であること——北海道家庭学校の暮らしと教育』生活書院

千葉正義* (2020)「積み重ね」『「家庭」であり「学校」であること——北海道家庭学校の暮らしと教育』生活書院

朝陽学人＝牧野虎次** (1935)「『一群』第百号」『人道』復刊 28

R. M. ティトマス著、谷昌恒訳 (1967)『福祉国家の理想と現実　社保研翻訳シリーズ　No.3』社会保障研究所

寺崎好* (1952a)「養鶏の報告」『HITOMURE』110

───── (1952b)「養鶏報告」『HITOMURE』115

寺崎好ほか (1952c)「養鶏作業の座談会」『HITOMURE』121

───── (1953)「研究養鶏報告」『HITOMURE』115

───── (1954)「養鶏部」『一群　収穫感謝特集』147

───── (1980)「博物館だより」『ひとむれ　教育特集号　第 4 集』466

───── (1996)『続児童福祉法成立資料集成』ドメス出版

土井洋一 (1993)『家庭学校の同行者たち』大空社

東京家庭学校 (2001)『東京家庭学校創立百周年記念誌』

東京府 (1909)「代用感化院設備ニ関スル認可案」『明治四十二年文書雑纂地方雑件』東京都公文書館所蔵

留目金治 (1958)「地方的に解決した教護院生徒の学籍及卒業等」『教護』85

───── (1966)「向陽学院創設の思い出」『創立十五年記念誌』向陽学院

戸松恵子* (2020)「望の岡分校で学んだこと」『「家庭」であり「学校」であること──北海道家庭学校の暮らしと教育』生活書院

富田拓* (2012)「児童自立支援施設の生活から見える子どもの変化と職員の変化」田中康夫編『児童生活臨床と社会的養護　児童自立支援施設で生活するということ』金剛出版

───── (2017)『非行と反抗がおさえられない子どもたち　生物・心理・社会モデルから見る素行症・反抗挑発症の子へのアプローチ』合同出版

富田拓・津富宏 (2007)「児童自立支援施設に措置された行為障害例の予後と関連する因子について」『厚生労働科学研究費補助金こころの健康科学研究事業平成 16 年度 -18 年度「児童思春期精神医療・保健・福祉の介入対象としての行為障害の診断及び治療・援助に関する研究」（主任研究者：斎藤万比古）分担研究報告書』国立精神・神経センター国府台病院児童精神科

留岡清男** (1930a)「家庭学校北海道農場の土地処分調査要項」1930 年 2 月〈No.991〉

───── (1930b)「少年の教化に於ける観察と調査──サナプチ分校昭和四年度の報告」〈No.12783〉

───── (1930c)「十一月三日の支度」『一群』7

───── (1931)「留岡幸助宛書簡」5 月 22 日〈No.3900〉

───── (1932a)「本邦に於ける農村教育運動」『岩波講座教育科学 第 11 冊』岩波書店

───── (1932b)「留岡幸助宛復命書」3 月 1 日〈No.991〉

───── (1932c)「サナプチの生活と理想」『一群』46

──────（1932d）「我邦の感化事業」『岩波講座教育科学 第 6 冊』岩波書店

──────（1932e）「感化事業」『岩波講座教育科学 第 10 冊』岩波書店

──────（1932f）「少年の教化とコロニー・プラン──昭和五年並に昭和六年度事業報告」〈No.3429〉

──────（1932g）「少年の教化とコロニープラン」『人道』320

──────（1932h）「小塩高恒宛書簡」11 月 5 日『昭和七年度本校往復文書綴』〈No.450〉

──────（1933）「サナプチ家庭学校の将来に関する試案　コロニー式児童教育場の完成」〈No.3663〉

──────（1940）『生活教育論』西村書店

──────（1946）「案内状」（「雑文書　昭和二十一年度」〈No.2508〉）

──────（1949a）「覚書　該当指定特免申請書」（控）5 月 2 日〈No.798〉

──────（1949b）「留岡清男発社名淵分校宛教職員一同宛書簡」1949 年 7 月 22 日『往復文書綴』〈No.2984〉

──────（1949c）「社名淵分校宛書簡」10 月 20 日『往復文書綴』〈No.2984〉

──────（1951a）「ケルメット関係」〈No.7444〉

──────（1951b）「私の提言」『一群』96

──────（1952）「酪農部経営方針」〈No.1549〉

──────（1953a）「創立満三十九周年紀念式々辞（上）」『ひとむれ』131

──────（1953b）『北海道視聴覚教育』

──────（1954a）「赤字は誰が埋めるのか」『ひとむれ』137

──────（1954b）「留岡幸助と北海道家庭学校」『北海道社会福祉』1-3

──────（1954c）「創立 40 周年記念式典式辞」『一群』144

──────（1954d）「三沢正男君を悼む」『ひとむれ』145

──────（1954e）「開寮の言葉」『ひとむれ』147

──────（1955a）「北海道家庭学校創立 41 周年紀念式々辞」『ひとむれ』158

──────（1955b）「家庭学校同窓会：札幌支部の初会合」『ひとむれ』159

──────（1955c）「米 1 俵のまごころ」『ひとむれ　収穫感謝特輯号』159

──────（1956a）「十年後の学校と部落──自戒と希望」『ひとむれ』161

──────（1956b）「部落の見本農家になろう」『ひとむれ』166

──────（1956c）「北海道家庭学校創立満 42 周年紀念式々辞」『ひとむれ』168

──────（1956d）「教育における計画化の概念」三井透編『教育計画』国土社、（大泉溥編、2009 年に再録）

──────（1957a）『村づくりと人』国土社

──────（1957b）「収穫感謝祭に送ることば」『ひとむれ』179

──────（1960a）「胸像と手記」『ひとむれ』212

──────（1960b）「復興十年の反省──見えざる建設をめざして（創立 46 周年式辞）」『ひとむれ』214

─────（1961）「大いなる疑問──一年頭の課題」『ひとむれ』217

─────（1962a）「予算会議の反省（3）」『ひとむれ』231

─────（1962b）「創立満四十八周年記念式辞──私設公民館の構想：支湧別第二農場の復興」『ひとむれ』237

─────（1963）「白滝村の支湧別農場」『ひとむれ』256

─────（1964a）「労働賛歌コンクール」『ひとむれ』255

─────（1964b）『教育農場五十年』岩波書店

─────（1964c）「農林大臣賞」『ひとむれ』257

─────（1964d）「北海道家庭学校創立五十周年式辞」『ひとむれ』261

─────（1965a）「人生は短すぎる」『ひとむれ』265

─────（1965b）「人生は短すぎる」『教護』136

─────（1965c）「北海道家庭学校独立提案書」〈No.4161〉

─────（1967a）「頌徳会の在り方」『ひとむれ』291

─────（1967b）「北海道家庭学校創立満53周年記念式辞」『ひとむれ』297

─────（1968a）「『思わざるピンチ』要点」北海道家庭学校職員会議、配布資料〈No.8040〉

─────（1968b）「北海道家庭学校創立満五十四周年記念式辞」『ひとむれ』309

─────（1970）「亡父留岡幸助先生の手帳整理」『ひとむれ』333

留岡清男・奥田三郎編（1959）『上野百合遺稿』私家版

留岡清男ほか（1965）「教護と作業『ひとむれ』誌上座談会」『ひとむれ』264

留岡幸助**（1891a）「渡道惜別の記」1891年3月17〜31日、留岡幸助日記編集委員会『留岡幸助日記』1巻、財団法人矯正協会、1979年

─────（1891b）「丹波教会諸兄姉宛書簡」同志社大学人文科学研究所『留岡幸助著作集』第5巻、同朋舎

─────（1891c）「明治二十四年役人在監囚徒数」『留岡幸助日記』第1巻

─────（1891d）「幌内外役所の現在囚」『留岡幸助日記』第1巻

─────（1891e）「釧路分監出張旅程里程表」『留岡幸助日記』第1巻

─────（1891f）「市来知日記」『留岡幸助日記』第1巻

─────（1891g）「羈旅漫録」『留岡幸助日記』第1巻

─────（1895a）「新約克州立感化監獄視察記　第参号」〈No.20050〉

─────（1895b）「手帖」〈No.20047〉

─────（1897）『感化事業之発達』警醒社

─────（1898）『慈善問題』警醒社

─────（1899）「家庭学校設立趣旨書」『監獄協会雑誌』12-5

─────（1900a）「感化事業に就て」『社会』2-13

─────（1900b）『監獄改良　監獄日曜日の為に』警醒社

─────（1901a）「感化教育」『社会』

―――――（1901b）『家庭学校〔第 1 編〕』警醒社

―――――（1902）『感化事業（第 2 編）』警醒社

―――――（1903）『基督の教育法』警醒社

―――――（1905）『赤木蘇平翁』警醒社

―――――（1912）「汗の教訓」『人道』89

―――――（1913a）「児童と殖民」『人道』96

―――――（1913b）「北海道土地選定行（大正二年九月）」『留岡幸助日記』第 3 巻

―――――（1913c）「サナブチ原野」『留岡幸助日記』第 3 巻

―――――（1914a）「農業と慈善事業」『人道』105

―――――（1914b）「感化農場と新農村」『人道』108

―――――（1914c）「孤児の父石井十次」『福音新報』971

―――――（1914d）「予が感化農場を建設せんとする動機」『斯民』9-1

―――――（1914e）「徳富猪一郎宛書簡」8 月 6 日、徳富蘇峰記念資料館所蔵

―――――（1914f）「天涯到る所知己」『人道』113

―――――（1914g）「形勝の新農場」『人道』114

―――――（1914h）「書翰より受くる教訓」『人道』116

―――――（1914i）「感化事業の新諦」『人道』116

―――――（1915a）「農村と青年」『人道』122

―――――（1915b）「三能主義」『人道』123

―――――（1916）「徳富猪一郎宛書簡」7 月 16 日、徳富蘇峰記念資料館所蔵

―――――（1918）「手帖」6 月 15 日、北海道家庭学校所蔵

―――――（1922）「家庭学校概要」『家庭学校』

―――――（1923）「鈴木良吉宛書簡」1923 年 12 月 3 日〈No.56637〉

―――――（1924a）「菊池寅蔵宛書簡」1924 年 1 月 12 日付書簡〈No.54083〉

―――――（1924b）「鈴木良吉・大谷松太郎宛書簡」1924 年 1 月 21 日〈No.54083〉

―――――（1924c）「三十五年前を顧みて」『人道』229

―――――（1924d）『自然と児童の教養』警醒社

―――――（1929）「ベレー師と私の発心」『人道』282

―――――（1930）「サナブチ分校と其の一群会」『人道』300

―――――（1931）「奉教の由来」『人道』308

留岡幸助頌徳会（1953）「留岡幸助先生頌徳会々則」『雑文書』〈No.2653〉

留岡茂男、留岡亮二、留岡真、上原幸子、湯沢紀子（1981）留岡茂男ほか『父を偲ぶ』自家本〈No.4230〉

留岡よしこ（1965）「遺族代表としての挨拶」『留岡幸助先生生誕百年記念集』家庭学校

外山伊作*（1984）「酪農部余録」『ひとむれ　創立 70 周年記念誌』521

内閣府男女共同参画局（2020）『男女共同参画白書 令和 2 年版』

中島（寺崎）紘子（2014）「過ぎし日の思い出」『ひとむれ　創立100周年記念誌』904

長沼友兄（1997）「明治10年代の感化事業への胎動」『非行問題』203、全国児童自立支援施設協議会

————（1998）「明治初年代における欧米感化事業との出会い」『非行問題』204、全国児童自立支援施設協議会

長野襄（1957）『児童相談所業務運営に関する若干の資料』中央児童相談所

生江孝之（1938）「家庭学校理事会常任委員会記事摘要御報告」12月24日、北海道家庭学校所蔵

二井仁美（2010）『留岡幸助と家庭学校——近代日本感化教育史序説』不二出版

————（2019）「社会事業・社会福祉史における家庭学校の再定位：社名淵分校・白滝農場の生活者に注目して」『社会事業史研究』56

————（2023）「少年教護法制下における家庭学校の教育：少年寮・社名淵分校・農民道場済美館に注目して」『奈良女子大学文学部研究教育年報』19

西川博史（2007）『日本占領と軍政活動——占領軍は北海道で何をしたか』現代史料出版

西塚恵一（2014）「三十七年分の感謝」『ひとむれ　創立100周年記念誌』904

仁原正幹**（2019a）『新世紀「ひとむれ」——北海道家庭学校の子ども達』生活書院

————（2019b）「児童相談所との連携について」『ひとむれ』969

————（2019c）「百五年目の創立記念日」『ひとむれ』970

————（2019d）「自立と依存」『ひとむれ』972

————（2020a）「児童相談所との連携について（二）」『ひとむれ』974

————（2020b）「児童福祉の誇りと覚悟」『ひとむれ』975

————（2020c）「北海道家庭学校の理念と実践」『「家庭」であり「学校」であること——北海道家庭学校の暮らしと教育』生活書院

————（2021-23）「理事長時々通信①〜⑨」『ひとむれ』986、987、990、998、1001、1007、1009、1011、1018

————（2022）「序に代えて——児童福祉の真諦」『ひとむれ　再刊1000号記念特集号』

日本感化教育会（1933a）「決算報告」『日本少年教護協会議事録』修徳学院所蔵

————（1933b）「昭和八年度事業計画要綱」『日本少年教護協会議事録』修徳学院所蔵

————（1934a）「決算報告」『日本少年教護協会録 旧日本感化教育会』修徳学院所蔵

————（1934b）日本感化教育会「昭和九年度歳入歳出予算」『日本少年教護協会議事録』修徳学院所蔵

日本郵船株式会社（1971）『日本郵船戦時船史 下巻』1971年

野辺地三右衛門編（1907）『鉄窓の二三年——好地由太郎懺悔談』中庸堂

函館厚生院（1947）「函館厚生院児相談所規程」家庭学校社名淵分校『昭和二十二年度公文書綴』所収〈No.2514〉

函館市民生委員総務連絡会（1967）『函館民生児童委員史』函館市民生委員総務連絡会

羽間京子（2017）「少年院在院者の被虐待体験等の被害体験に関する調査について」『刑政』128-4

羽柴達（1965）「北海道家庭学校を訪う」『教護』133

花島政三郎*（1971）「一時帰省のあとにくるもの」『ひとむれ』344

─────（1972a）「漢字学習について」『ひとむれ　教育特集号　第 1 集』353

─────（1972b）「一時帰省をめぐる諸問題」『ひとむれ　教育特集号　第 1 集』353

─────（1972c）「自然とレクリエーション」『ひとむれ　教育特集号　第 1 集』353

─────（1973a）「一時帰省アンケートに見る少年の心情」『ひとむれ　教育特集号　第 2 集』368

─────（1973b）「転職に関する二、三の考察──最近二年間の本校卒業生を対象として」『ひとむれ　教育特集号　第 2 集』368

─────（1976a）「算数・数学よりみた本校生徒の学力と意識の実態」『ひとむれ　教育特集号　第 3 集』411

─────（1976b）「北海道家庭学校六十年の歩みとその再検討」『ひとむれ　教育特集号　第 3 集』411

─────（1978）『サナプチの子ら──北海道家庭学校の生活』評論社

─────（1987）『少年非行克服の課題』評論社

─────（1994）『教護院の子どもたち──学習権の保障をもとめて』ミネルヴァ書房

─────（1996）『10 代施設ケア体験者の自立への試練──教護院・20 歳までの軌跡』法政出版

浜恵子*（1994）「本誌発行年月日表および総目次」『ひとむれ　創立 80 周年記念誌』648

─────（2014）「志を追いかけて」『ひとむれ　創立 100 周年記念誌』904

マーガレット・ハンフリーズ著、都留信夫、都留敬子訳（2012）『からのゆりかご　大英帝国の迷い子たち』

引揚援護庁（1950）「引揚孤児都道府県分布図（1948 年調査)」『引揚援護記録』

菱沼新一（1942）「時局下要教護少年の増加原因対策」『児童保護』12-11、日本少年教護協会

一群会（1939）「一群会会則」『一群』230

一群会編集部（1936）「『一群』の投稿調査」121

一群編集部（1952a）「サナプチ十大ニュース」『HITOMURE』125

─────（1952b）『HITOMURE』「幻灯と音楽と演劇の夕べプログラム」117

──────（1953）『一群』128

──────（1955）「人事往来」『ひとむれ』155

ひとむれ編集部（渡辺）（1961）「カリキュラム研究」『ひとむれ』218

日吉学院（1972）『ひよし　創立20周年記念誌』日吉学院 26

平中忠信（1984）「戦後の福祉・衛生・教育の先覚者」『北海道開発功労賞　受賞に輝く人々』北海道

平本秋子*（1976）「好ましい寮集団づくり　ほったて小屋のできるまで」『ひとむれ　教育特集号』411

──────（1979）「婦人会の現況」『ひとむれ』450

──────（1984）「二十五年たって」『ひとむれ　創立70周年記念誌』521

平本良之*（1965）「スポーツとレクレーションと余暇指導」〈No.8033〉

──────（1967）『土木部のしおり』〈No.12030〉

──────（1969）「雪像づくりについて」1969年度武蔵野学院全国教護院職員研修会報告〈No.7748〉

──────（1972）「鼓笛指導の過程に思う」『ひとむれ　教育特集号　第1集』353

──────（1973）「寮新聞への期待」『ひとむれ　教育特集号　第2集』368

──────（1974）「寮長参加について」『はくよう』70、北海道家庭学校柏葉寮

──────（1975）「体育館・寮舎新築なる」『はくよう』北海道家庭学校柏葉寮

──────（1979）「新寮舎紹介」『非行問題』178、全国教護院協議会

──────（1980）「昭和54年度土木部作業について」『ひとむれ　収穫感謝特集号』458

──────（1983）「昭和二十年代の思い出（食品加工について）」『ひとむれ　500号記念特集』503

──────（1984）「過去3年間の予後状況」『ひとむれ　創立70周年記念誌』521

──────（2022）「装画：柏葉寮」『ひとむれ　再刊1000号記念特集号』

広渡修（1979）「北海道探訪（三）北海道家庭学校を訪ねて──一路到白頭」『非行問題』178

藤井常文（2003）『北海道家庭学校と留岡清男──創立者・留岡幸助を引き継いで』三学出版

──────（2014）『谷昌恒とひとむれの子どもたち──北海道家庭学校の生活教育実践』三学出版

葛井義憲（2003）「新渡戸稲造と留岡幸助──『小さき者』の側で」『名古屋学院大学論集』3

藤田俊二*（1971）「座談会　新任の先生方を迎えて」『ひとむれ』341

──────（1972a）「寮卒業生36名の予後記録」『ひとむれ　教育特集号　第1集』353

──────（1972b）「低学力学級からの報告」『ひとむれ　教育特集号　第1集』353

——————（1973）「わが寮卒業生四十三名の予後記録」『ひとむれ　教育特集号　第 2 集』368

——————（1976）「日誌抄——K のこと」『ひとむれ　教育特集号　第 3 集』411

——————（1979）『もうひとつの少年期』晩聲社

——————（2001）『まして人生が旅ならば——北海道家庭学校卒業生を訪ねて』教育史料出版会

藤森勝住（1987）「児童福祉法と関係機関」『北海道社会福祉事業史』北海道社会福祉協議会

藤森岳夫（1983）「加藤普佐次郎の歩み——そのキリスト教活動、精神病者作業療法、医療生協運動」『医学史研究』57

藤原浩*（2020）「生徒とともに成長する」『「家庭」であり「学校」であること——北海道家庭学校の暮らしと教育』生活書院

藤原美香*（2020）「寮母 1 年目として感じること」『「家庭」であり「学校」であること——北海道家庭学校の暮らしと教育』生活書院

婦人相談函館職親会（1990）『創立二十周年記念誌』婦人相談函館職親会、16

平和鶏卵貯金組合（1923）「大正十二年四月組合員名簿」〈No.718〉

平和飼牛組合（1928）「組合規約」〈No.838〉

ペスタロッチー（1959）「白鳥の歌」『ペスタロッチー全集』12 巻、佐藤正夫訳、平凡社

法務省法務総合研究所（1985）『昭和 60 年版 犯罪白書』

——————（1995）『平成 7 年版 犯罪白書』

——————（2000）『平成 12 年版 犯罪白書』

——————（2020）『令和 2 年版 犯罪白書』

——————（2021）『令和 3 年版 犯罪白書』

星屋千重（1971）『学窓：留岡清男先生にささげる』私家版

——————（1981）『留岡清男先生遺文集』私家版

北海道（1928）「各部成功証明交付簿」『北海道国有未開地処分法完結文書成功証明簿（網走）昭和 3 年度完結』道立文書館所蔵

北海道家庭学校（1939）「修学旅行の記」『人道』復刊 75

——————（1952）「幻灯と音楽と演劇の夕べプログラム」『HITOMURE　開校記念特集』117

——————（1953）「社会事業施設名鑑作成資料」（1953 年度）『公文書綴　昭和 28 年度』〈No.2650〉

〔北海道家庭学校〕（1954）『一群　子供版』

——————（1955a）『北海道家庭学校四十年』北海道家庭学校

〔北海道家庭学校〕（1955b）「人事往来」『ひとむれ』155

——————（1956）「学習指導」『北海道家庭学校要覧　昭和 31 年度』〈No.13347〉

──── (1964)「昭和 38 年度事業報告書」北海道家庭学校

──── (1964-81)「昭和 39 年以降音楽部校外活動記録」〈No.6529 〜 No.6541〉

──── (1965)「林業夫養成所払下に関する書類」〈No.1374〉

──── (1965 頃)「笛の練習」平本良之作成・指導〈No.6554〉

──── (1966a)「給与と老後保障」〈No.2173〉

──── (1966b)「昭和 41 年度北海道家庭学校事業報告書」

──── (1966c)『ひとむれ　頌徳碑除幕式特集』284

──── (1966d)「法人設立関係綴」〈No.12614〉

──── (1968a)「法人認可」『ひとむれ』303

──── (1968b)「北海道家庭学校庶務規程」〈No.2285〉

──── (1968c)「鼓笛隊パレードの資料」〈No.6551〉

──── (1969a)「理事会議事録」1 月 16 日『昭和 50 年度まで理事会議事録綴』北海道家庭学校

──── (1969b)「社会福祉法人北海道家庭学校組織規程」〈No.5131〉

──── (1969c)「職員名簿 No.1」『児童福祉法施行事務監査資料（監査）44 年度実施』〈No.5132〉

──── (1971a)『ひとむれ　岸本種次先生追悼特集号』349

──── (1971b)「職員会議題」『職員会打合資料』1971 年 7 月 24 日〈No.5451〉

──── (1972a)「要覧」北海道家庭学校

──── (1972b)『ひとむれ　教育特集号　第 1 集』353

──── (1973)『ひとむれ　教育特集号　第 2 集』368

──── (1976a)「昭和 50 年度事業報告書」北海道家庭学校

──── (1976b)『ひとむれ　教育特集号　第 3 集』411

──── (1977a)「留岡清男先生略歴」留岡清男葬儀配布〈No.11548〉

──── (1977b)『ひとむれ　留岡清男先生　横山義顕先生追悼号』424

──── (1980)『ひとむれ　教育特集号　第 4 集』466

──── (1981)「昭和 55 年度事業報告」北海道家庭学校

──── (1983a)『ひとむれ　500 号記念特集号』503

──── (1983b)「昭和 57 年度事業報告書」北海道家庭学校

──── (1984)『ひとむれ　創立 70 周年記念誌』521

──── (1985)「昭和 59 年度事業報告書」北海道家庭学校

──── (1993)「平成元年度　北海道家庭学校事業報告」北海道家庭学校

──── (1994)『ひとむれ　創立 80 周年記念誌』648

──── (1995a)「平成三年度　北海道家庭学校事業報告」北海道家庭学校

──── (1995b)「『公教育導入』に関するアンケート集計」11 月 26 日、北海道家庭学校所蔵

──── (1996)「平成 3 年度事業報告書」北海道家庭学校

──────（1998）「理事会議事録（平成 9 年度）」北海道家庭学校

──────（2004）『ひとむれ　創立 90 周年記念誌』778

──────（各年度版）『ひとむれ　収穫感謝特集号』

北海道家庭学校後援会（2001）「北海道家庭学校後援会会則」

北海道家庭学校出版部（1960-62）『子供ひとむれ』

北海道議会（1948）『昭和二十三年第二回定例道議会議事速記録』3

──────（1950a）『北海道議会時報』2 巻 9

──────（1950b）『昭和二十五年第一回定例道議会議事速記録』1

──────（1950c）『昭和二十五年第一回定例道議会予算審査特別委員会議事録（上.)』
　　　　1

──────（1950d）『昭和二十五年第三回定例北海道議会議事速記録』1

北海道教育委員会（2015）「道指定有形文化財指定書」

北海道教育懇話会世話人会（奥山春男・坂本亮ほか）（1946）「案内状」『雑文書　昭
　　　　和二十一年度』〈No.2508〉

北海道警察本部生活安全部少年課（2022）「少年非行の現況」（令和 3 年）https://
　　　　www.police.pref.hokkaido.lg.jp/statis/boy-hikou/syounen-hikou-genkyou.
　　　　html

北海道集治監（1882）「教誨規程（北海道集治監本達第 12 号)」『留岡幸助日記・手帖
　　　　24』北海道家庭学校所蔵

北海道新聞（2022a）「家庭学校のチーズ全国表彰」『北海道新聞』オホーツク版　11
　　　　月 2 日

──────（2022b）「今日の話題：放牧牛のチーズ」『北海道新聞』全道版・夕刊　11
　　　　月 10 日

北海道生活福祉部民生部長（1989）各教護院長・児童相談所長宛「教護院入所児童の
　　　　高等学校進学の取扱について」（児童第 532）

北海道総務部知事室秘書課 編（1973）『北海道開発功労賞受賞に輝く人々 昭和 47 年』
　　　　北海道

北海道庁［拓殖部殖民課］（1915）『国有未開地処分法完結文書（本庁）法第二条未開
　　　　地売払台帳 全国 後段二 大正五年 四月〜六月、石狩・後志・渡島・胆振・
　　　　日高・十勝・釧路・根室・北見・天塩国 明治四一〜大正五年売払』北海道
　　　　立文書館所蔵

──────［拓殖部］（1916）『北海道国有未開地処分法完結文書　売払台帳　法第二条
　　　　未開地売払台帳 北〔見〕・天〔塩国〕〔前段〕大正五年』北海道立文書館所
　　　　蔵

北海道庁学務部長（1935）「事務監査ニ関スル件（亥社秘第 27 号)」10 月 15 日、家
　　　　庭学校社名淵分校長宛

北海道民生部（1951）『非行少年の実態──札幌市に於ける発生の地域的関係につい

て」

堀川愛生園（2015）「堀川愛生園70年のあゆみ」『ほりかわあいせいえん創立70周年記念特別号』

前田則三*（1993）「サナプチに於ける少年教化」『人道』復刊3

槇正美（2020）「音楽の力」『「家庭」であり「学校」であること──北海道家庭学校の暮らしと教育』生活書院

牧野虎次**（1933a）「牧野虎次履歴書」『昭和十一年度以降参考書類綴』東京家庭学校所蔵

────（1933b）「就任の辞」『人道 復活号』復刊1

────（1933c）「昭和八年の回顧」『人道』復刊7

────（1933d）『留岡幸助君古稀記念集』留岡幸助君古稀記念事務所

────（1935）「家庭学校の移転」『人道』復刊25

────（1938a）「鈴木良吉、横山義顕、寺崎好、大泉栄一郎、岸本健次、紺野春男、西村忠三、阿部喜平宛書簡」5月9日、北海道家庭学校所蔵

────（1938b）「鈴木良吉、岸本健次宛書簡」5月18日、北海道家庭学校所蔵

────（1958）『針の穴から』牧野虎次先生米寿記念会

増田道義（1978）「留岡先生の想い出」『留岡幸助著作集第一巻月報』同朋舎

又坂日出生（1960）「ある施設長の手記」『風笛』函館厚生育児院

松浦政泰（1918）『同志社ローマンス』警醒社書店

松岡二郎（1940）「飢は少年を不良化す」『児童保護』10-4、日本少年教護協会

松岡秀典*（1954）「門柱工事を終えて」『ひとむれ』143

松崎芳伸（1948）「児童政策の進路」『児童福祉』東洋書館

松田房枝*（2004）「一三年間の変化」『ひとむれ　創立90周年記念誌』778

────（2020）「酪農部に入ったからこそ……」『「家庭」であり「学校」であること──北海道家庭学校の暮らしと教育』生活書院

松村介石（1926）『信仰五十年』警醒社

────（1933）「往時を省みて」牧野虎次編『留岡幸助君古稀記念集』留岡幸助君古稀記念事務所

松本政和（2014）「家庭学校との20年」『ひとむれ　創立100周年記念誌』904

丸尾恵（2016）「感謝とお礼」『ひとむれ』925

三浦寿太郎（1970）「退職にあたり」『福祉司会報』2、北海道児童福祉司会

三上節子（2011）「留岡幸助と新渡戸稲造の交流」『新渡戸稲造の世界』20

三澤道男（1981）『酪農余滴・三澤正男遺稿集』私家版

水上和俊（2022）「『ひとむれ』の教訓」『ひとむれ　再刊1000号記念特集号』

宮宏明（2005）「松平義人と北海道の旧石器文化」『北海道旧石器文化研究』10

村上貴美子（1987）『占領期の福祉政策』勁草書房

村上京子*（1981）「給食棟開始二年目に思う」『ひとむれ　教育特集号』479

村上時夫*（1972）「初めて学習を受け持って」『ひとむれ　教育特集号　第 1 集』353

─────（1980）「五十四年度の正月帰省を振りかえる」『ひとむれ　教育特集号　第 4 集』466

─────（2022）「『ひとむれ』1000 号おめでとう」『ひとむれ　再刊 1000 号記念特集号』

村田（横山）正代（2014）「職員の子どもとしての思い出」『ひとむれ　創立 100 周年記念誌』904、9 月

室田保夫（1994）「岡崎喜一郎と社会事業──奥出雲の地で」『キリスト教社会福祉思想史の研究──『一国の良心』に生きた人々』不二出版

─────（1998）『留岡幸助の研究』不二出版

茂木大地（2020）「共に感じる喜び」『「家庭」であり「学校」であること──北海道家庭学校の暮らしと教育』生活書院

森忠之（2003）『教育に生きる　森透の生涯』自家本

森田穣（2010）「開校 2 年目を迎えて」『ひとむれ』855

─────（2013）「現在の学校教育の実施状況北海道家庭学校」小林英義編『もうひとつの学校』生活書院

─────（2020）「開校 2 年目を迎えて」『「家庭」であり「学校」であること──北海道家庭学校の暮らしと教育』生活書院

森田芳雄*（1959）「美しい学校へ」（園芸部）『ひとむれ　北海道家庭学校創立 45 周年紀念特集』200

─────（1961）「教護児童の学力の実態について」『ひとむれ』226

─────（1967a）「朗読会」『ひとむれ』291

─────（1967b）「教務部」『ひとむれ　収穫感謝特集』299

─────（1969）「学力検査」『ひとむれ』315

─────（1979）「『家庭学校探訪記』を読んで」『ひとむれ　教育特集号』450

─────（2022）「『ひとむれ』1000 号に思う」『ひとむれ　再刊 1000 号記念特集号』

文部科学省（2004）『生徒指導上の諸問題の現状について』

文部省普通学務局（1935）「少年教護院教科承認ニ関スル件通牒（発普 128 号）少年教護院教科承認申請ニ対シ其ノ教科目及教授時数並教科用設備ニ関スル詮議ノ標準」

八島悦栄（1961）「湖畔の思い出」『湖畔　開院 50 周年記念』大沼学院

山田春美*（1956）「味噌醸造」『一群　収穫感謝祭特集号』159

山田道哉（2016）「7 年間を振り返って」『ひとむれ』925

湧別川流域史研究会（2003）「北海道家庭学校博物館資料台帳　石器編」（北海道家庭学校博物館「資料台帳　アイヌ民具・石器」）

横山義顕*（1935）「サナプチ分校に於ける作業教育」『人道』26

─────（1941a）「日本少年教護協会より助成を受けし三人の人々」『児童保護』

　　11-2、日本少年教護協会
──── （1941b）「遠軽町家庭学校職員一同宛葉書」9 月 8 日、北海道家庭学校所蔵
──── （1941c）「遠軽町家庭学校職員一同宛書簡」9 月 14 日、北海道家庭学校所蔵
──── （1941d）「遠軽町家庭学校職員一同宛葉書」10 月 2 日、北海道家庭学校所蔵
──── （1943）「国沢新兵衛宛書簡」1 月 19 日『昭和十八年本分校往復文書綴』〈No.2485〉
──── （1968）『日記』
──── （1972）「卒業生訪問記」『ひとむれ　教育特集号　第 1 集』353
吉野政明（2014）「合気道　森の学校道場」『ひとむれ　創立 100 周年記念誌』904
吉村憲彦（2016）「家庭学校での 7 年」『ひとむれ』925
旅行案内社（1940）『汽車汽船旅行案内 昭和十五年一月』旅行案内社
──── （1942）『汽車汽船旅行案内 昭和十七年十月』旅行案内社
蕢本賢治*（2020）「オホーツク発酵食品フェスタ 2020 に参加して」『ひとむれ』985
──── （2021）「チーズの熟成」『ひとむれ』991
渡辺伊佐雄*（1990）「武蔵野全国教護研修会に参加して」『ひとむれ』627
渡辺一夫（1951）「若い地質学者の変身」『中央公論』2 月
渡辺作次*（1968）「展示林樹苗を受く──東京オリンピックで各国から」『ひとむれ』305
──── （1969）「第二回東北北海道ブロック専門委員会報告」〈No.7384〉
──── （1974）『木と花と人と』私家版
無署名（1929）「留岡夏子女史の記録」『弘道』444、日本弘道会
──── （1933）「『留岡幸助君古稀記念集』」『人道』復刊 7
──── （1933）「家庭学校少年寮の新設」『人道』復刊 7
──── （1934）「一群会の近況」『人道』復刊 16
──── （1934）「サナプチ創業二十週年記念会　留岡名誉校長記念碑除幕式同古稀記念文庫落成式」『人道』復刊 17
──── （1934）「家庭学校少年寮」『人道』復刊 19
──── （1934）「感化院生退院生の生活福祉増進」『児童保護』4-3
──── （1934）「少年寮」『人道』復刊 18
──── （1934）「一群会の近況」『人道』復刊 16
──── （1935）「出版部」『一群』91
──── （1935）「第四回理事受持」「第五回理事受持」「第六回理事受持」『一群』91
──── （1935）「北見に於る記念式と落成式 九月二十一日白滝農場済美館落成式」『人道』復刊 29
──── （1935）「来週ノ原稿ヲ出ス人」『一群』107

　　　　───（1935）『一群』110

　　　　───（1939）「○○○○君出征」『人道』復刊 76

　　　　───（1939）「家庭学校社名淵分校女子部併置計画書」『児童保護』9-9、日本少
　　　　　　年教護協会

　　　　───（1946）「少年教護講演会」『北海道社会事業』147、北海道社会事業協会

　　　　───（1946）「広汎なる公職追放」『朝日新聞』2 月 10 日記事

　　　　───（1947）「児童相談所設者について」『北海道公報』4396、2126（2）

　　　　───（1947）「昭和二十二年八月二十四日進駐軍視察講評」家庭学校社名淵分校『昭
　　　　　　和二十二年度雑文書綴』〈No.2515〉

　　　　───（1948）「児童相談所設置」『北海道児童福祉』4（奥付は 3）、北海道児童福
　　　　　　祉協会

　　　　───（1948）「編輯室だより」『北海道児童福祉』創刊号、北海道児童福祉協会

　　　　───（1948）「民生委員に婦人を」『函館新聞』3 月 4 日

　　　　───（1948）「民生委員に婦人選出」『函館新聞』3 月 27 日

　　　　───（1950）「"市は浮浪児の溜り場だ" 女子教護院誘致運動展開」『函館新聞』
　　　　　　2 月 26 日

　　　　───（1950）「教護院設置は可能」『北海道新聞（函館版）』10 月 26 日

　　　　───（1950）「市にも"少年の町"馬込農場に建設計画」『北海道新聞（函館版）』
　　　　　　1 月 24 日

　　　　───（1950）「女子教護院の実施濃し」『函館新聞』3 月 19 日

　　　　───（1950）「女子教護院」『北海道新聞（函館版）』10 月 30 日

　　　　───（1951）「恵まれぬ人達へ」『北海道新聞（函館版）』1 月 28 日

　　　　───（1971）「特集　北海道家庭学校」『暮らしの手帖』

　　　　───（2022）「遠軽・白滝の石器類国宝に」『北海道新聞』11 月 19 日朝刊

Ⅱ．欧文文献

Caspi, A et al.（2002）Role of Genotype in the Cycle of Violence in Maltreated
　　　　Children Science, New Series, Vol. 297, No. 5582

Farrington, D. P.（1991）Childhood aggression and adult violence: Early precursors
　　　　and by DEBRA J. Pepler D. J. and Rubin K. H. Lawrence Erlbaum
　　　　Associates

Goodman R. Simonoff E. Stevenson J.（1995）The Impact of Child IQ, Parent IQ
　　　　and Sibling IQ on Child Behavioural Deviance Scores https://doi.
　　　　org/10.1111/j.1469-7610.1995.tb01299.x

Moffitt T.E. Caspi A.（2001）Childhood predictors differentiate life-course
　　　　persistent and adolescence-limited antisocial pathways among males and
　　　　females. Development and Psychopathology. Published online by

Cambridge University Press: . doi: 10.1017/S0954579401002097

Murray J., Farrington D. P.（2010）Risk factors for conduct disorder and delinquency: key findings from longitudinal studies. Can J Psychiatry. Oct; 55（10）: 633-42. doi: 10.1177/070674371005501003.

Sampson R.J., Laub J.H.（1994）Urban Poverty and the Family Context of Delinquency: A New Look at Structure and Process in a Classic Study, Child Development. Vol. 65, No.2

Ⅲ. 映像資料

HBC（1977）「知事と語る　次世代を担う人づくり」6 月 12 日放映

NHK（1977）「奥さんごいっしょに　親がわり寮長さん」2 月 9 日放映

―――（1979）「お母さんの勉強室　非行の背景」2 月 22 日放映

―――（1980）「女性手帳　ひと群の子らと」2 月 4 ～ 7 日放映

―――（1981）「こころを育てる　わたしの人間教育論」9 月 23 日放映

―――（1984a）「北海道テン　一路白頭に至る　留岡幸助と家庭学校」7 月 21 日放映

―――（1984b）「こころの時代　心の扉は外から開かない」8 月 9 日放映

STV（1977）「サンデー九　働きつつ学ぶ日々」6 月 12 日放映

TBS（1978）「東芝日曜劇場　森の学校」11 月 26 日放映

―――（1979）「東芝日曜劇場　愛の学校」11 月 18 日放映

索引

人名索引

＊本文（図表を含む）に登場する留岡幸助・留岡清男以外の主な人名を採録した。

監修・編集・執筆者一覧

監修者

家村 昭矩（いえむら あきのり）
　社会福祉法人北海道家庭学校特別顧問（前理事長）　名寄市立大学特命教授

仁原 正幹（にはら まさき）
　社会福祉法人北海道家庭学校理事長　北海道家庭学校第9代校長

編集者

二井 仁美（にい ひとみ）
　奈良女子大学研究院教授　北海道家庭学校百年史編集委員長

軽部 晴文（かるべ はるぶみ）
　社会福祉法人北海道家庭学校常務理事　北海道家庭学校第11代校長

阿久津 美紀（あくつ みき）
　国文学研究資料館学術資料事業部・プロジェクト研究員

佐藤 京子（さとう きょうこ）
　社会福祉法人北海道家庭学校学芸顧問　北海道立文書館・元首席文書専門員

執筆者
（監修者・編集者を除く）

大泉 溥（おおいずみ ひろし）
　日本福祉大学名誉教授

河原 英男（かわはら ひでお）
　遠軽町・前教育長　社会福祉法人北海道家庭学校評議員

森田 穣（もりた みのる）
　社会福祉法人北海道家庭学校理事

富田 拓（とみた ひろし）
　北海道家庭学校樹下庵診療所医師　網走刑務所医務課医師

清澤 満（きよさわ みつる）
　北海道家庭学校第10代校長

椿 百合子（つばき ゆりこ）
　法務省中国地方更生保護委員会委員

＊視覚障害のある方へ

　本書ご購入の方のうち、視覚障害などの理由で書字へのアクセスが困難な方に、個人利用に限り、データを提供いたします。ご希望の方は、左記「データ引換券」を切り取って、お名前・ご住所・電話番号・電子メールアドレスとともに六花出版データ送付係宛、郵送してください。

　なお第三者への貸与・譲渡・インターネット上の公開などは著作権法で禁止されております。ご留意ください。

　提供するデータの種類、送付方法等については直接弊社担当者にお電話いただくか、ホームページ上に記載の弊社宛電子メールにてご相談ください。

北海道家庭学校 110 年——北の大地の暮らしと教育

編	北海道家庭学校
監修者	家村昭矩・仁原正幹
編集委員長	二井仁美
発行日	2024 年 2 月 5 日　初版第一刷
発行者	山本有紀乃
発行所	六花出版
	〒 101-0051　東京都千代田区神田神保町 1-28　電話 03-3293-8787　振替 00120-9-322526
校閲	黒板博子・大塚直子
組版・印刷・製本	モリモト印刷
装丁	臼井弘志

ISBN978-4-86617-229-3　© 北海道家庭学校 2024